1000 STENCIL

ARGENTINA GRAFFITI

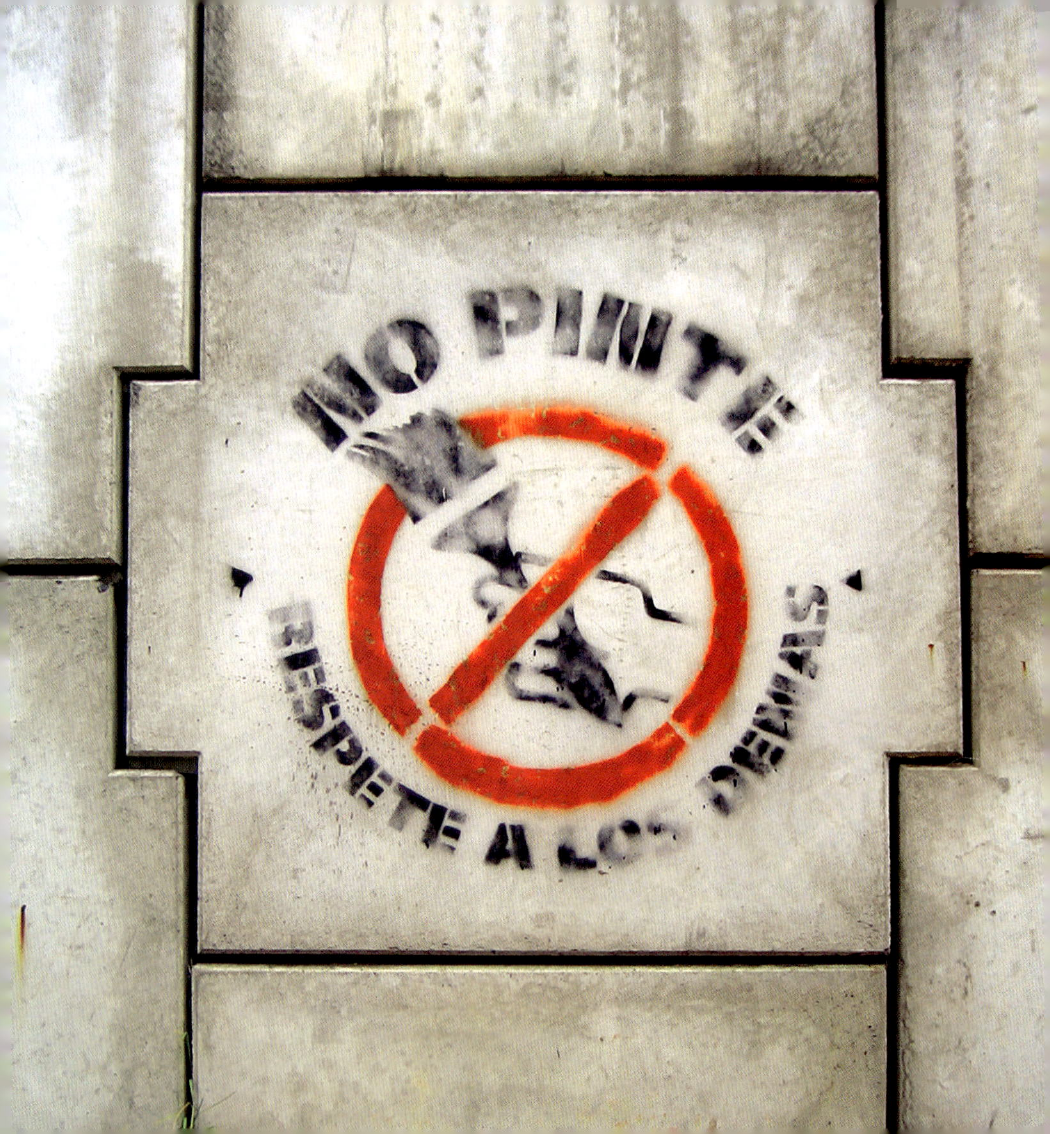

NO PINTE
RESPETE A LOS DEMAS

1000 STENCIL

ARGENTINA GRAFFITI

GUIDO INDIJ

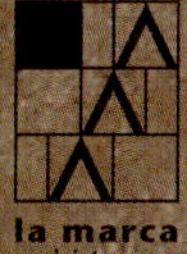

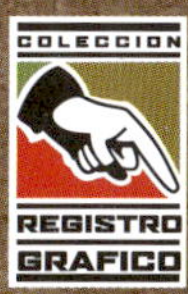

la marca
editora

1000 Stencil. Argentina graffiti
Guido Indij
Buenos Aries, colección Registro Gráfico
© la marca editora, 2007

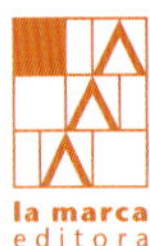

la marca
editora

w www.lamarcaeditora.com
e lme@lamarcaeditora.com
t (54 11) 4372-4957
d Pasaje Rivarola 115
   (1015) Buenos Aires, Argentina

Seguimiento editorial: Virginia Gallo
Diseño Gráfico: Martín Graziano (Néctar)
Traducción al inglés: Wendy Gosselin

Impreso y encuadernado en los Talleres Trama, Garro
3170, Ciudad Autónoma de Buenos Aire, a los 21días
del mes de septiembre de 2007.

ISBN: 978-950-889-164-8
Queda hecho el depósito que establece la ley 11.723
Impreso en la Argentina. *Printed in Argentina.*

Indij, Guido
1000 Stencil. Argentina graffiti - 1a ed. - Buenos Aires:
la marca editora, 2007.
240 p.; 15 x 15 cm. (Registro gráfico)

ISBN 978-950-889-164-8

1. Fotografías. I. Título
CDD 779

Distribuye:

ASUNTOIMPRESO

w www.asuntoimpreso.com
e www@asuntoimpreso.com
t (54 11) 4383-6262
f (54 11) 4383-5152
d Pasaje Rivarola 169
   (1015) Buenos Aires, Argentina

Available through:
DAP / Distributed Art Publisher
155 Sixth Avenue, 2nd Floor
New York. NY 10013 USA
Tel 1(212) 627-1999
Fax 1(212) 627-9484

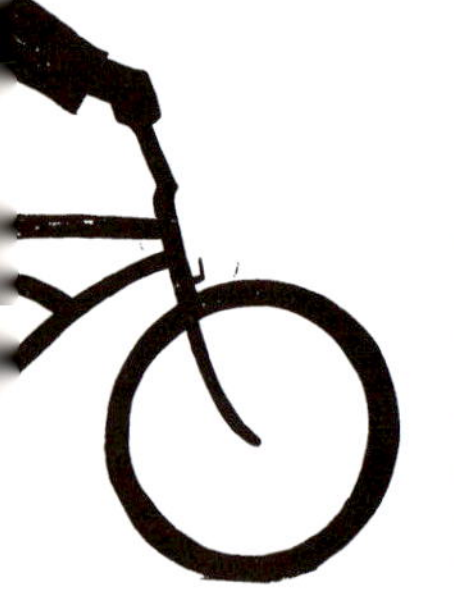

CONTENIDO NETO

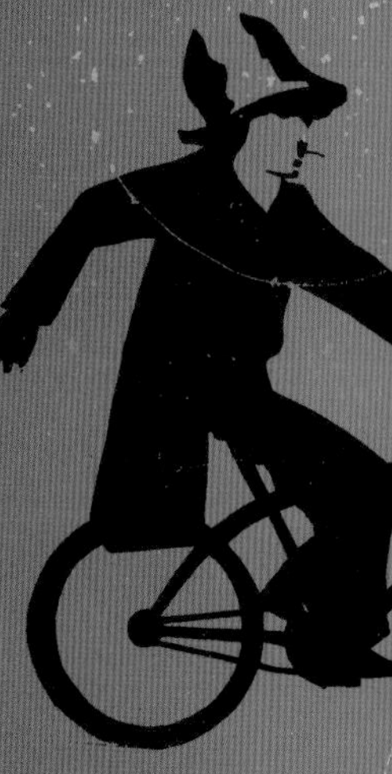

ESTO NO ES ARTE

El stencil no es un arte, es una técnica. Y como tal, herramienta al servicio de múltiples propuestas y mensajes de artesanos, artistas y militantes con distintas propuestas y objetivos. Herencia híbrida de dos tipos de manifestaciones gráficas, el grabado y el *graffiti*, se liga al primero como prolongación de una de sus formas primitivas, el estarcido (la aplicación de tinta sobre tela o papel a través de una mascarilla y la intención intrínseca de la multiplicación) y al segundo, en tanto el soporte que suele elegirse para su aplicación no es por lo general la tela o el papel sino la pared, el espacio público.

Así, aplicado en ese bastidor urbano que es la calle, con pintura en spray (usualmente aerosol), el *stencil graffiti* presenta un mensaje que se multiplica en el espacio público. Y un mensaje que se dirige al peatón, al ciudadano, es por lo tanto, un mensaje político. No debe ser casual que otra herramienta ligada al mensaje político antes de las fotocopias y los *e-mails* haya sido el mimeógrafo (imprenta portátil en la que solían reproducirse panfletos, volantes y consignas), cuya parte esencial, el *clisé* que reproducía el mensaje a imprimirse se llamara también `stencil´ y fuese a su vez la metonimia por la cual otra generación conoció a ese aparato.

Si todo stencil es político, al menos en el sentido en que todo preso lo es, no ha de extrañarnos que el stencil en la Argentina (cuyos remotos orígenes hemos repuesto en otro texto) haya tenido un renacimiento en los extraordinarios momentos en que la política volvía a las calles, en el debut de un siglo en el cual los ciudadanos despertaban de una infame década de egoísmo y sofisticación (en el sentido de engaño, de ilusión) y volvían a participar de los asuntos públicos. Transcurridos unos años desde los hechos que describimos, lamentamos constatar que la intensidad de la protesta de diciembre del 2001 no se mantuvo en el tiempo y que cierta tranquilidad en las aguas de las economías bastan a los argentinos para que `vuelvan todos´.

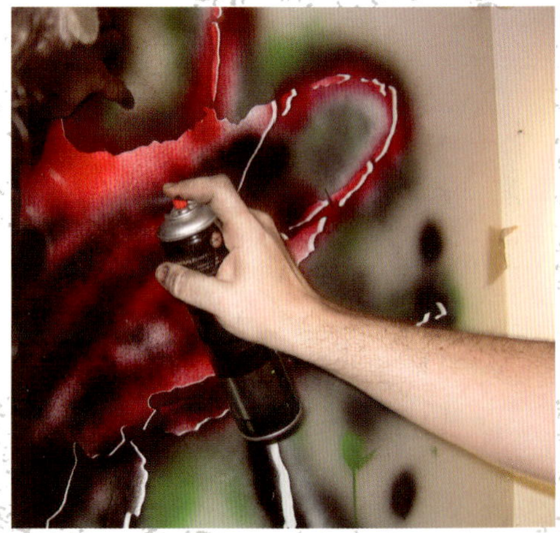

VOLVERÉ Y SERÉ MILLONES

Este libro es una secuela de *Hasta la Victoria, Stencil!,* no una segunda parte. Y no tiene millones, apenas mil stencils. Tampoco está hecho con el material de descarte de aquel libro que editamos en el 2003 y 2004. Entonces el stencil era una expresión emergente que ahora se ha consolidado y extendido.

En estos tres años de desarrollo, los *coolhunters* han leído 'moda' -y por lo tanto mercado- y en definitiva, la publicidad que todo lo devora, ha jugado su rol (del que también dejamos breve testimonio en las páginas que siguen). Como resulta obvio, no faltaron quienes con pretensión de vanguardia anunciaran la prematura muerte del stencil y horrorizándose con su "venta al status quo", mientras cuestionaban su museificación, discutieran su institucionalización, su embalsamamiento. Voces agoreras que suponen que lo bueno reside en lo original y que lo único bueno es en lo novedoso, anunciaron tempranamente que "el stencil ya fue". Nada puede estar siempre apareciendo, chicos. ¿No habíamos ya aprendido que la fotografía no mató a la pintura, que la radio no mató a los diarios, que la televisión no mató a la radio ni al cine, que internet no matará a los libros...? Los distintos medios vienen para estratificarse y quedarse. Y en estos últimos años hemos experimentado (vivido activamente) los fenómenos de legitimación del stencil del que este libro intenta dar cuenta.

El *stencil graffiti* argentino se ha consolidado y vuelto estigmático. Así como las bombas de las *gangs* ilustran a Los Ángeles, los *tags* grafican Nueva York, el pixàçao es autóctono de San Pablo y asociamos el graffiti intelectual al París de hace 40 años, el stencil es la forma de graffiti que internacionalmente se reconoce como propia de Buenos Aires.

En estos tres años, se ha extendido por internet y por el asfalto a otras ciudades de la Argentina. Así que además de las obras que rescatamos de BSASSTNCL, Burzaco Stencil, Vomito Attack, Stencil Land, Run Don't walk, Omar Omar, Dardo Malatesta, Cucusita, Nazza, etc., hemos incluido en este libro stencils de nuevas generaciones de artistas urbanos y activistas que han elegido el lápiz, la plantilla, el cutter y el aerosol como herramientas iniciáticas, no sólo en Buenos Aires sino en las provincias de Salta, Neuquén, Córdoba, Mendoza, Río Negro, Santa Fe...

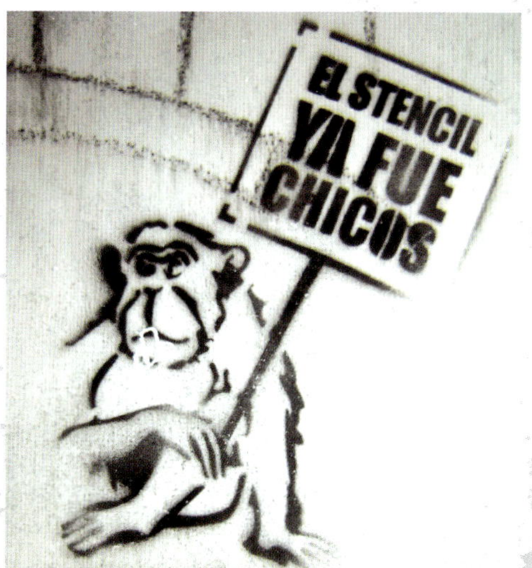

En casi todas las provincias y ciudades medianas de la Argentina han brotado stencils. ¡Y eso que la Argentina es un país grande! La Argentina es un país grande y bello, a pesar de la corrupción, el hambre, la violencia y una creciente sensación de inseguridad. O sea, un país con cosas más importantes por las que preocuparse que la atención sobre la prohibición de pintar el espacio público y el privado y la vandalización de los artistas urbanos que son por lo general, como gran parte de la población, subocupados formales. Existe una importante ausencia del Estado en los asuntos públicos y sin dudas es esa ausencia una de las causas más importante tanto de la corrupción, el hambre, la violencia y la sensación de inseguridad, como de la falta de legislación sobre la intervención gráfica de los espacios. Y en lo que compete a nuestro comentario, he aquí uno de los principales motivos por los que el stencil (una intervención levemente violenta sobre una pared blanca) tiene un espacio de desarrollo en la Argentina, que no tiene en otros países, también tradicionales semilleros de artistas y talentos creativos.

Las paredes están ahí; la ley que interdite su intervención y los recursos económicos del erario público destinados a la limpieza y blanqueo de paredes, no. ¡Que siga así! Así esos espacios ocupados hoy por la decoración espontánea y gratuita, por la extraordinaria densidad de producción de stencils y otras intervenciones urbanas -de las que daremos cuenta en próximas publicaciones de esta colección- no son entregados a las uniformes tipografías con nombres de candidatos políticos, con diseñados afiches publicitarios, con letreros que nos ordenarán qué podremos y qué tendremos prohibido hacer...

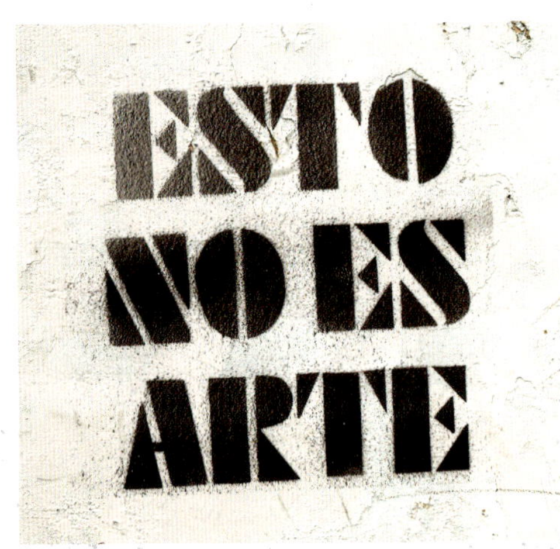

SOBRE ESTE LIBRO

Dejando de lado los fines utilitarios del stencil (industrial, decorativo, señalización) en este libro nos ocuparemos de un basto repertorio originado en una semiclandestinidad y que puede dividirse en las siguiente tipologías: representaciones abstractas, figurativas, mensajes políticos y marcas personales, prestándole especial atención a aquello que damos en llamar `puro estético´, o `stencil per se´: aquellas impresiones donde la poética del stencil se realiza a través de una imagen visual inventada (desde una idea original, desde la yuxtaposición de imágenes existentes) o escogida para transmitir una idea, una pertenencia, un gusto. Una acción mágica que se expresa en plenitud cuando la imagen es potente, sintética y carga un mensaje con posibilidades de ser repetido ad *infinitum*.

Lo que predomina en nuestra selección es la intención `artística´ de llamar la atención al lector-peatón interviniendo en el automatismo de la circulación cotidiana. Se trata de guiños, de gritos, de onomatopeyas visuales que pretenden provocar una reacción espontánea en forma de risa, de reflexión, pudiendo resultar incluso en una mayéutica. Después de todo, recordemos que el término stencil viene del latín *scintilla*, que significa "chispa". Idealmente ese guiño es recibido e interpretado por otro stencilero que responde yuxtaponiendo su propia impronta, combinándose y cerrando así el circuito de un diálogo artístico, con perdón de la palabra.

El intercambio entre stencileros puede comenzar en la calle y seguir en Internet; o viceversa. Lo que se busca es compartir no sólo imágenes y *yeites* técnicos, sino también proyectos comunes. Y es a través de la práctica personal y el traspaso de experiencias y técnicas de corte y aplicación que el resultado se modifica. En estos años la técnica se ha complejizado; es mayor, por ejemplo, el número de stencileros que aplican formatos extremos (enormes como RDW y Nazza y Burzaco Stencil, e ínfimos como Cucusita y Stencil Land) y generan piezas en dos, tres o más colores.

La compilación que aquí presentamos ha sido editada (y destilada) de un acervo de más de cinco mil imágenes, en su mayoría realizadas por el autor, entre las que intentamos evitar aquellas ya publicadas en HLVS. Han colaborado a conformar ese acervo muchos stencileros que atendiendo a nuestra convocatoria nos han compartido el material de sus archivos particulares (BSASSTNCL, Stencil Land, RDW, Cucusita, Burzaco Stencil, CAM Bs As, Vómito Attack, Omar Omar, Proyecto Fauna, Restamar, Sebastián Clementín, ¡sn6v, Analía Regue, Adrián Cola, Jugo, burk(e)/ndrs, Mariano Garnero, Pobres Diablos, CUT OUT BLACK, Ale Montiel, nrstencil, Brothers Gonna Work It Out, Dante De Agostino, JUGO_CAM.(EA), Julieta Molina, Leo Ramos, Ni derechos ni humanos, gastrik, Leonardo // Drez, Topera (Córdoba), Dane, Mostachol, etc.), y varios amigos fotógrafos que nos han enviado registros de los más diversos puntos del país. Queremos mencionar y agradecer a Edicita Sarragoicochea, (Buenos Aires), Lulu J. (Buenos Aires) Nicolás Monti (Cruz del eje), Daniela Gineste (Bariloche), Gustavo López (Bahía Blanca, San Juan, Jujuy), Ariel Monteserín (Neuquen), Martín Gallo (Tandil), a John King (Warwick University), James Dunkerley (Institute of American Studies) y Val Fraser (University of Essex) que han intervenido de azarosas maneras para que conozca a Chandra Morrison en el momento apropiado en que nuestros intereses se cruzaban, y muy especialmente a los artistas anónimos que cuando estamos listos, dispuestos a la lectura, ofrecen pequeñas alegrías a nuestra deriva.

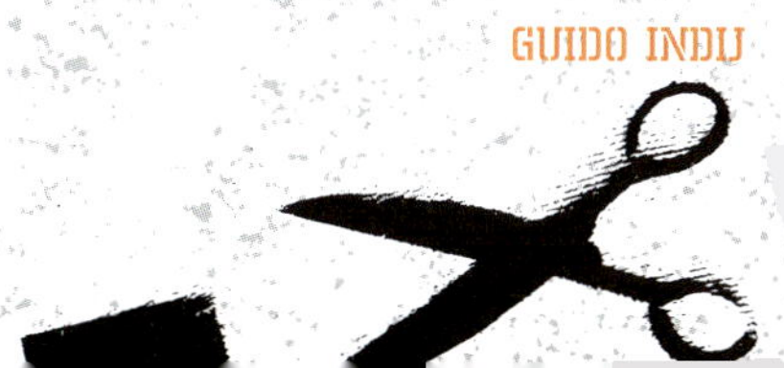

MSJ MENSAJES IDEOLOGICOS, FILOSOFICOS, POETICOS
PIN "PINTADAS" CON CONSIGNAS Y SIMBOLOS POLITICOS
TXT TEXTOS DIBUJOS Y SIMBOLOS DE CLUB DE FUTBOL
STN "STENCIL" (MOLDES PLANTILLAS O PLANCHETAS)
MUR MURALES

RE:STENCIL UN ABSURSO COTIDIANO

El stencil tipifica el prefijo 're-': rehacer, reformar, resignificar, reproducir, repetir, reaccionar. Estilísticamente identificable y voz anónima a la vez, los stencils autografían la ciudad. Más que un estilo, hacer stencils es una técnica. Variando desde recortados básicos hasta capas complejas de detalle y color, los stencils son tan complejos o simples como el artista desee. El medio mismo connota la multiplicidad: si hay uno, podés estar seguro de que hay otros esparcidos en la cercanía. Además, los stencils se caracterizan por su espontaneidad. A través de actos espontáneos, ubicaciones aleatorias y encuentros azarosos, los stencils aparecen por toda la ciudad creando –interacción entre transitoriedad y residuo– diálogos a través del tiempo.

Mientras afiches políticos, anuncios y propagandas rellenan las paredes urbanas y los espacios públicos, los stencils añaden imágenes alternativas en una propuesta *Do It Yourself* (DIY) -Hazlo tu mismo- a la textura de la ciudad. Accesibles y económicos, facilitan un método DIY esencial de promocionar bandas y eventos, además de posibilitar expresiones impresas individualizadas para exponer ideas e ideales. Como afirma Tester de Run Don't Walk: "el stencil es una idea bastante simple, [y es] anónimo, cualquiera puede hacerlo"[1].

Los stencils son generalmente rápidos de producir y reproducir. A través del proceso sencillo de crear, recortar y pintar, los stencils funcionan como una imprenta personal y portátil. Cualquiera puede grabar sus ideas en las paredes de la ciudad, dejando una huella física y un vestigio visual de su presencia en los espacios públicos.

El stencil se basa en procesos de *sampling y versioning,* similares a las tendencias del arte moderno y los géneros de música urbana. Frecuentemente construidos con material preexistente, las nociones de autoría se tornan confusas, ya que imágenes estencilizadas pueden estar fácilmente bajadas del internet, apropiadas, combinadas o recontextualizadas en relación con nuevos lugares y nuevos conceptos. Los stencils interrumpen lo esperado al introducir ángulos sutiles en símbolos o frases reconocibles. Mediante juegos de imágenes y palabras, se usan stencils para manipular logos y expresiones, para recordar bromas e iconos culturales. Aunque es una práctica de apropiación y modificación, el corte y pegue del *sampling* también se caracteriza por sus pequeñas variaciones. Cada versión, cada imagen repetida es única; distinguida por gotas de pintura, colores modificados, alteraciones en la textura del fondo y atmósferas cambiantes. Los ambientes adyacentes se adaptan y reasignan significado al stencil, tanto como el stencil en sí cambia y reconstruye el sentido y la significación del espacio.

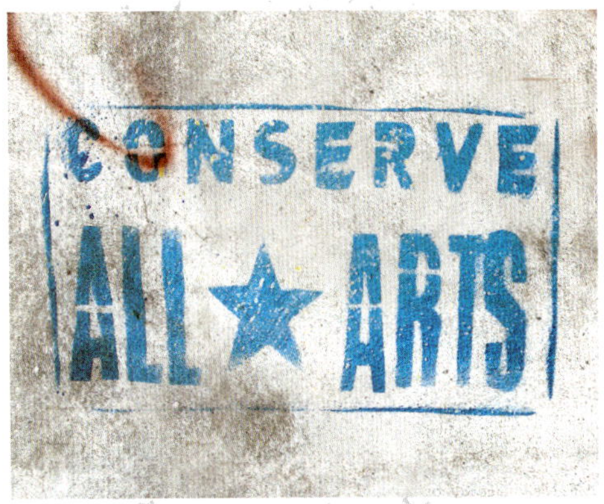

Frecuentemente utilizando signos estandarizados y símbolos propios del sistema, los stencils modifican esos íconos y los colocan en contextos, actos y posiciones diferentes. Mantienen la continuidad rompiendo simultáneamente con lo esperado, obligando insidiosamente a una reevaluación de lo ya normalizado. Al asemejarse a lo oficial, aunque alterando su contenido, produce una con-fusión que subvierte lo burocrático y lo autorizado. Así, un signo de "Pare" en una intersección de tráfico puede cambiarse a "Pare… fúmese uno" o "Pare… guerra." Añadiendo y/o manipulando lo cotidiano, se resignifica y reinventa los objetos del sistema para un uso alternativo. De acuerdo con ese estilo de manipulación, el slogan de las zapatillas "Converse All Star" se convierte en "Conserve All Arts." En el ligero reordenamiento de las letras, el logo del consumismo comercial se reconfigura para expresar una defensa de las artes. La iconografía reconocible puede estar reinventada a través de múltiples variaciones absurdas. Así, "Puma" se cambia a "Rata," y el gato salvaje del logo se transforma en una rata de alcantarilla -o, de manera igualmente astuta, "Puma" se convierte en la declaración "Fuma"-. Inspiraciones internacionales también acoplan referencias distintivamente argentinas, como la alteración de "Hello Kitty" a "Hello Kirchner" o la de "Aerolíneas Argentinas" a "Ladrolíneas Argentinas". Los stencils reflejan las conexiones globales dentro de un contexto local, ofreciendo una manera de rendir homenaje, promocionar, estimular la auto-reflexión, construir comentarios, criticar acontecimientos internacionales o referirse a situaciones completamente locales.

Dadas sus calidades de espontaneidad y repetición, los stencils provocan una re-adaptación, re-conformación, y re-contextualización continua. A diferencia de otros subgéneros de arte callejero, la modificación y reconfiguración de stencils preexistentes no resultan una amenaza sino una oportunidad; los diálogos de yuxtaposición deliberada y de imágenes alteradas son intrínsecos al medio. La mayoría de los encuentros artísticos consisten en la interacción con las imágenes más

---

[1] Tester (Run Don't Walk). Entrevista personal con la autora. 26 de abril de 2007.

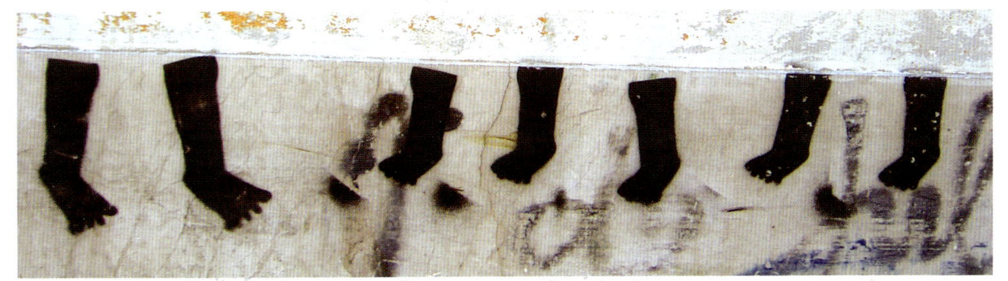

duraderas en la pared. Como se dice GG de BSASSTNCL, "Tiene que [...] jugar con lo que otro ya pintó, establecer una suerte de diálogo. Finalmente pintar en la calle te hermana"[2]. Los stencileros pintan en los mismos espacios físicos aunque en tiempos diferentes, estableciendo una conversación espacial a través de una temporalidad diferida. Construir un diálogo visual con imágenes preexistentes en el muro es una oportunidad irresistible para enmendar lo original y crear algo nuevo. Dejando fluir la imaginación, el stencil se convierte en una chispa y un chiste. Es en la yuxtaposición donde se recontextualiza y sintetiza la imaginería. Es un arte de desvanecimiento, evolución y florescencia... un arte de transiciones fluctuantes y desarrollo visual. No existe entonces un mensaje estático ni predeterminado sino un mensaje redeterminado continuamente por el público. La interpretación y determinación de significados reside en el espectador individual y ya no en el colectivo de colaboradores artísticos.

Junto con los stickers, los afiches, los *graffiti* y el arte callejero en general, los stencils reinventan el rostro de la ciudad con palabras, marcas y dibujos. Las paredes se transforman en carteles publicitarios, las puertas se convierten en blocs de notas, los basureros y cabinas telefónicas en lienzos. Superficies funcionales son reinventadas como espacios de expresión personal -sitios DIY de montaje, collage y recopilación visual aleatoria-. Desafiando ideas convencionales sobre el arte y los espacios artísticos aceptados, las calles se convierten en una galería pública, supeditada al capricho y a la inspiración del artista.

Al no estar restringidos a una colocación ordenada ni encuadrados en el medio de una pared lisa, los stencils pueden ser hallados en rincones ocultos, al borde del pavimento o bordeando un arroyo. De la misma forma que se juega con imágenes, los stencils utilizan y juegan con espacios solamente limitados por la imaginación y el ojo creativo del artista. La ubicación estratégica de un stencil puede

---

[2] Lisica, Federico. "Paredes con altura", en: *Página/12*. 1 de febrero de 2007.

destacar recovecos no percibidos y grietas oscuras, así como jugar con las connotaciones sociales de los espacios o comentar sobre la funcionalidad de un lugar mediante una yuxtaposición absurda entre las imágenes. Al apropiarse y transformar el motivo, la estética y la utilidad, los stencils re-visualizan la arquitectura y los objetos funcionales de la ciudad, desplazando la funcionalidad deliberada a través de la ornamentación.

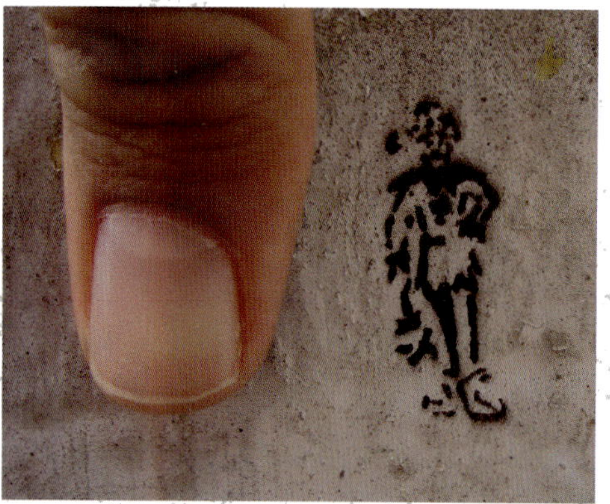

Sin embargo, tanto como del contexto, los stencils dependen del contraste: contraste gráfico, contraste visual, contraste de contenido, contraste con lo esperado. Construido a menudo por una capa única de pintura que reviste la superficie de un muro u objeto, su pura existencia depende de la construcción de un contraste visible entre dos colores opuestos. No obstante, este contraste se extiende al contenido: al jugar con palabras e imágenes, los stencils manipulan lo reconocible e interrumpen lo anticipado. Muchas veces concebidos como provocación, los stencils incitan a una reacción a través de la construcción de lo absurdo. Su impacto reside en la contradicción de lo esperado, en el establecimiento de una yuxtaposición espontánea, en la creación de un absurdo.

Los stencils encapsulan lo absurdo y lo cotidiano a la vez. Por su contenido, ubicación espacial y encuentros casuales, animan la rutina diaria de Buenos Aires. Juegan con los objetos, las historias e iconos de la vida cotidiana de los porteños. 'Jugar' es despreocuparse, pero también es examinar realidades alternativas. Al establecer contradicciones, los stencils enfatizan lo absurdo de lo real, de la normalidad percibida. Aún cuando su presencia continua en las calles los haga cotidianos, la experiencia visual de la rutina diaria viene aquí a poner lo fantástico dentro de lo ordinario. Al establecer diálogos espontáneos y provocar reacciones y respuestas, los stencils simultáneamente animan lo cotidiano y 'son' lo cotidiano.

CHANDRA MORRISON

Centro de Estudios Latinoamericanos,
Universidad de Cambridge, 2007.

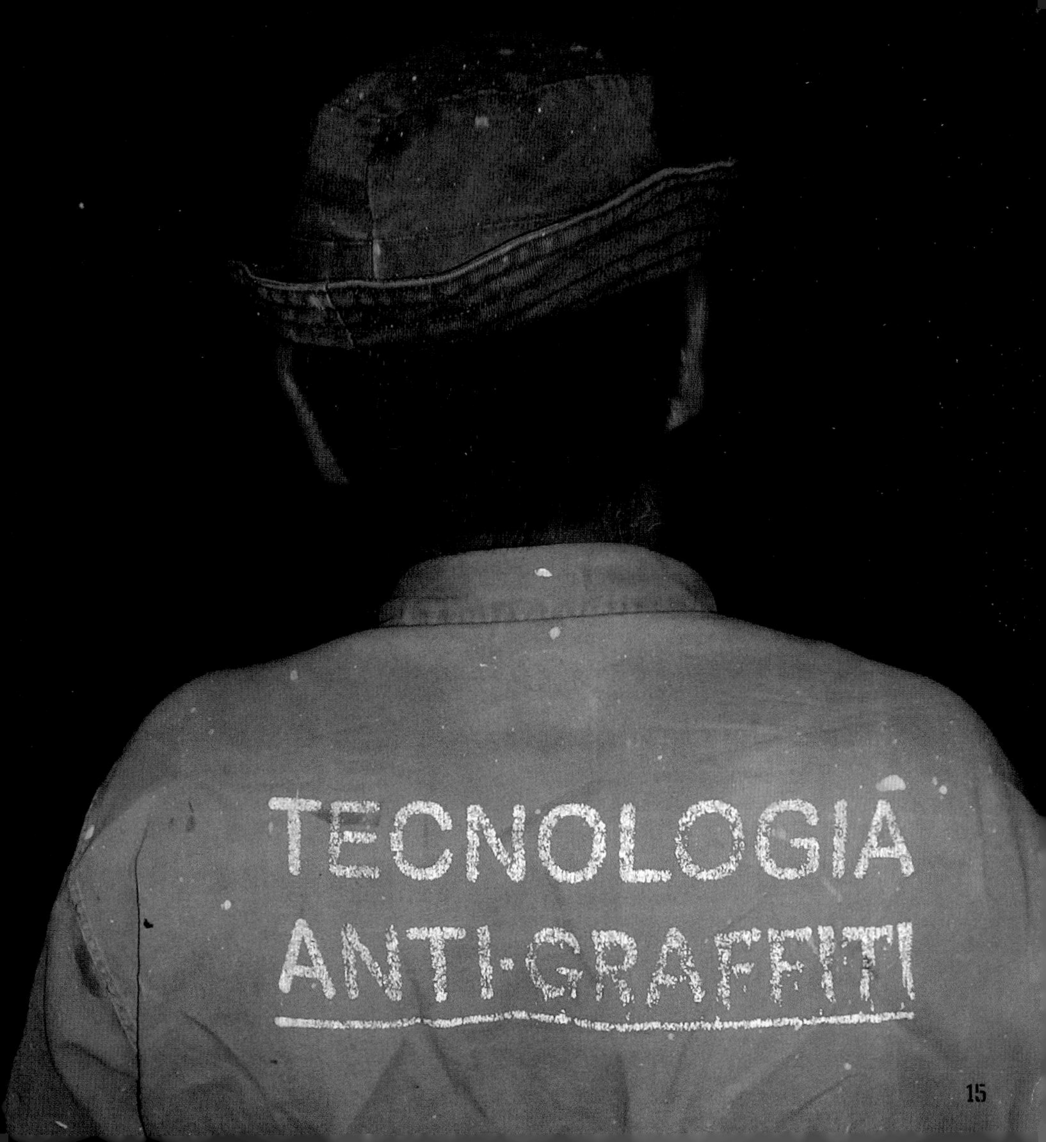

TECNOLOGIA
ANTI·GRAFFITI

APUNTES HISTÓRICOS

2004

EL LIBRO La edición de *Hasta la Victoria, Stencil!* y la serie de actividades que acompañaron su lanzamiento ha sido un hito importante en la historia del stencil en la Argentina. En aquel libro presentamos una línea de tiempo con su historia. En este, ensayamos una sinopsis de los acontecimientos más significativos que se sucedieron desde aquella edición hasta la obra misma que Ud. tiene entre manos.

2004

LA FIESTA Por la noche festejamos con unas cuantas latas de cerveza y otras tantas de aerosol. La televisión envió algunos móviles para cubrir la noticia. Obra de "los inadaptados de siempre", esos móviles también quedaron cubiertos de pintura…

2004

La Escuela de Postgrados Ernesto de La Cárcova custodia el Gabinete de Grabados donde conserva estampas históricas de Castagnino, Páez, Vigo y otros importantes grabadores. A partir de la edición de *HLVS* comenzó la incorporación de obras de stencils contemporáneos impresos en papel y otros soportes que reúnan condiciones museológicas.

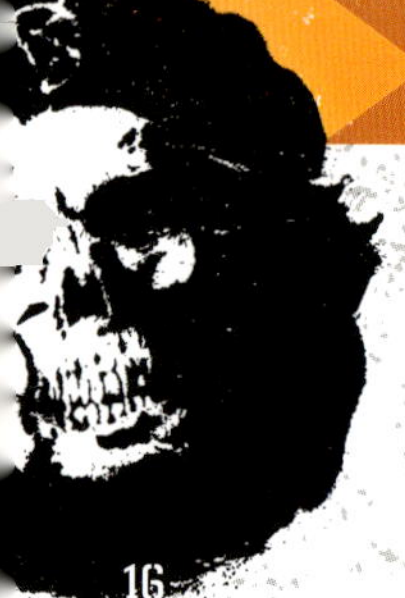

2005

Durante el 2004 y 2005 se presentan varias muestras colectivas de stencils en el Malba, la Casa de la Cultura, el Centro Cultural Ricardo Rojas, el Centro Cultural de España en Buenos Aires y otros espacios de cultura.

2005

Silvia Armoza y su equipo relanzan su campaña de prevención del SIDA "Por amor usá forro", convocando especialmente la utilización del stencil graffiti. (ver p.198)

2005

METRO TACUBA
(ver p.34)

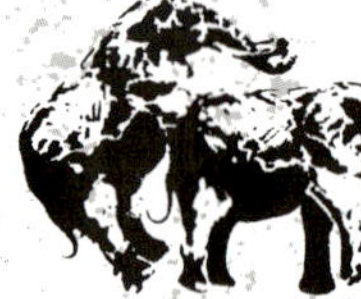

2004

A partir del 2004 diversos periódicos y otros medios de comunicación se ocupan de ´la movida del stencil´.

2004

SEGUNDO SIMPOSIO DE STENCILEROS PORTEÑOS
Una tarde del mes de septiembre de 2004 convocamos al Segundo Simposio de Stencileros Porteños en *El Dorado* que tantas noches de champagne y lamé nos había ofrecido en otras épocas, y para entonces se había convertido en el espacio de música y encuentro predilecto de los stencileros.

2004

Se edita *Contra la pared. Sobre graffitis, pintadas y otras intervenciones urbanas* de Claudia Kozak (Libros del Rojas).

2004

En noviembre se realiza la muestra de registro de stencils "Obra del hombre / obra del tiempo" con fotografías de Otilio Moralejo y Mabel Castro en la Torre Monumental.

2004

QUIERO ESTENCILIAR ESA PARÉ!
(ver p.18)

2004

LA PARED
(ver p.22)

2004

LA MUESTRA
(ver p.30)

2006

BSASSTCL EN EL BORGES
(ver p.36)

2006

POST (ver p.48)

2007

HOLLYWOOD IN CAMBODIA
(ver p.52)

2007

SE PUBLICA 1000 STENCIL

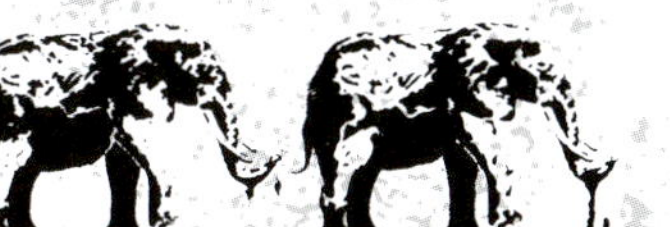

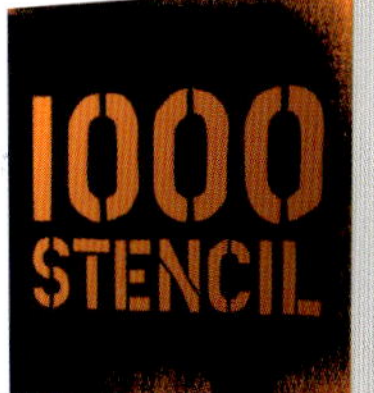

QUIERO ESTENCILIAR ESA PARÉ!

El 4 de diciembre de 2004 a las 14 horas, **la marca editora** convocó a los stencileros a participar en la apropiación de un espacio de la ciudad dentro del ciclo "Intervenciones Urbanas" de Estudio Abierto 2004. Se trataba de una pared de 6 x 6 metros, en el garage de la calle Hipólito Irigoyen 979. Pero con entusiasmo y la ayuda de unos andamios, la pared creció hasta 9 metros de alto y se convirtió en la pieza de stencil permanente más grande del país. Aún sigue allí.

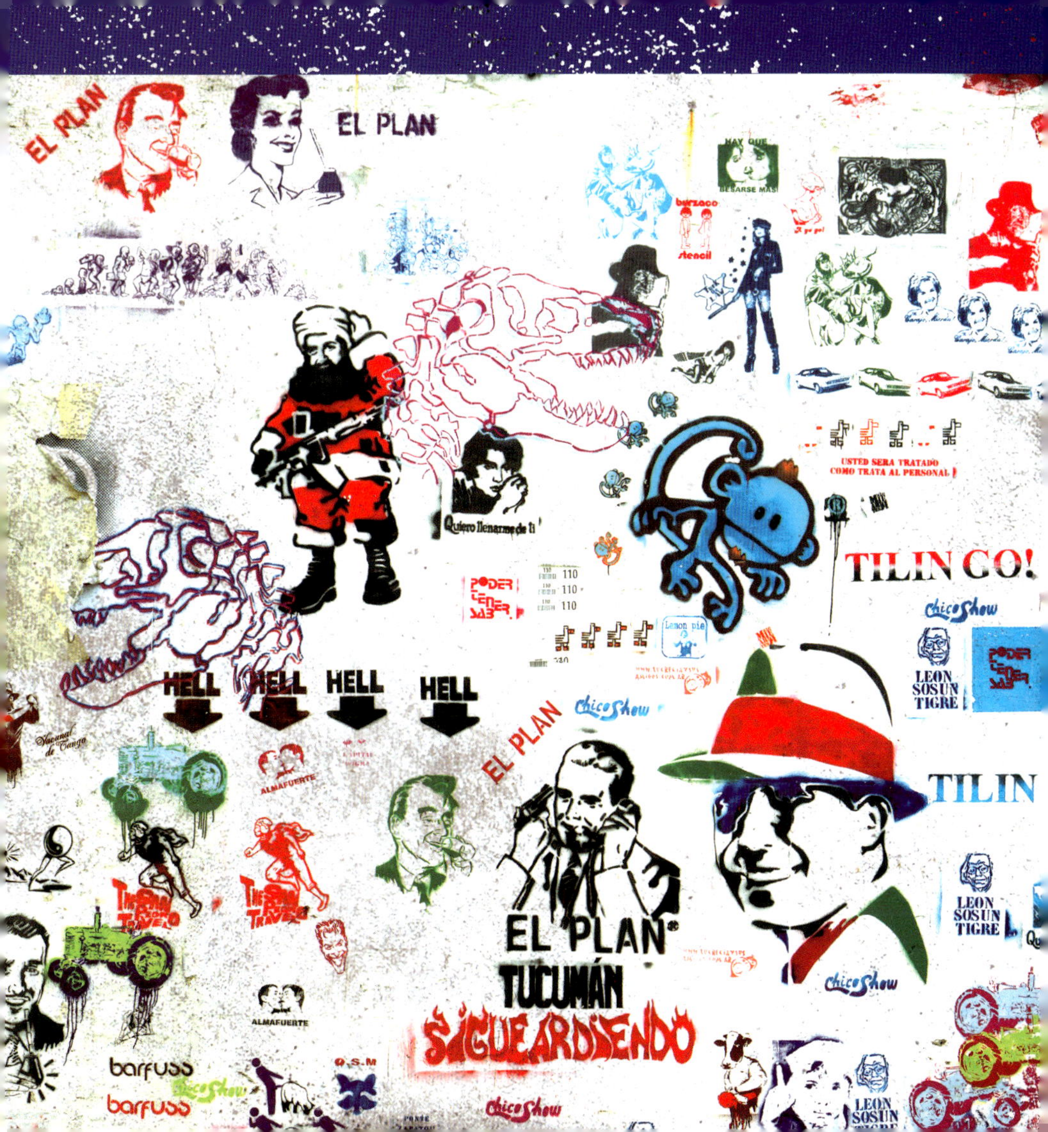
EL PLAN
EL PLAN
MAX QUE BESARSE MAS!
burzaco stencil
USTED SERA TRATADO COMO TRATA AL PERSONAL
Quiero llenarme de ti
TILIN CO!
ChicoShow
LEON SOS UN TIGRE
PODER TENER SABER
HELL
HELL
HELL
HELL
EL PLAN
ChicoShow
TILIN
ALMAFUERTE
EL PLAN
TUCUMÁN
SIGUE ARDIENDO
ChicoShow
LEON SOS UN TIGRE
ALMAFUERTE
barfuss
ChicoShow
barfuss
O.S.M
ChicoShow
LEON SOS UN TIGRE
110
110
110
Lemon pie

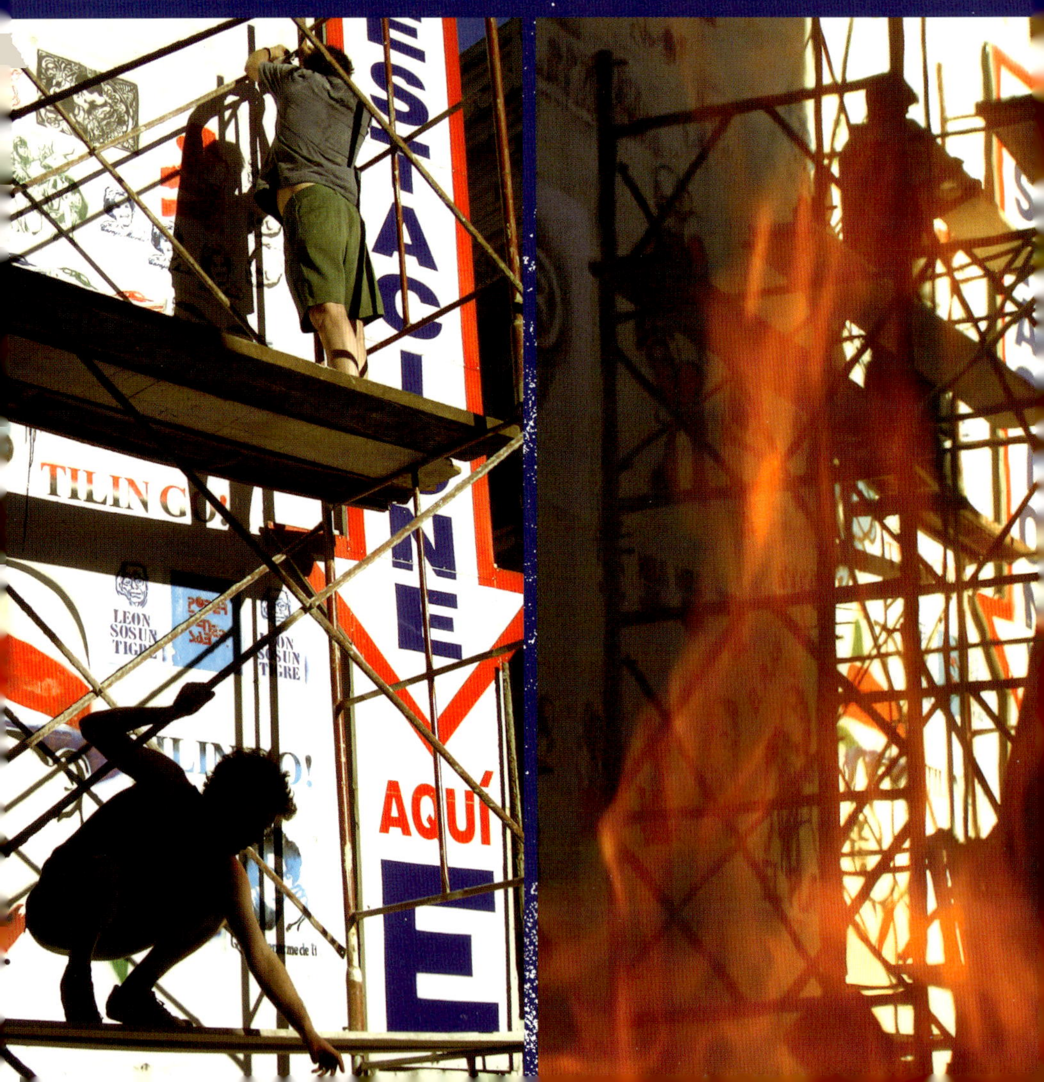

TILINGO
AQUÍ
LEON SOSUN TIGRE

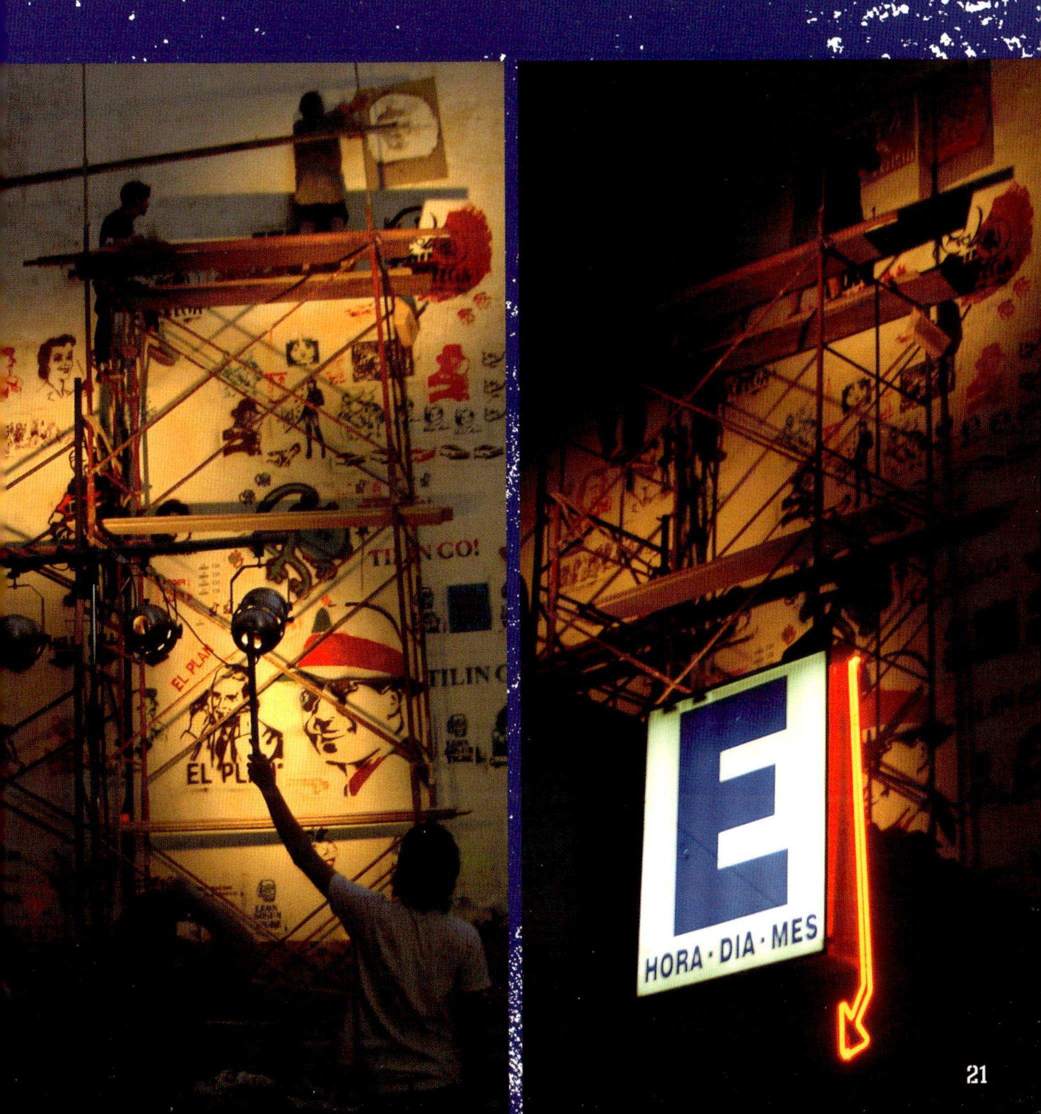
EL PLAN
TILIN GO!
TILIN C
EL PLAN
E
HORA · DIA · MES

HLVS LA PARED

Durante la segunda semana de diciembre de 2004, **la marca editora** y el **Centro Cultural Recoleta** convocaron a decenas de stencileros que durante tres días aplicaron cientos de plantillas en una pared de 18 x 3 metros. El imponente mural tuvo una gran aceptación en el gusto del público, lo que llevó a que su exhibición -programada por un lapso de 30 días- haya sido exhibida durante 18 meses y disfrutada por más de un millón y medio de visitantes.

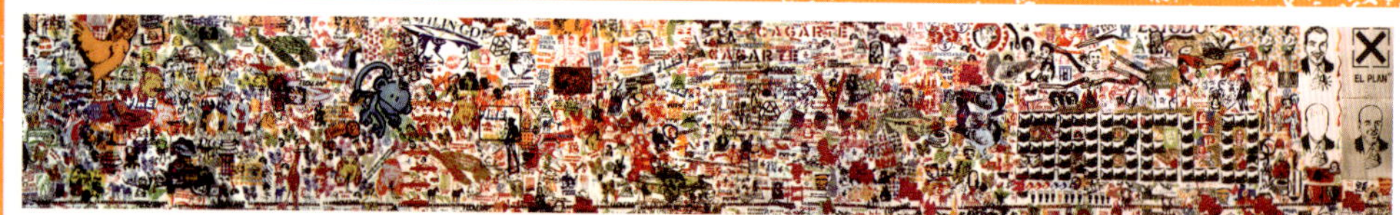

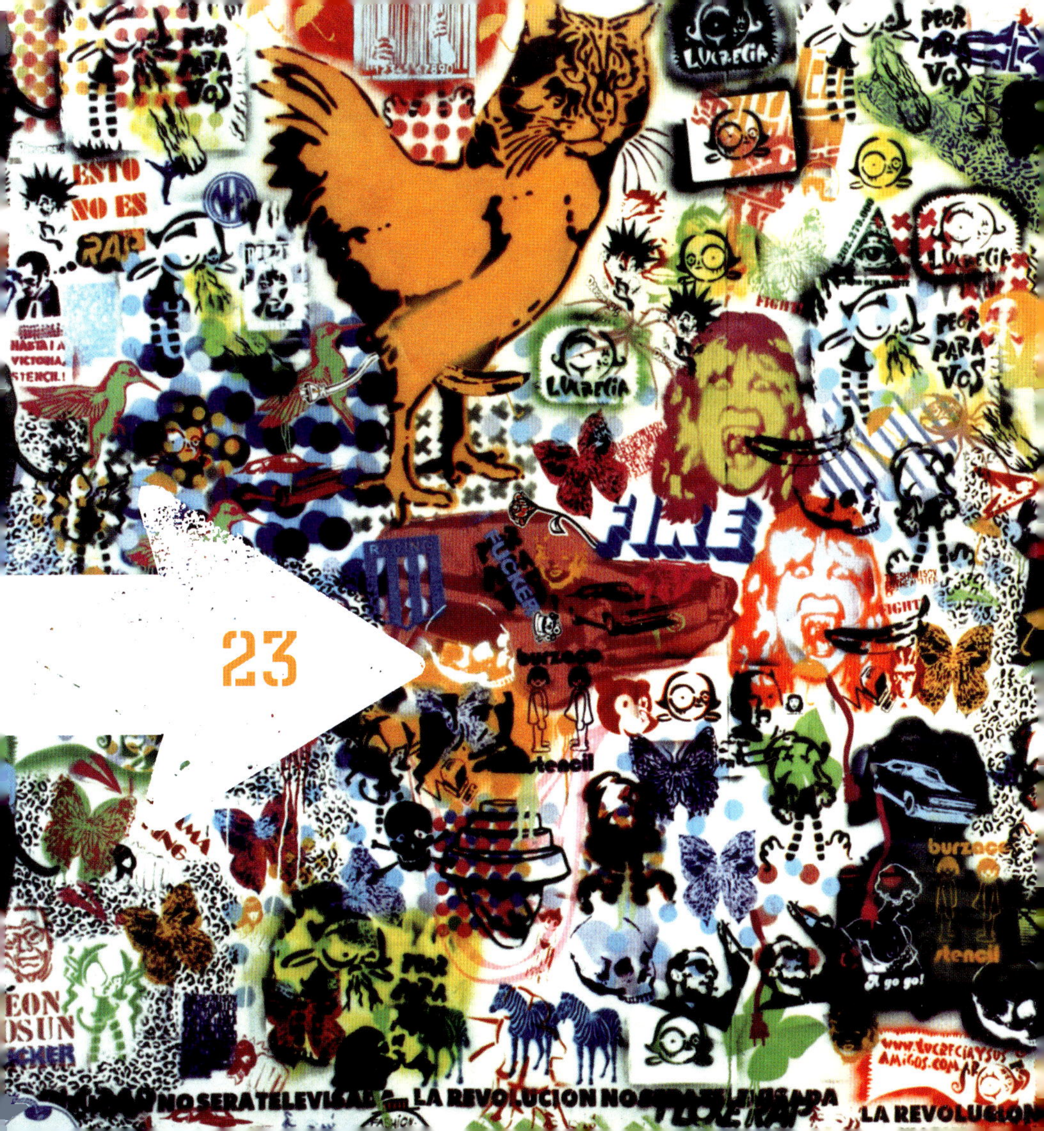
23
PEOR PARA VOS
LUCRECIA
ESTO NO ES RAP
HASTA LA VICTORIA, STENCIL!
PEOR PARA VOS
FIRE
FIGHT
burzaco
stencil
A go go!
www.lucreciaysus
amigos.com.ar
NO SERA TELEVISADA ... LA REVOLUCION NO SERA TELEVISADA
LA REVOLUCION

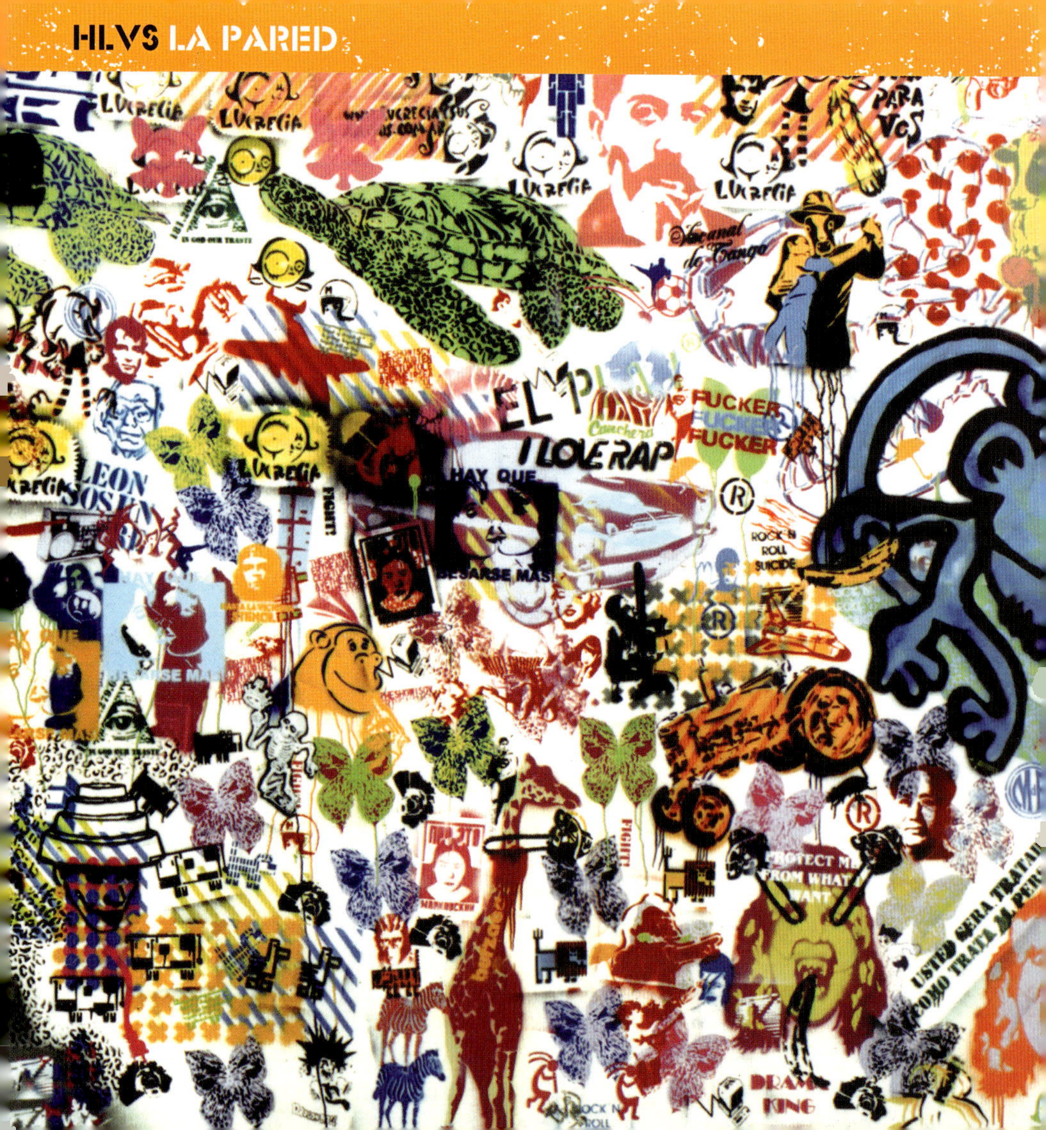

HI.VS LA PARED

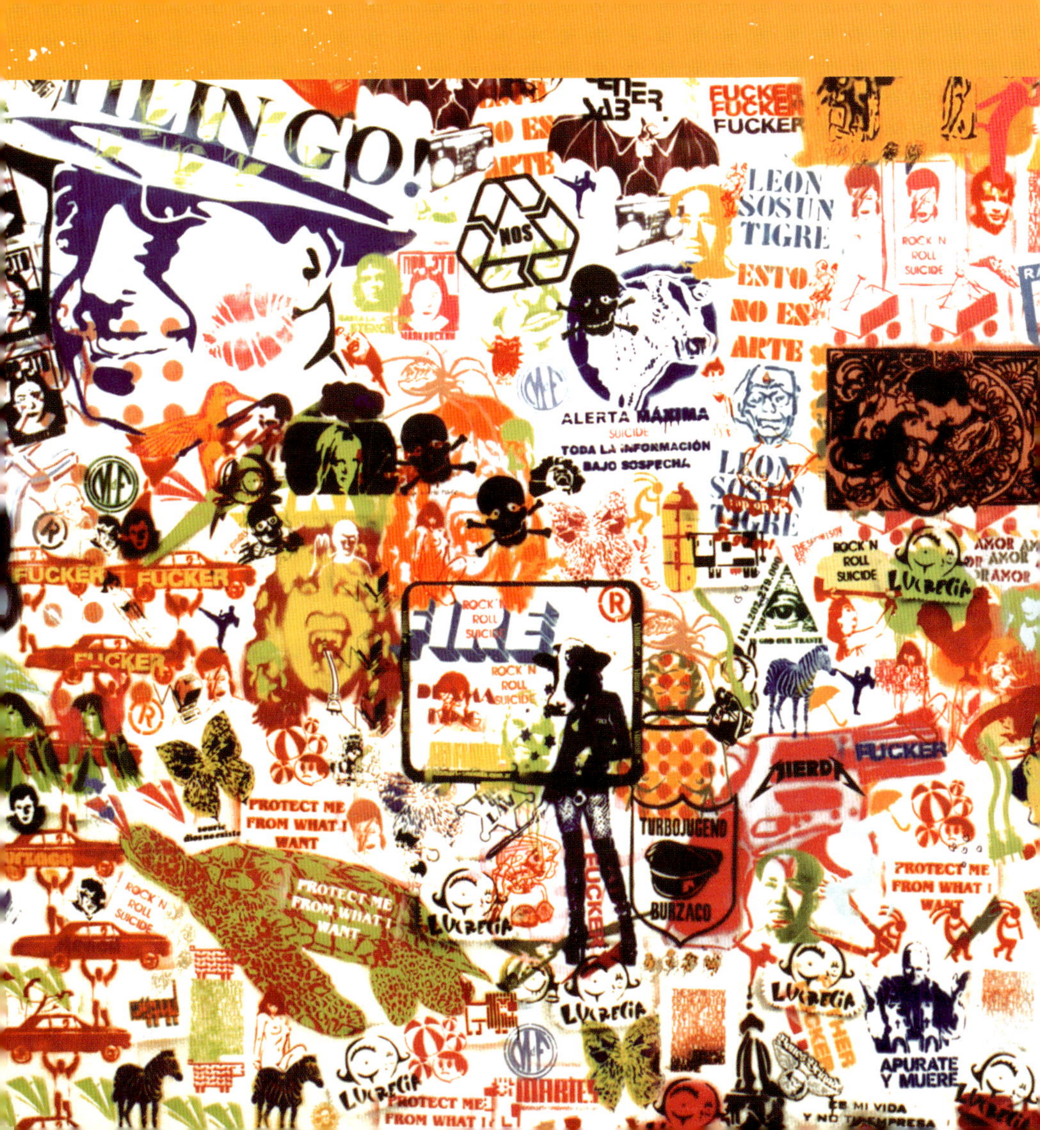

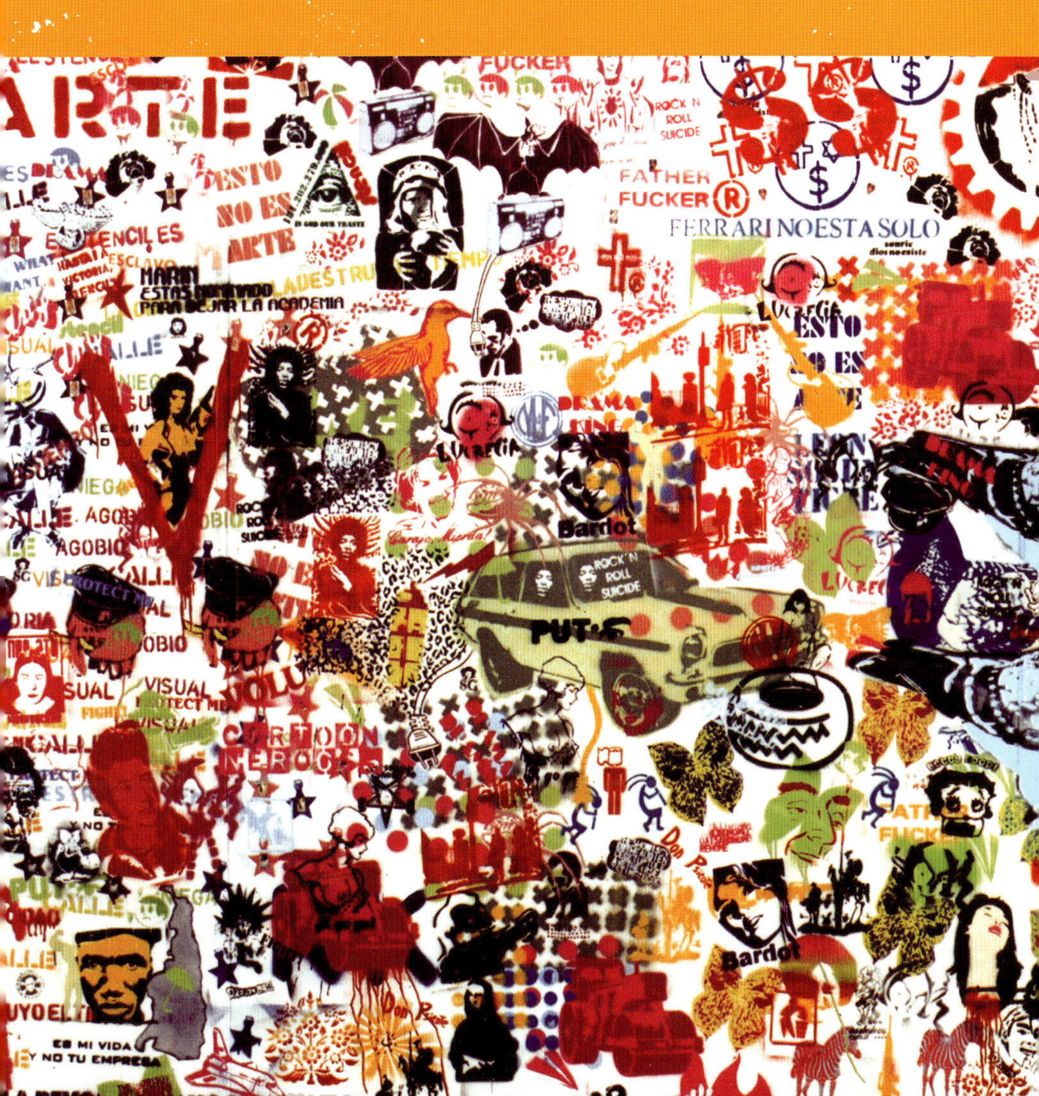

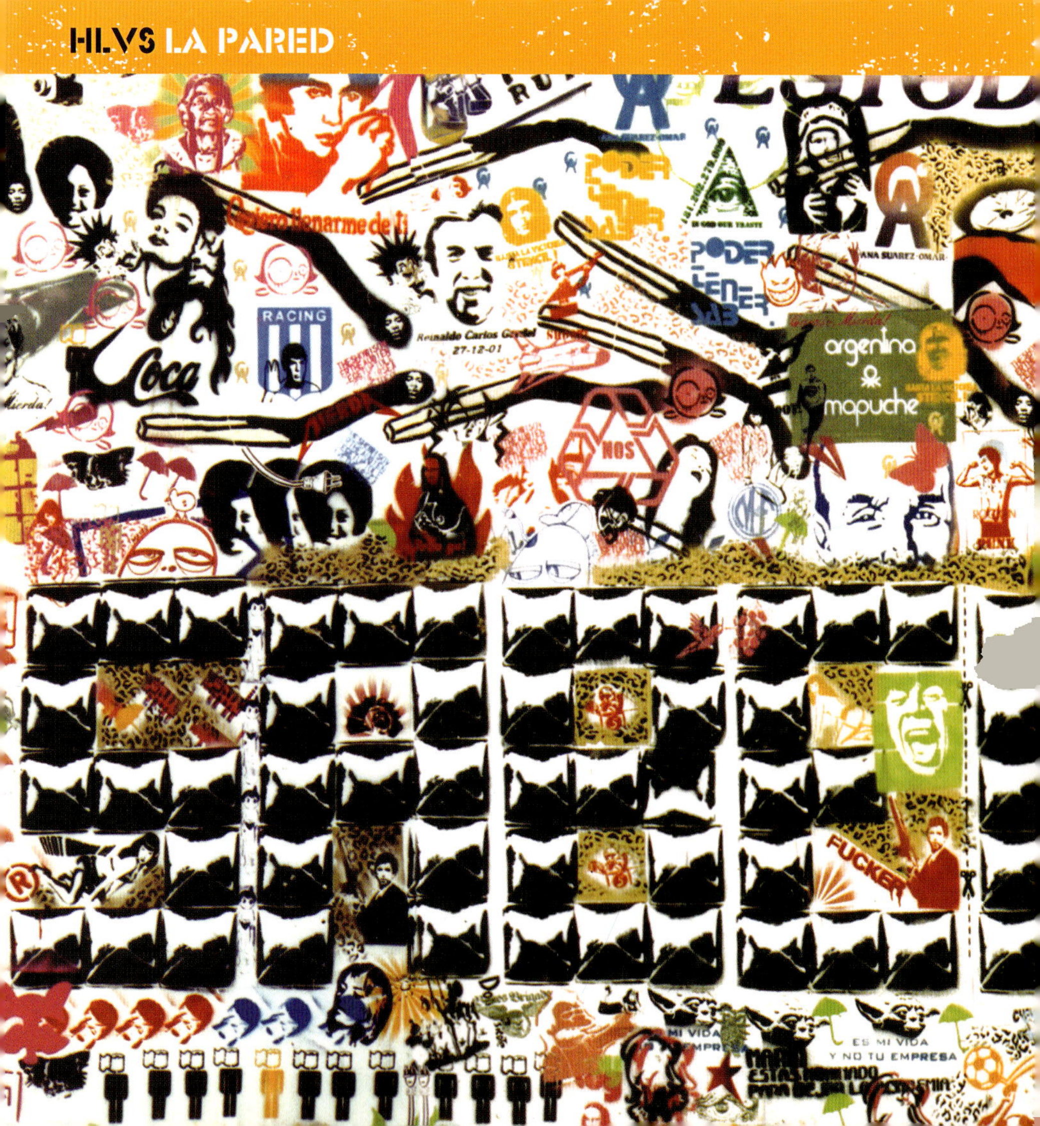

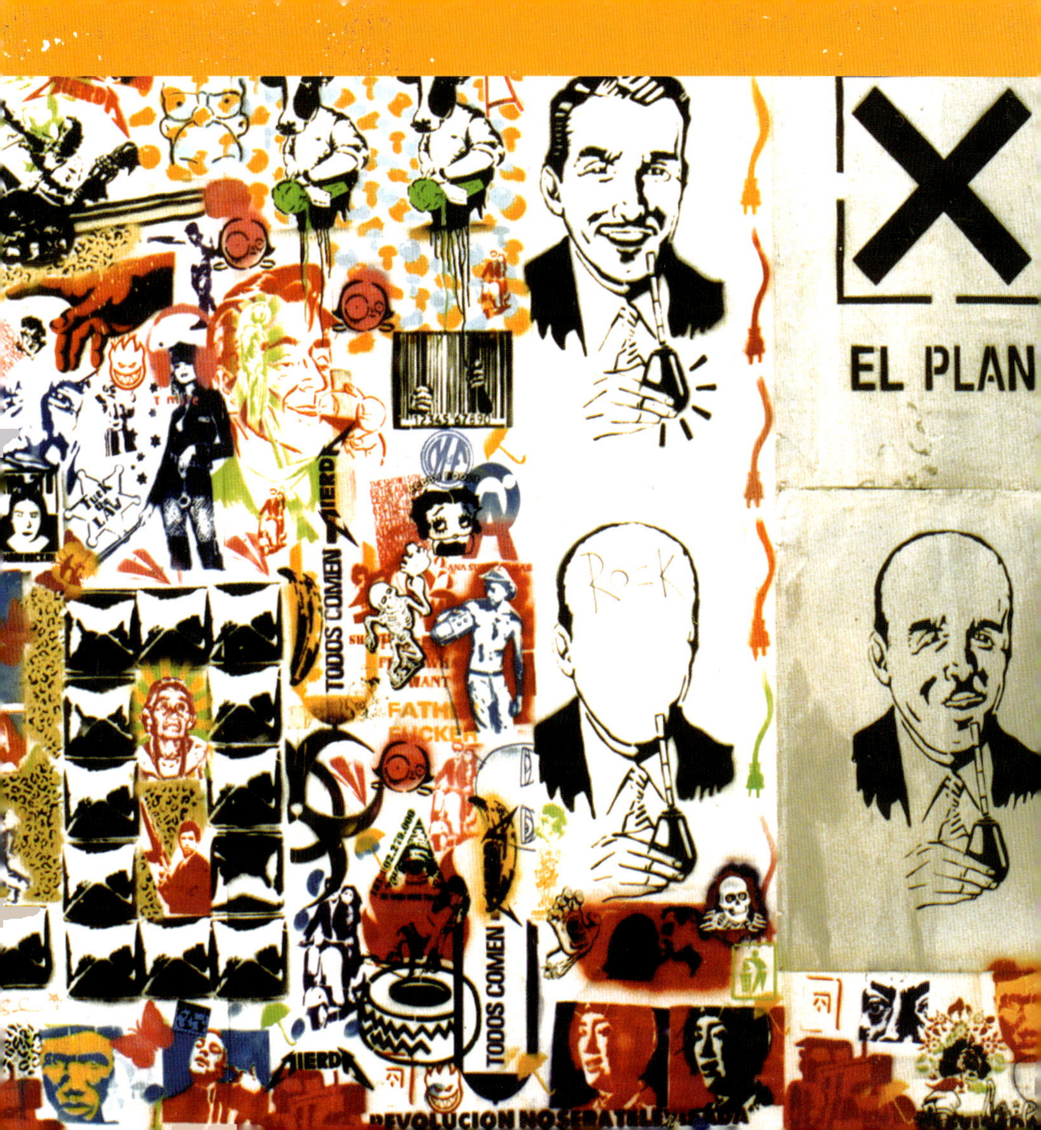

EL PLAN
TODOS COMEN MIERDA
TODOS COMEN
MIERDA
EL PLAN
ROCK
LA REVOLUCION NO SERA TELEVISADA

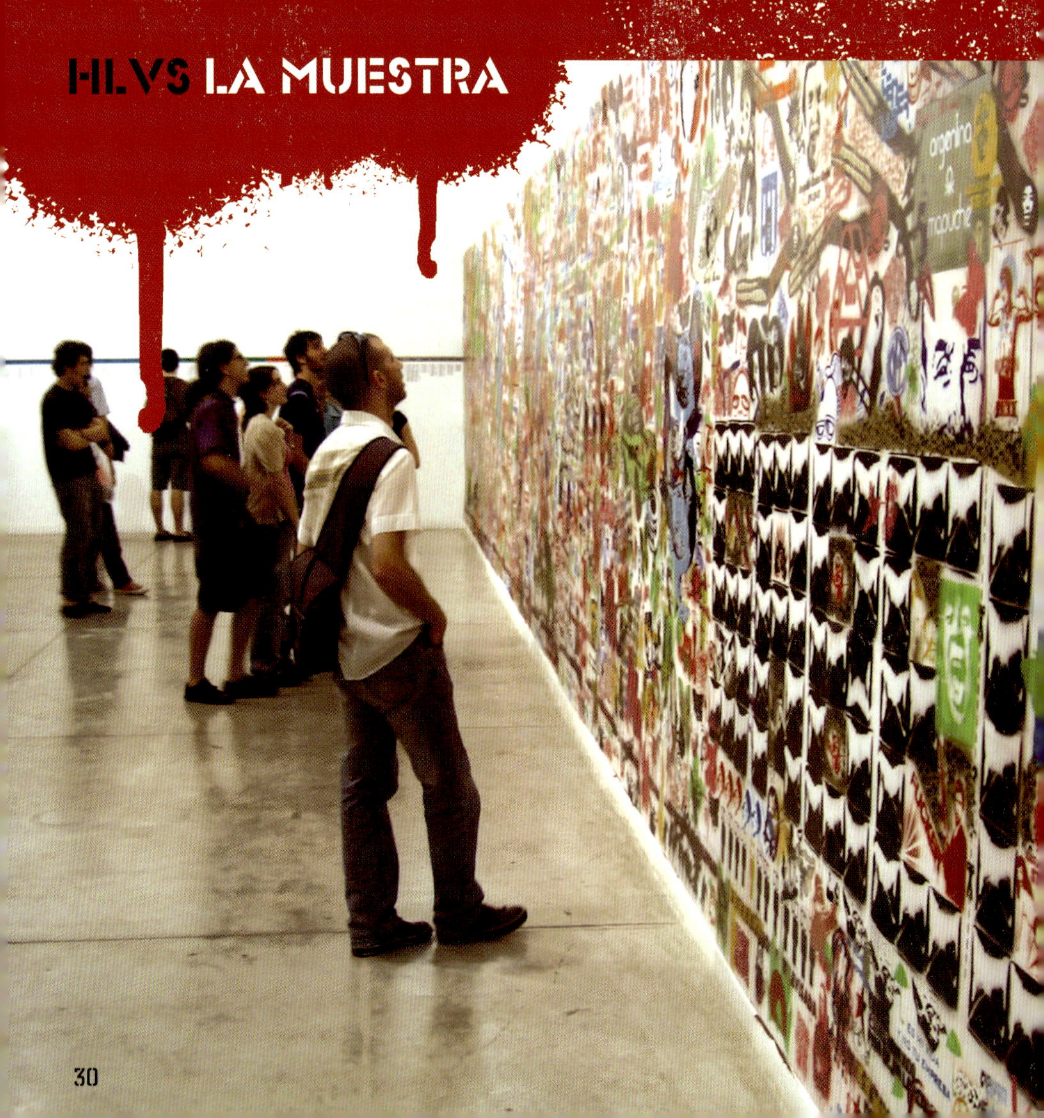

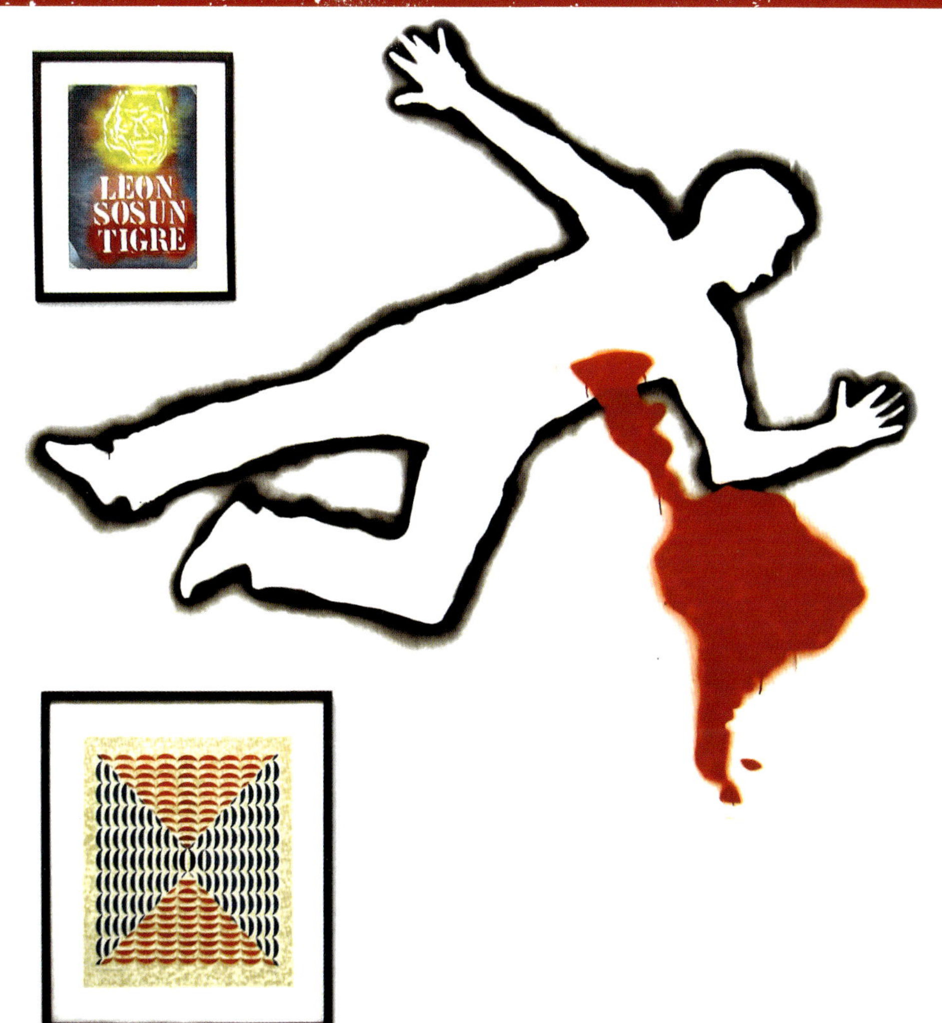

LEON
SOSUN
TIGRE

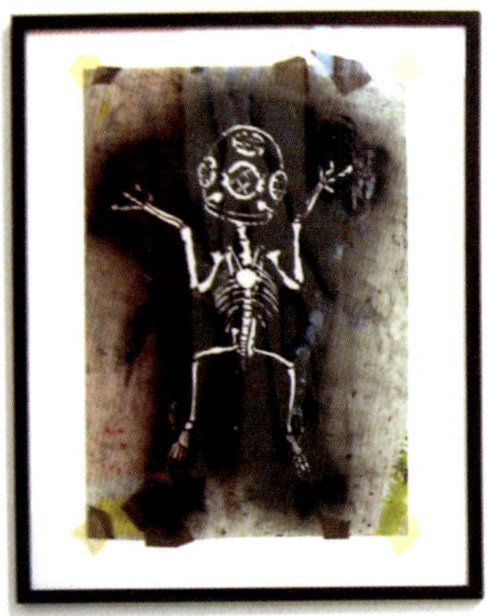

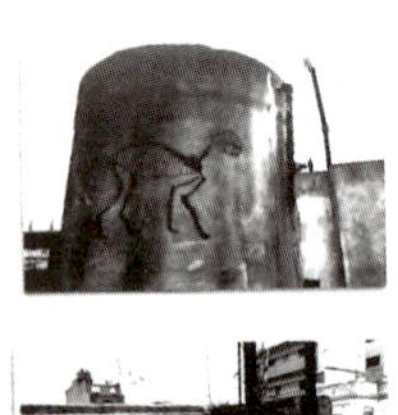

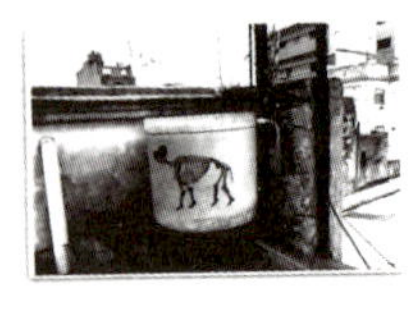

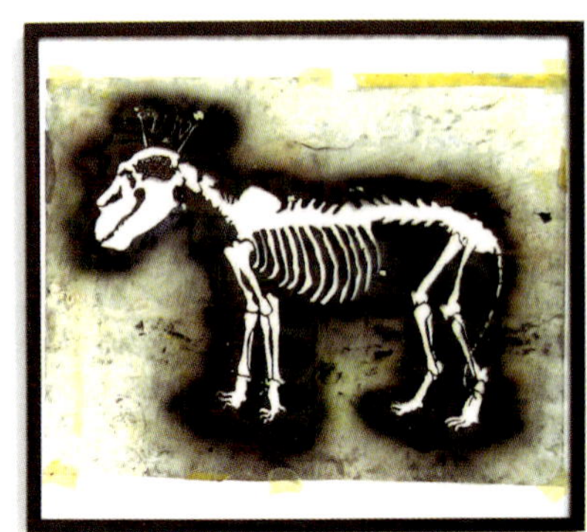

Con la visita estelar de Blek Le Rat, el jueves 16 de diciembre de 2004, el Centro Cultural Recoleta convirtió su sala 8 en una zona temporalmente autónoma y presentó la muestra *"Hasta la Victoria, Stencil!"* curada por el autor de este libro. La misma presentaba obras contemporáneas (BSASSTNCL, Barfuss, Burzaco Stencil, Dardo, Dr. J, Omar Omar, Run Don't Walk, Vomito Attack) junto a piezas históricas (Juan Carlos Romero, Ralveroni, Fernando Traverso, El Plan, Marino Santamarina, el siluetazo) con el intento de reponer una historia del stencil en la Argentina.

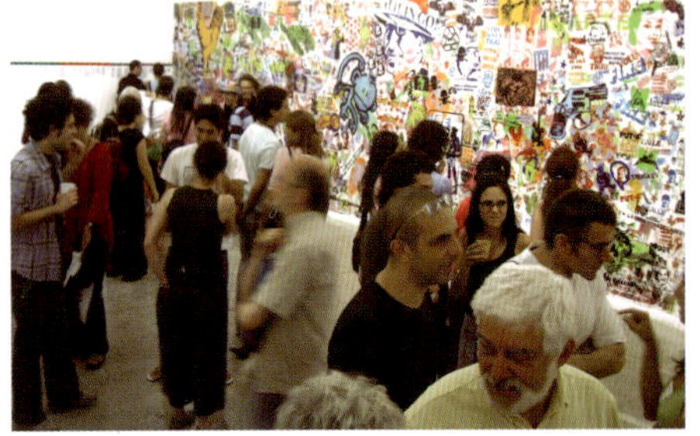

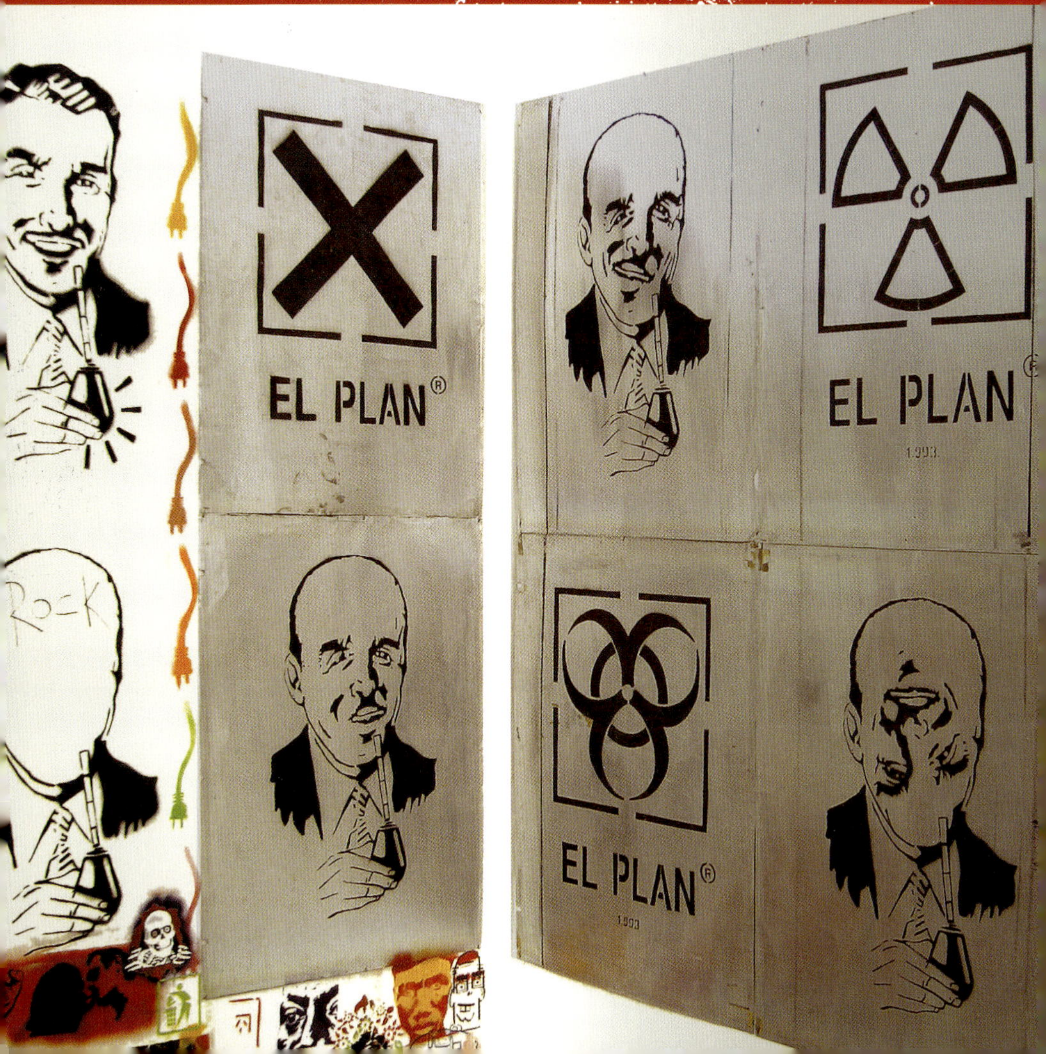

EL PLAN®
EL PLAN 1.993.
EL PLAN® 1.993
ROCK

METRO TACUBA
MEXICO DF

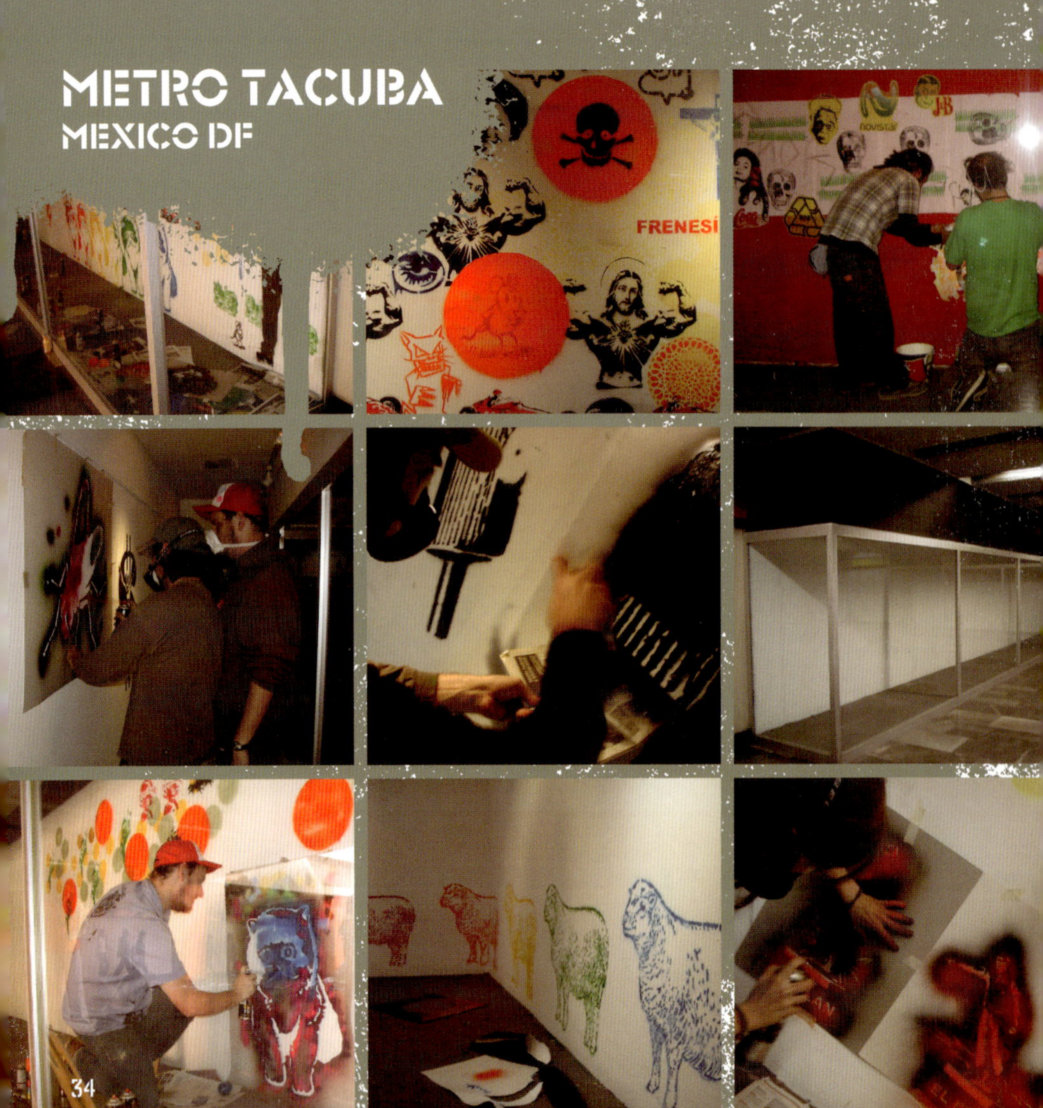

34

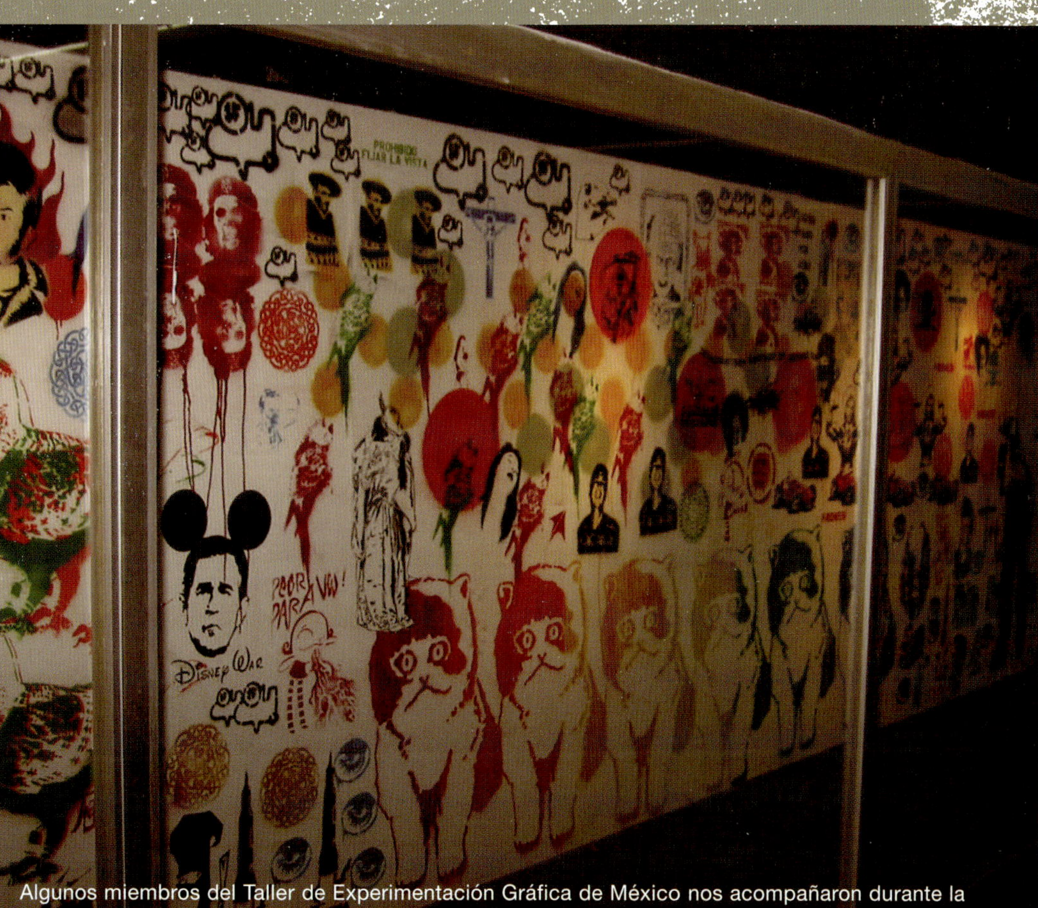

Algunos miembros del Taller de Experimentación Gráfica de México nos acompañaron durante la presentación de las experiencias "Quiero estencilear esa paré" y "La pared" e invitaron a varios stencileros a realizar, en noviembre de 2005, una acción similar en Metro Tacuba, uno de las estaciones de metro más populosas del DF.

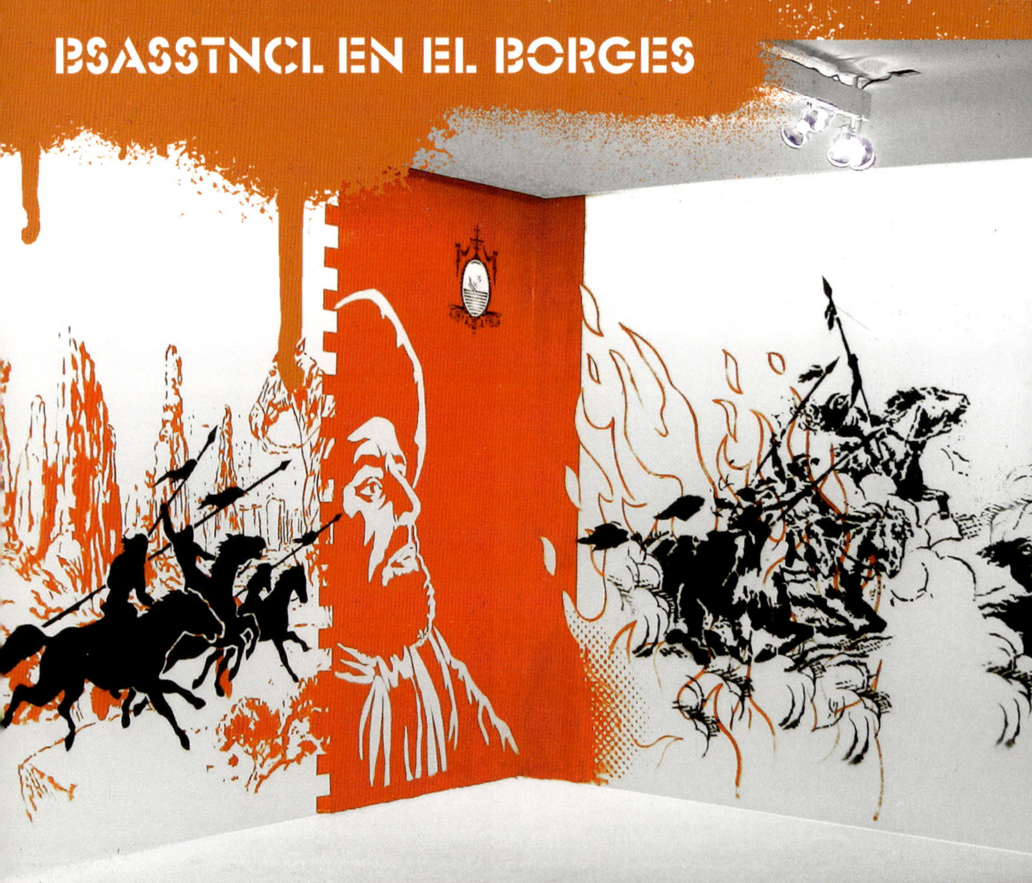

El 2 de febrero de 2006, el **Centro Cultural Borges** ofrece por primera vez una muestra individual de stencils. Uno de los más activos grupos de stencileros adaptaba su experiencia urbana en obras realizadas especialmente para un espacio interior.

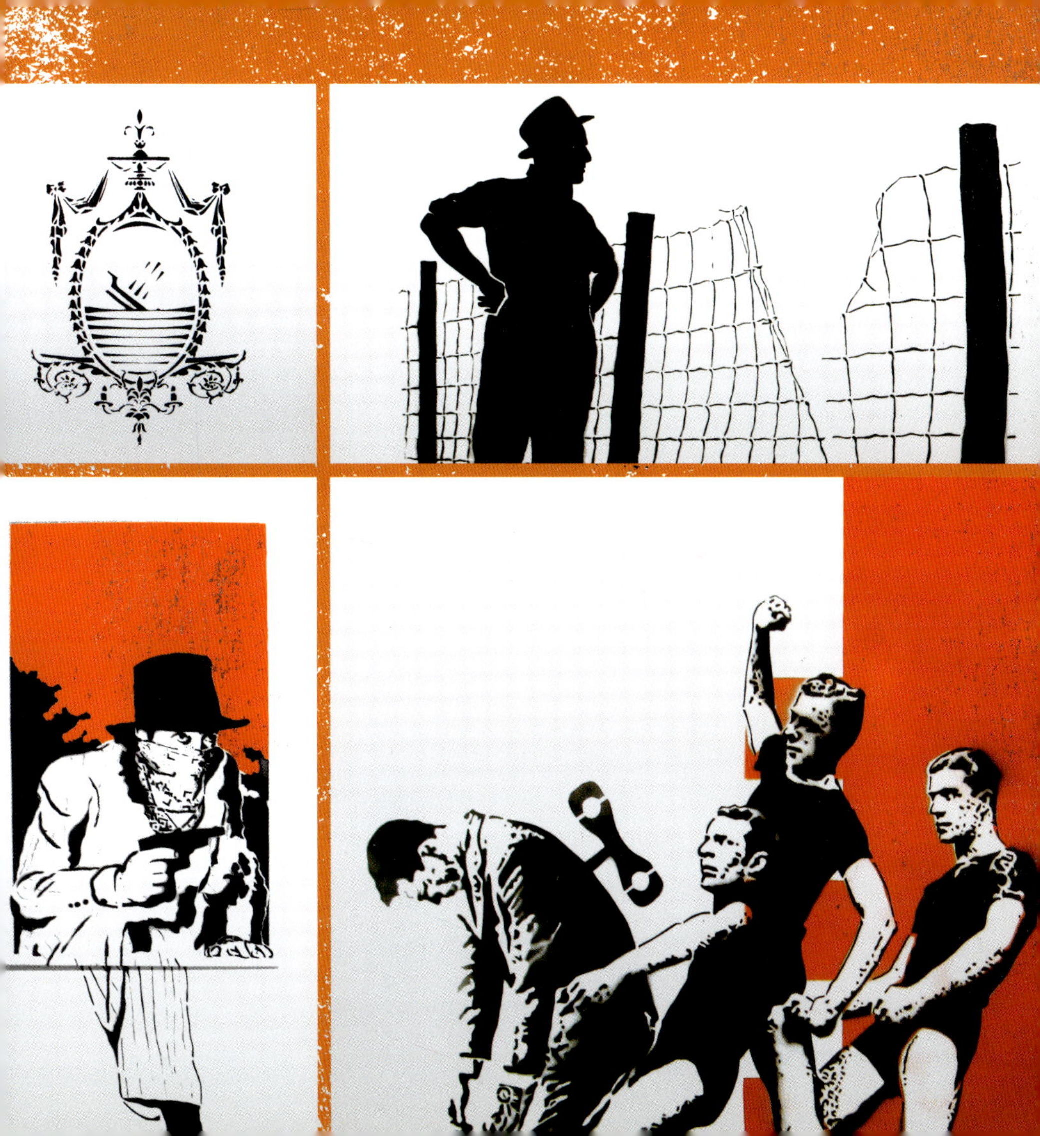

LA PARED DE LA CALLE VIAMONTE

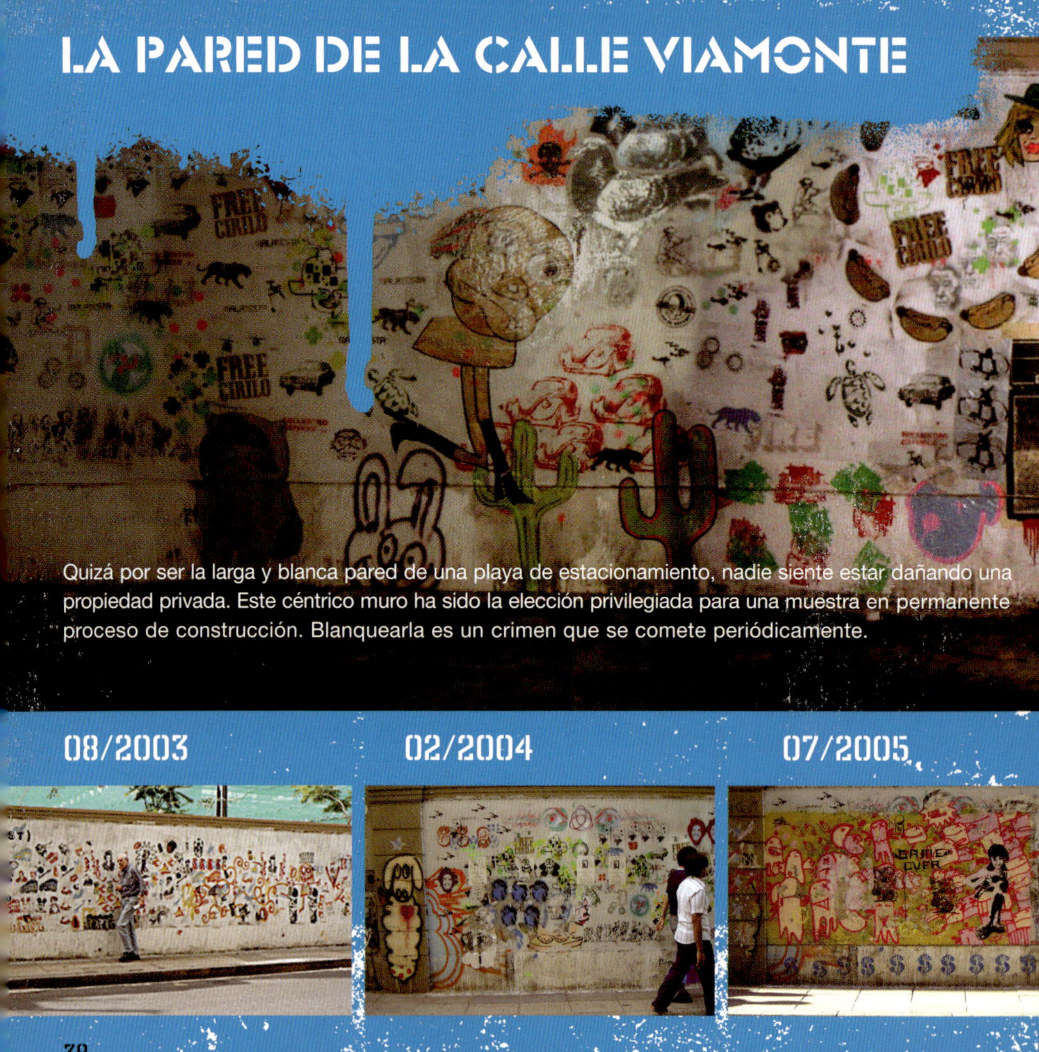

Quizá por ser la larga y blanca pared de una playa de estacionamiento, nadie siente estar dañando una propiedad privada. Este céntrico muro ha sido la elección privilegiada para una muestra en permanente proceso de construcción. Blanquearla es un crimen que se comete periódicamente.

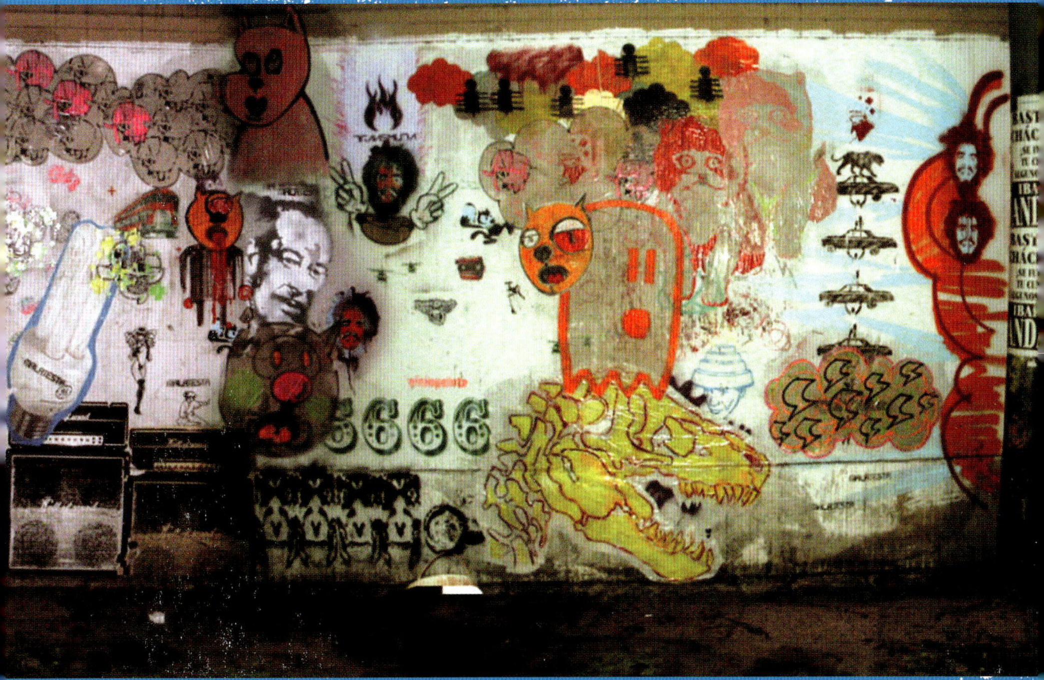

09/2005 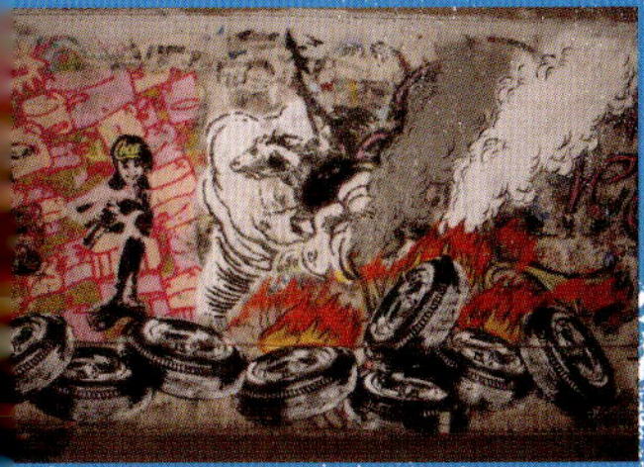
03/2006
04/2007

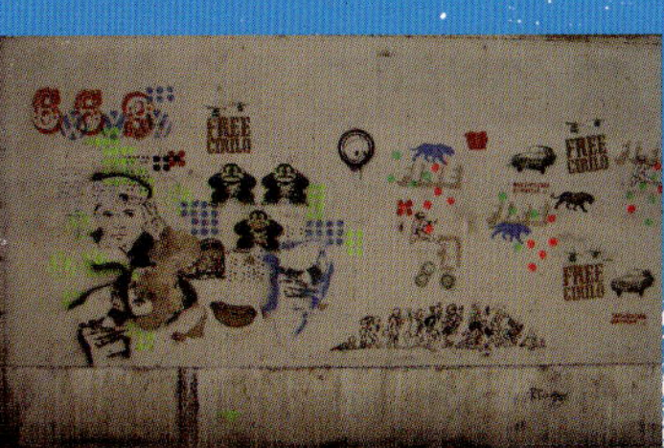

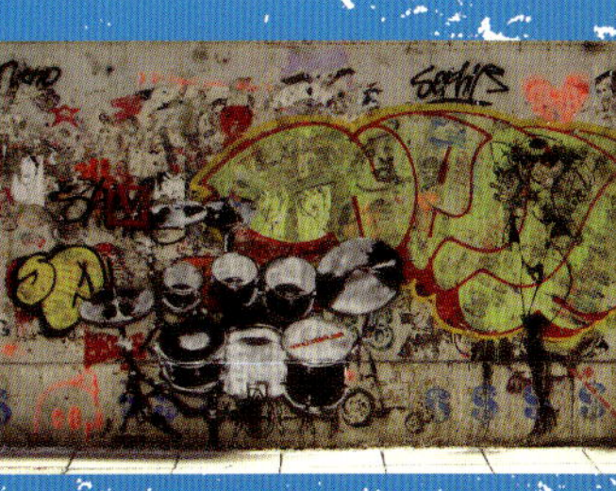

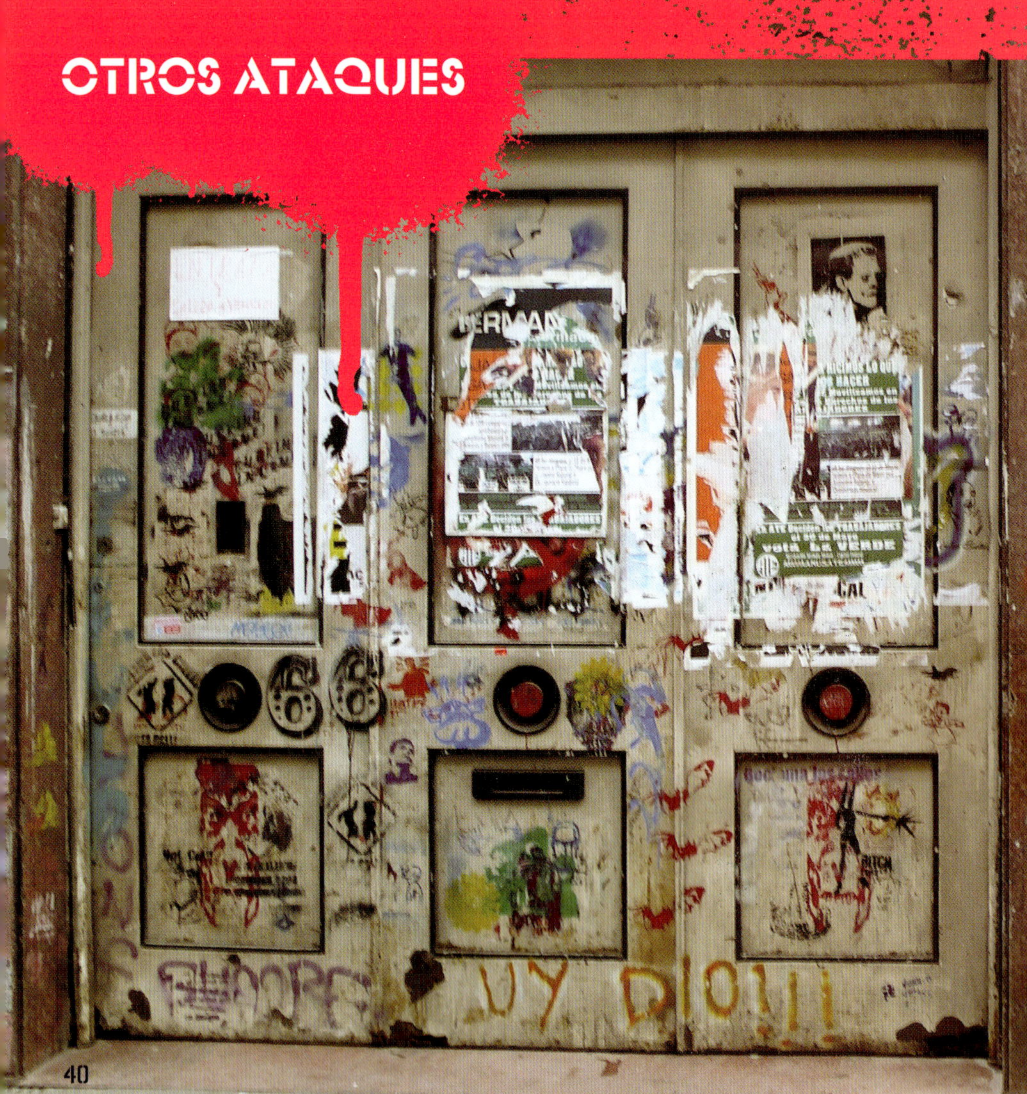

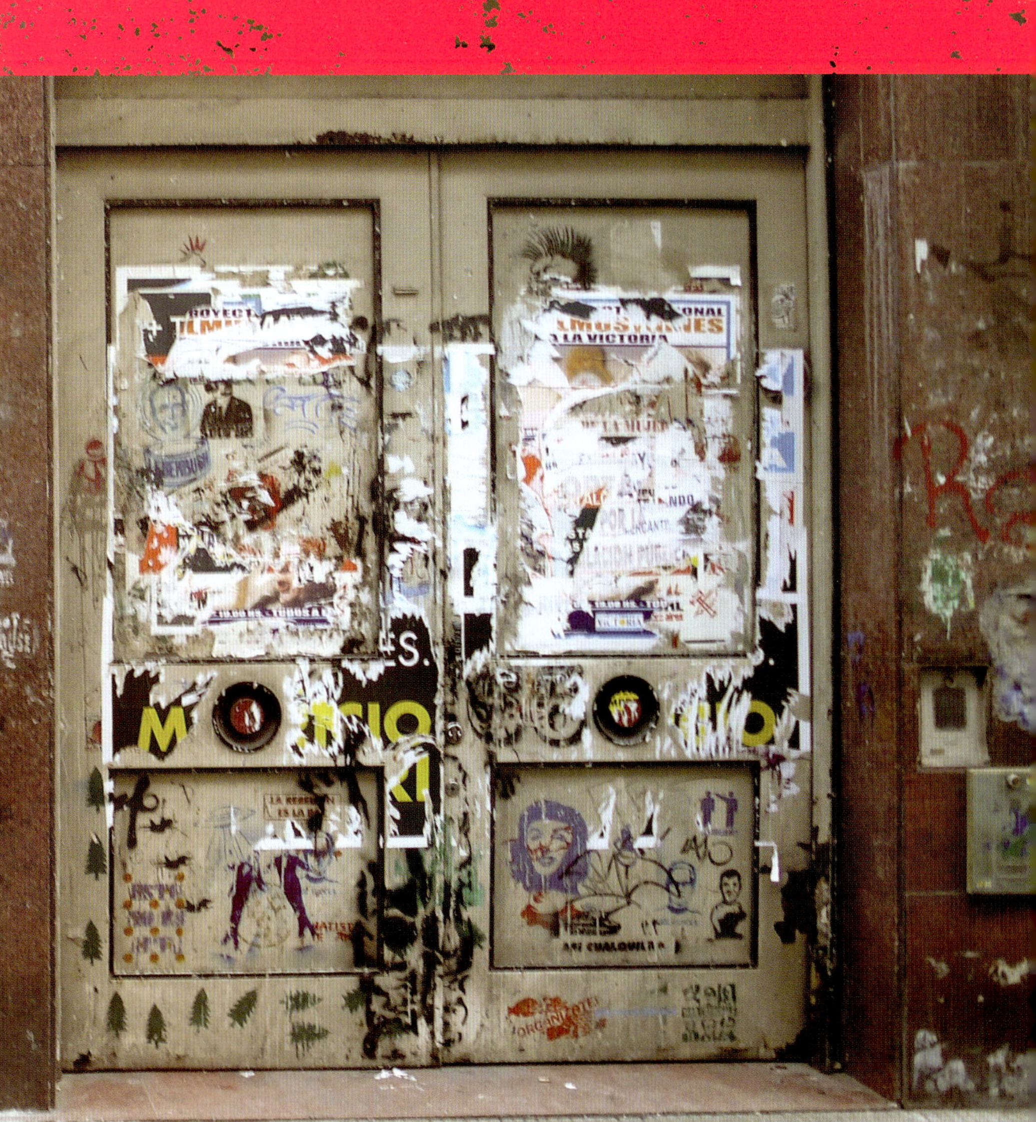

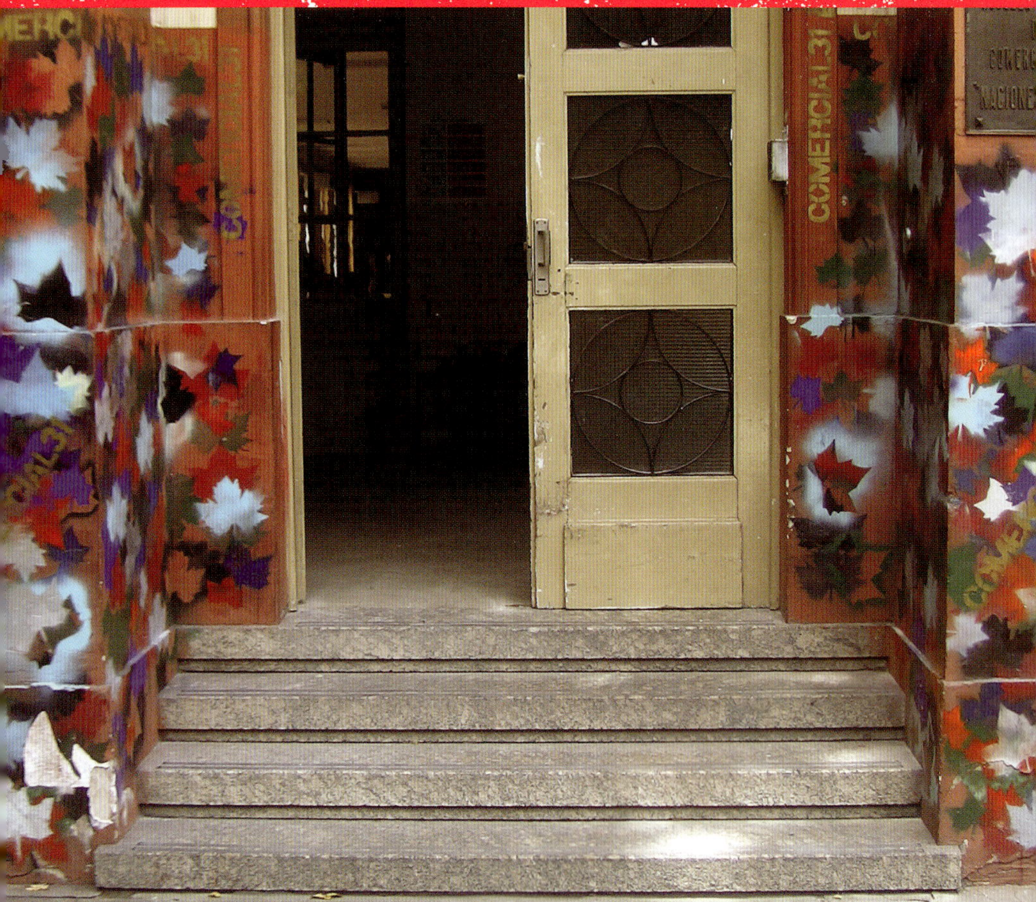

A lo largo de los años, el diálogo entre los stencileros se va extendiendo en paredes comunes creando un palimpsesto rebelde, incontrolable, imposible de planificar.

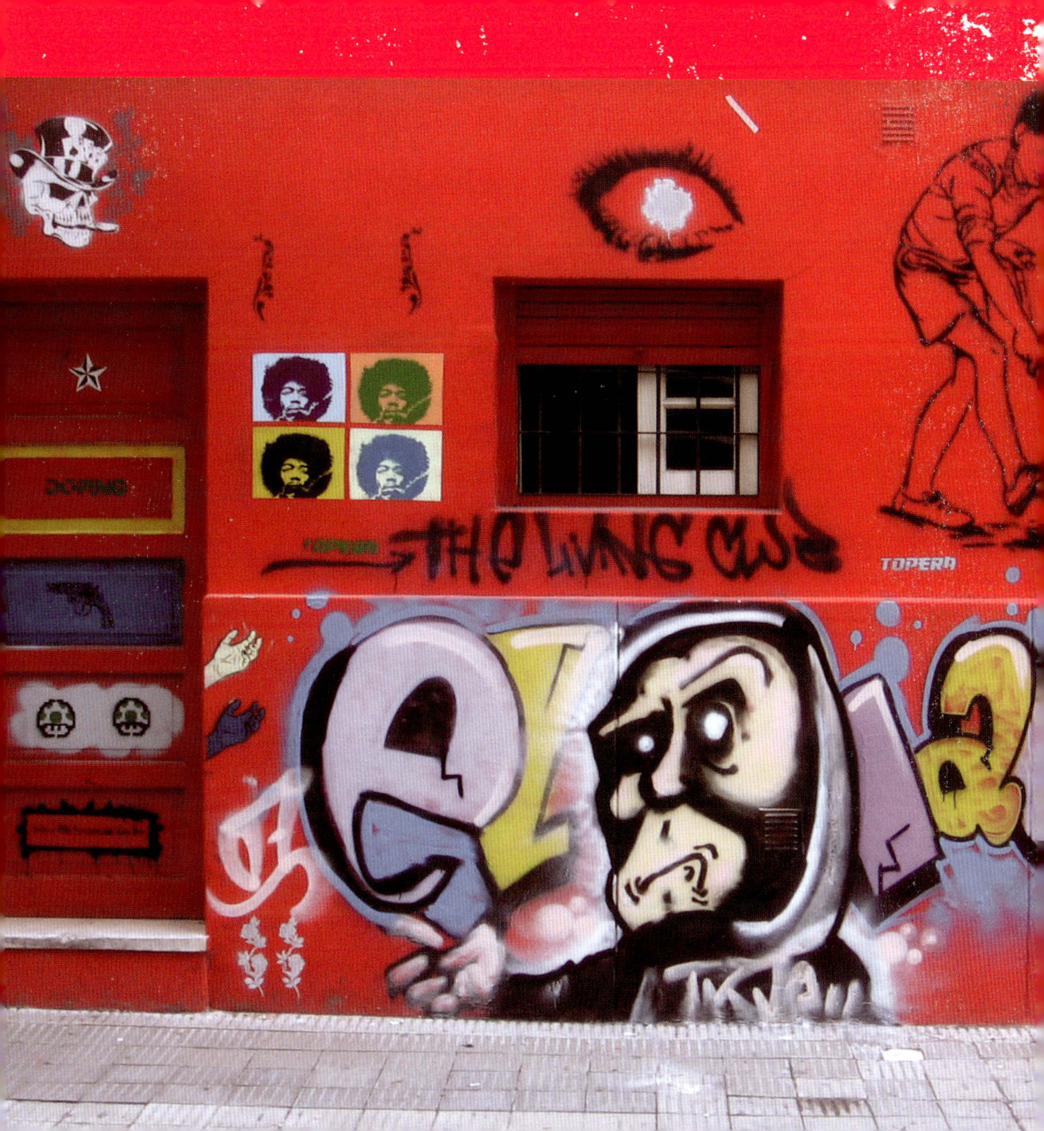

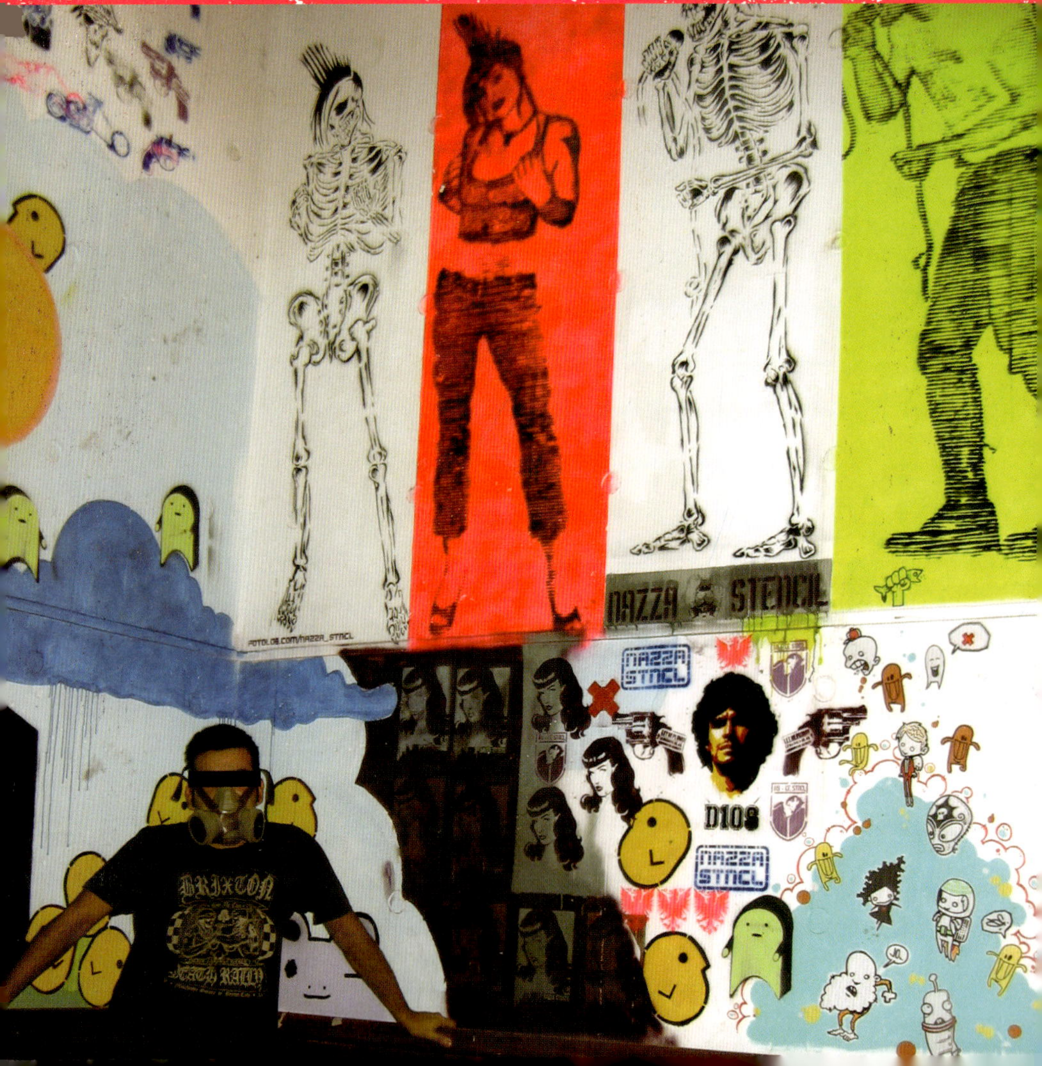

FOTOLOG.COM/NAZZA_STNCL
NAZZA STENCIL
NAZZA STNCL
D10S
NAZZA STNCL
BRIXTON

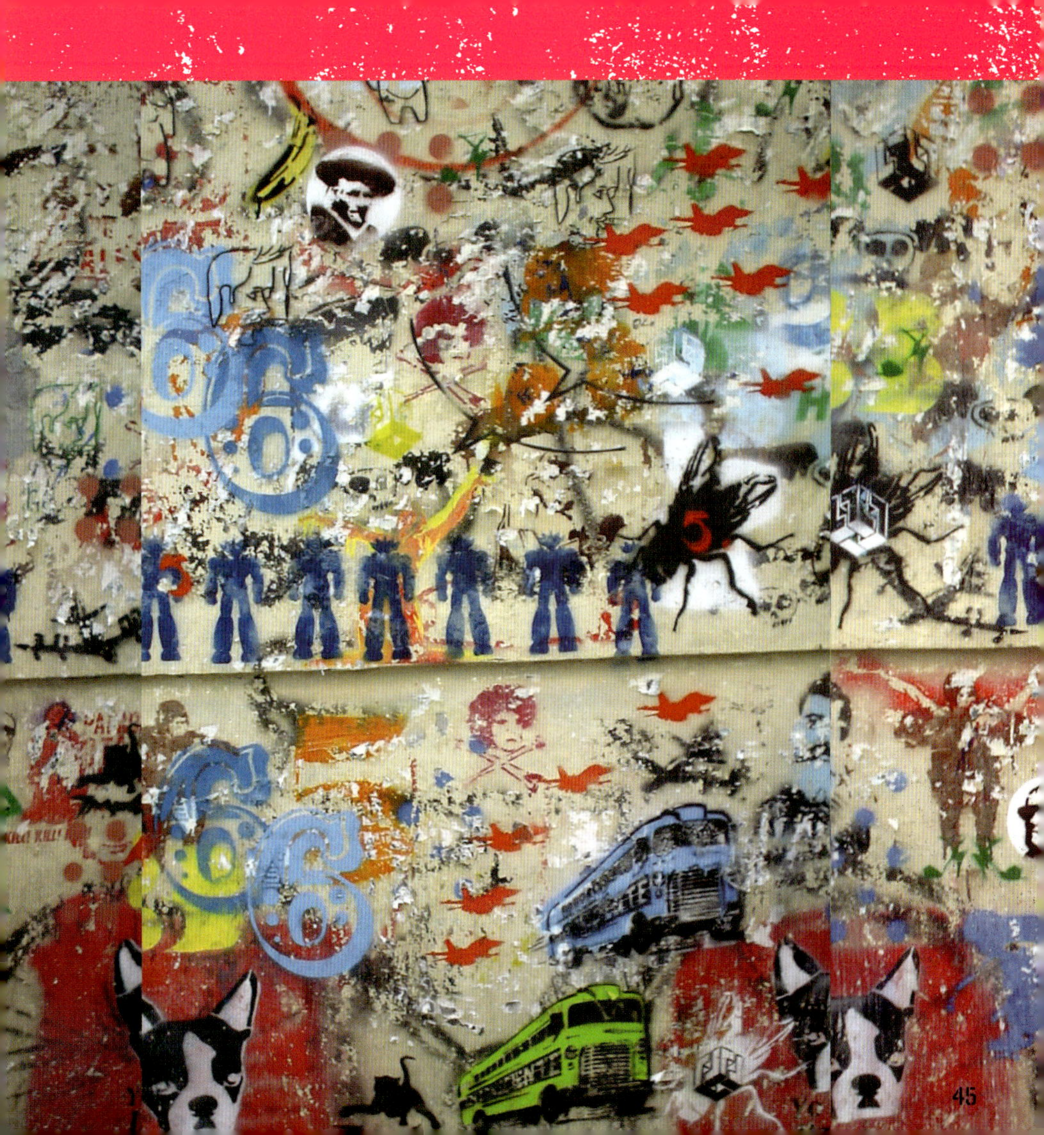

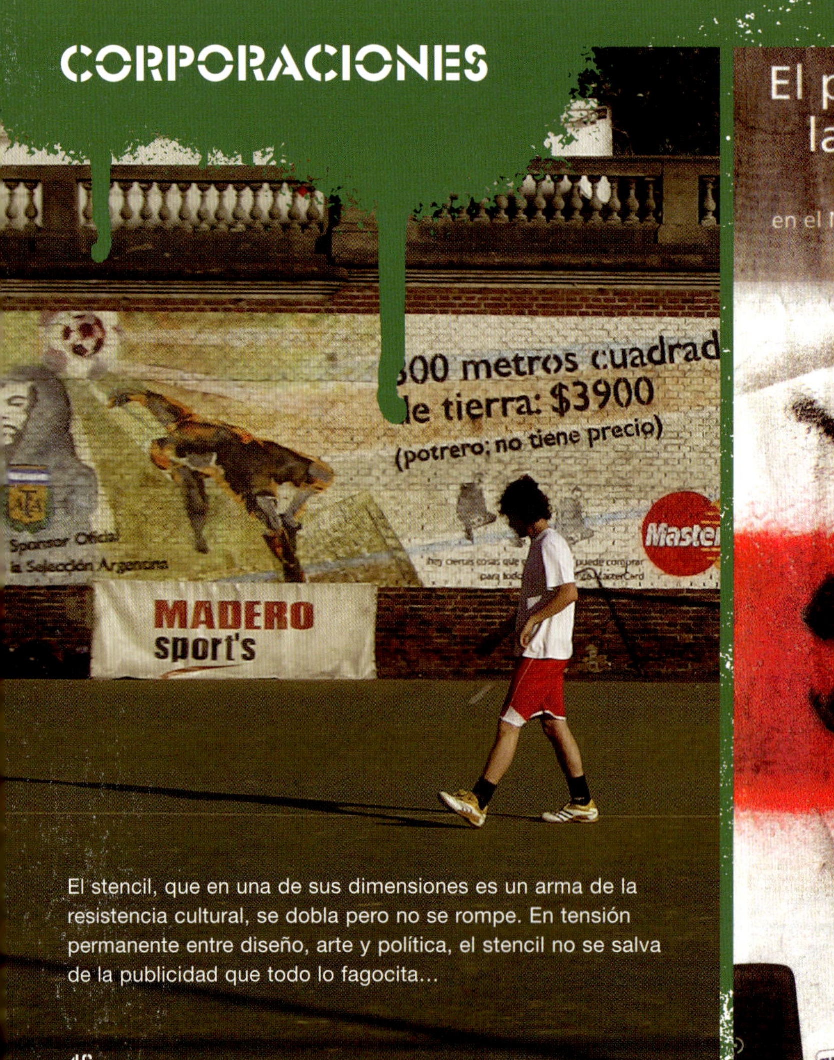

CORPORACIONES

El stencil, que en una de sus dimensiones es un arma de la resistencia cultural, se dobla pero no se rompe. En tensión permanente entre diseño, arte y política, el stencil no se salva de la publicidad que todo lo fagocita...

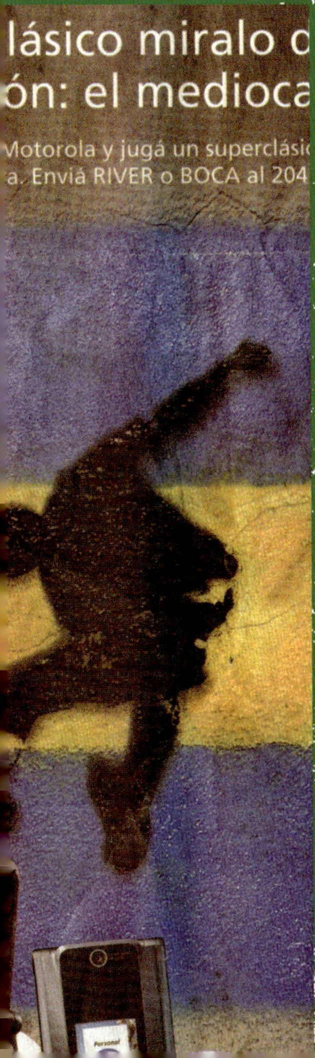

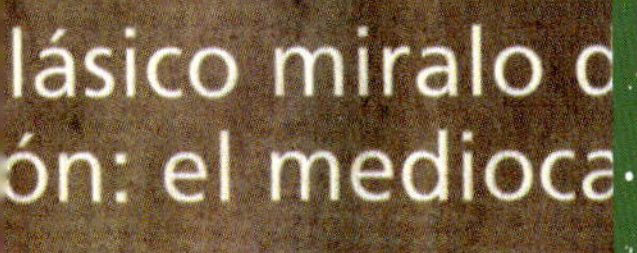
lásico miralo o
ón: el medioca
Motorola y jugá un superclásic
a. Enviá RIVER o BOCA al 204

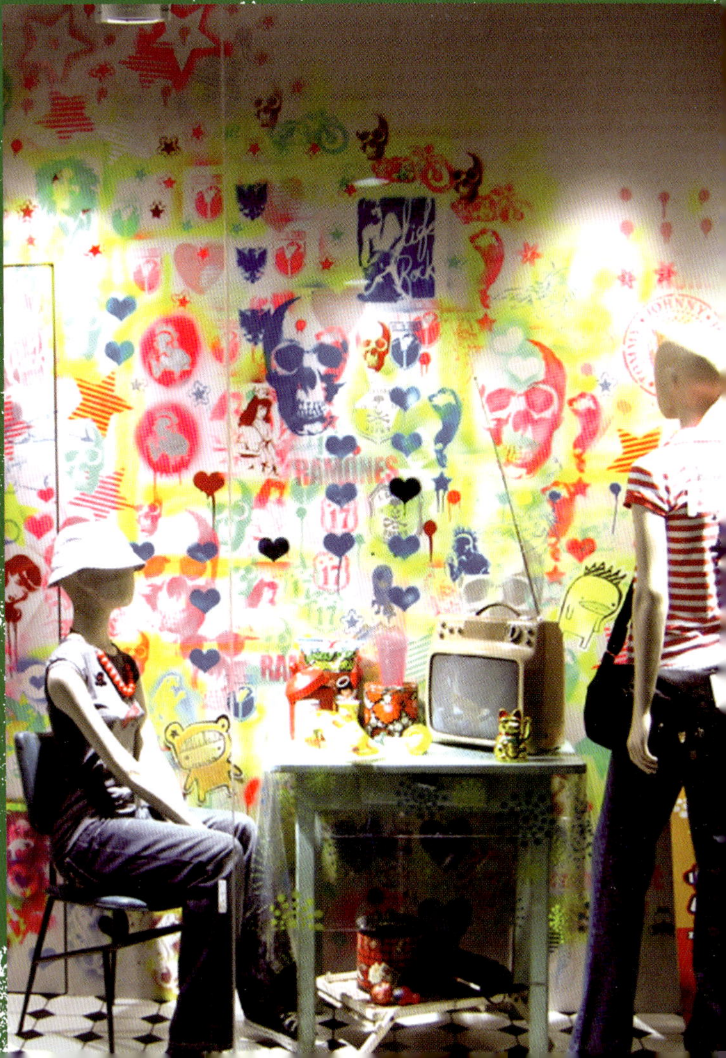

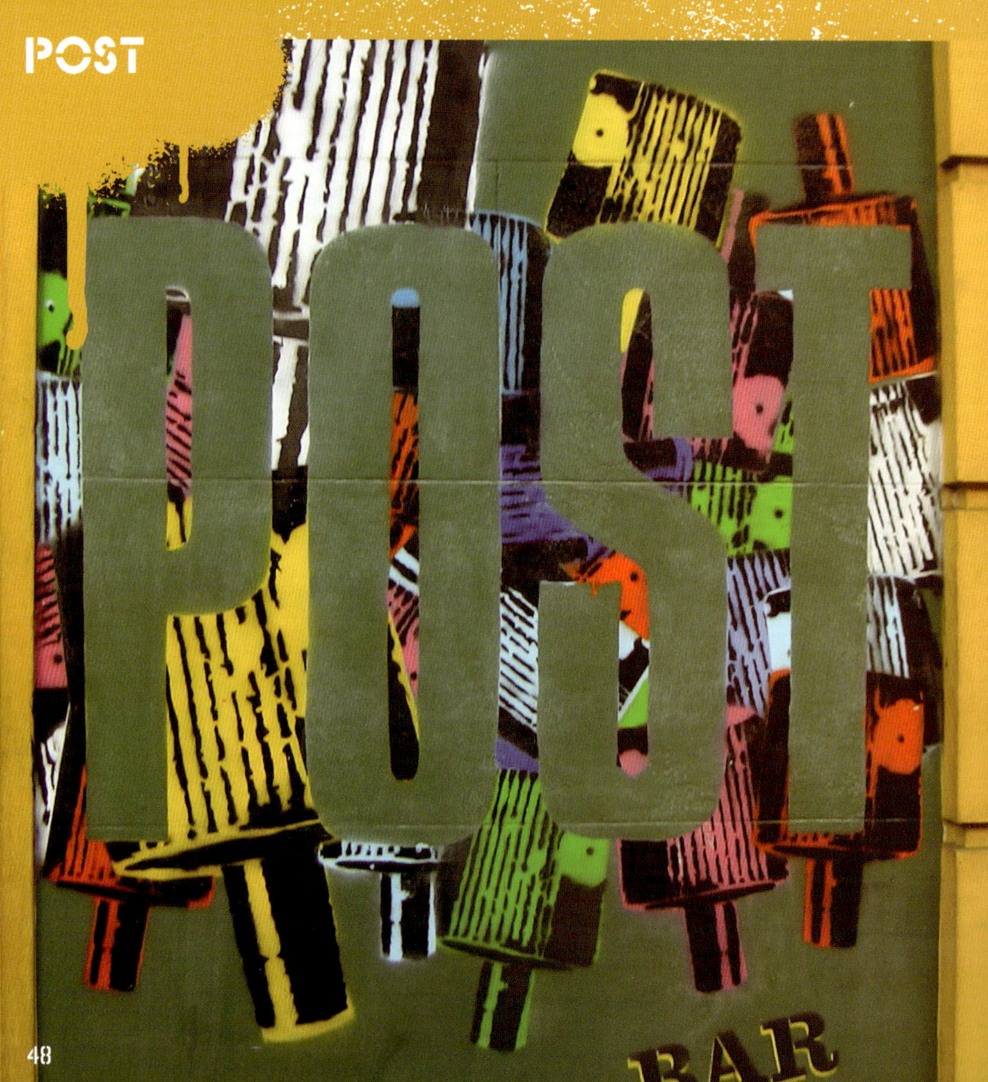

POST
POST
BAR

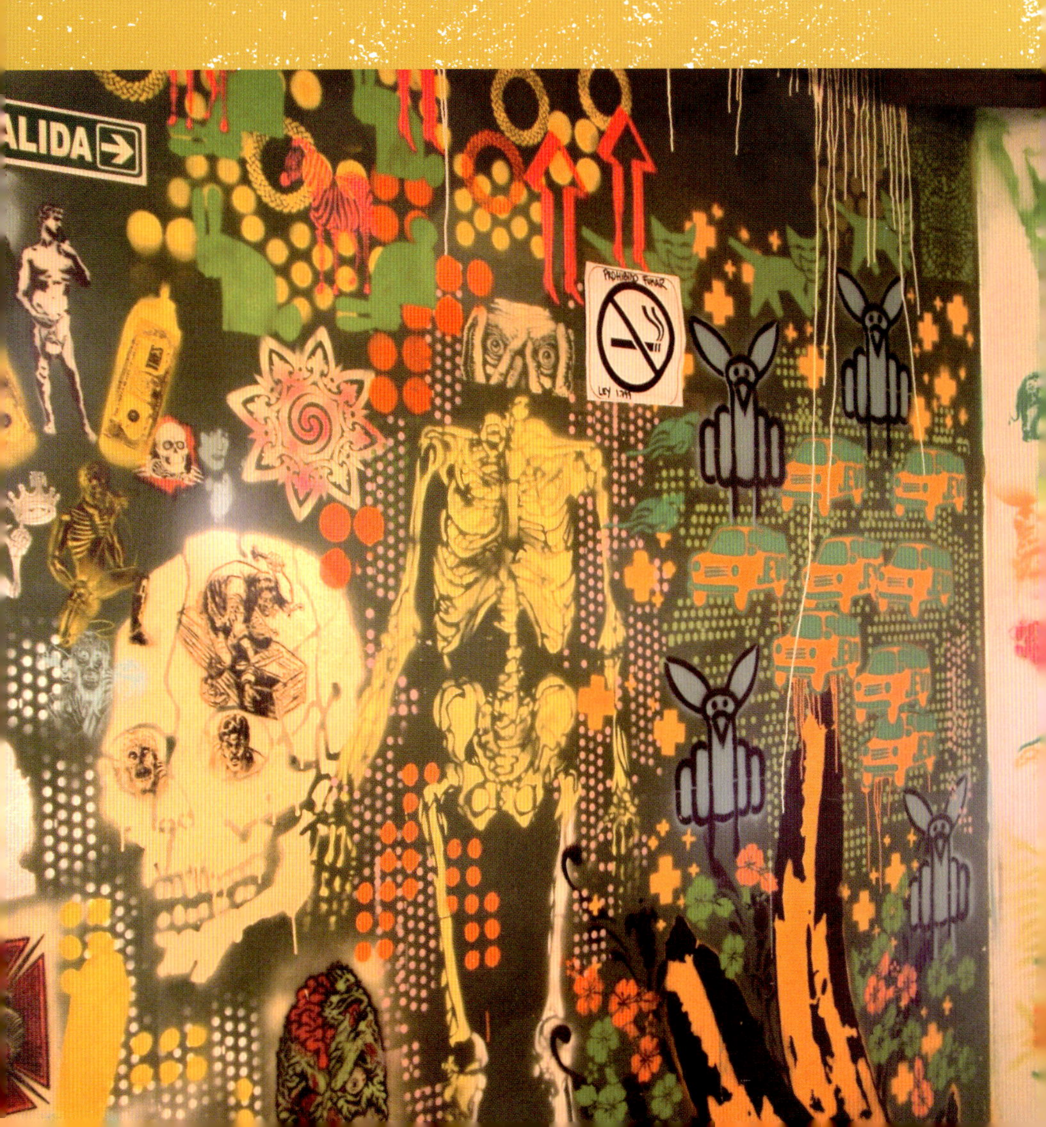
SALIDA
PROHIBIDO FUMAR
LEY 1799

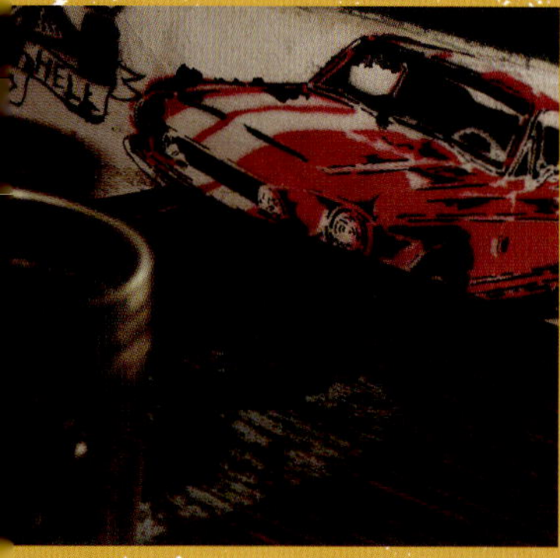
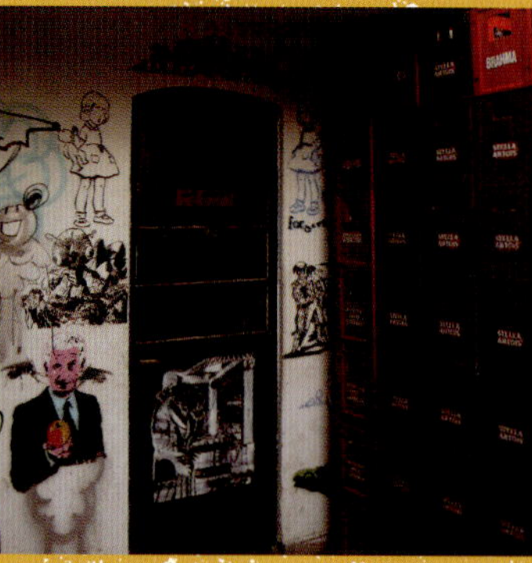
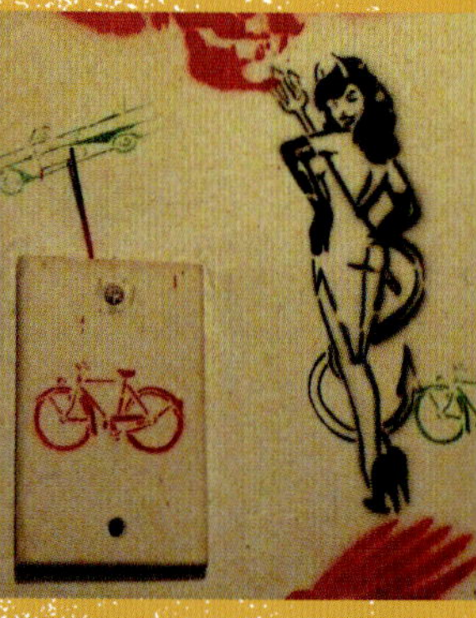
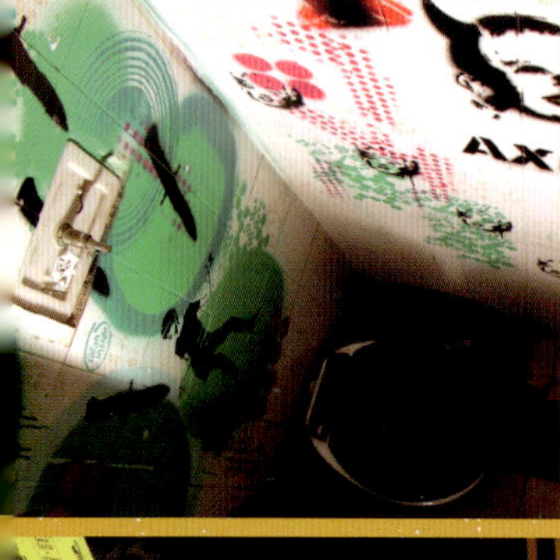
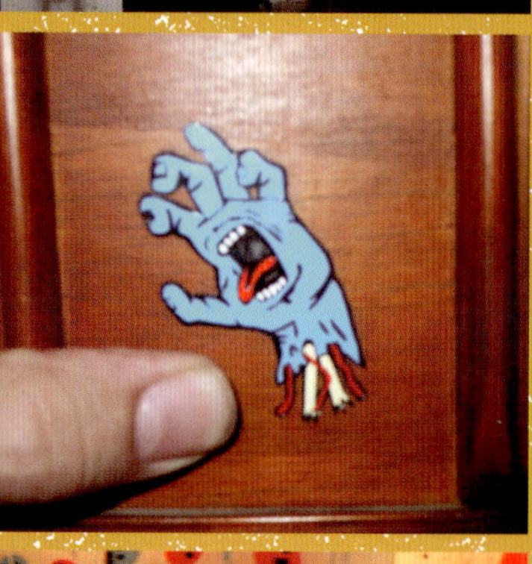
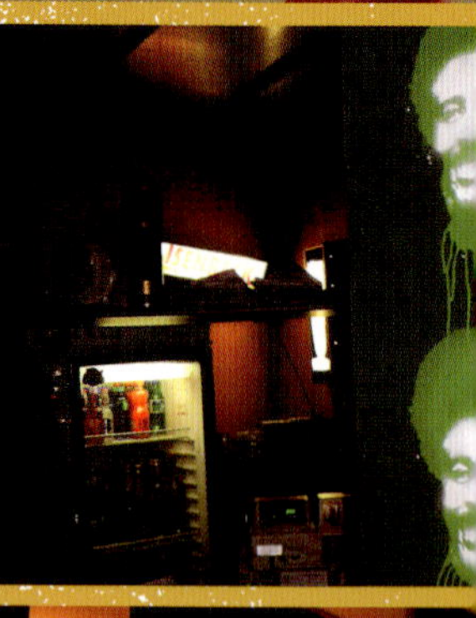
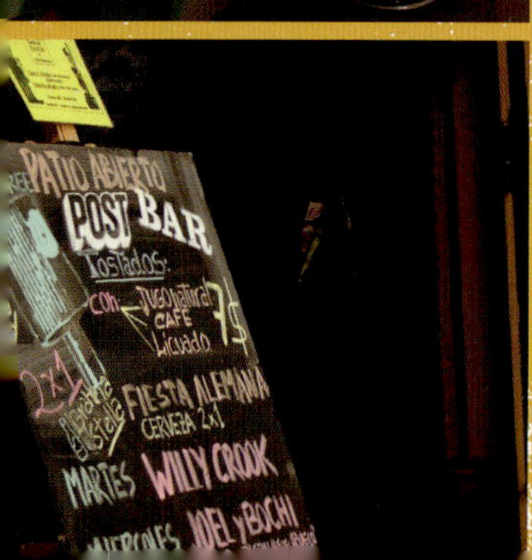
PATIO ABIERTO
POST BAR
Tostados:
CON AGUA NATURAL CAFE LICUADO 7$
2x1
FIESTA ALEMANA CERVEZA 2x1
MARTES WILLY CROOK
JOEL y BOSCHI
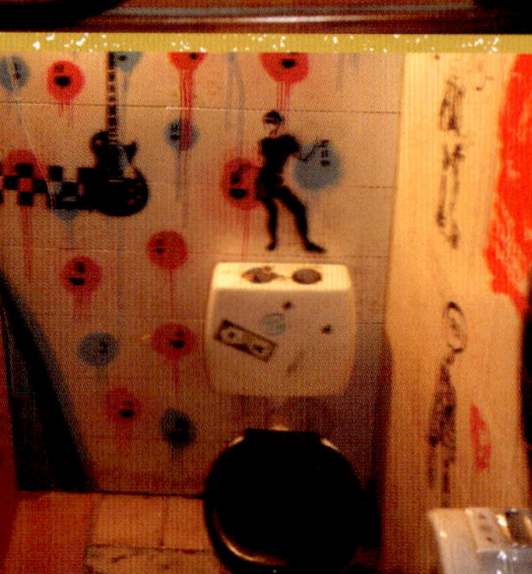
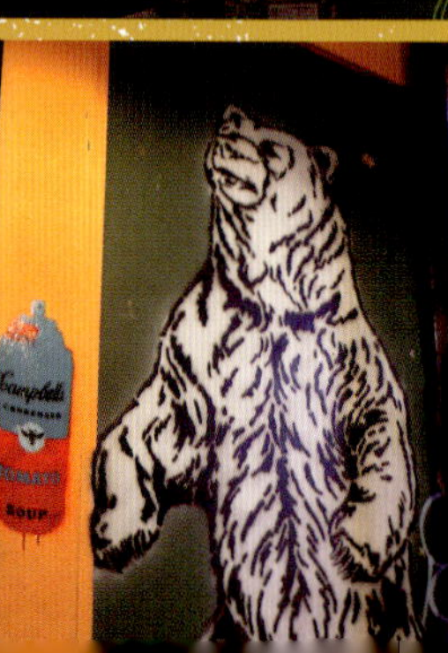
Campbell's
CONDENSED
TOMATO
SOUP

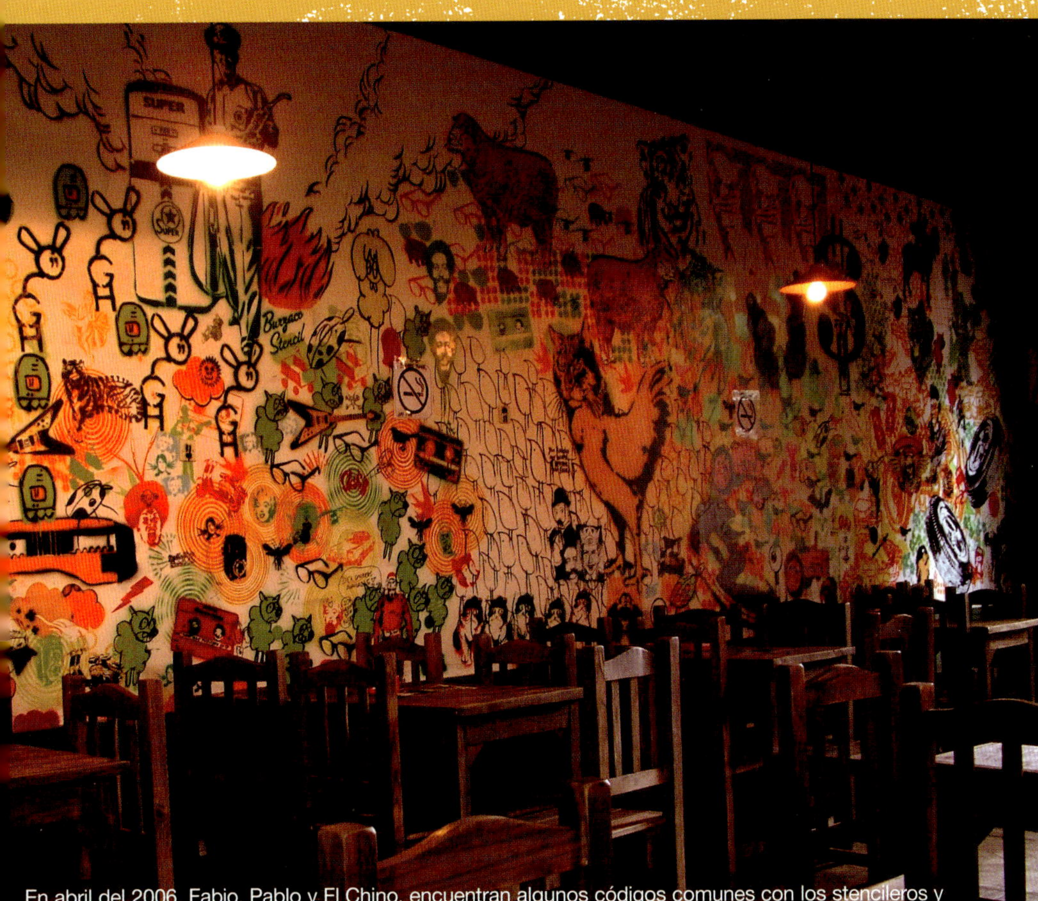

En abril del 2006, Fabio, Pablo y El Chino, encuentran algunos códigos comunes con los stencileros y abren en Palermo -Thames 1885- *Post Bar*. Un intercambio generacional que resulta un caso único de bar temático con exhibición permanente, donde el *street art* se muda a un espacio *indoors*. De la barra al baño, de la terraza a las mesas, son escasos los espacios que se han librado de ser impresos.

HOLLYWOOD IN CAMBODIA

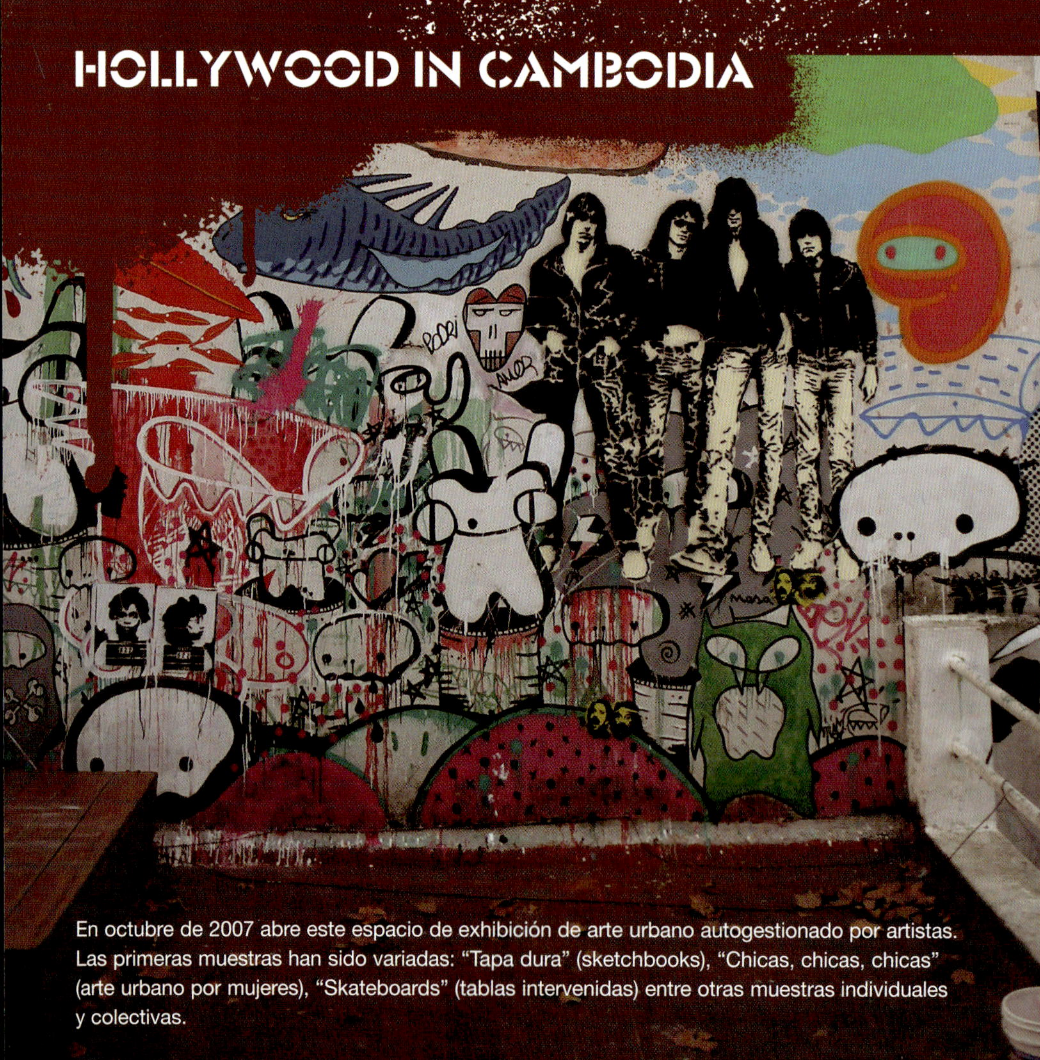

En octubre de 2007 abre este espacio de exhibición de arte urbano autogestionado por artistas. Las primeras muestras han sido variadas: "Tapa dura" (sketchbooks), "Chicas, chicas, chicas" (arte urbano por mujeres), "Skateboards" (tablas intervenidas) entre otras muestras individuales y colectivas.

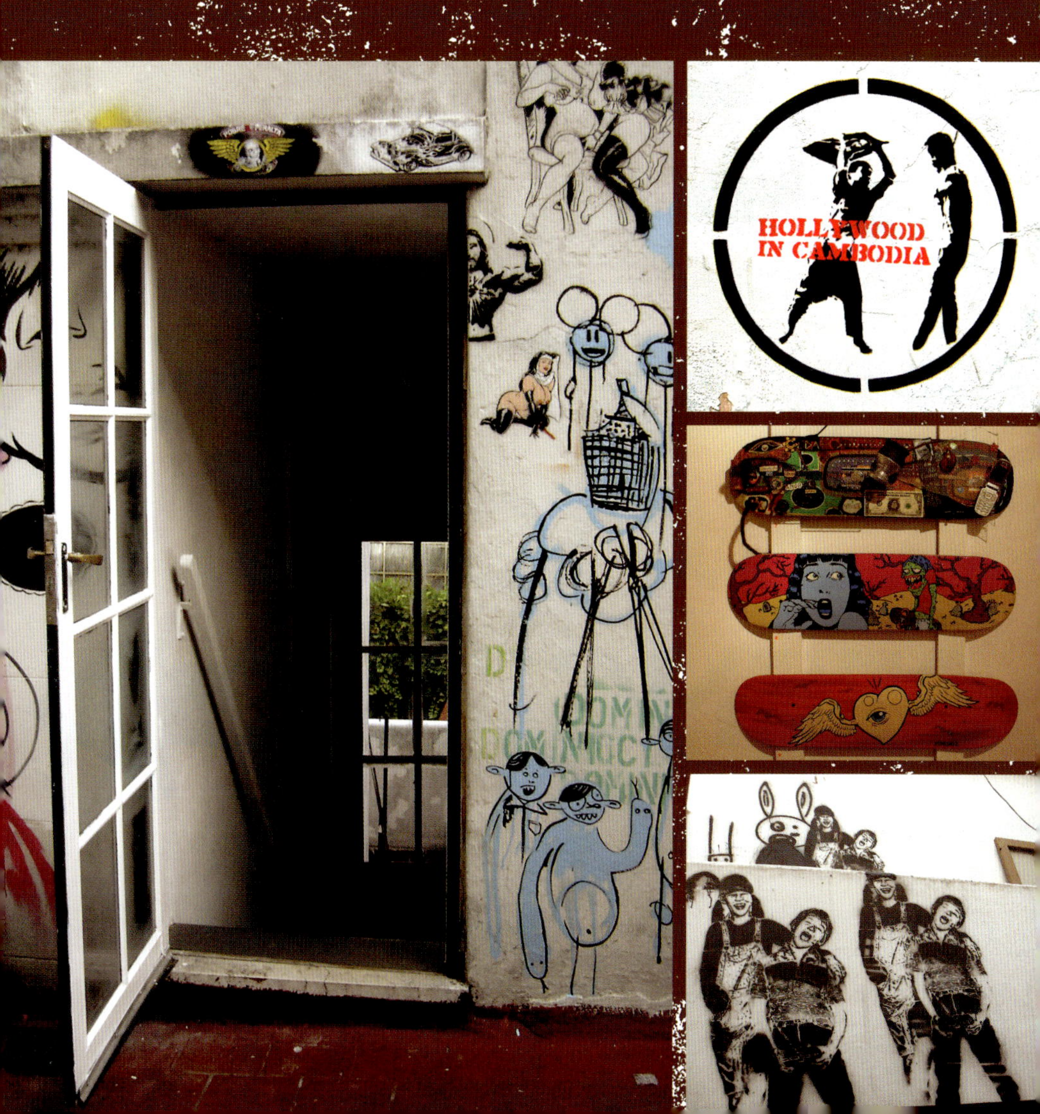
HOLLYWOOD
IN CAMBODIA

A PARTIR DE
AQUI 1000
STENCILS
54

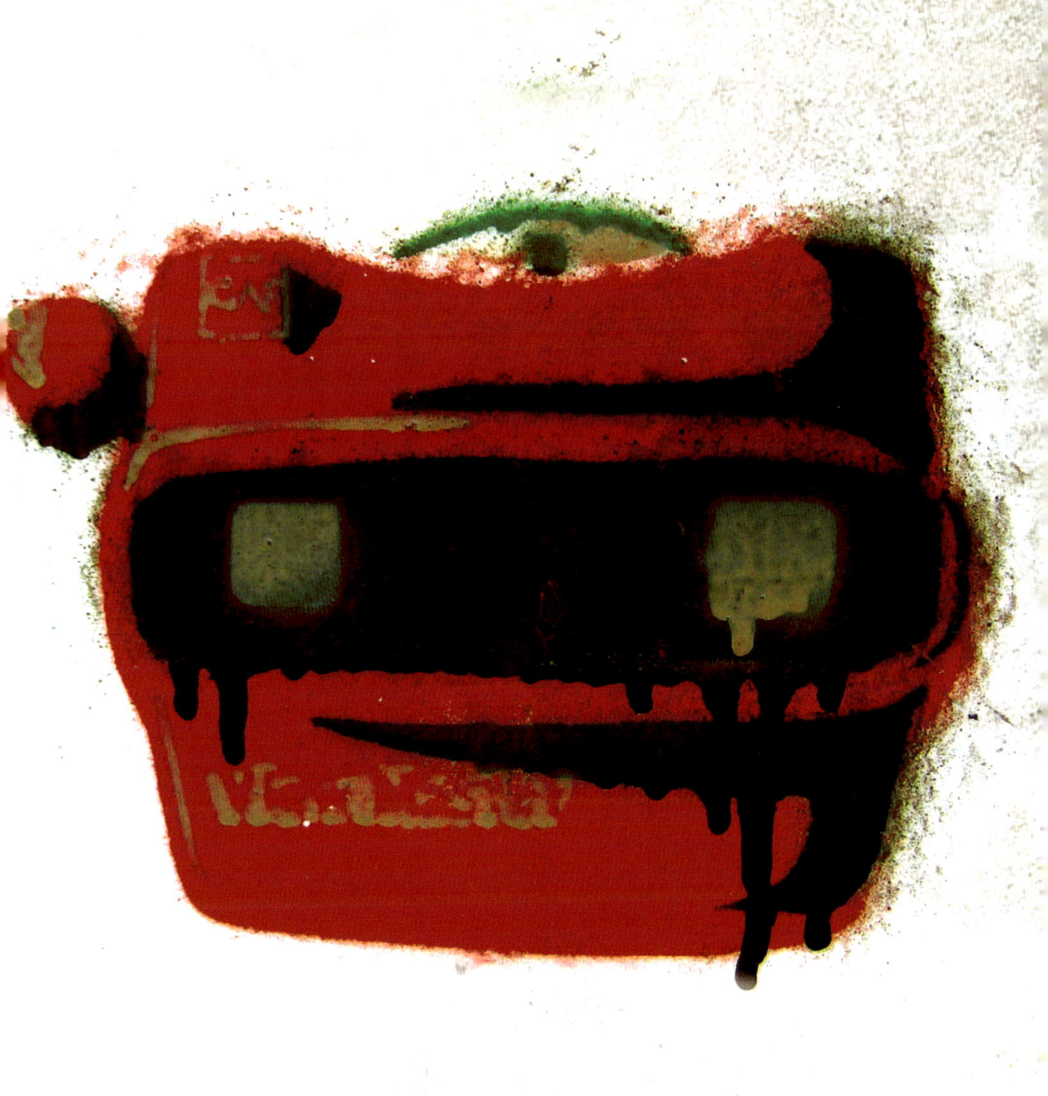

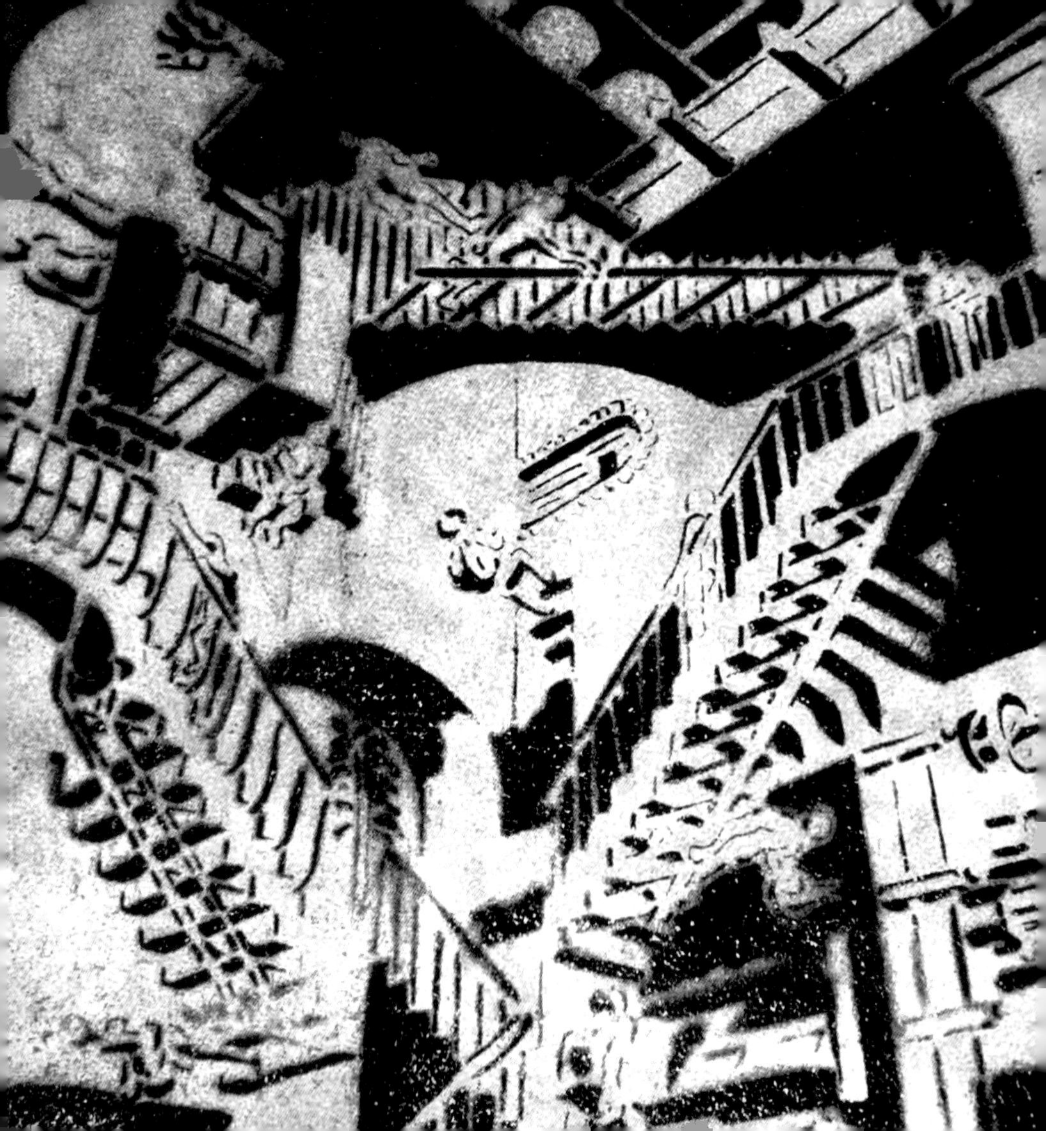

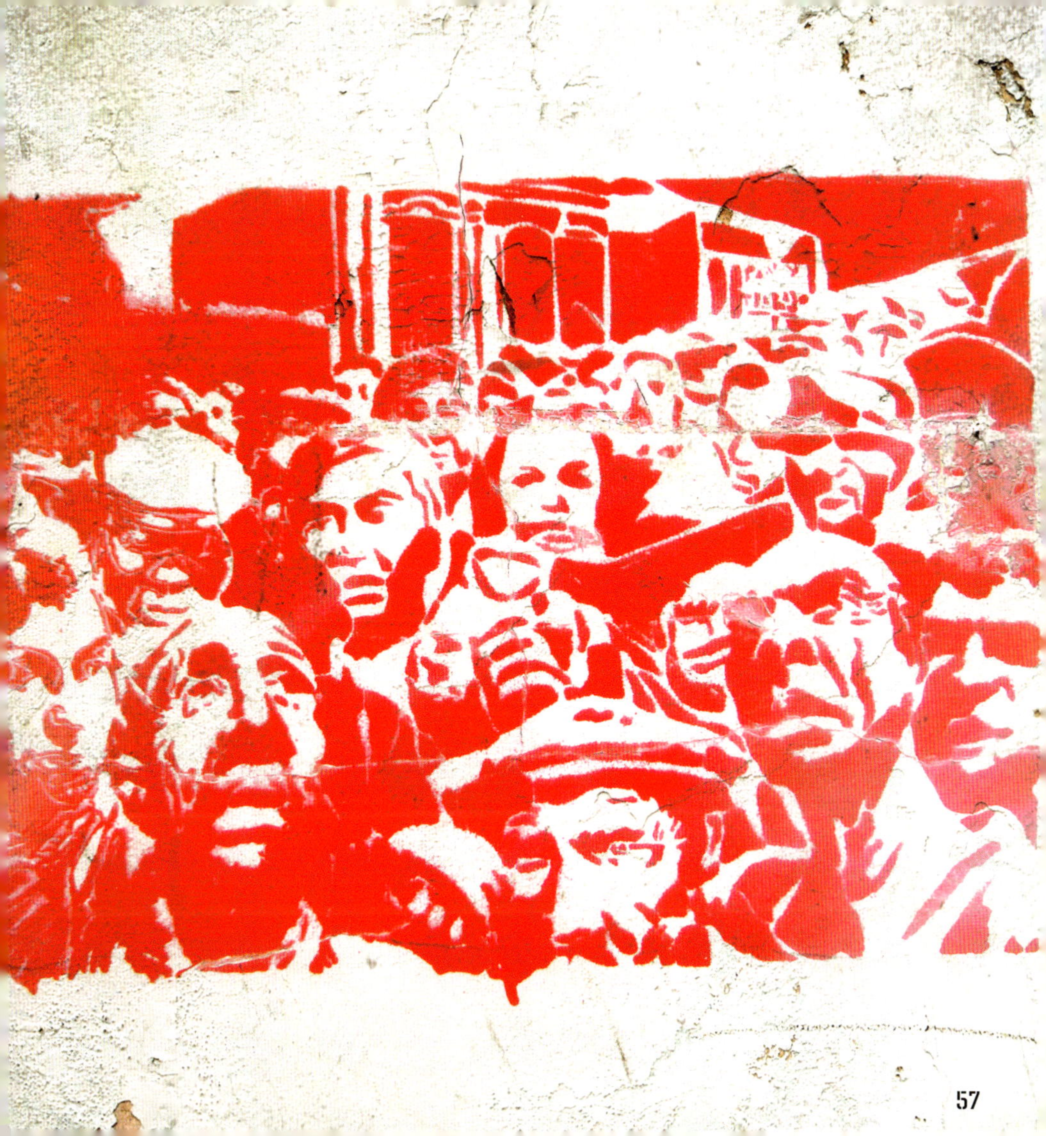

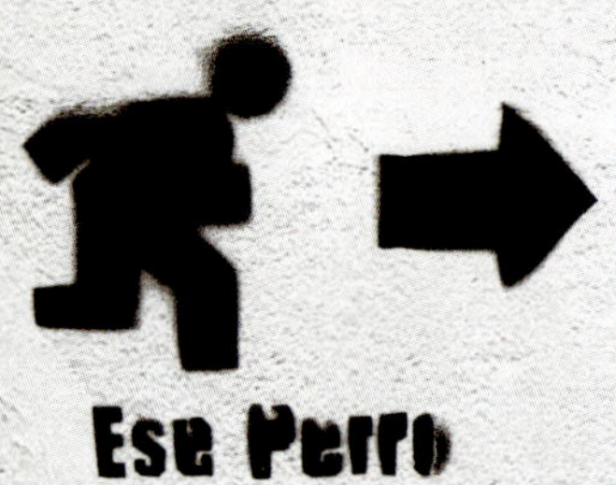
Ese Perro

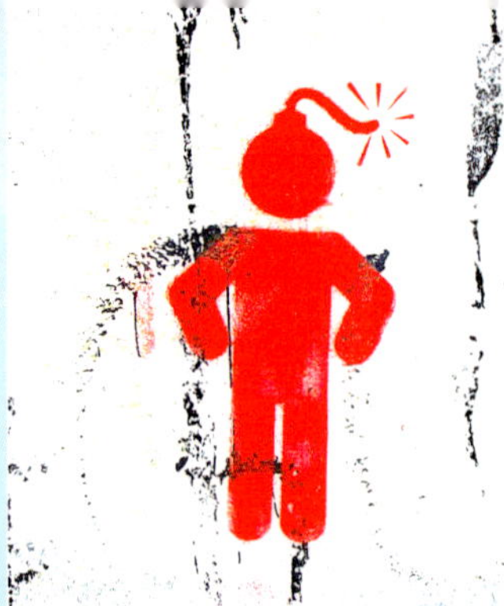

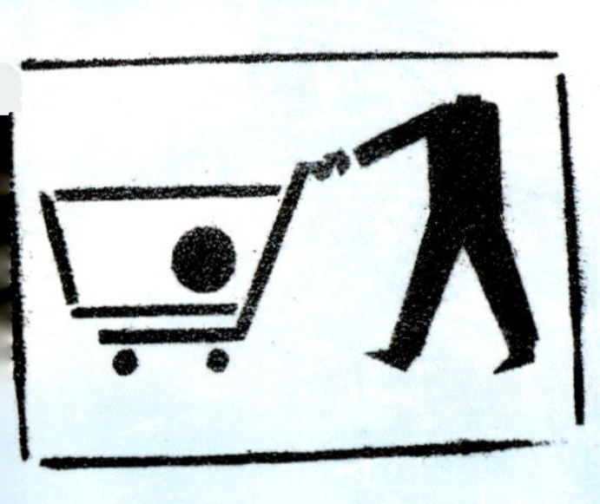

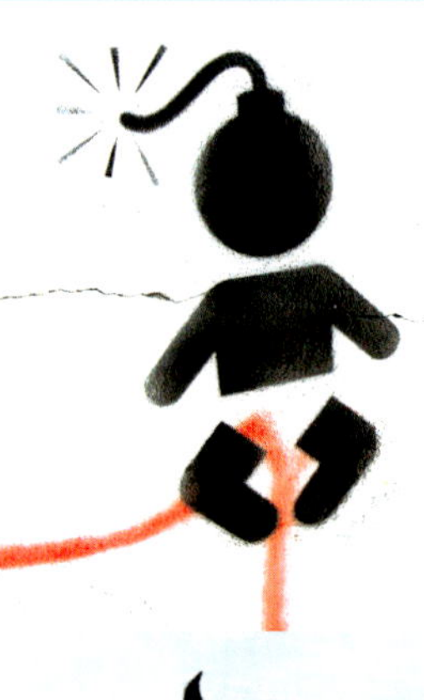

RECICLA Y
RESISTE

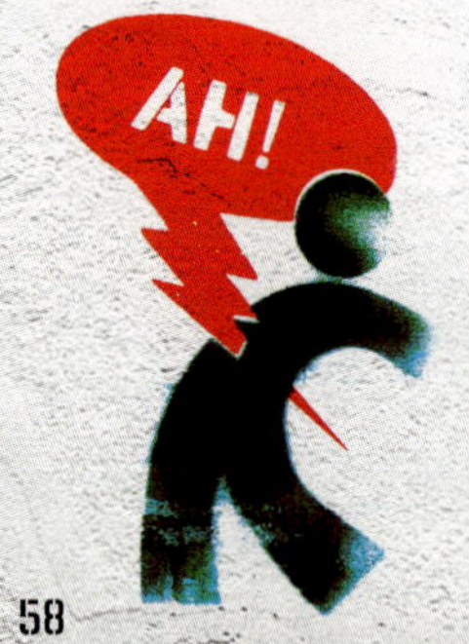
AH!

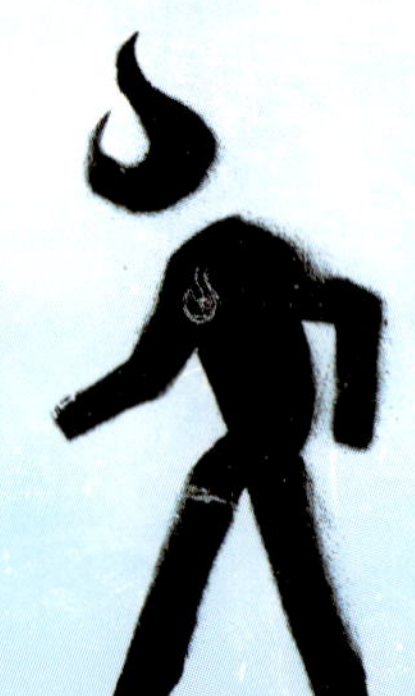

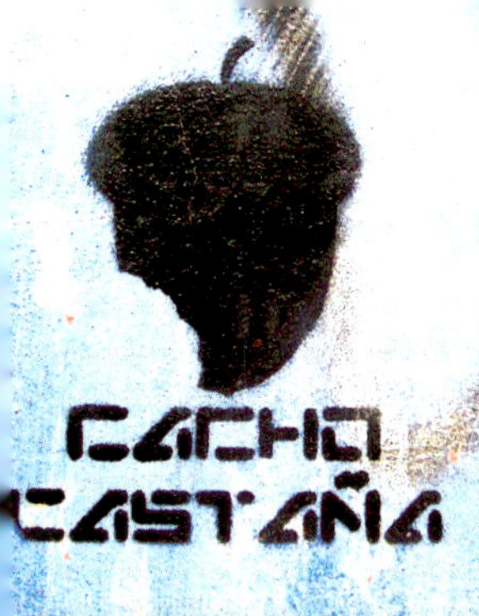

CACHO
CASTAÑA

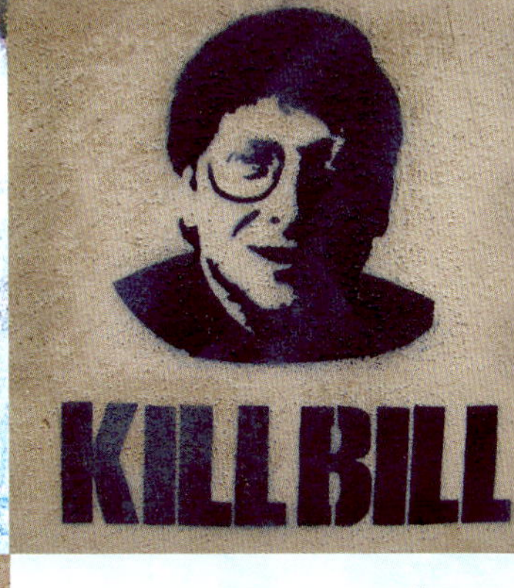

KILLBILL

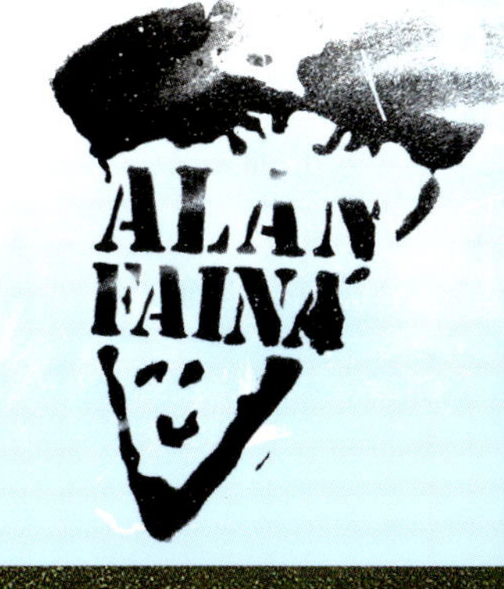

ALAN
FAINA

novistar

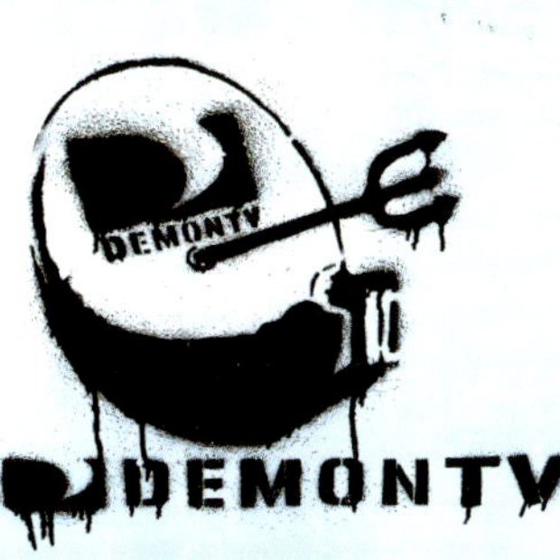

DEMONTV
DEMONTV

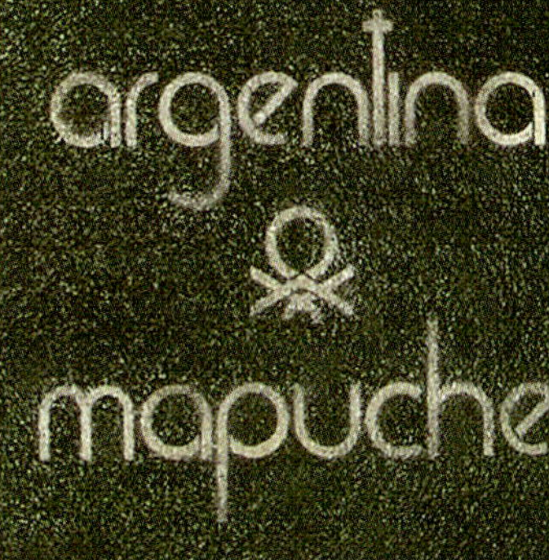

argentina
&
mapuche

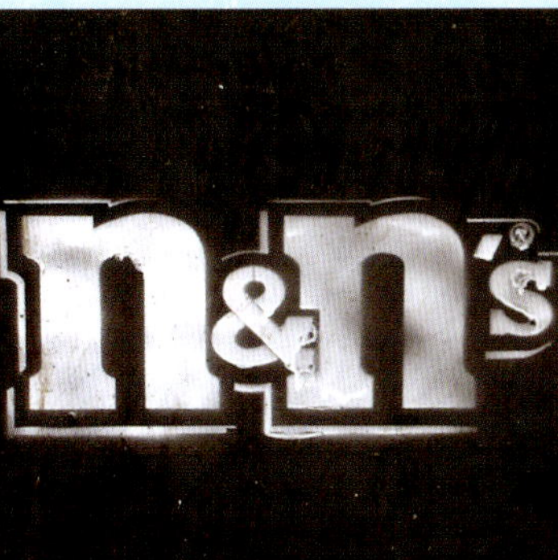

n&n's

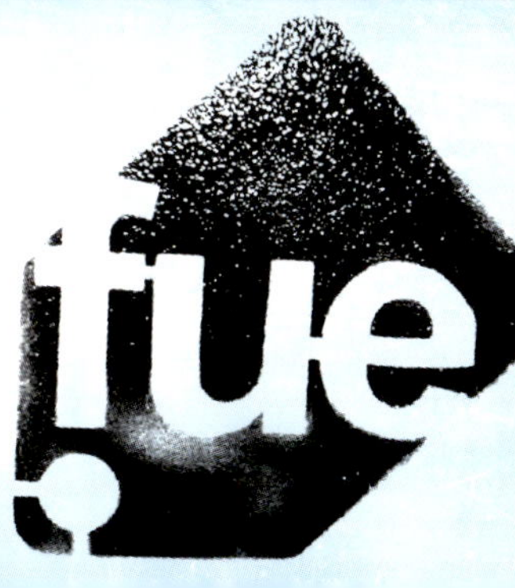

fue

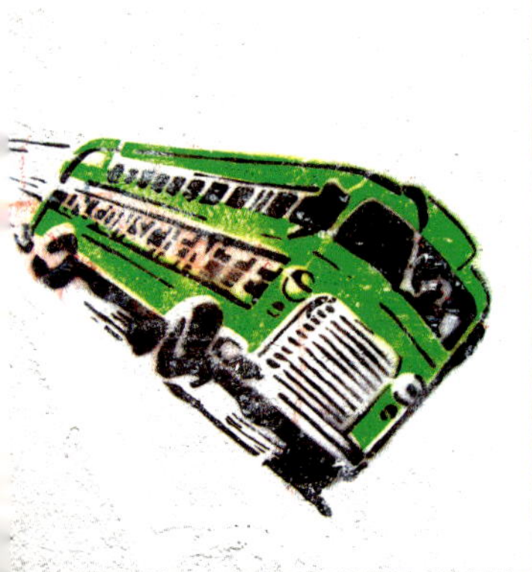

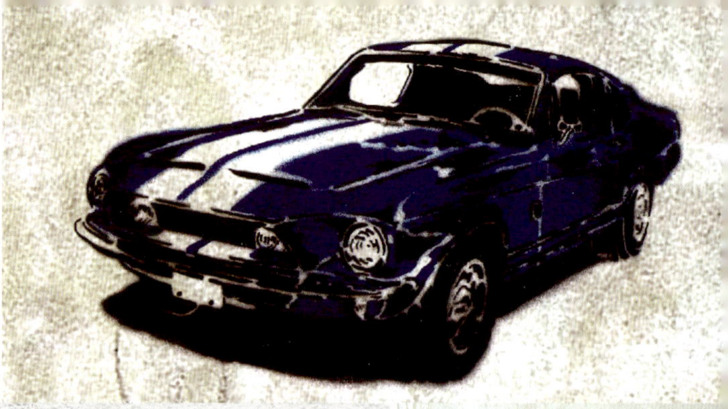

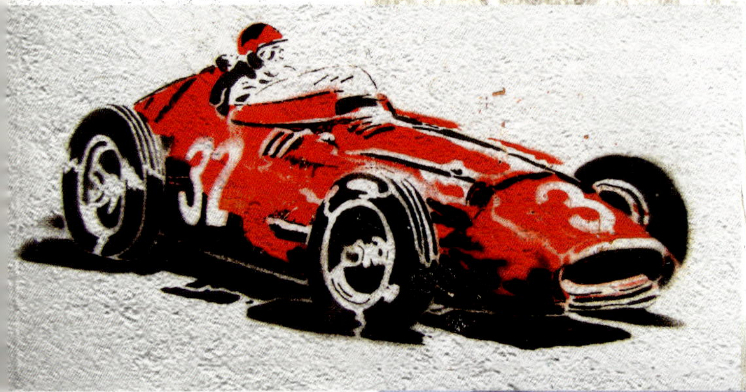

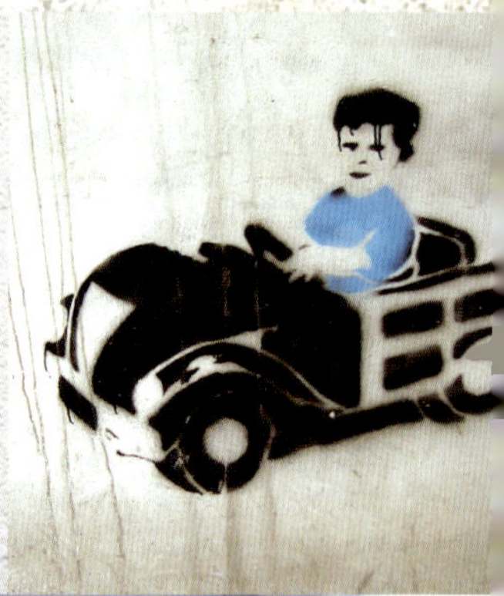

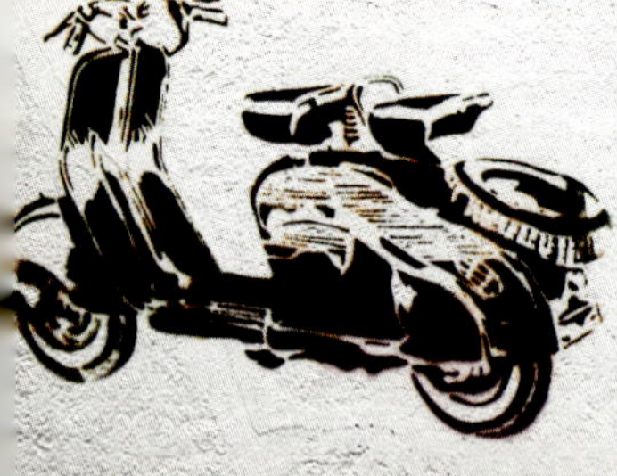

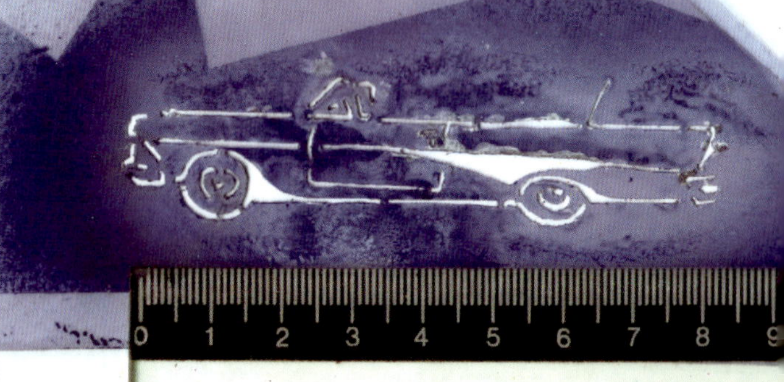

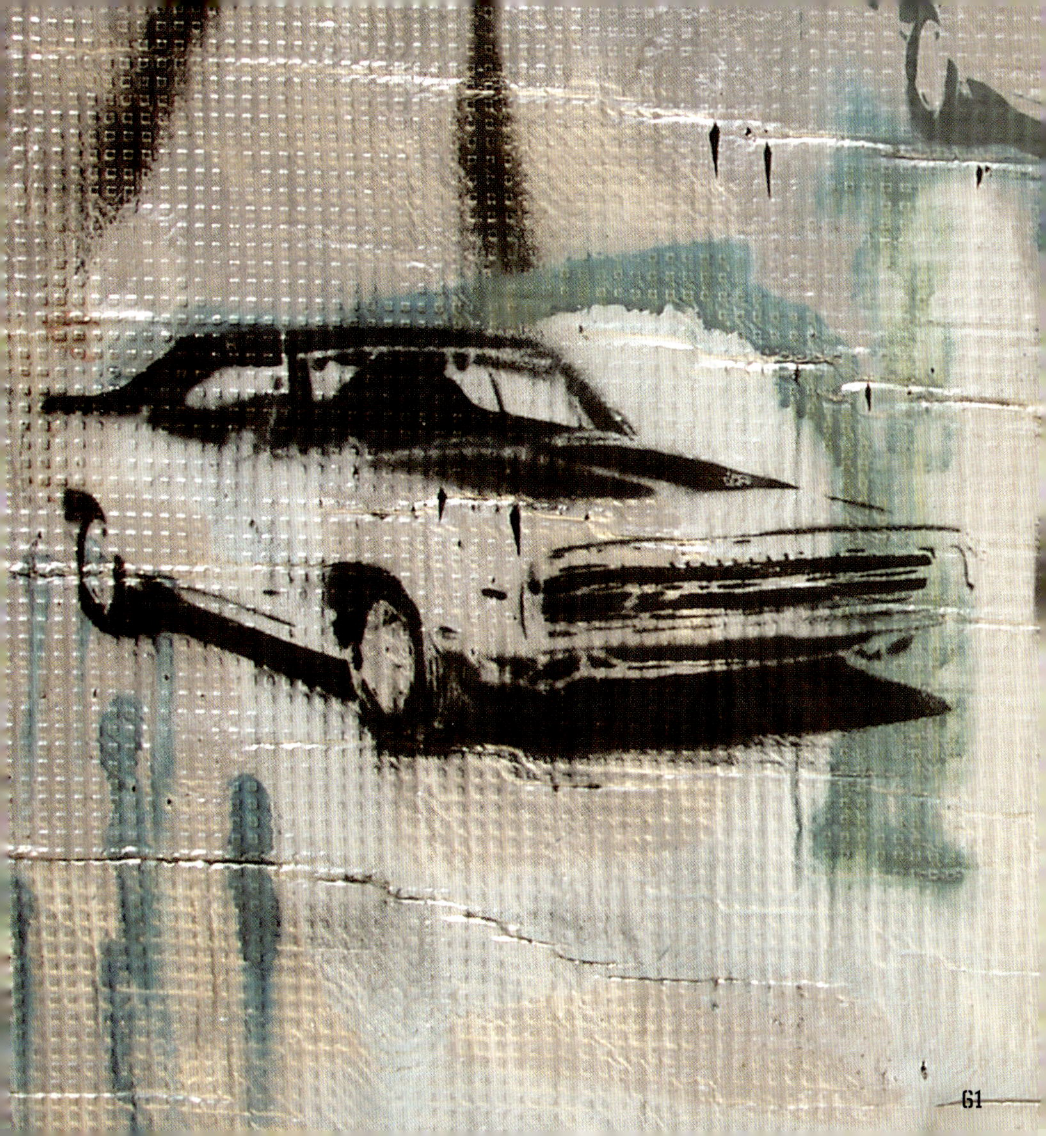

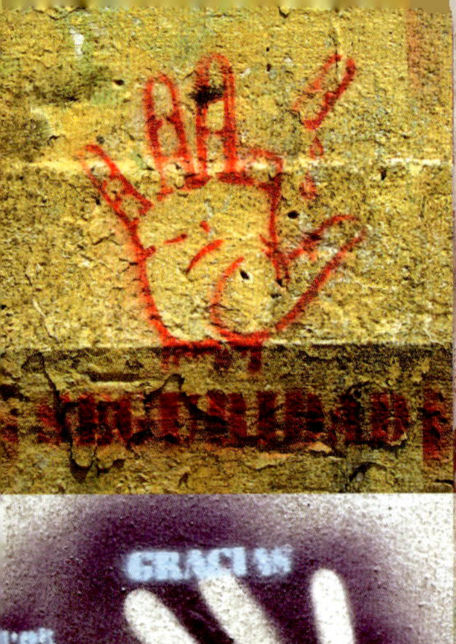

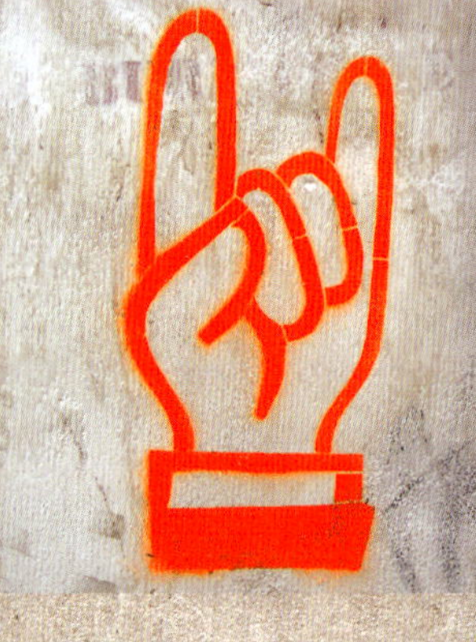

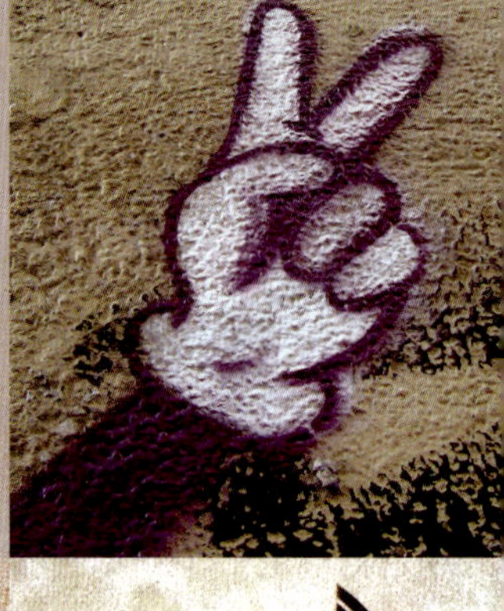

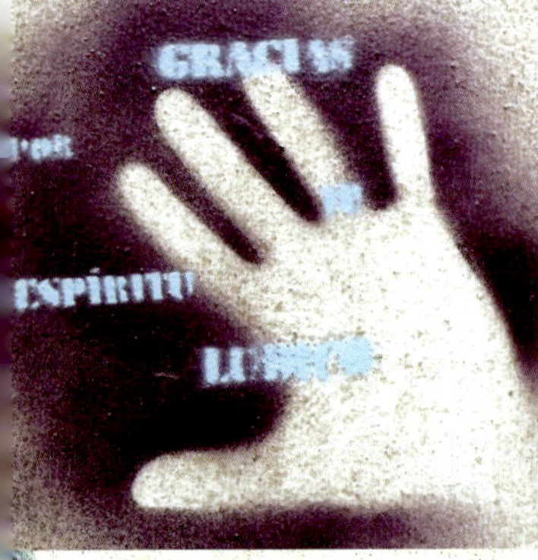

GRACIAS
POR
ESPÍRITU
LIBRE

12345 67890

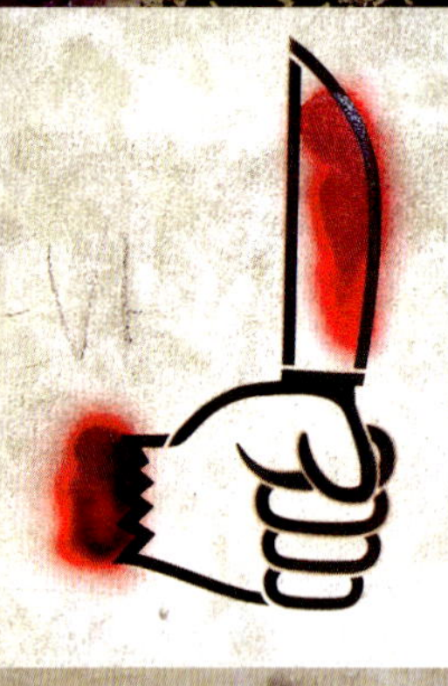

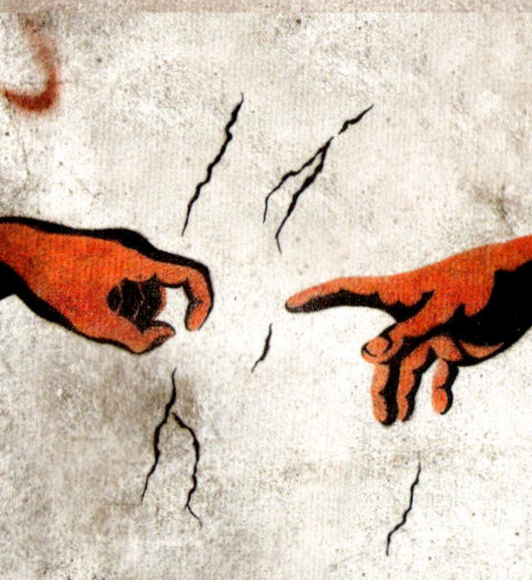

MALDITAS
CULEBRAS

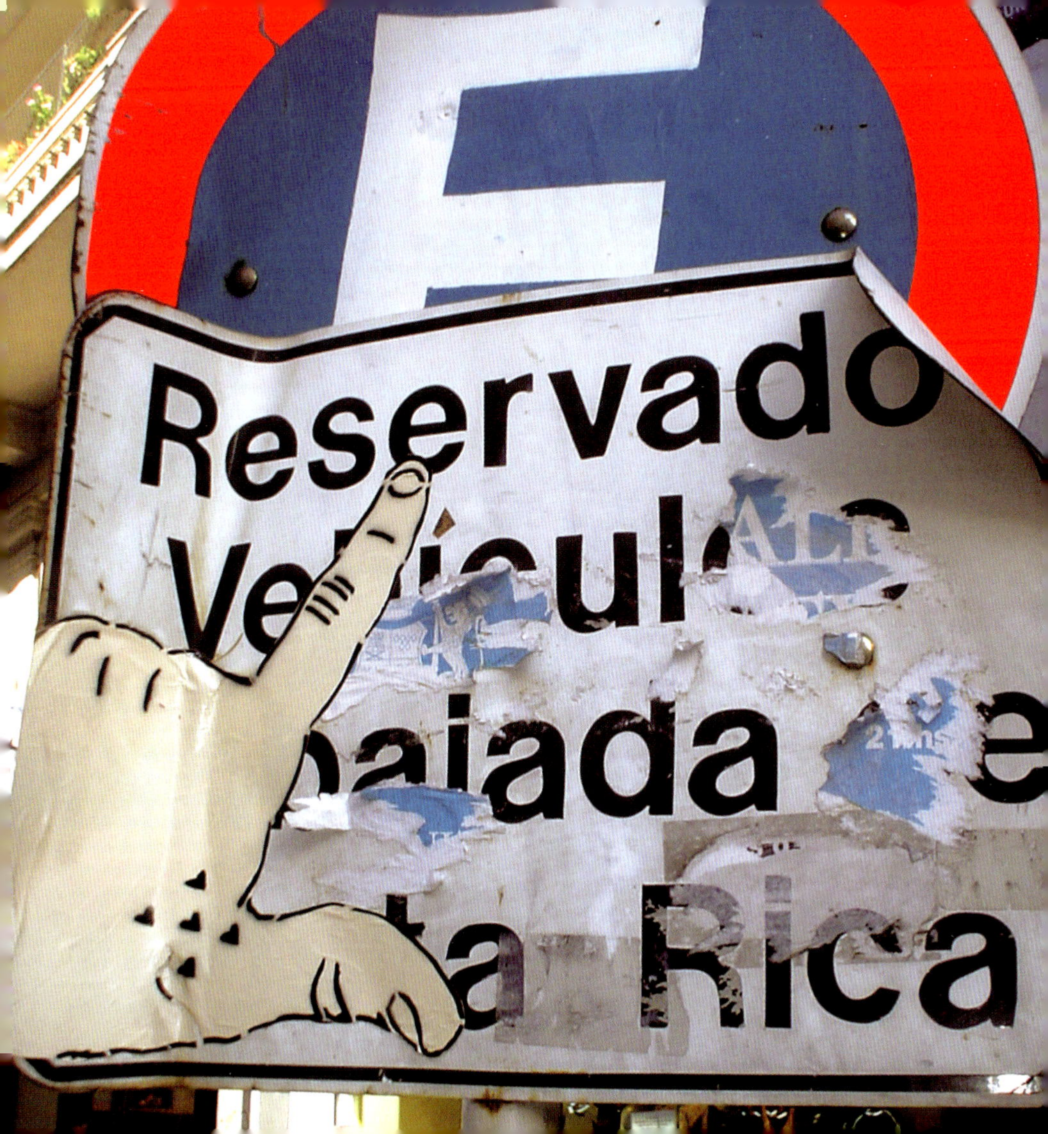
Reservado
Vehículos
oalada
ta Rica

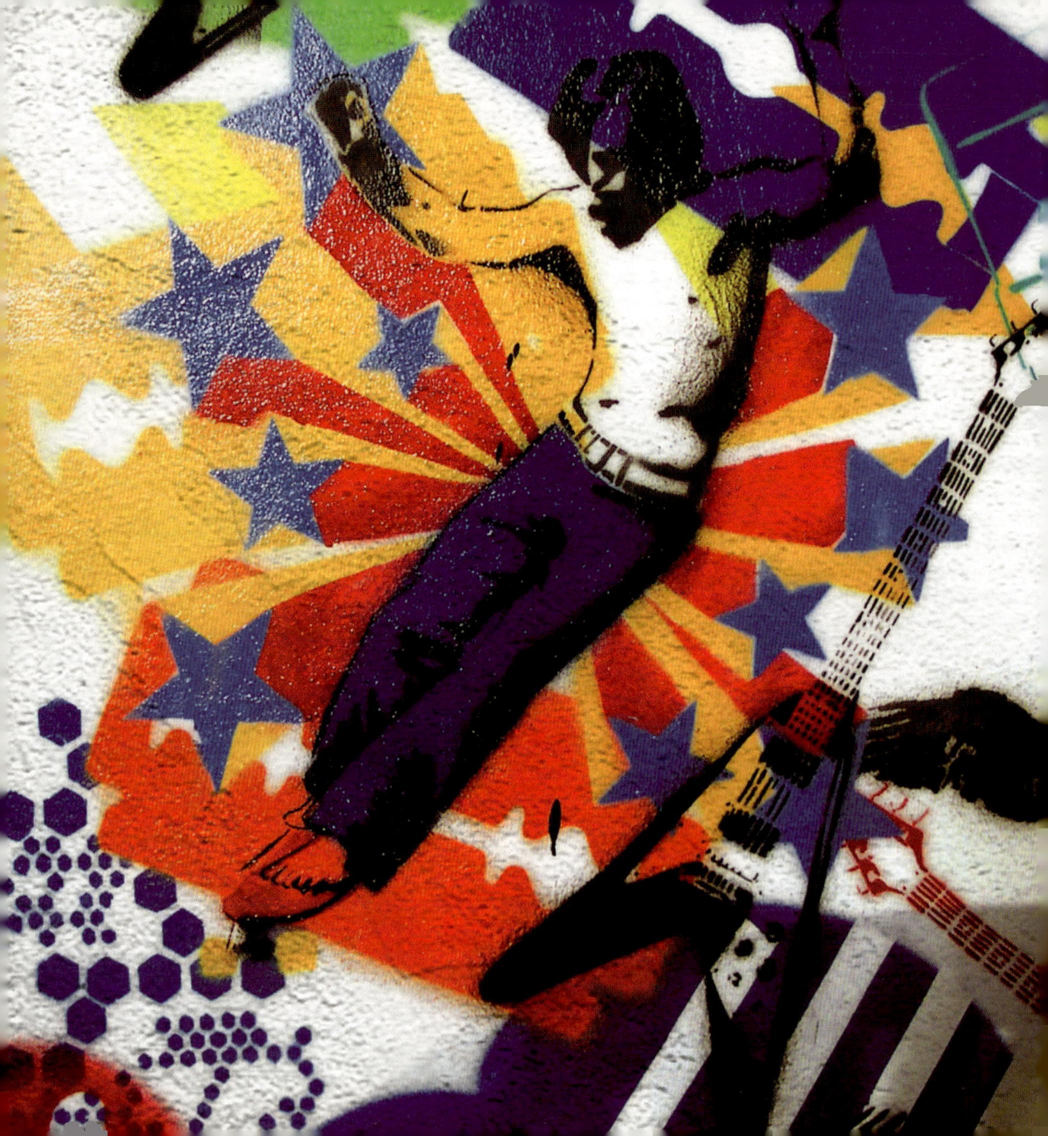

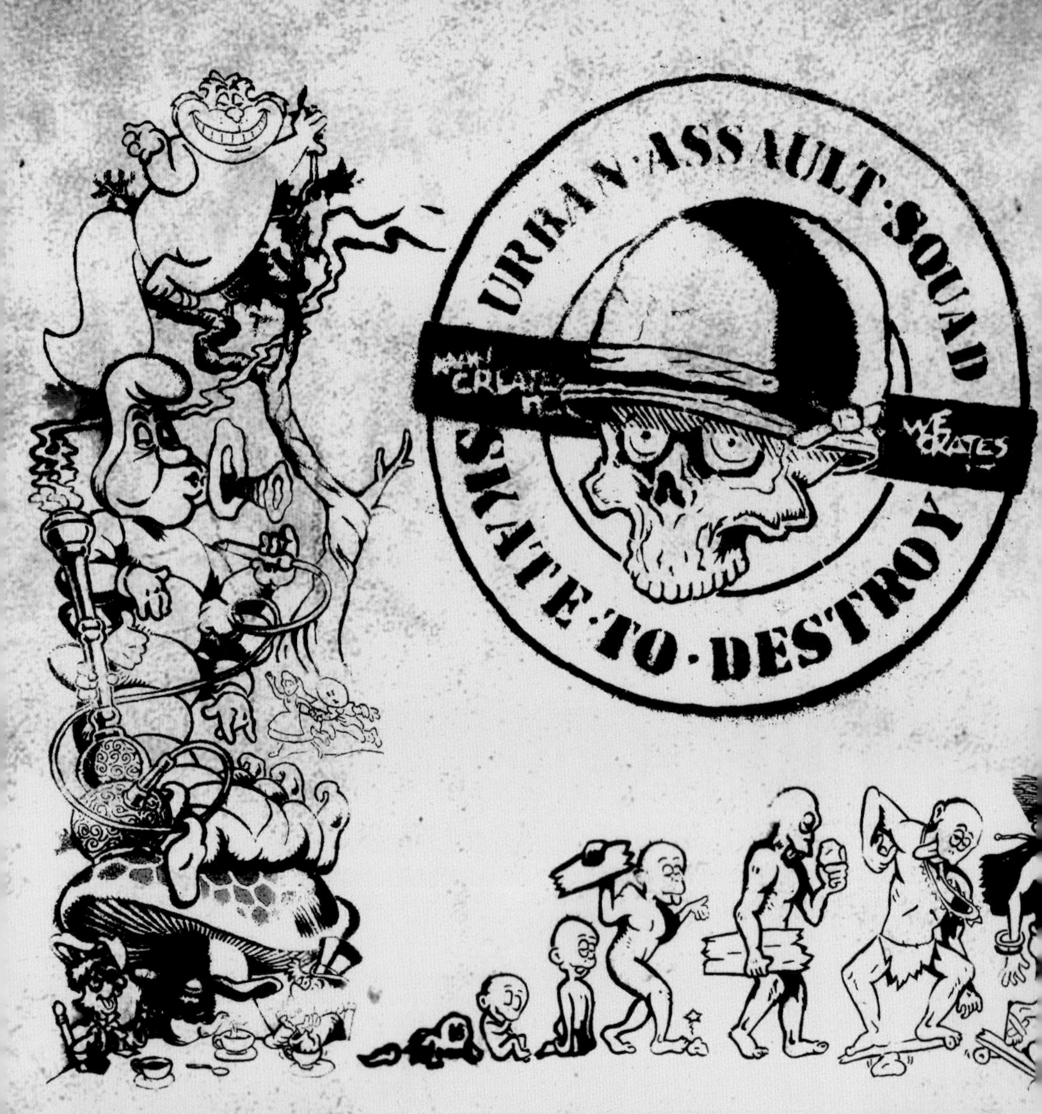

URBAN·ASSAULT·SQUAD
SKATE·TO·DESTROY
CRATES
WE CRATES

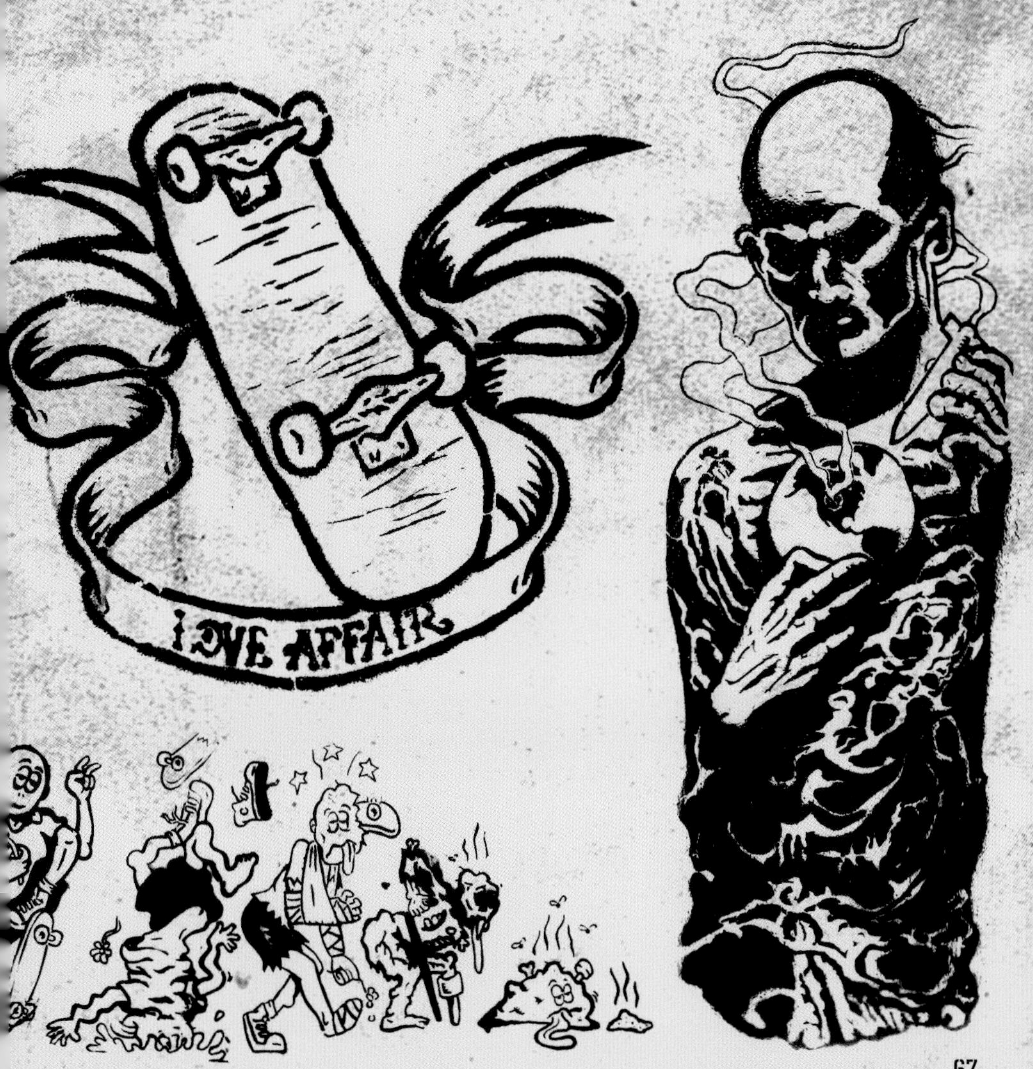
LOVE AFFAIR

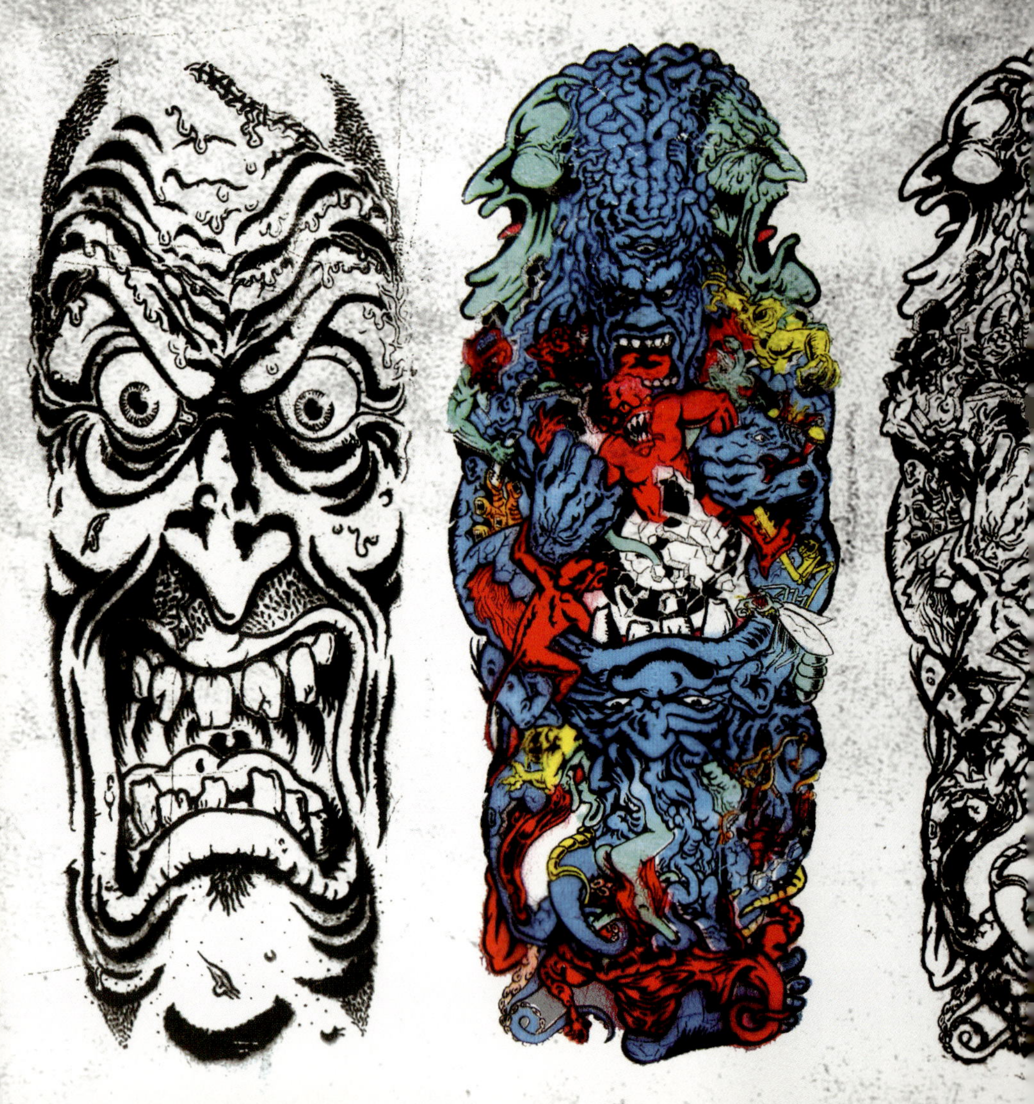

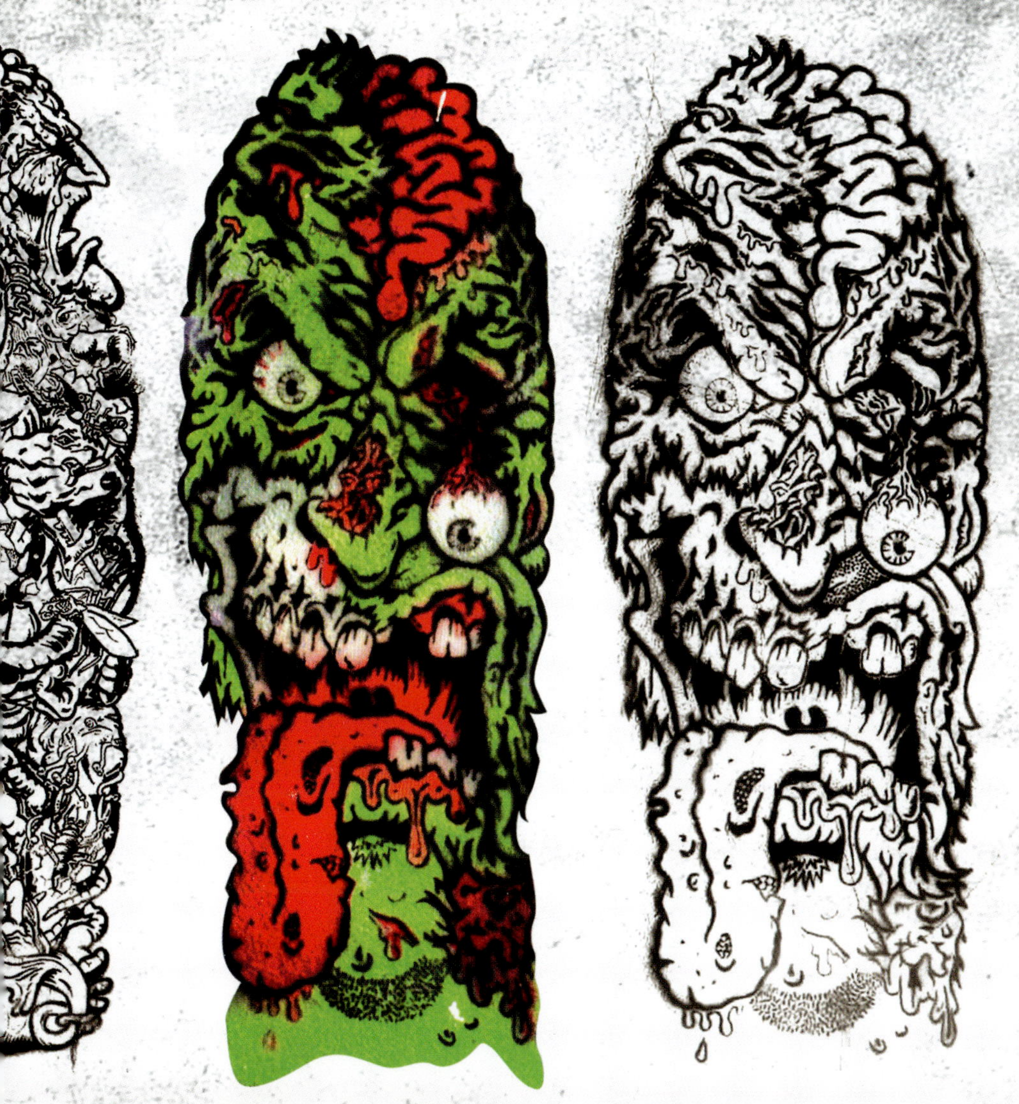

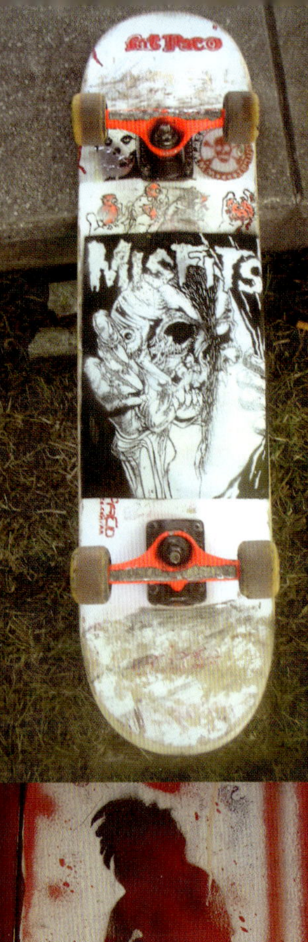
El Paco
MISFITS

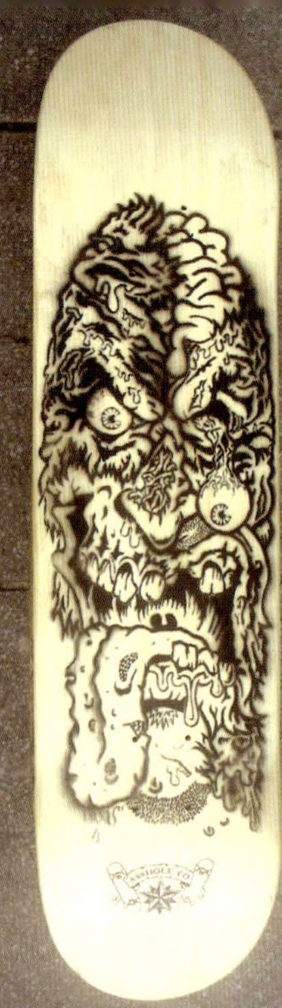
ASSHOLE CO.

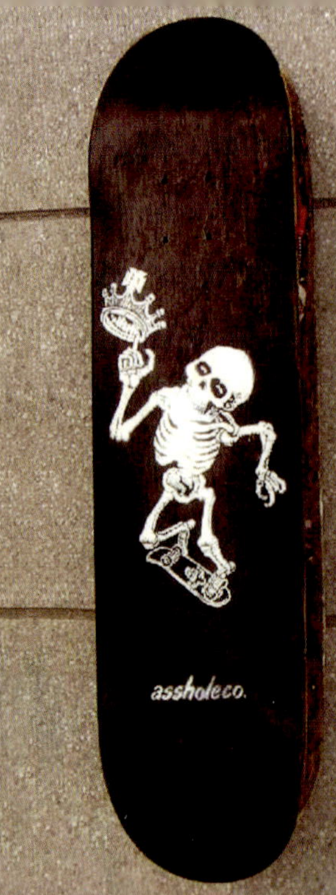
assholeco.

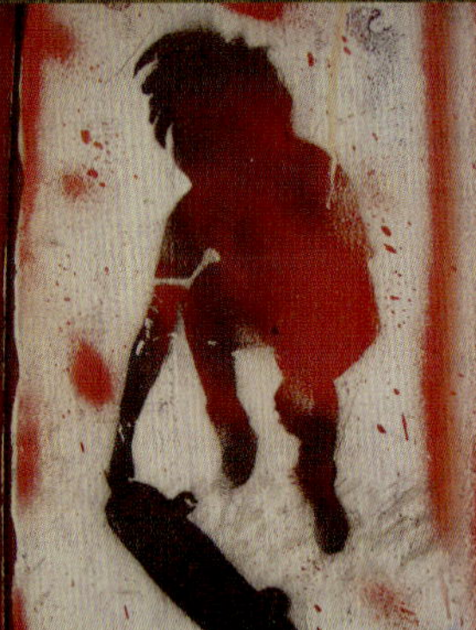

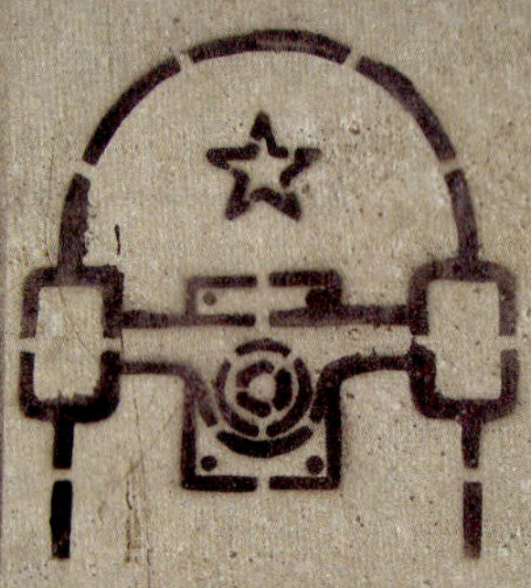

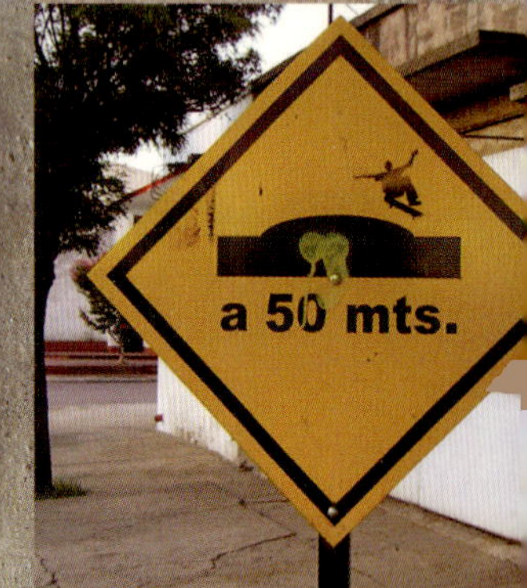
a 50 mts.

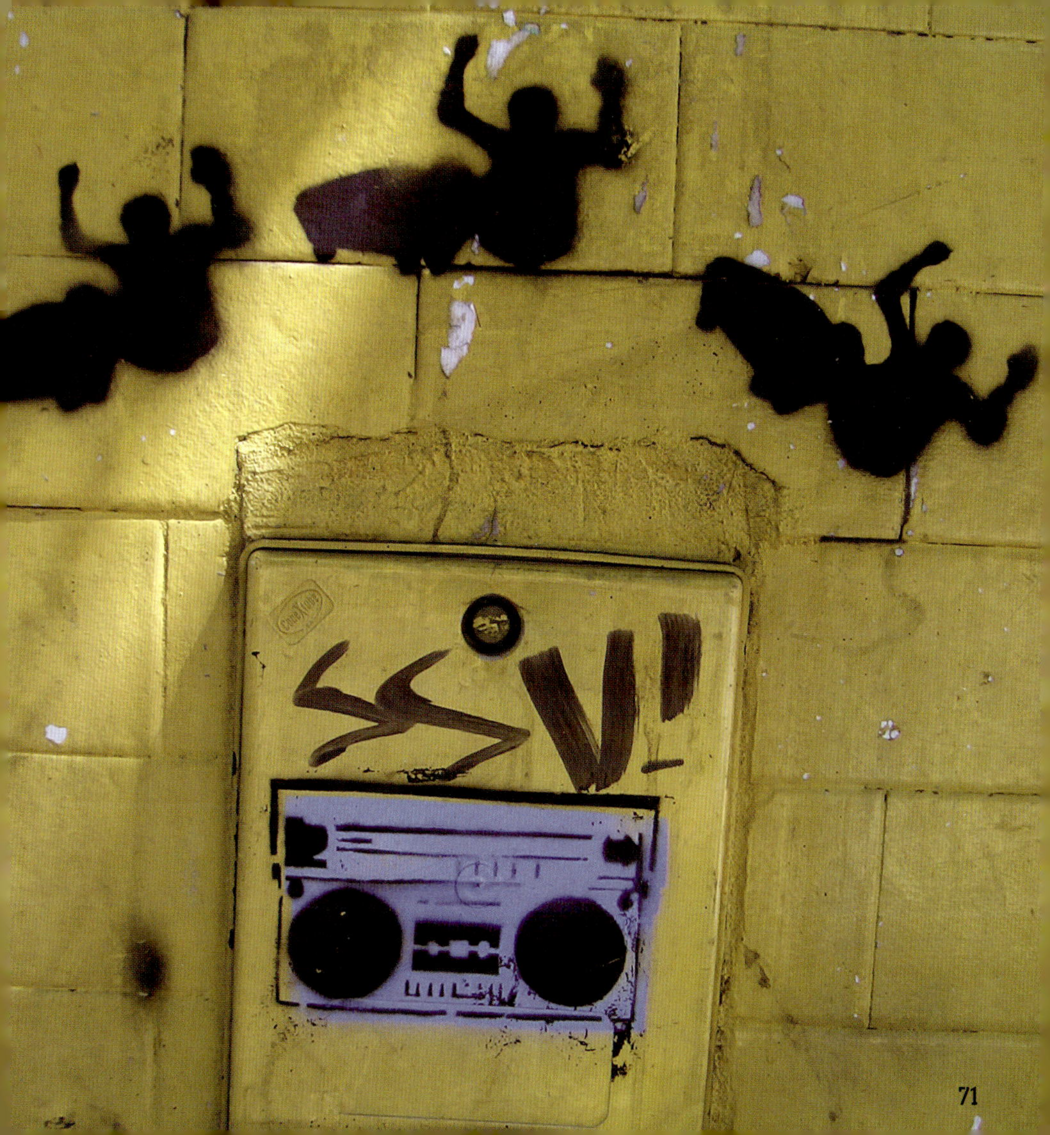

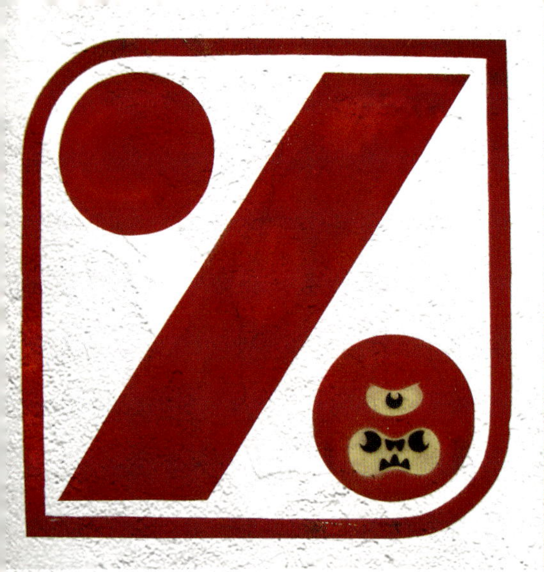

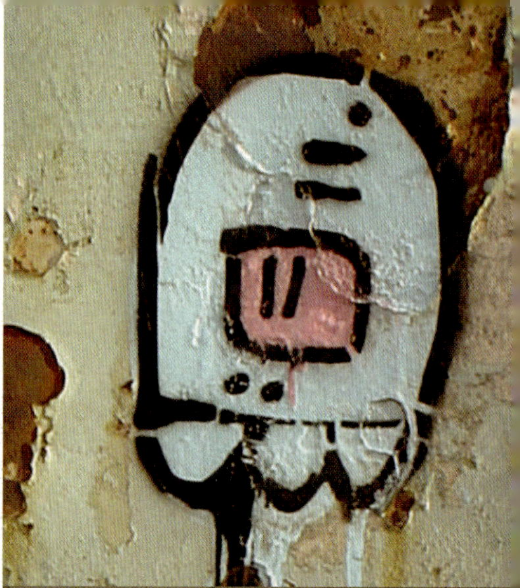

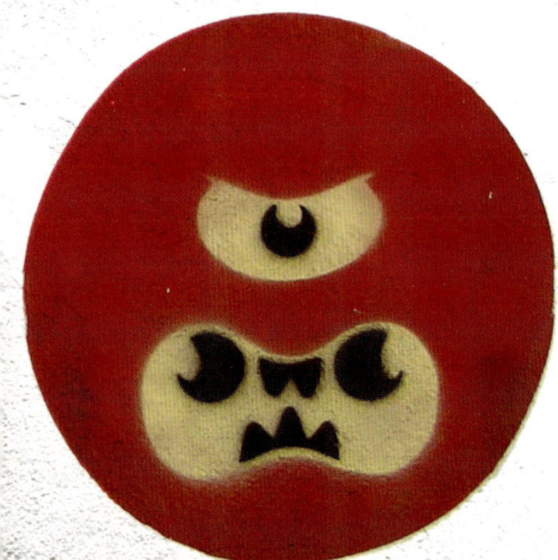

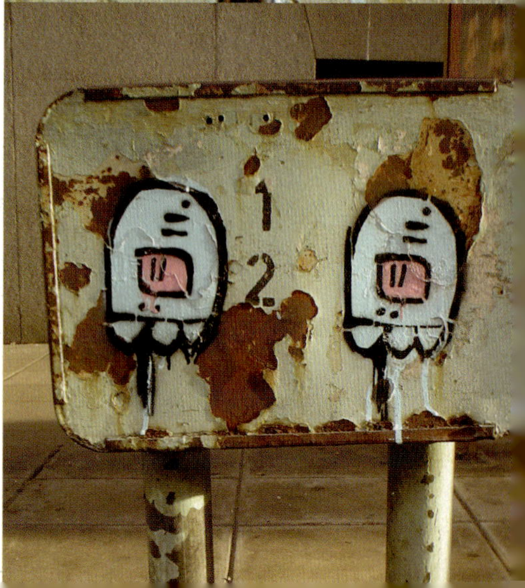

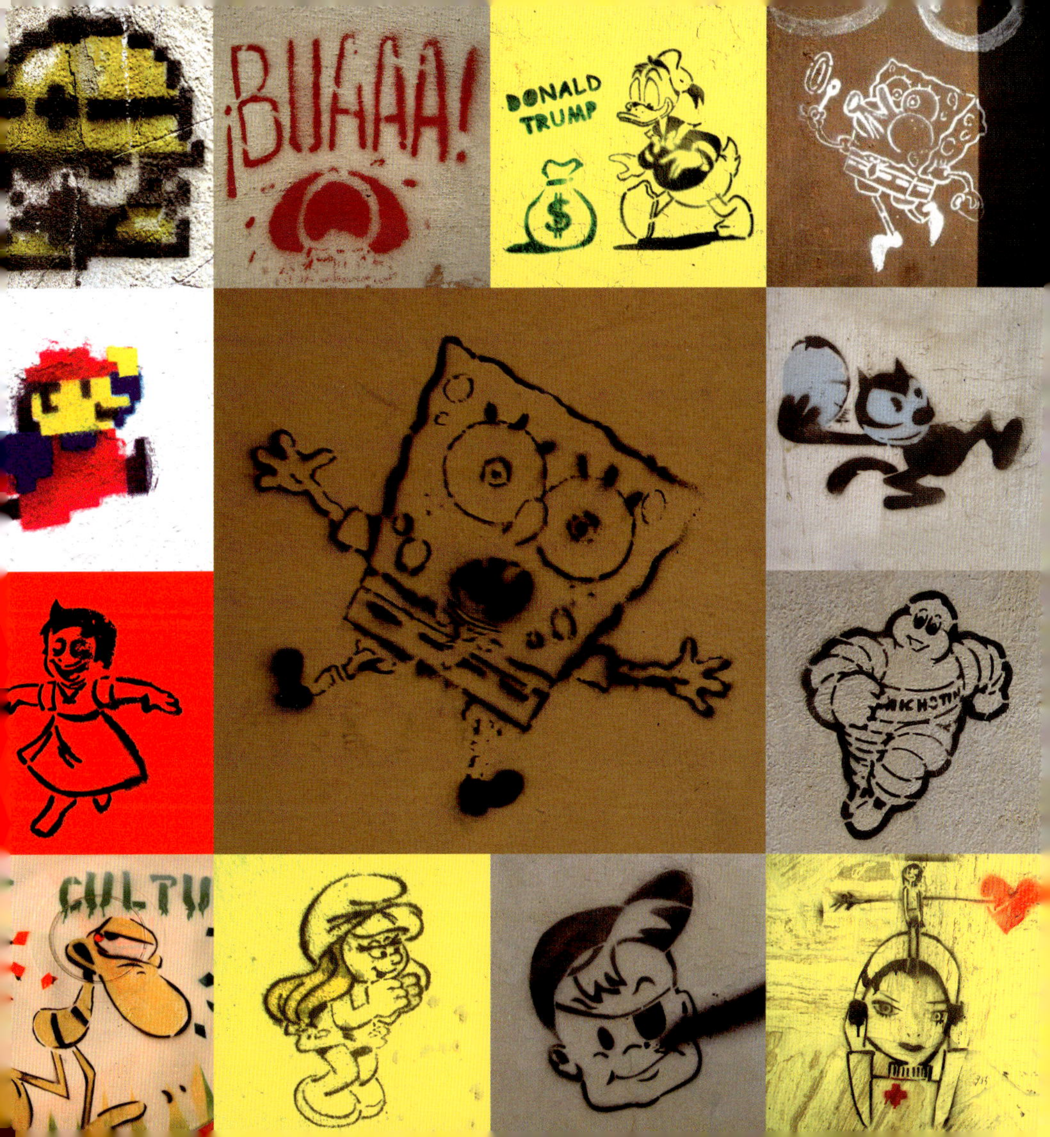

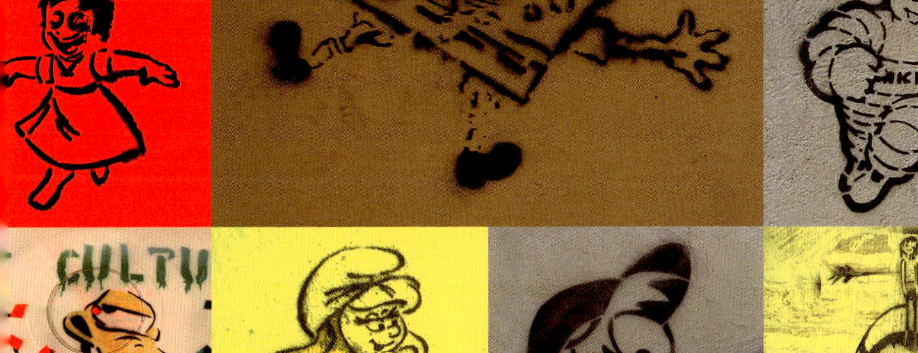
¡BUAAA!
DONALD
TRUMP
$

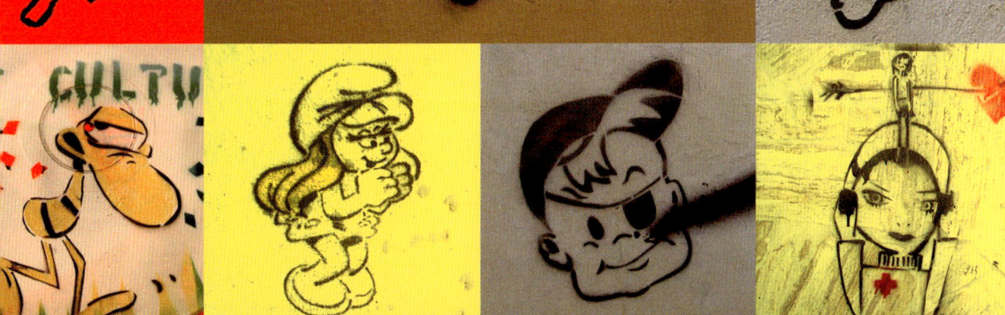
CULTU
MICHELIN

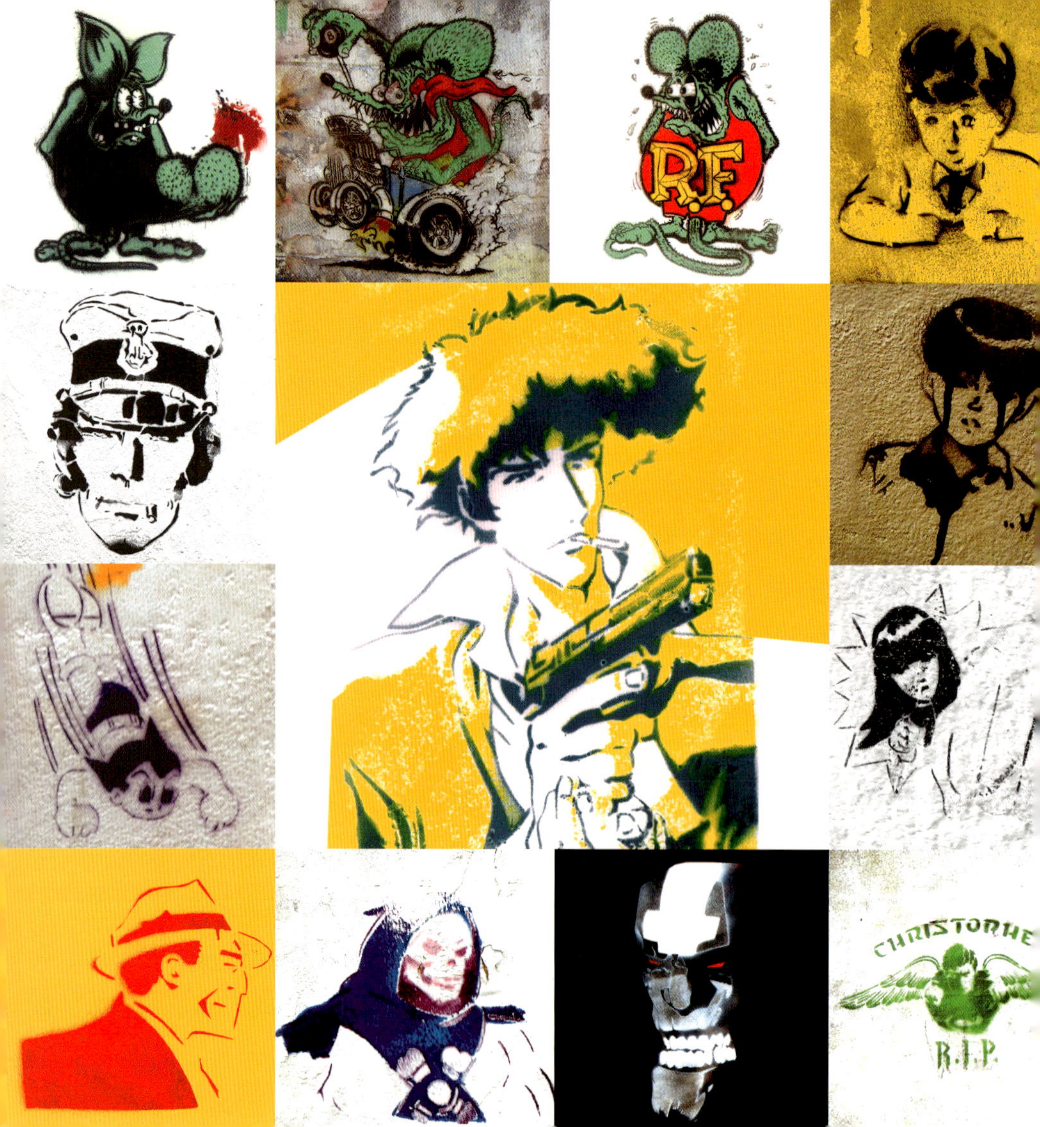
R.F
CHRISTOPHE
R.I.P.

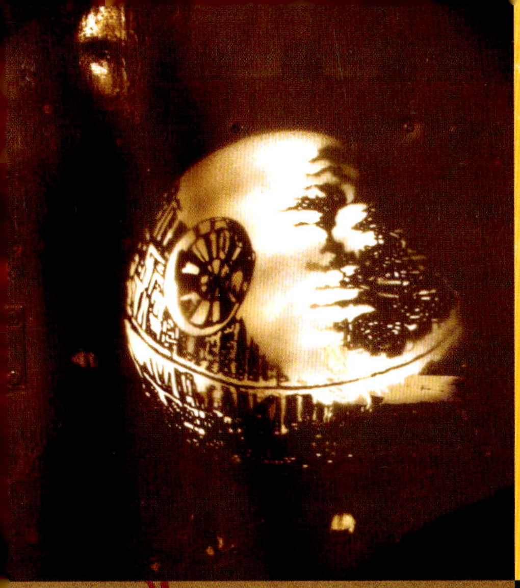
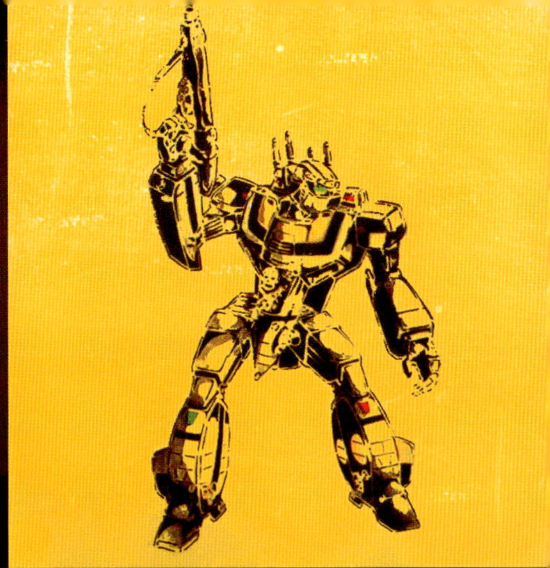
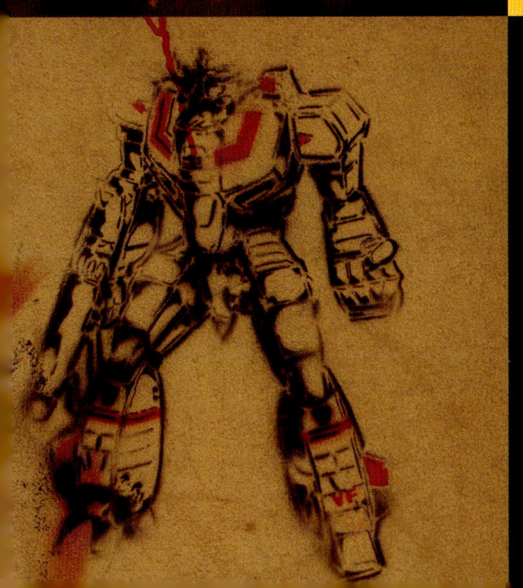
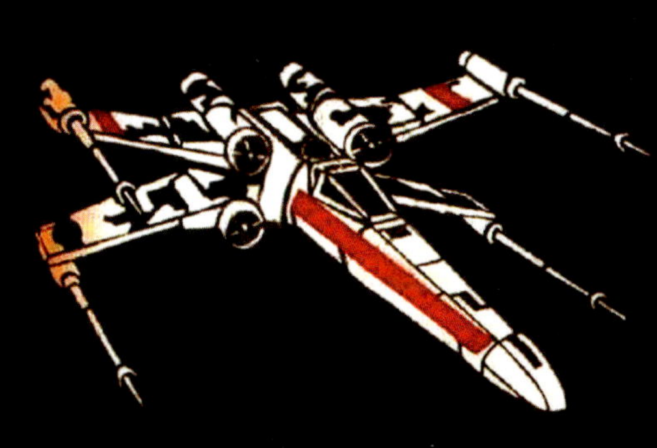

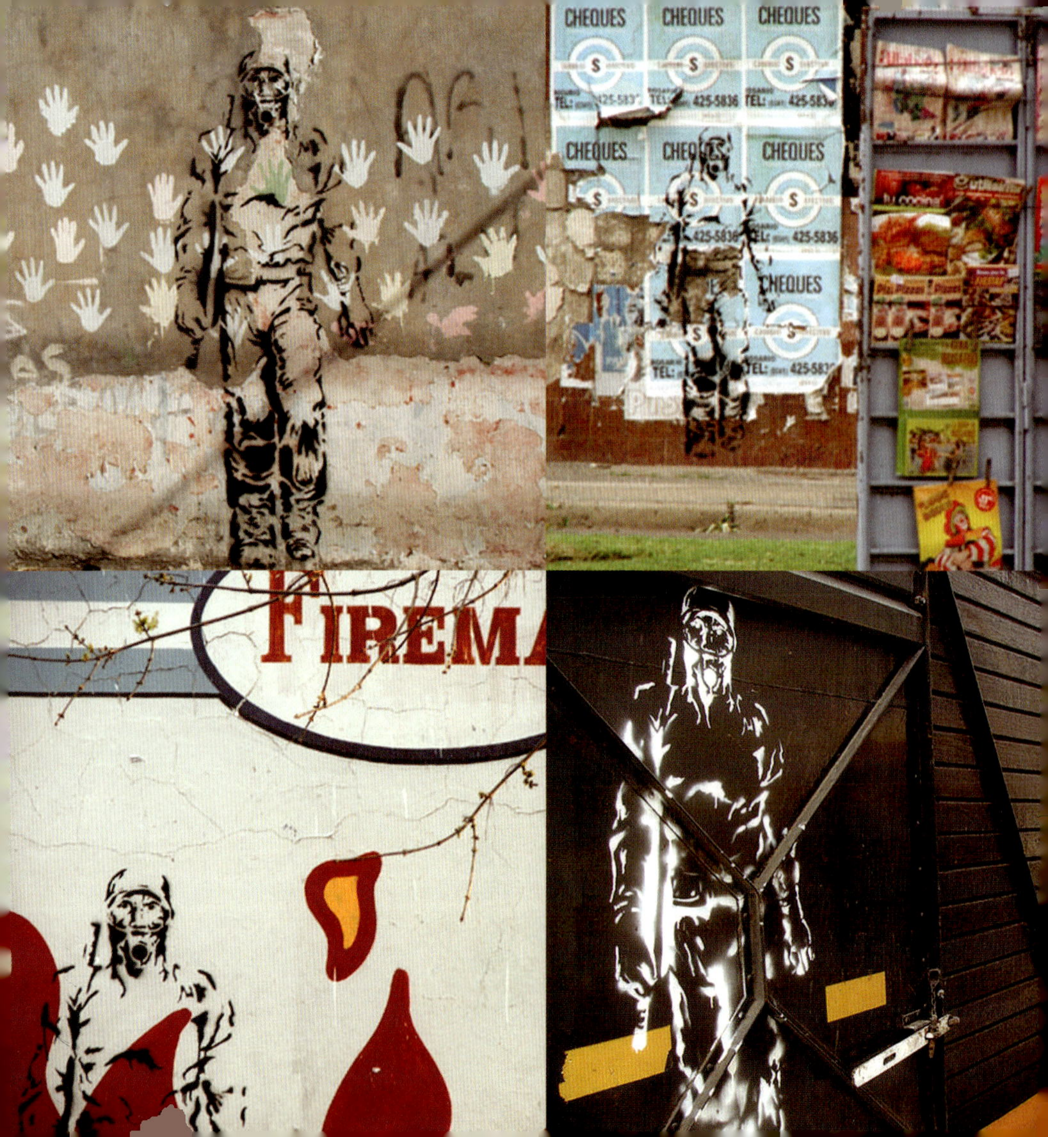

CHEQUES
TEL: (0341) 425-5836
CHEQUES
TEL: 425-5836
CHEQUES
TEL: 425-5836
FIREMA

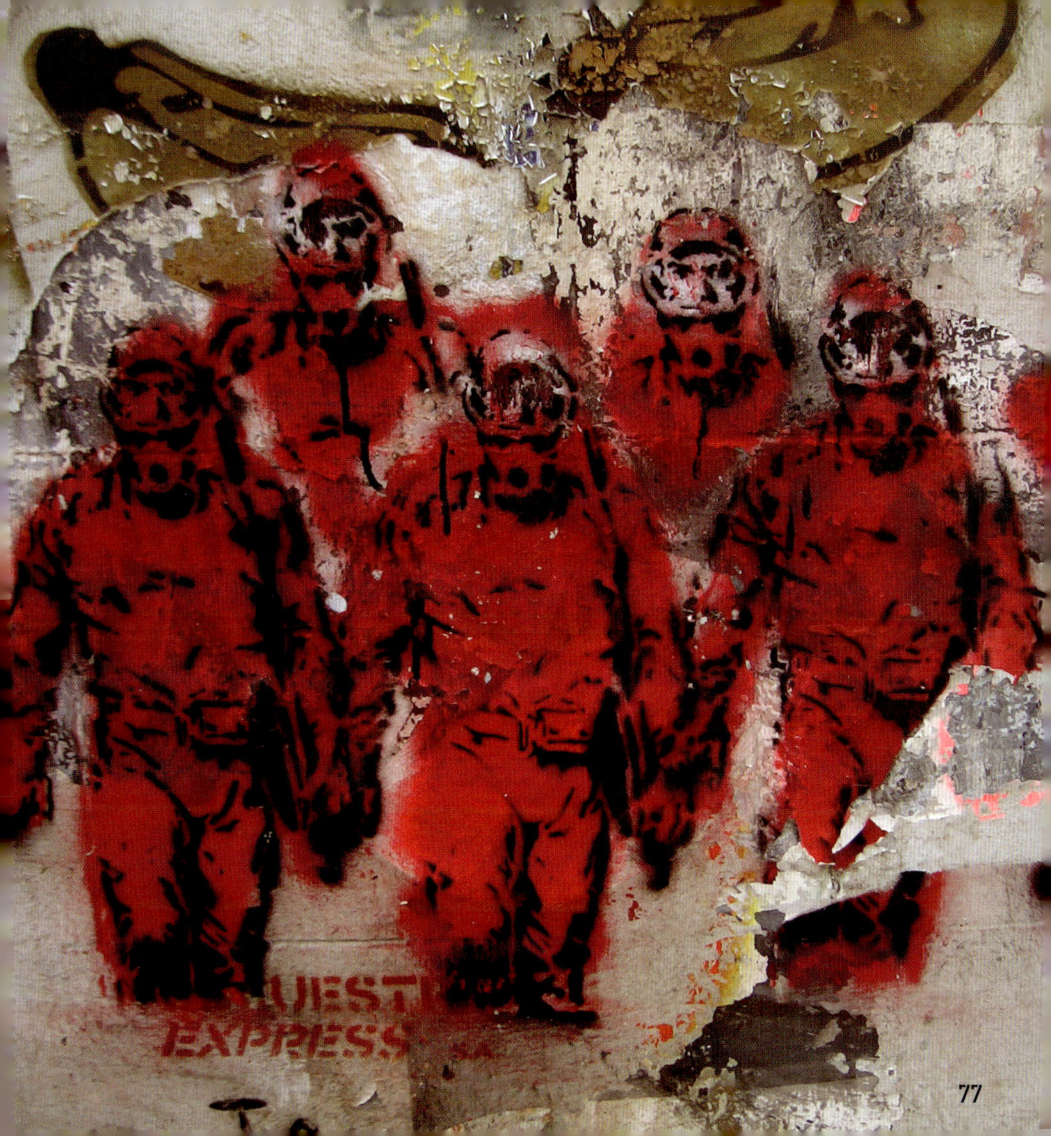

UESTI
EXPRESS

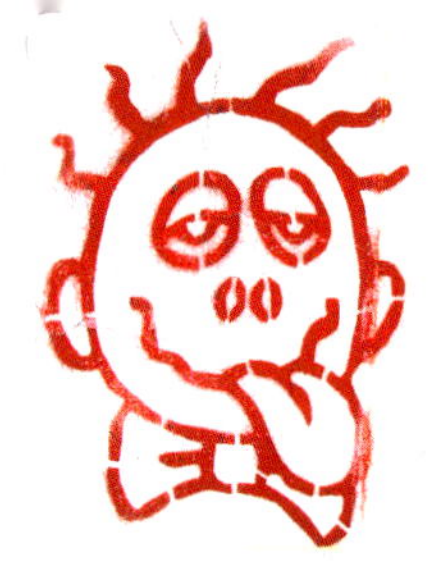
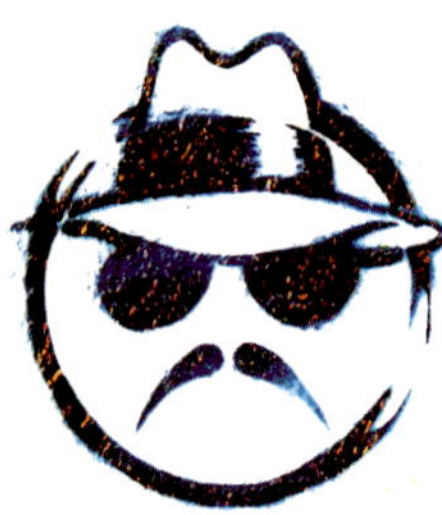
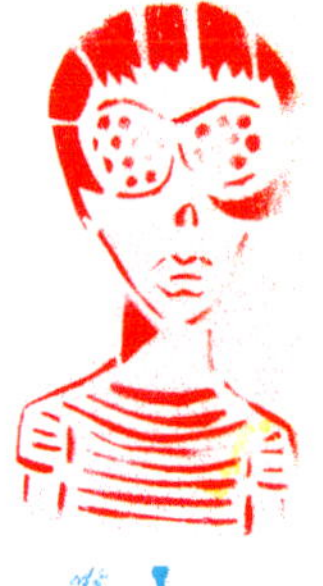
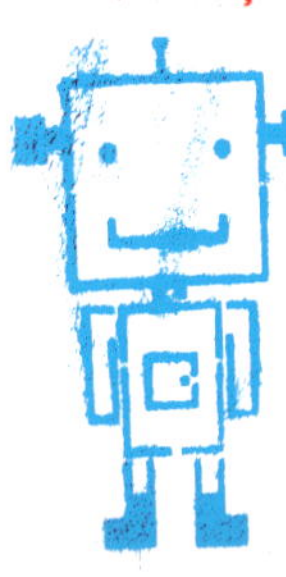
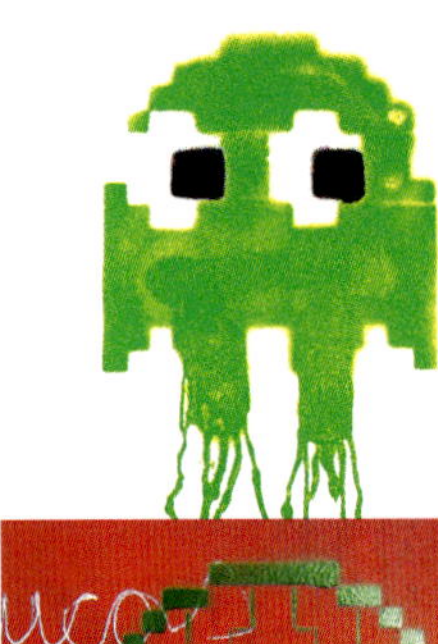
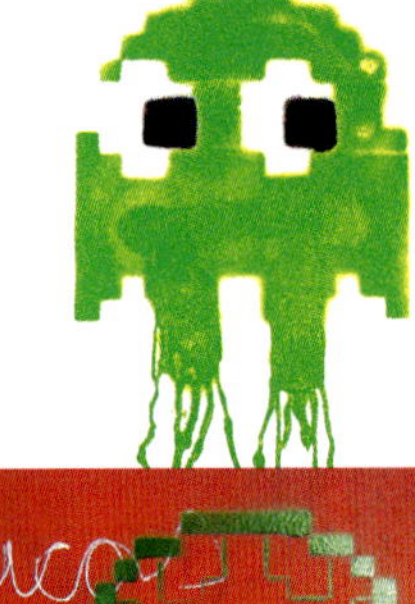
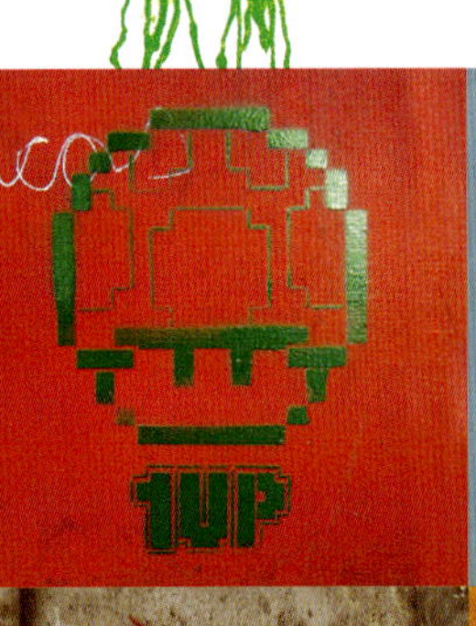
1UP

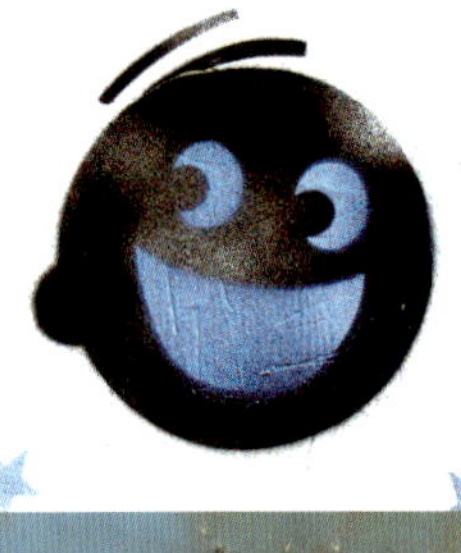
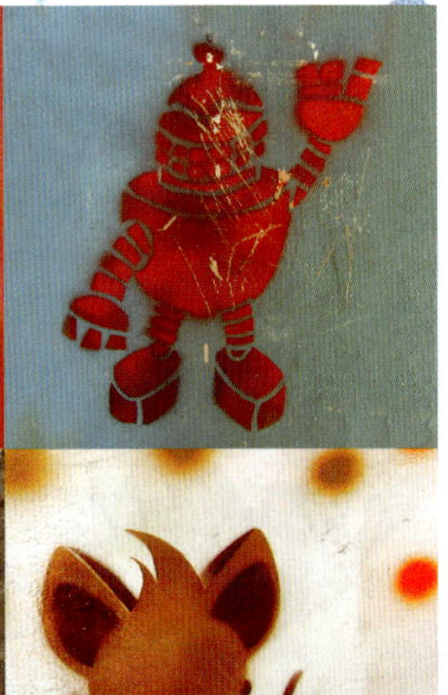
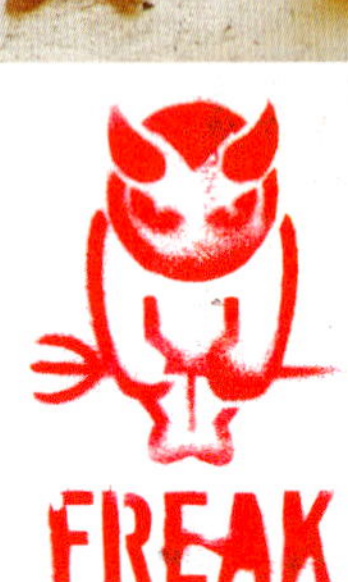
ESTAMOS
FELICES
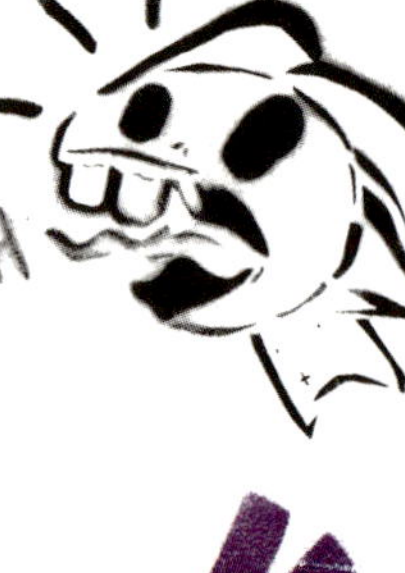
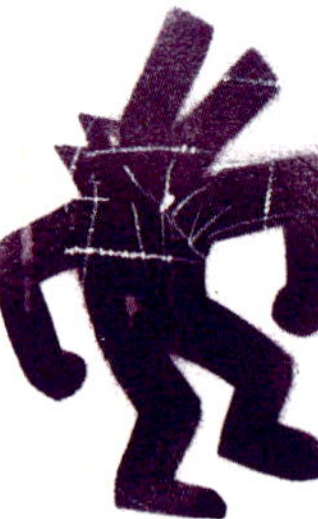
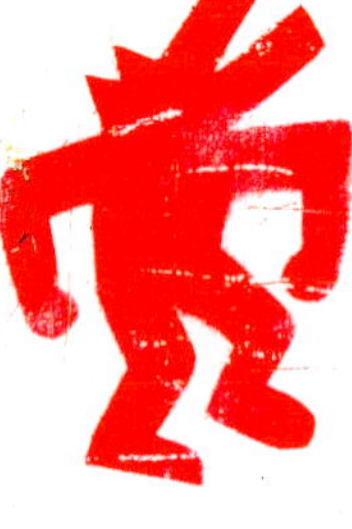
FREAK
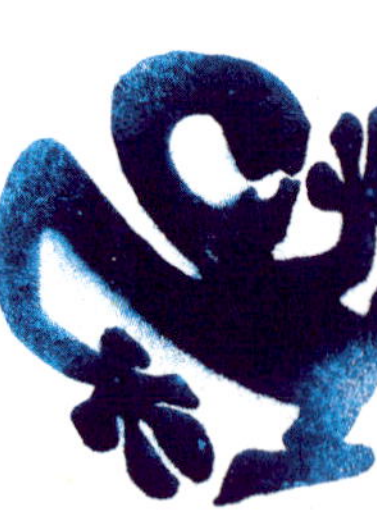

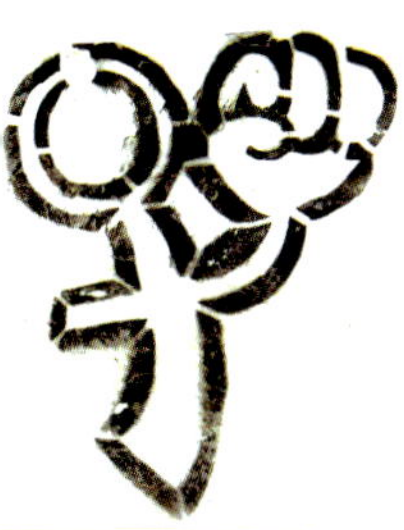
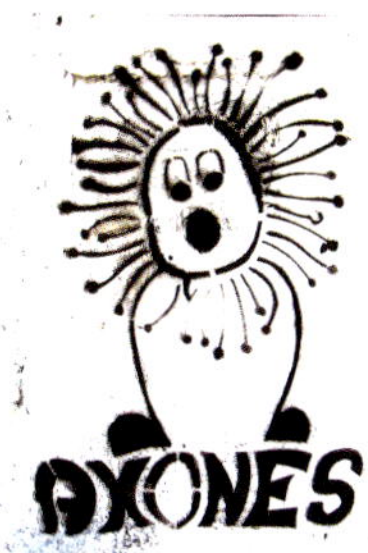
AXONES
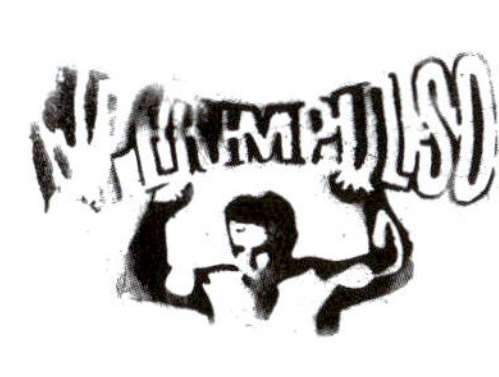
NI UN IMPULSO
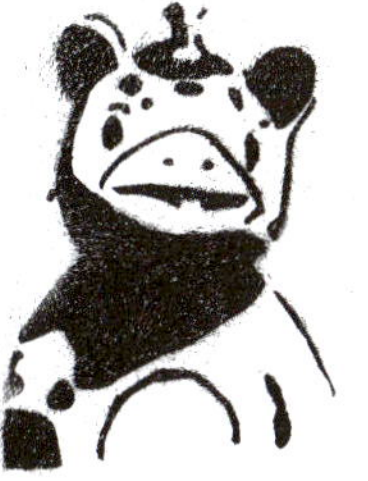
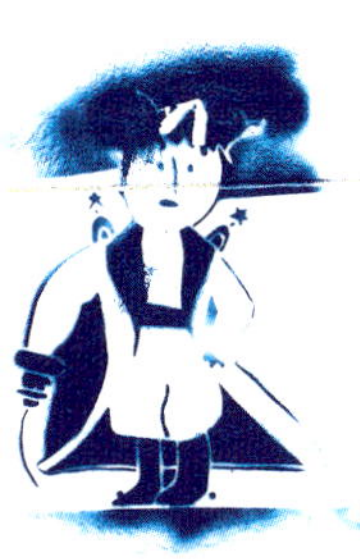
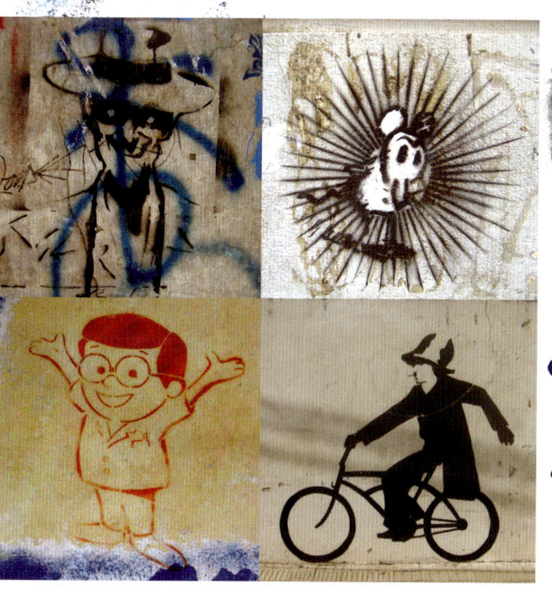
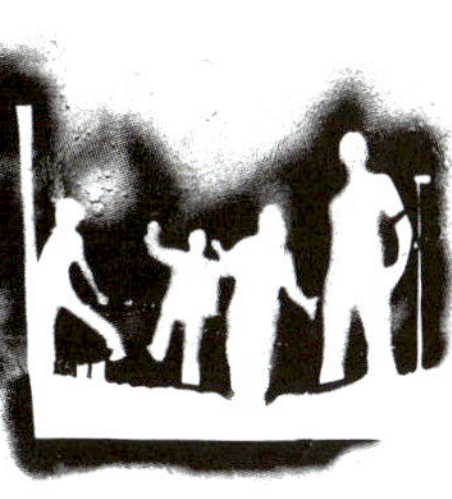
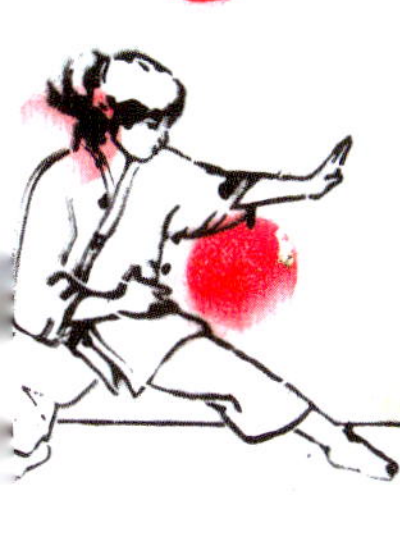
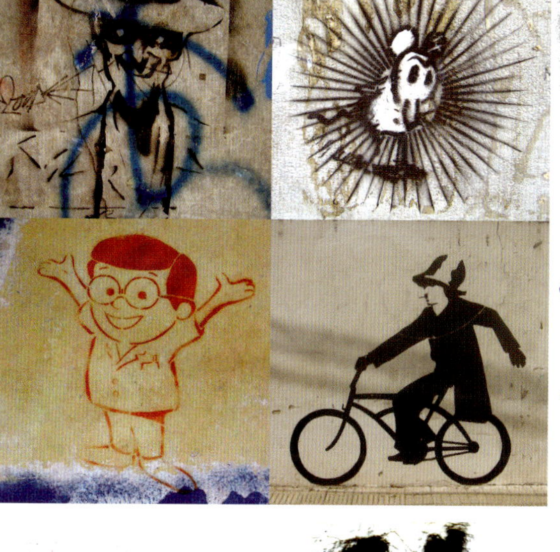
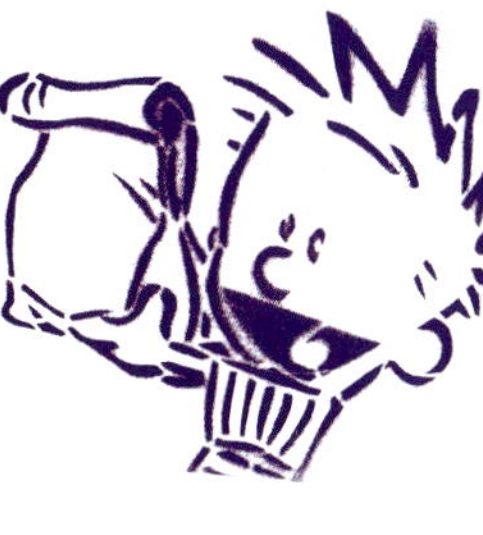
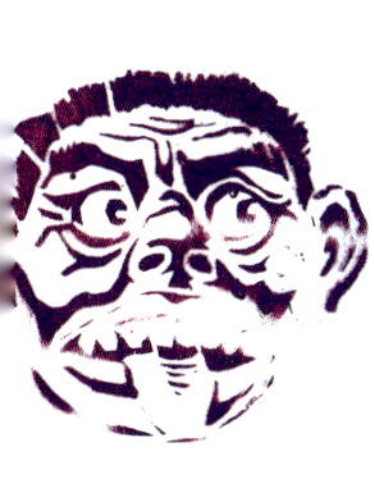
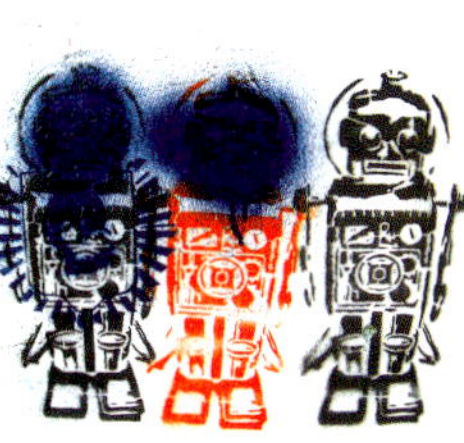
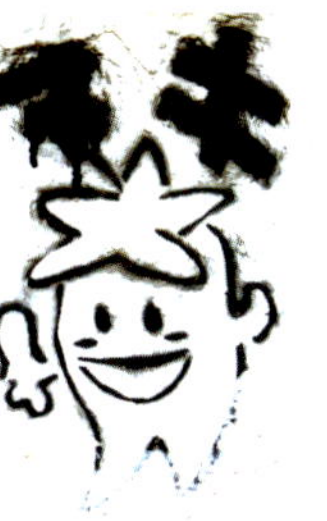
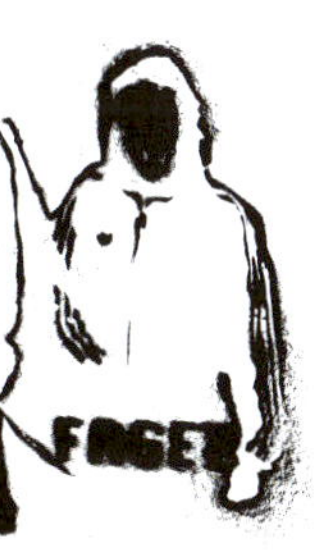
FASE

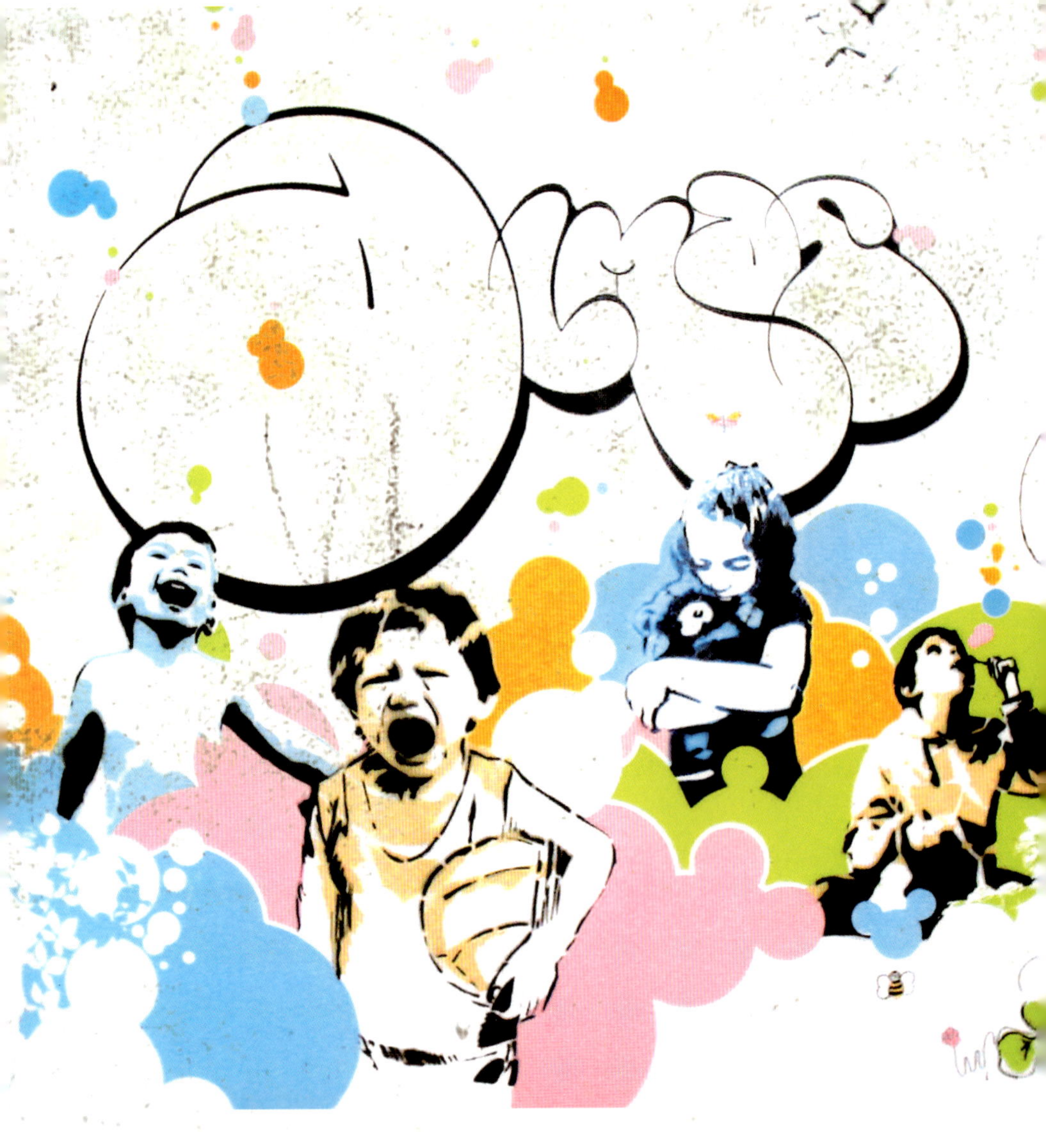

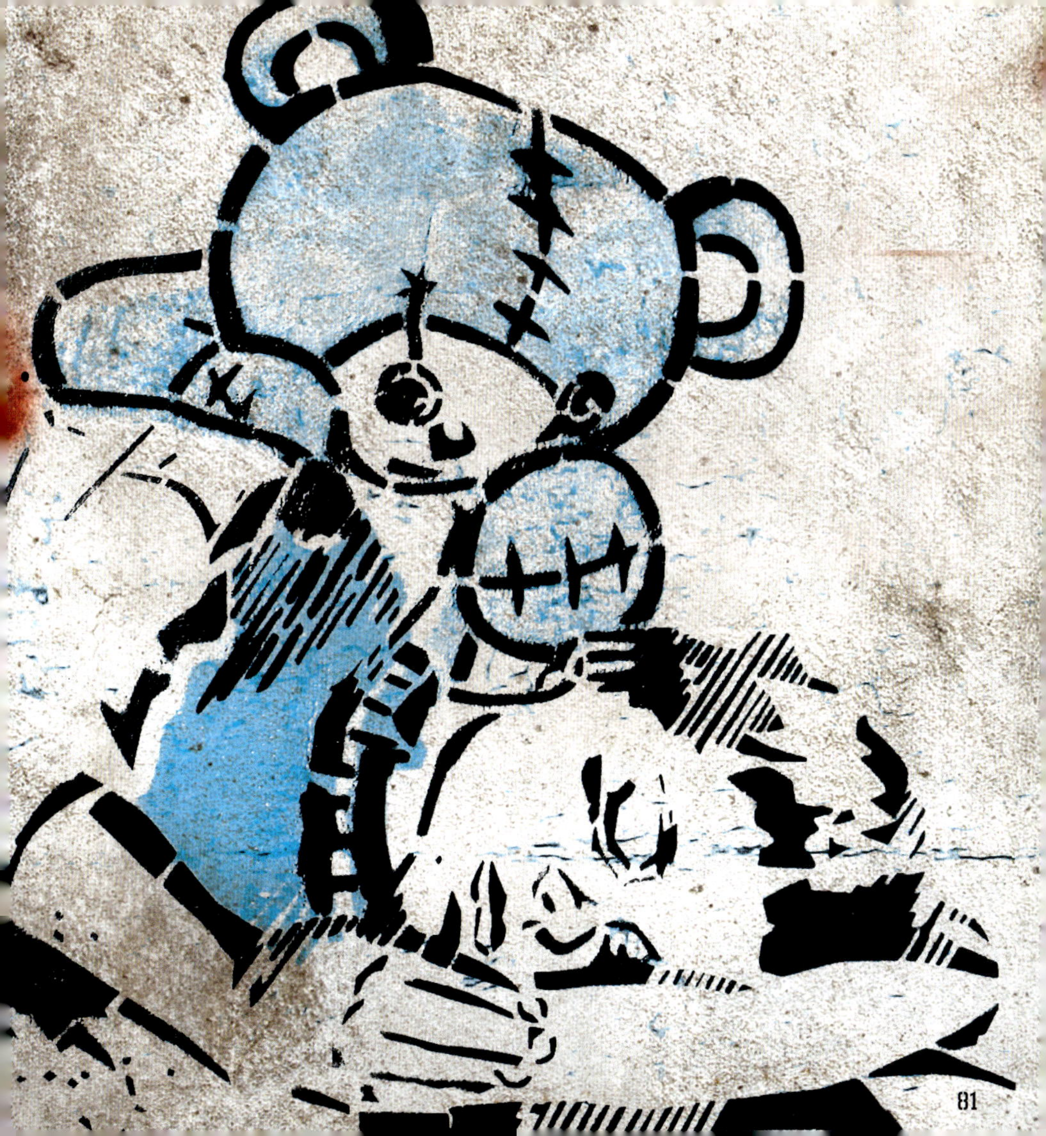

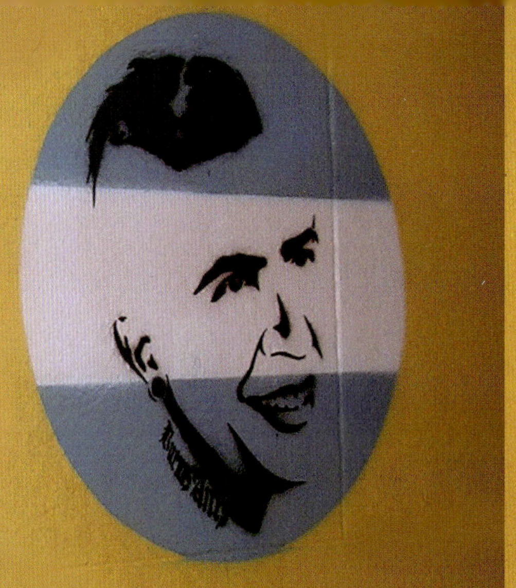
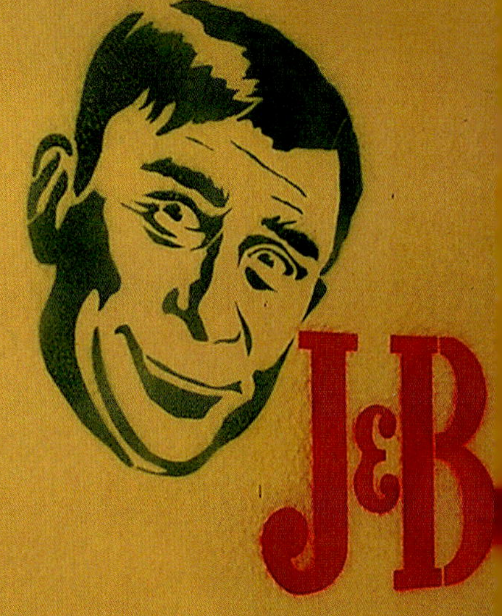

J&B

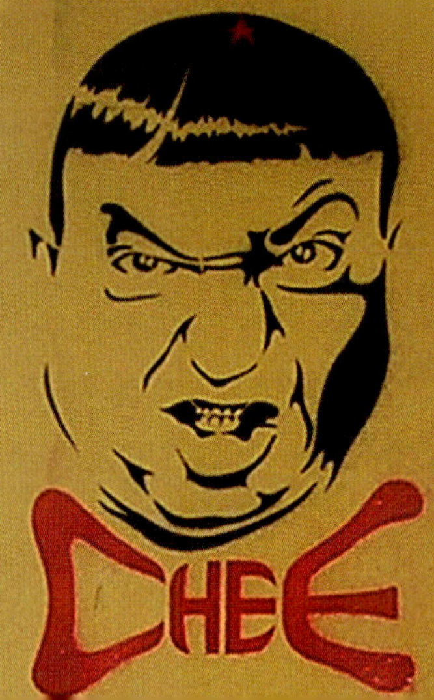

CHEE

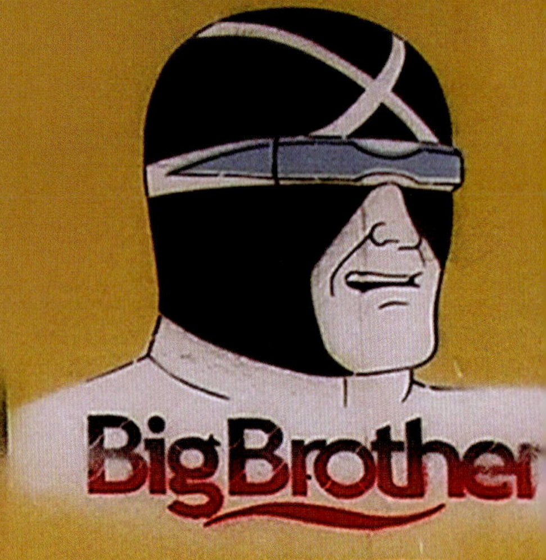

BigBrother

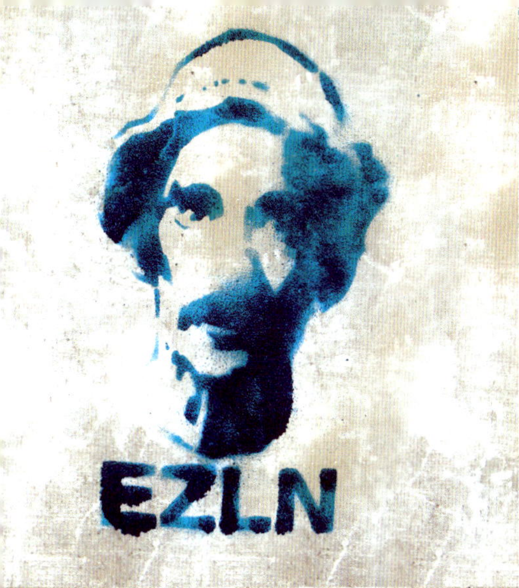

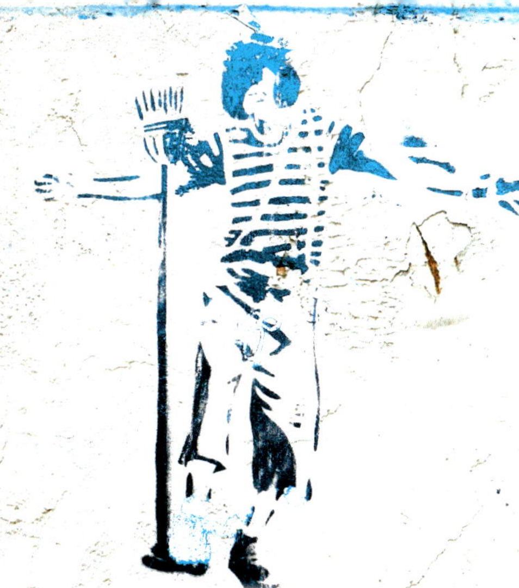
EZLN

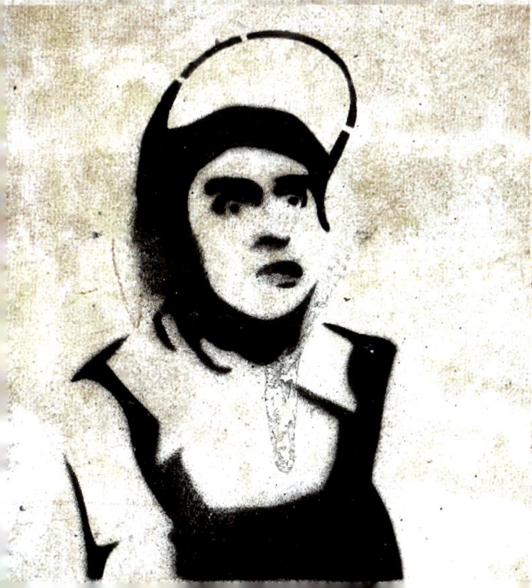

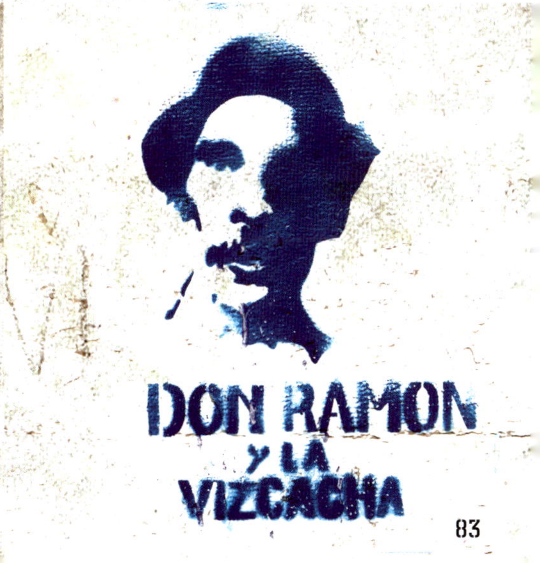

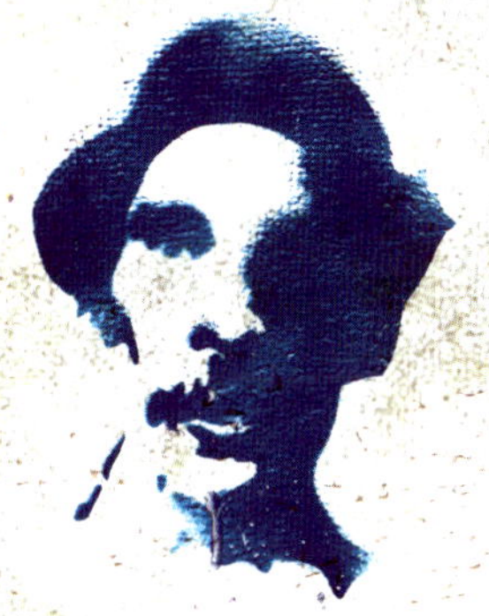
DON RAMON
y LA
VIZCACHA

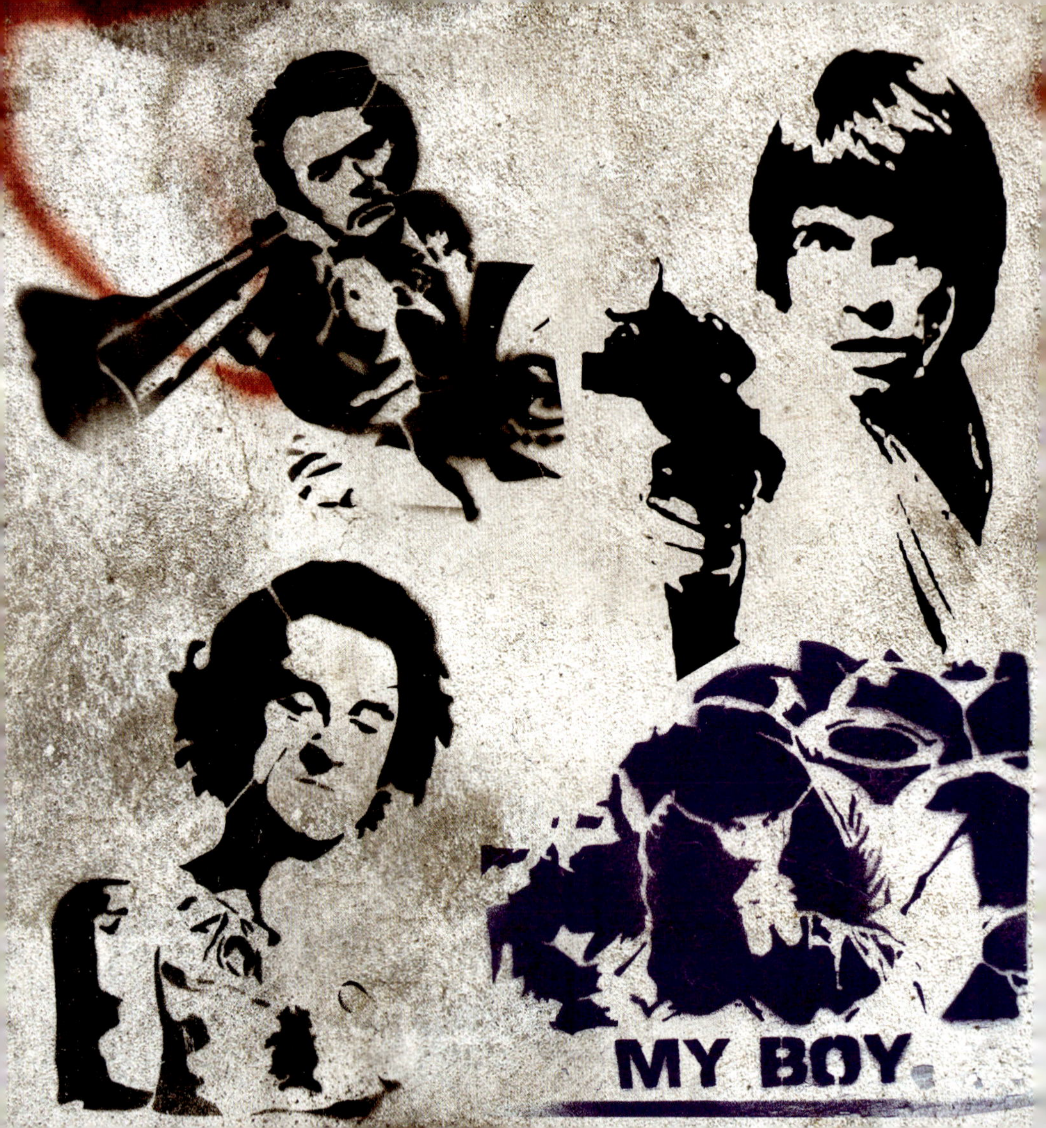
MY BOY.

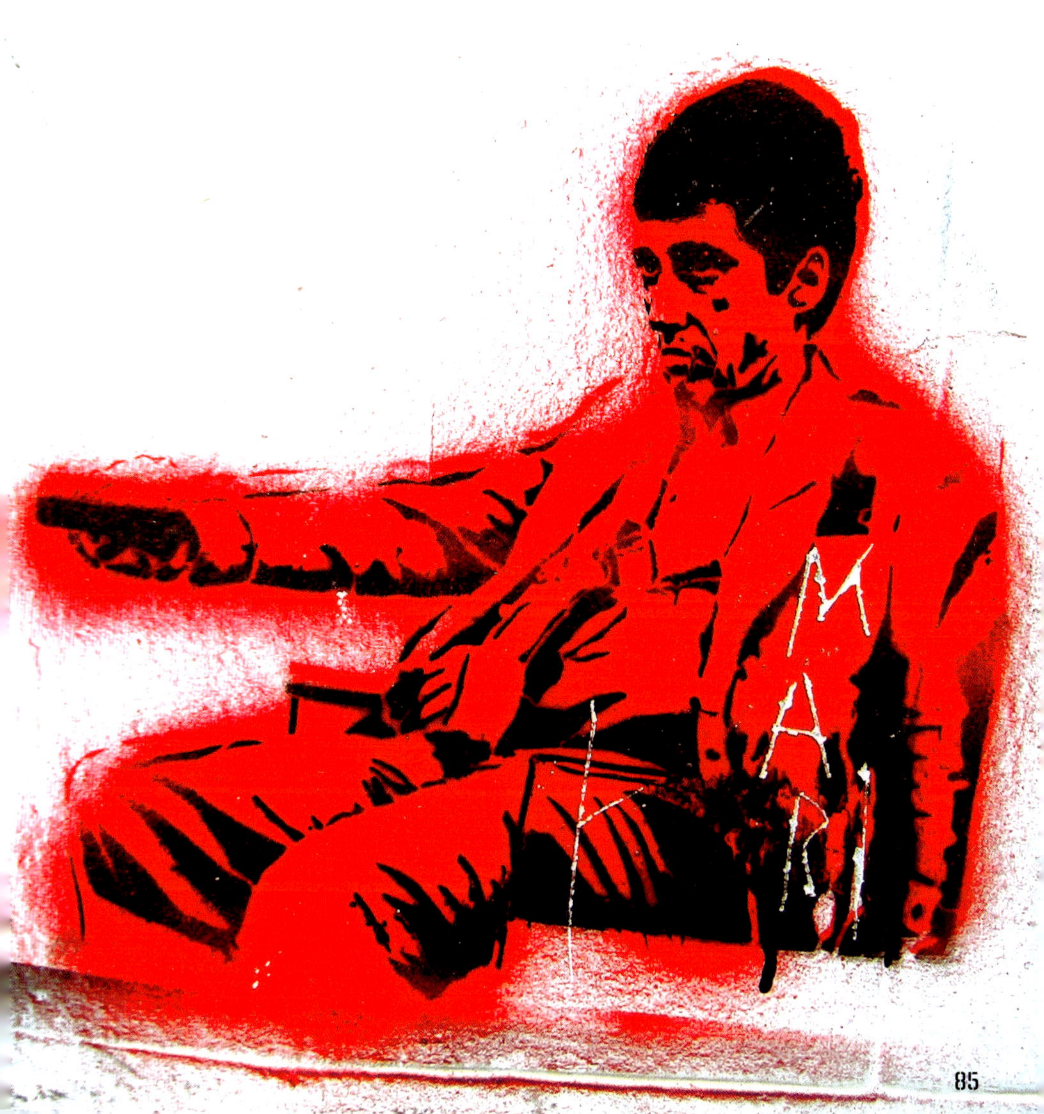

M
A
F

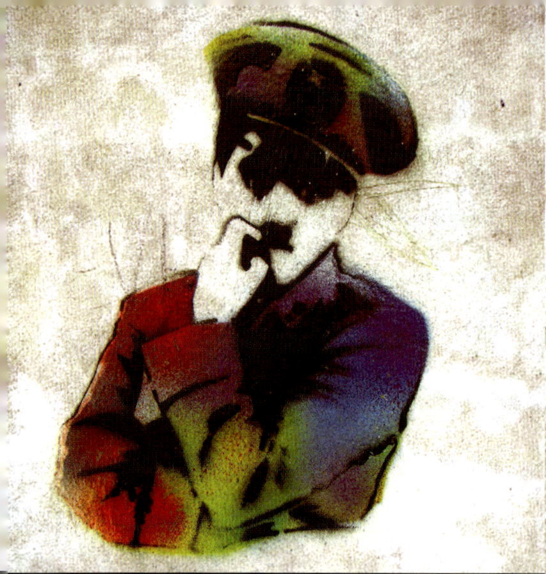

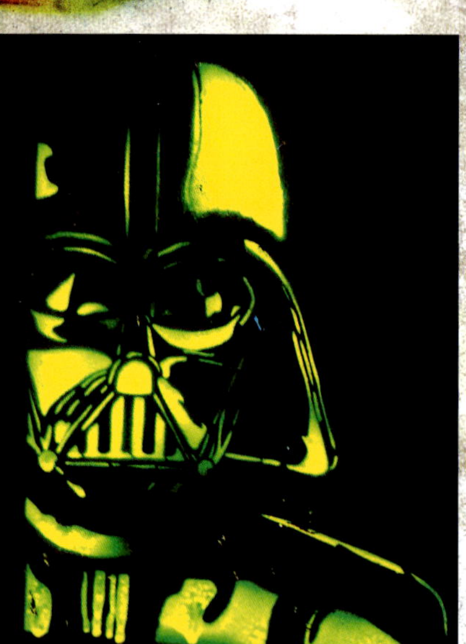
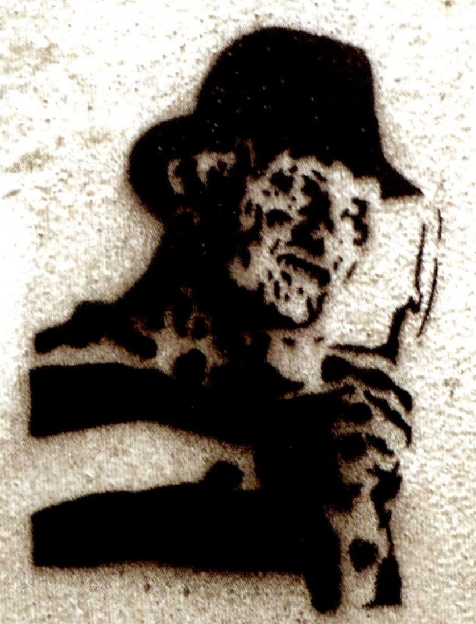
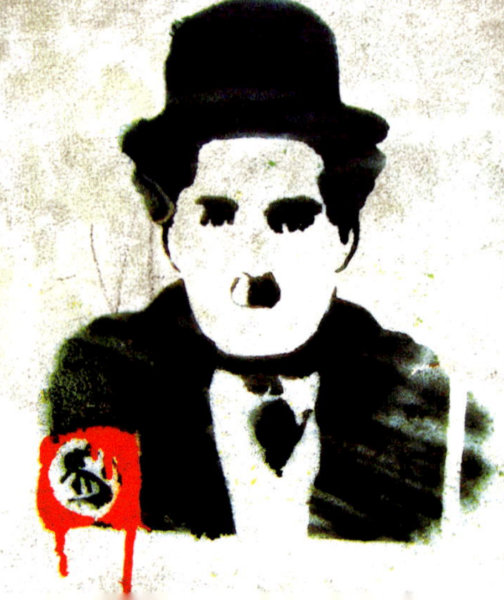

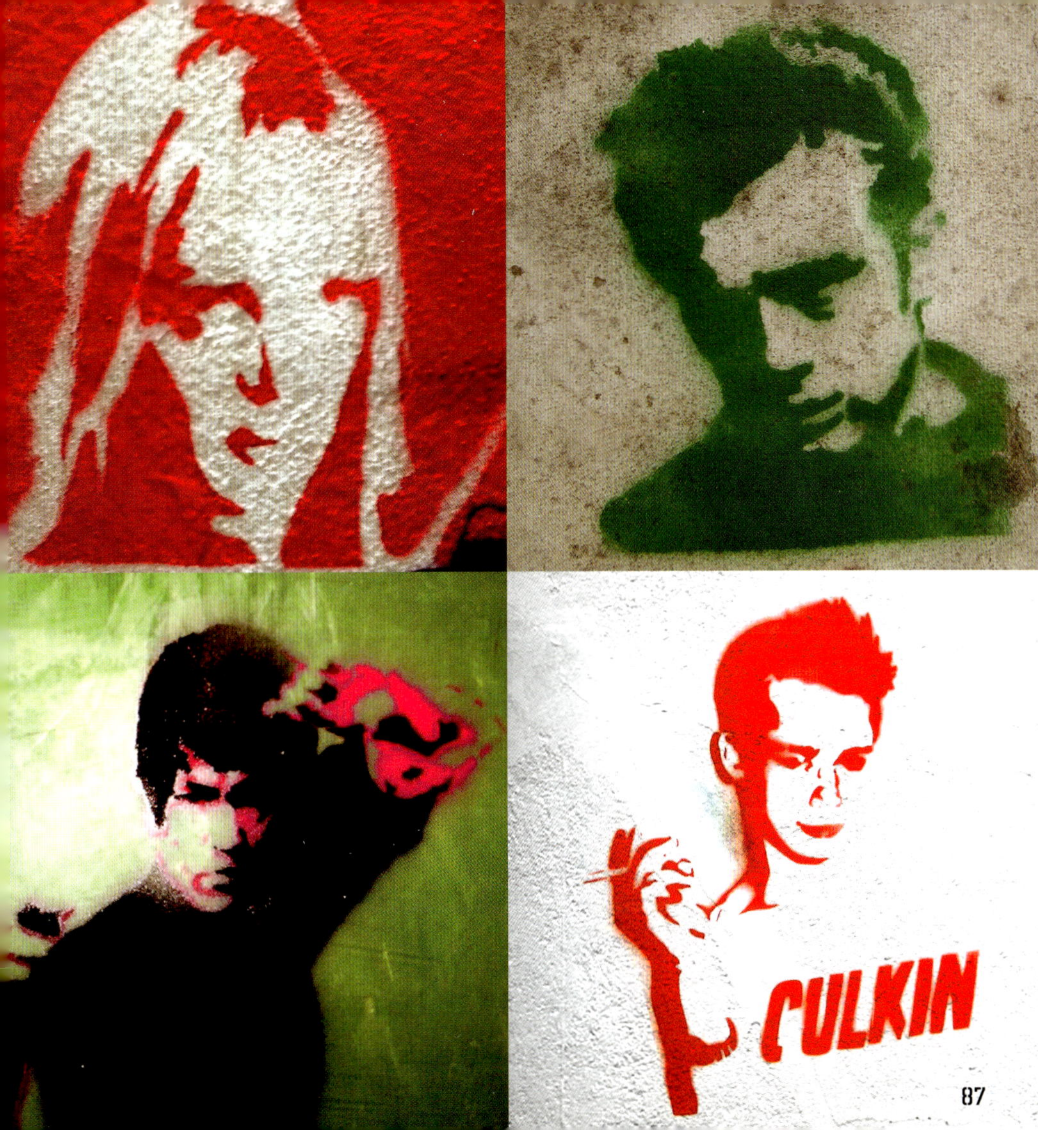
CULKIN

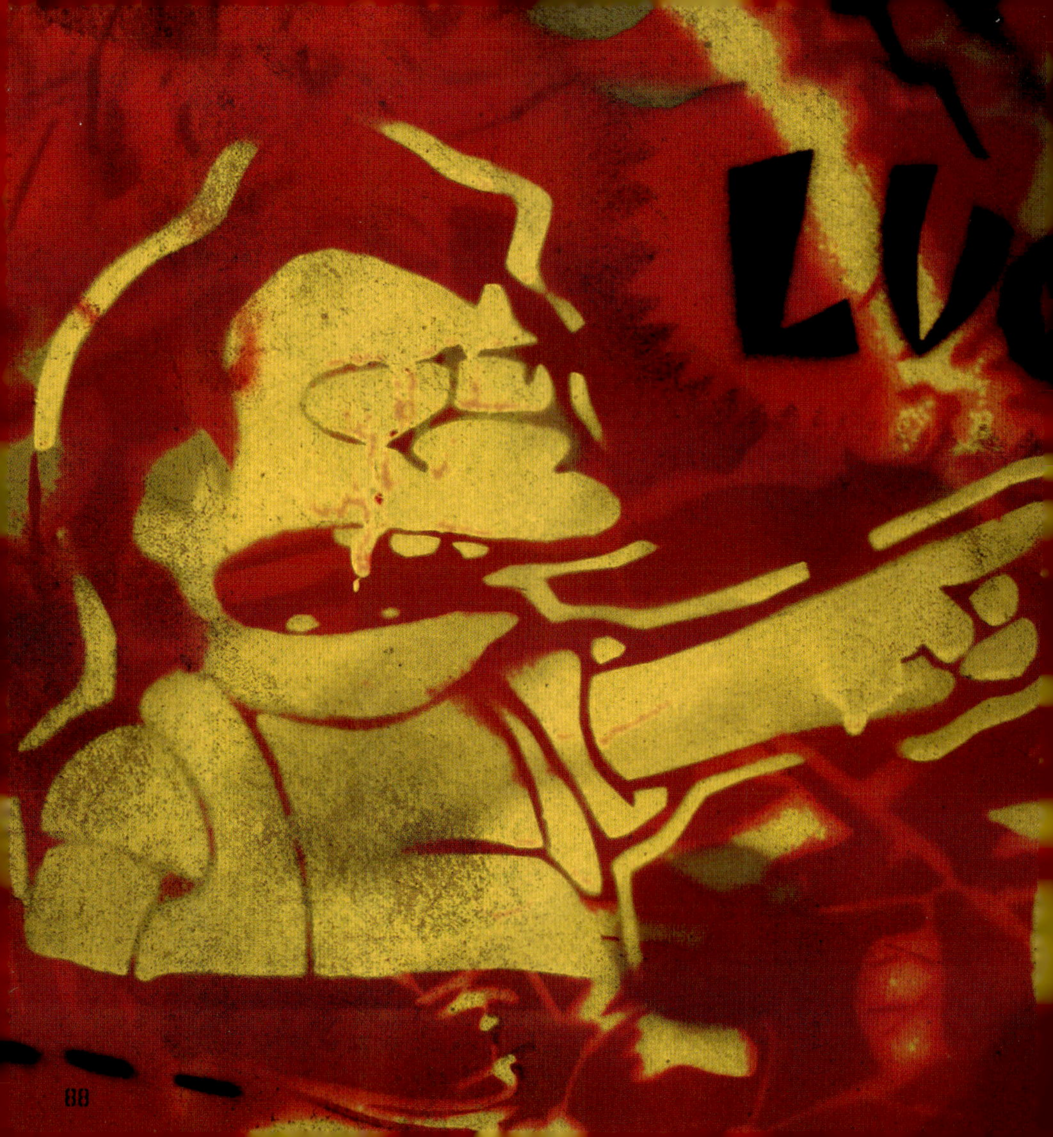
LV

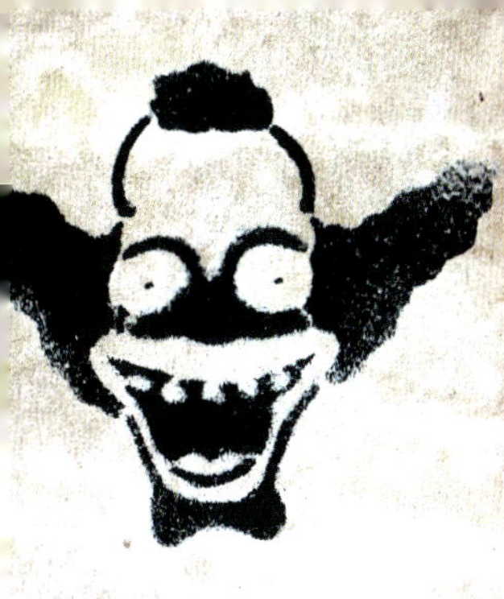
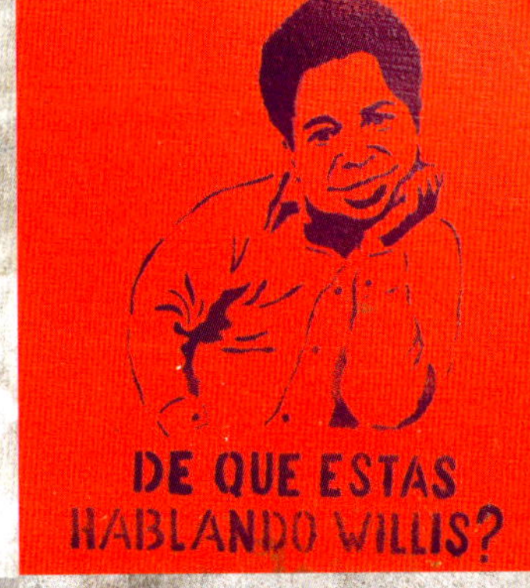
DE QUE ESTAS
HABLANDO WILLIS?
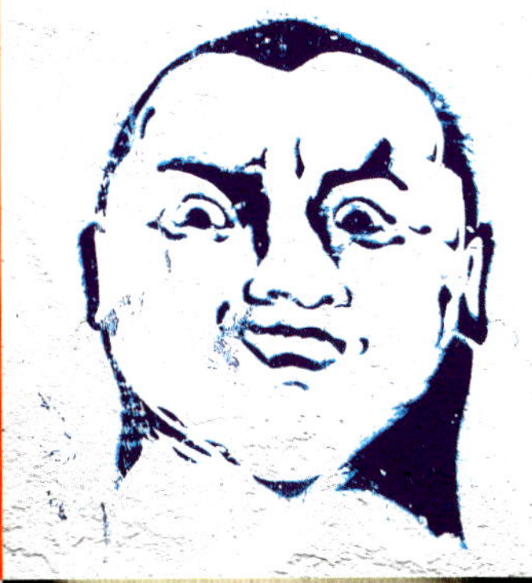
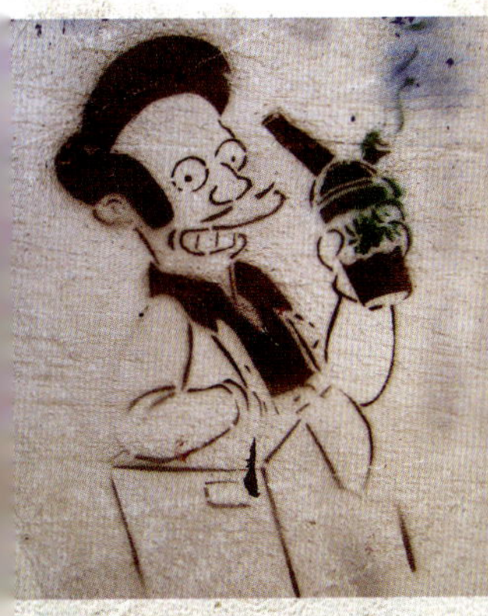

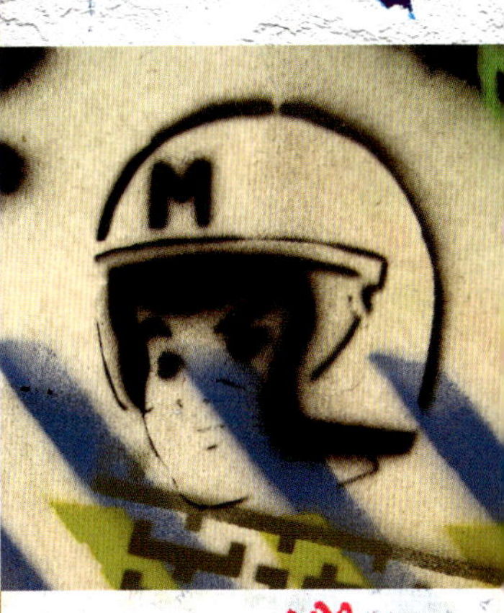
M
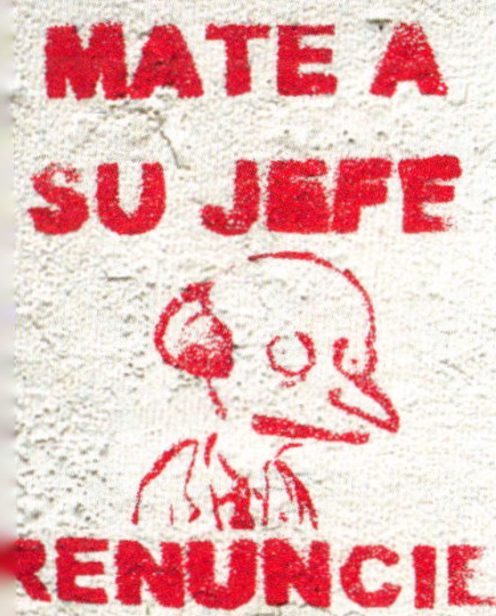
MATE A
SU JEFE
RENUNCIE
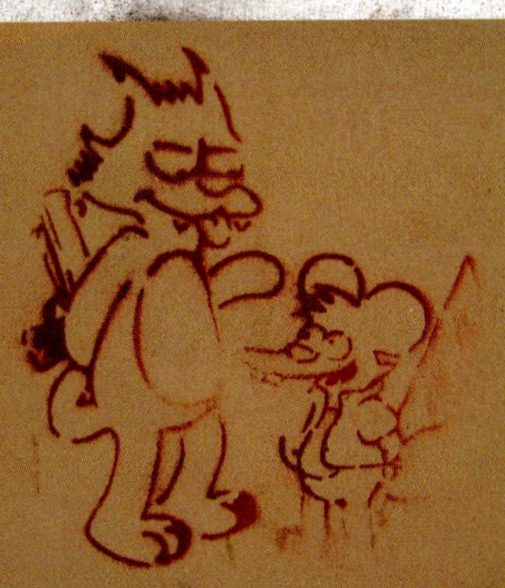
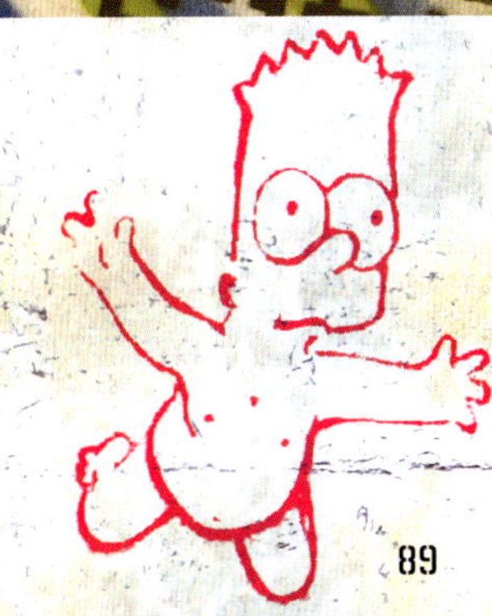

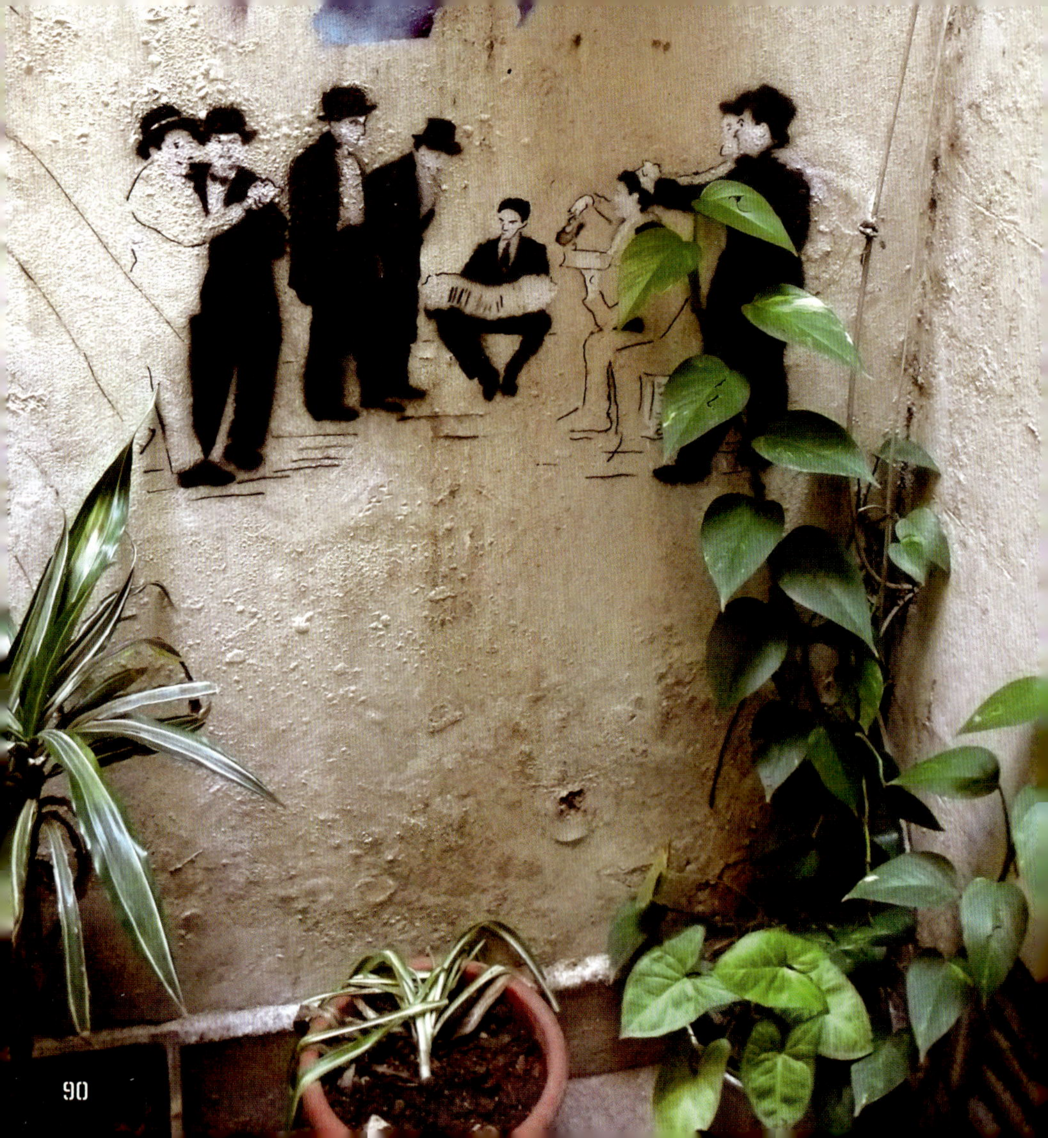

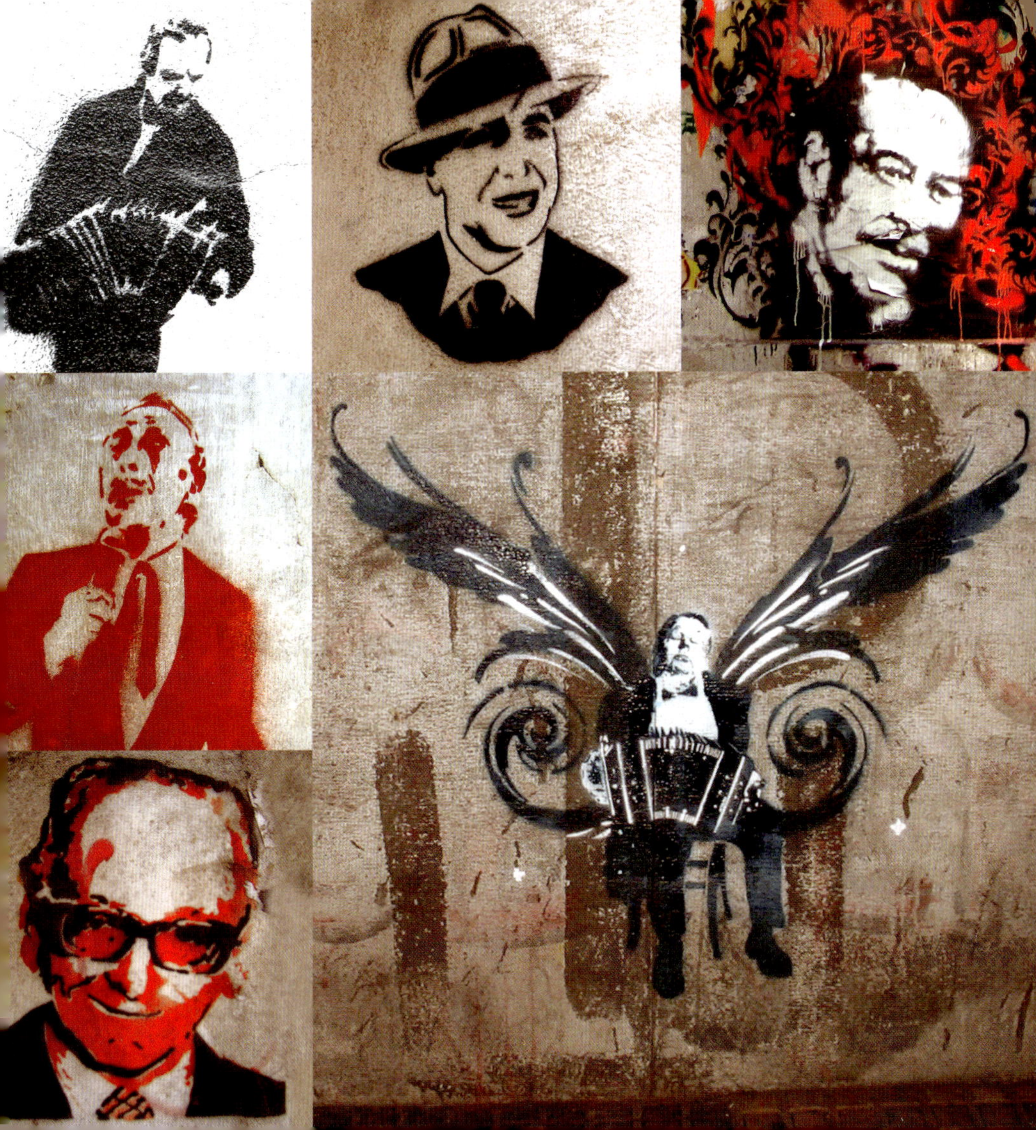

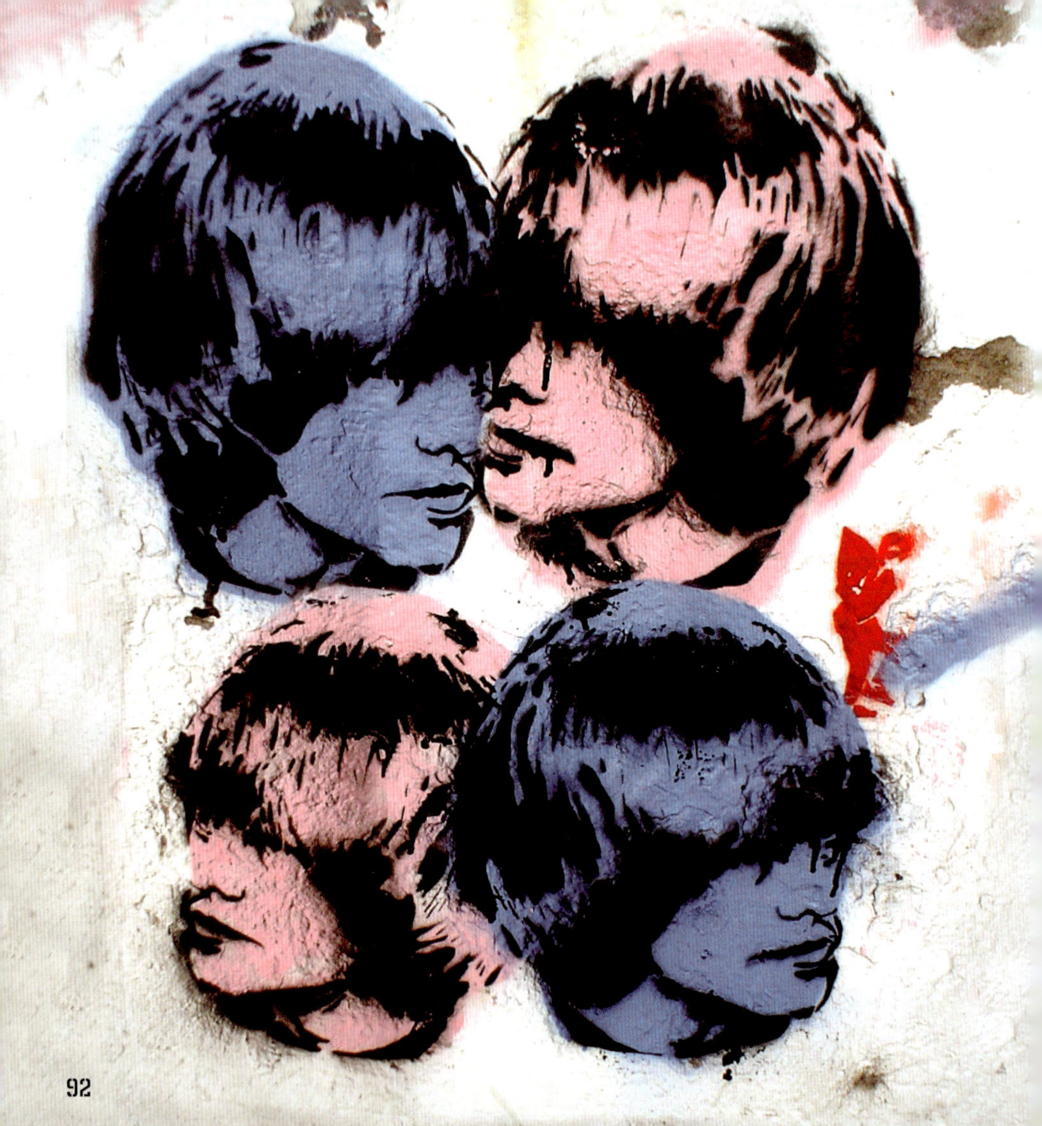

92

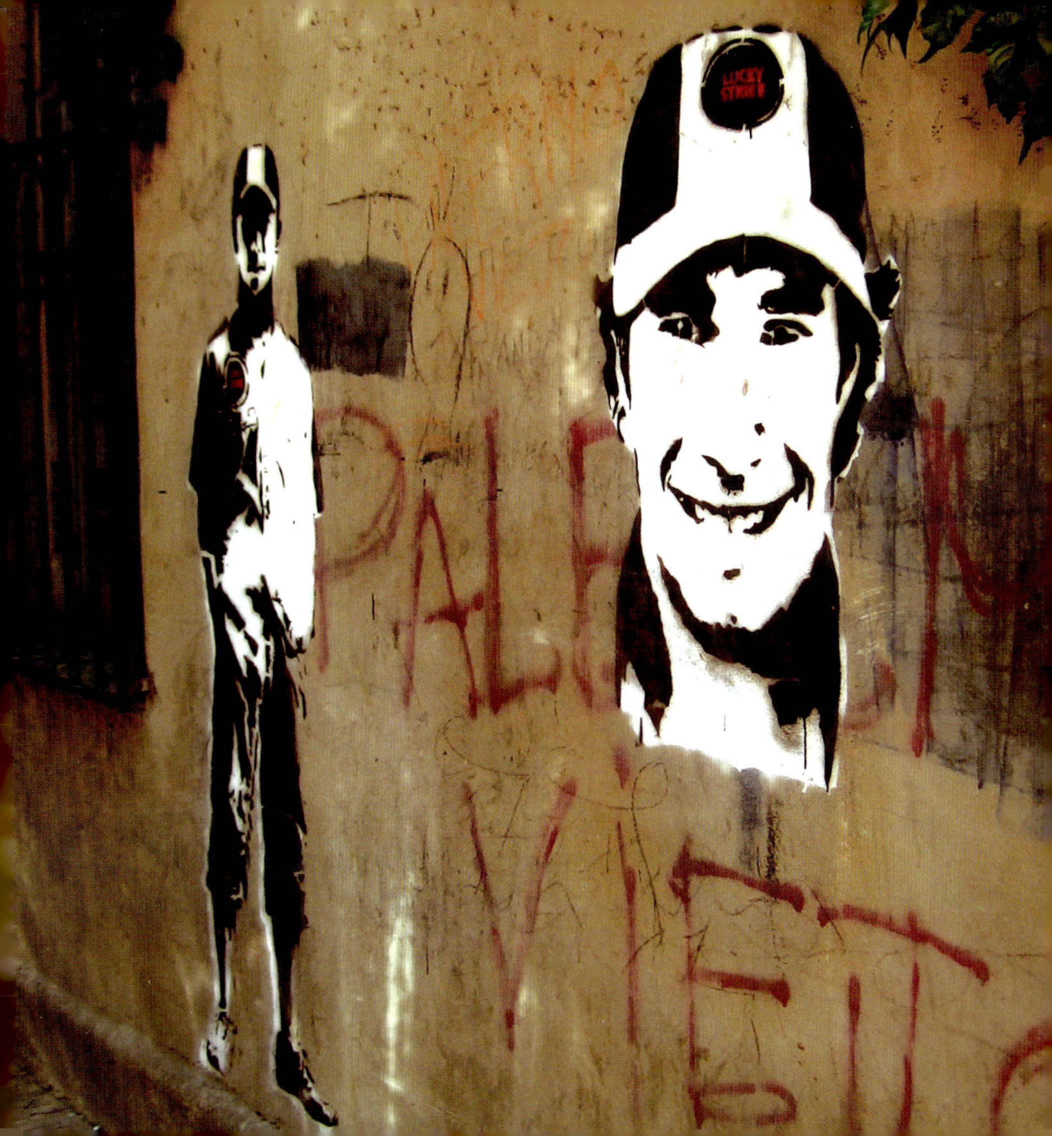

LUCKY
STRIKE

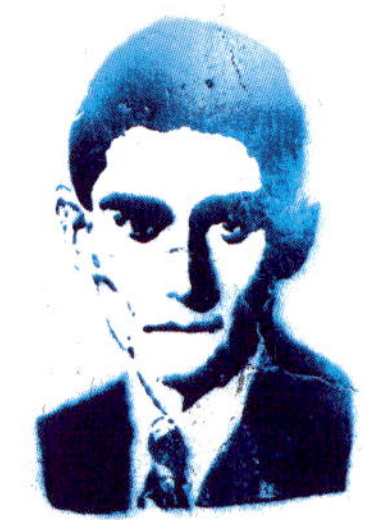
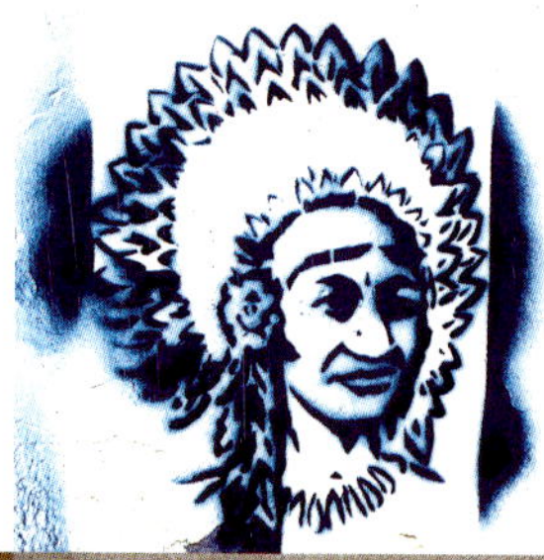
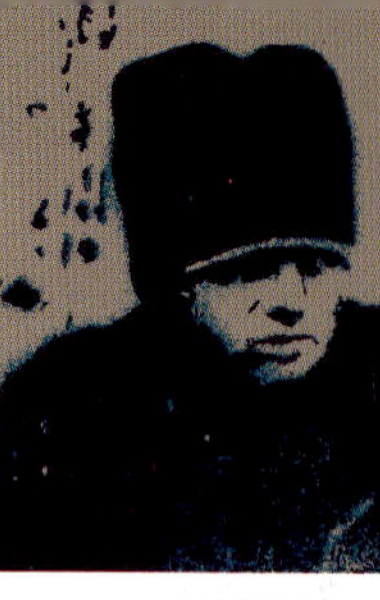
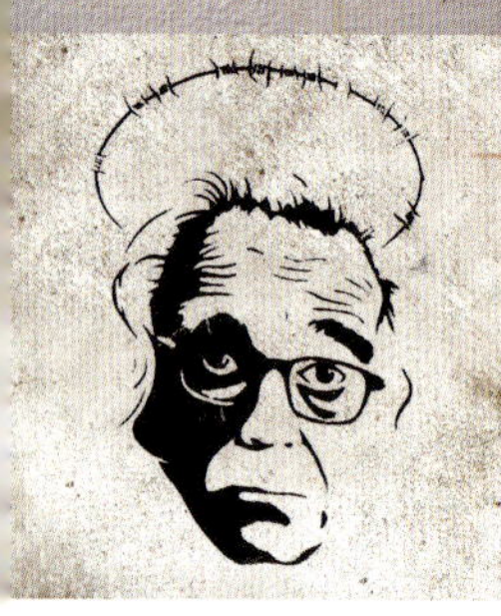
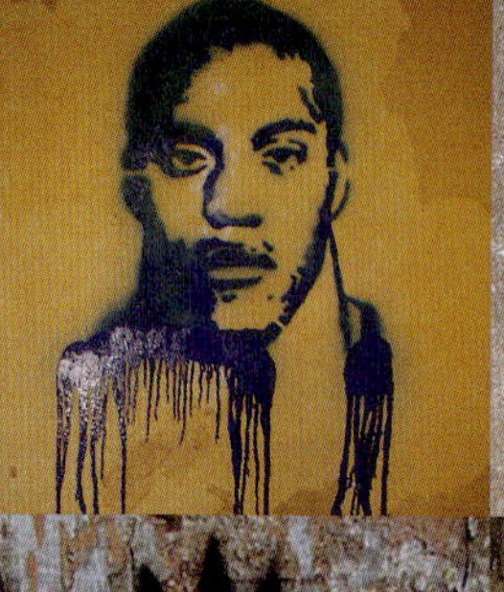
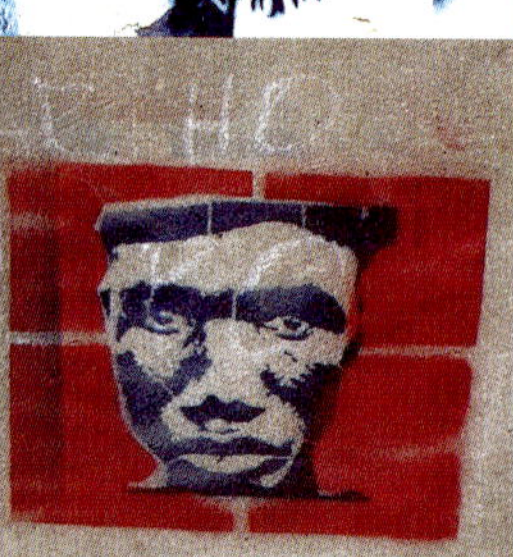
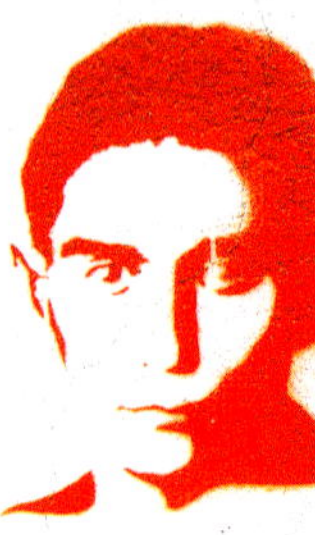
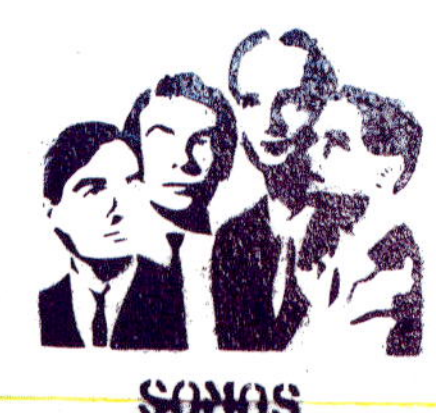
SOMOS
LOS
ROBOTS
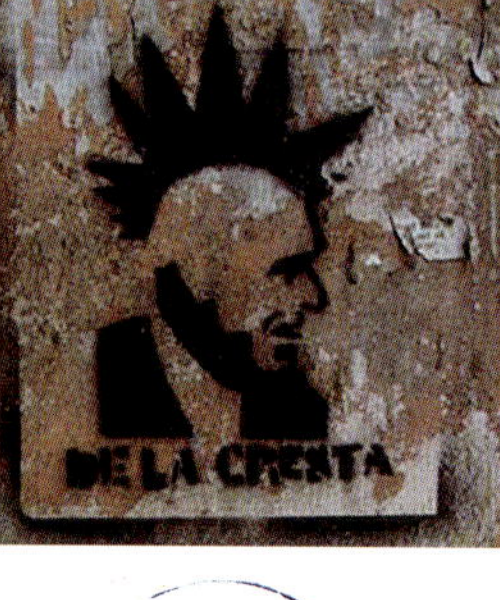
DE LA CRESTA
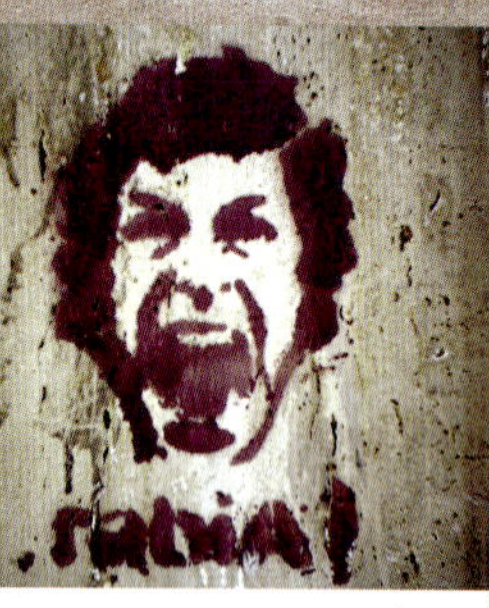
rabia!
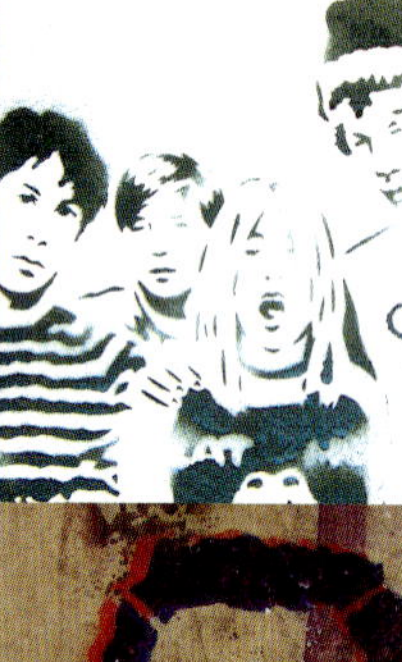
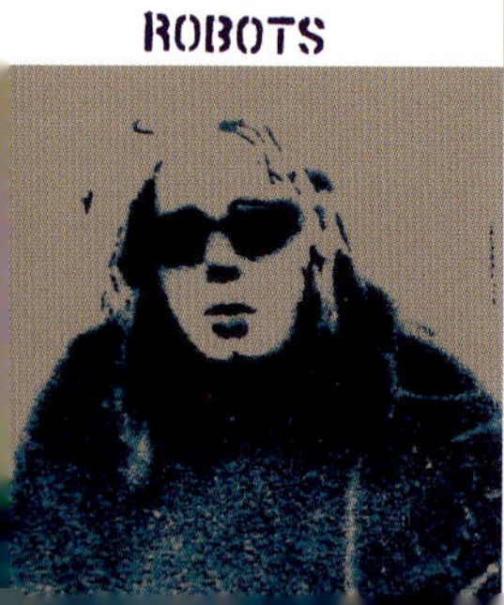
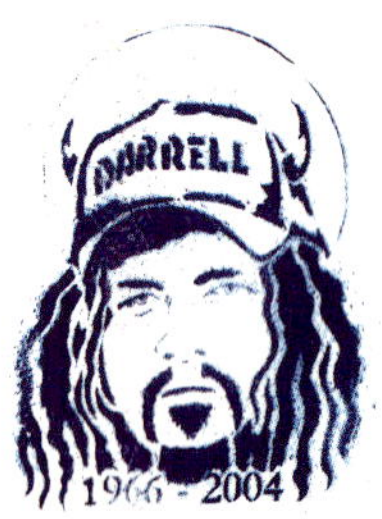
DURRELL
1966 - 2004
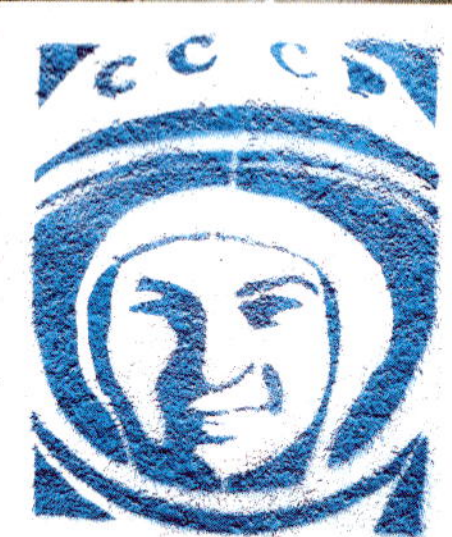
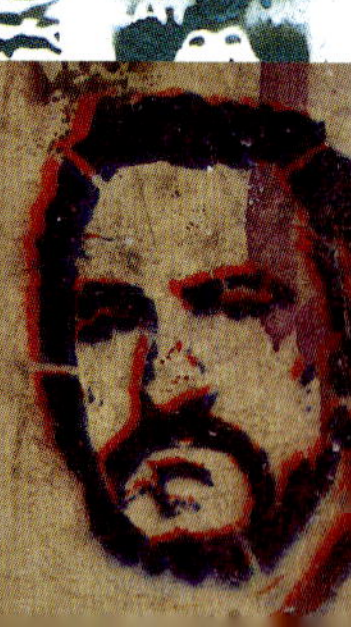

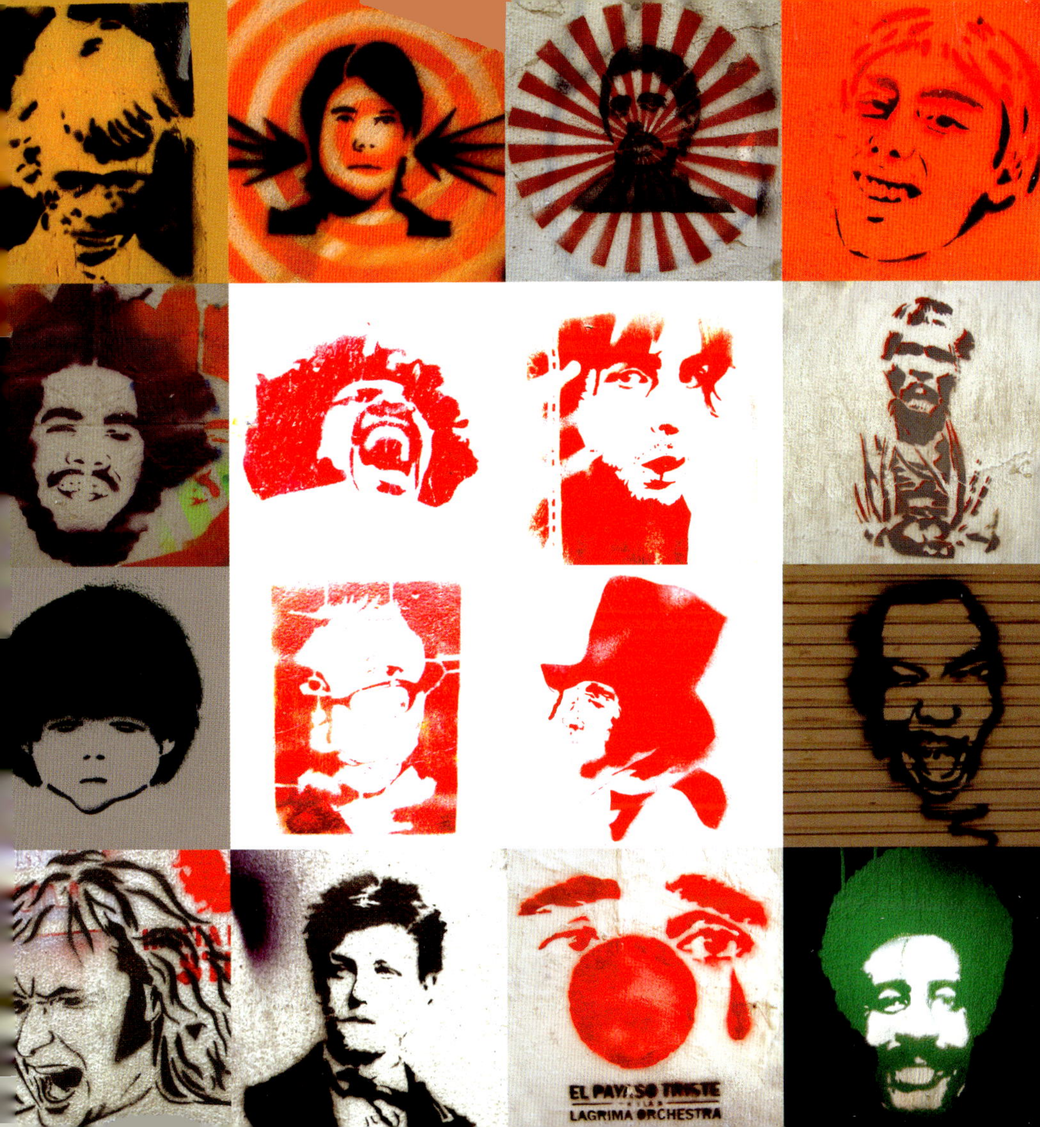
EL PAYASO TRISTE
LAGRIMA ORCHESTRA

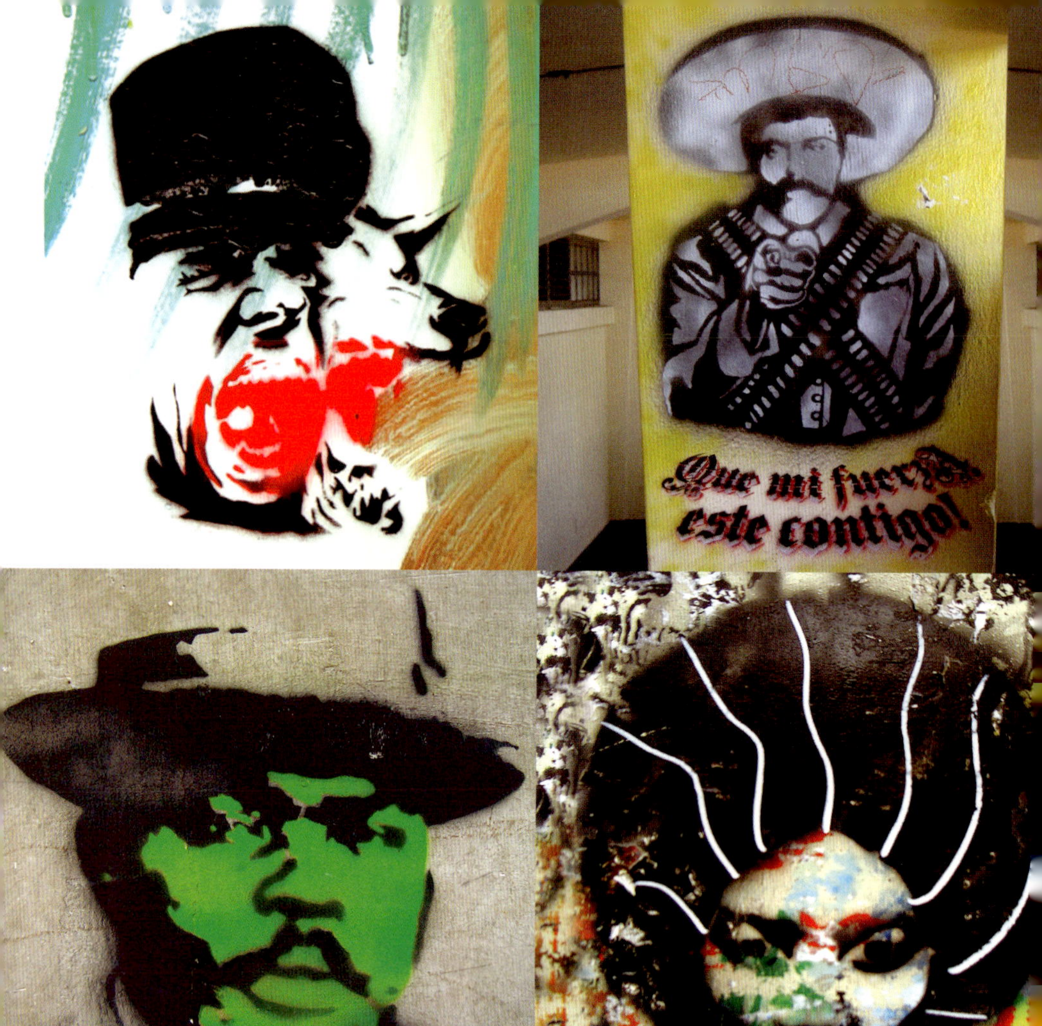
Que mi fuerza
este contigo!

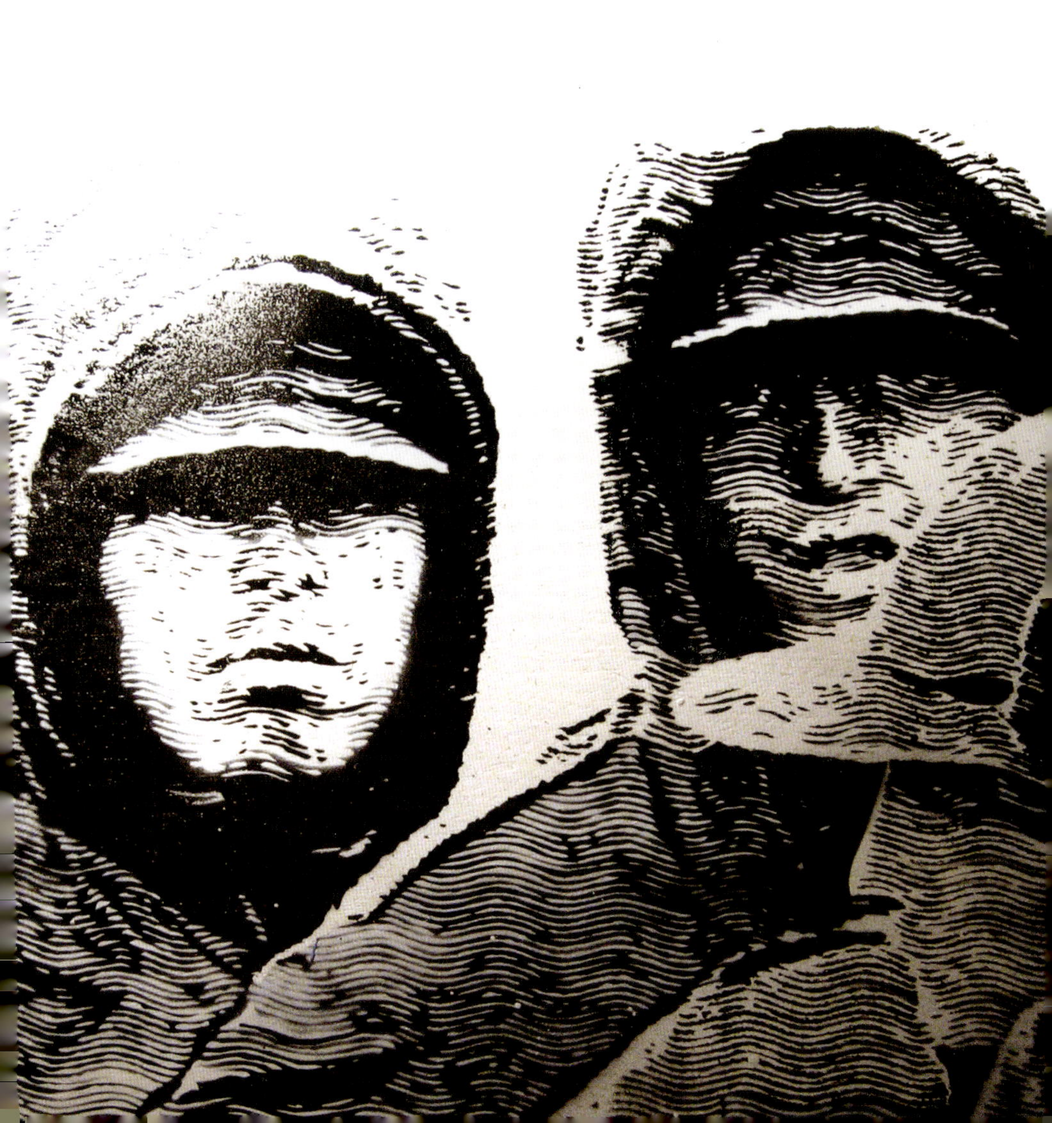

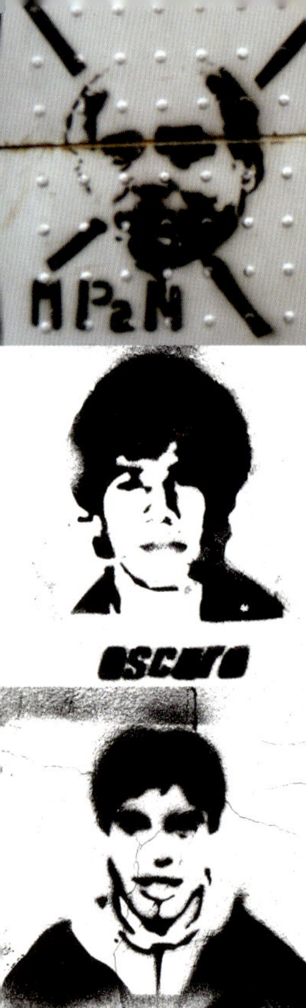
MPaM
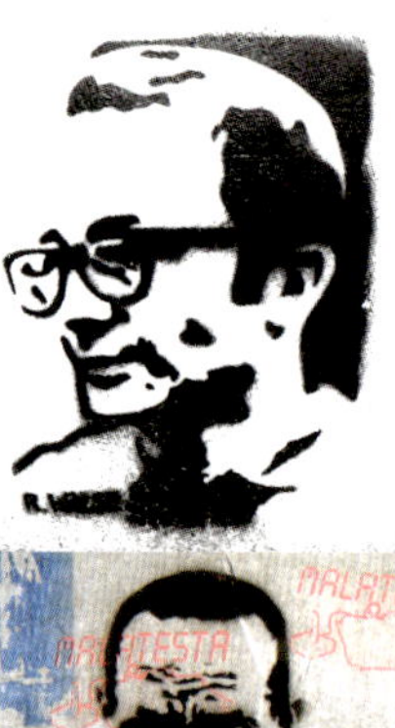
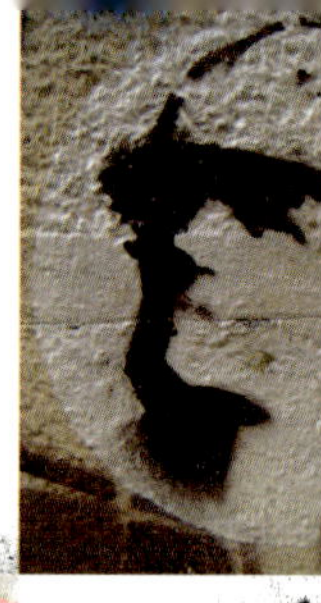
?
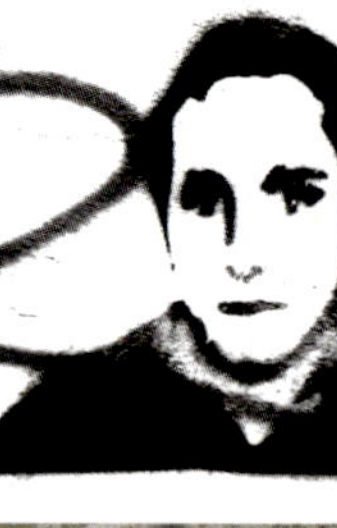
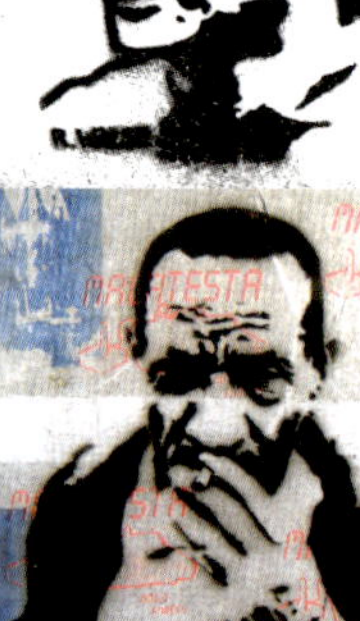
MALATESTA
MALATESTA
MALATESTA
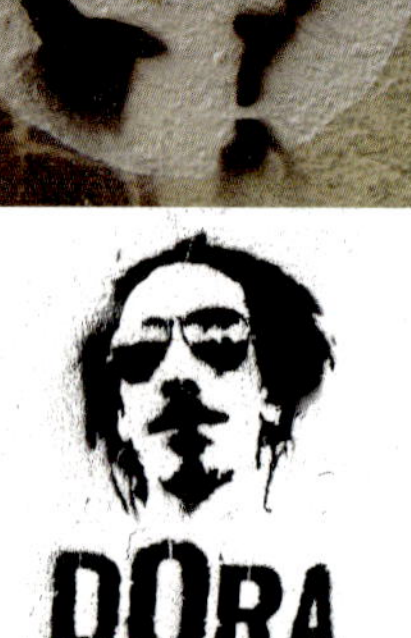
DORA
BROWN
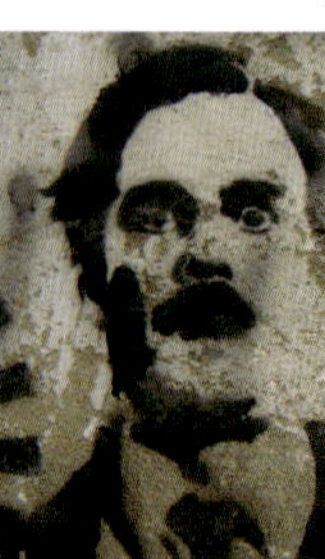
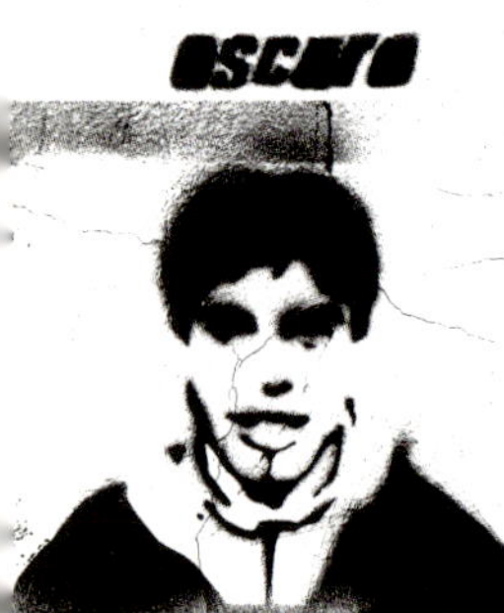
oscuro
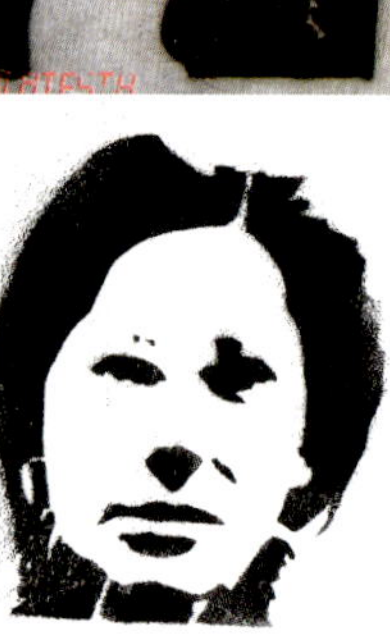
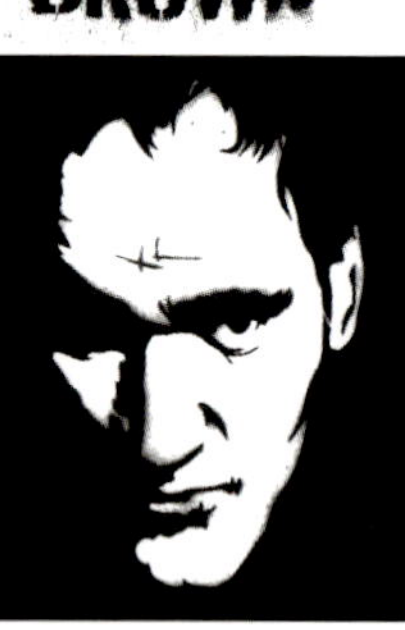
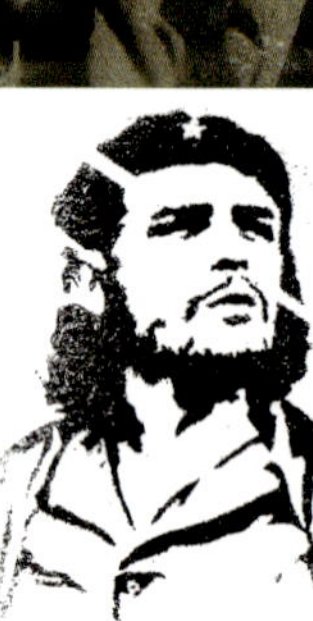
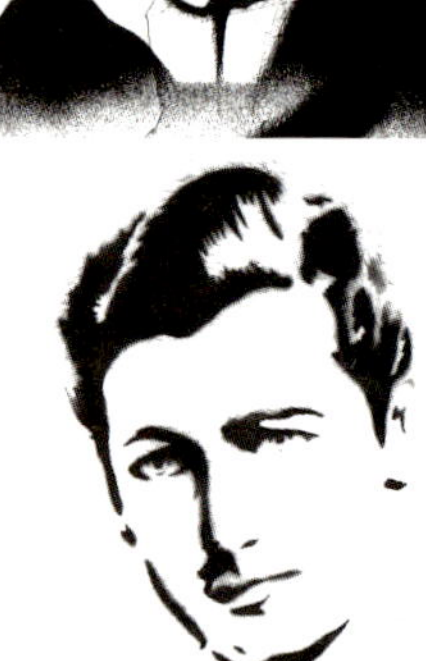
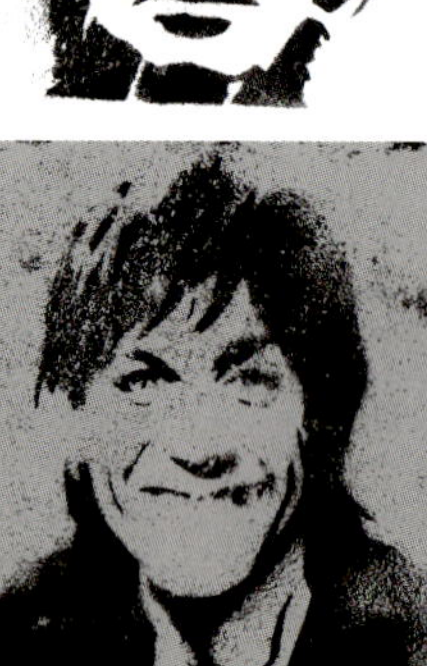

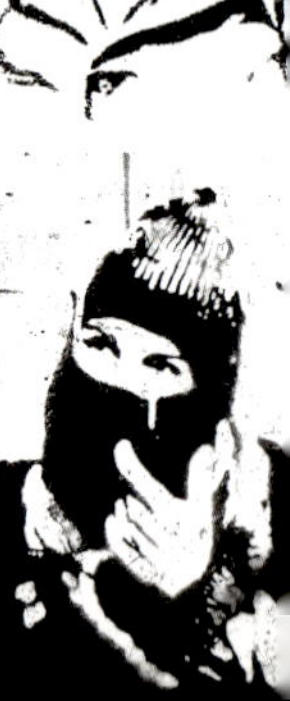

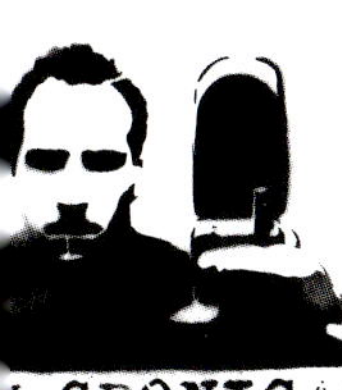

.CRONICAS
ILES.COM.AR

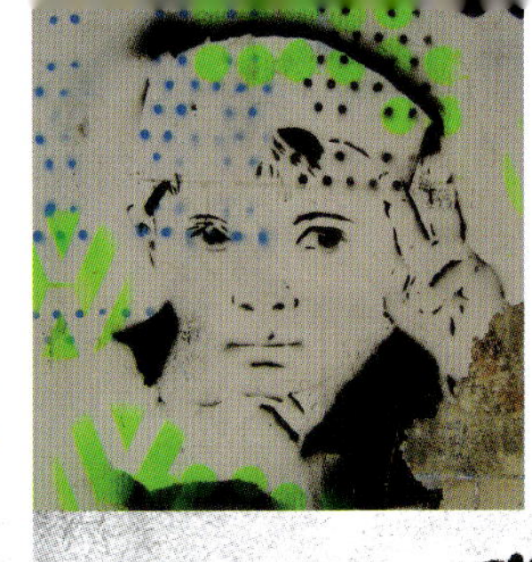

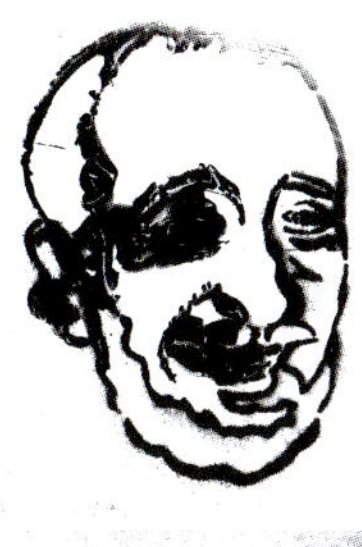

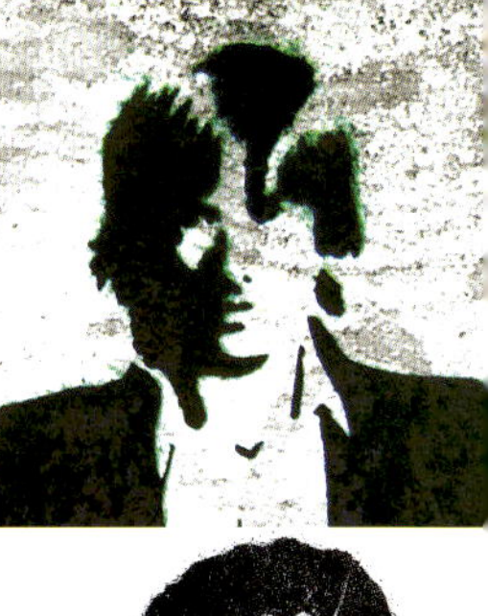

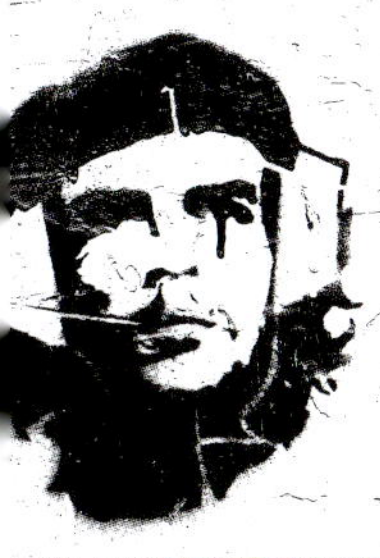

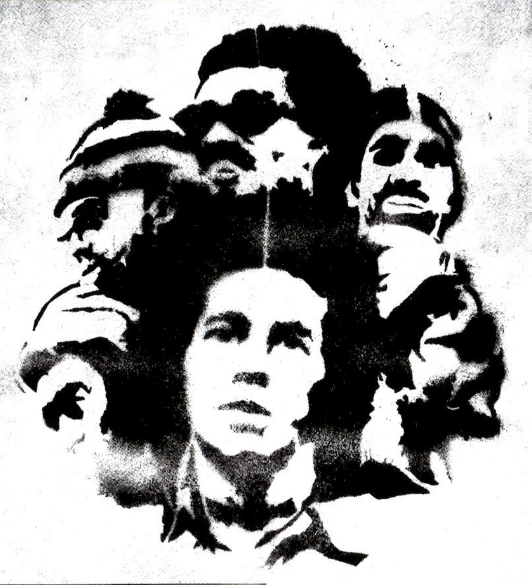

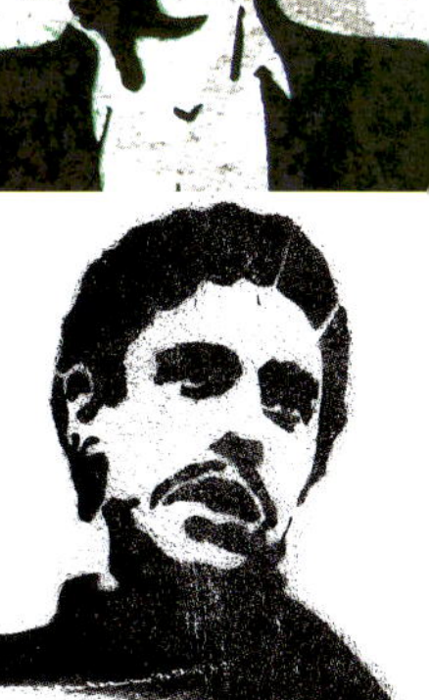

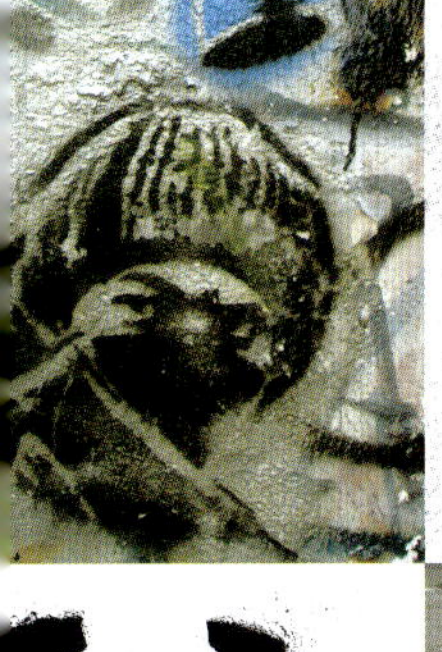

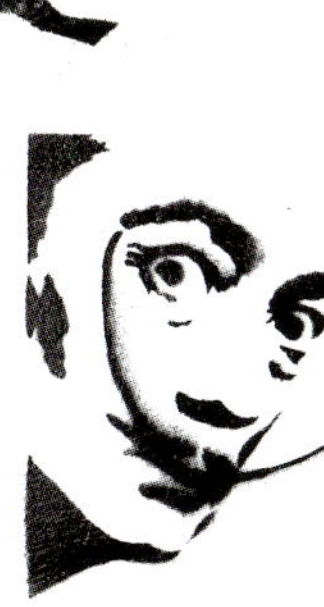

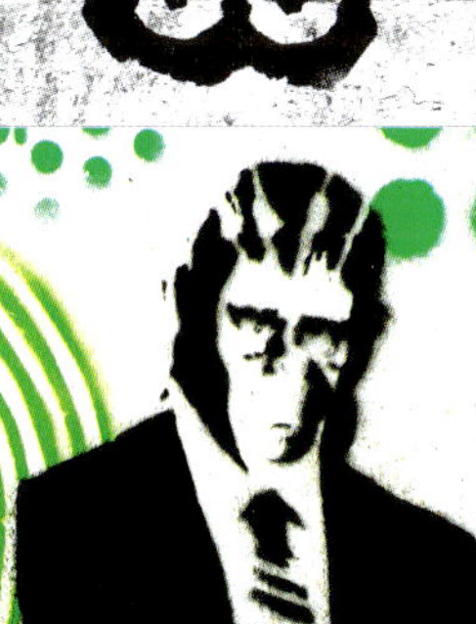

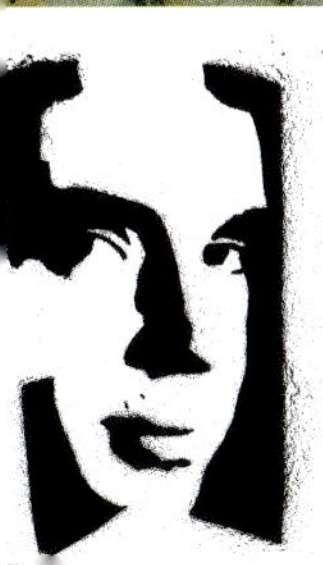

.Ros
PON
KASABIAN

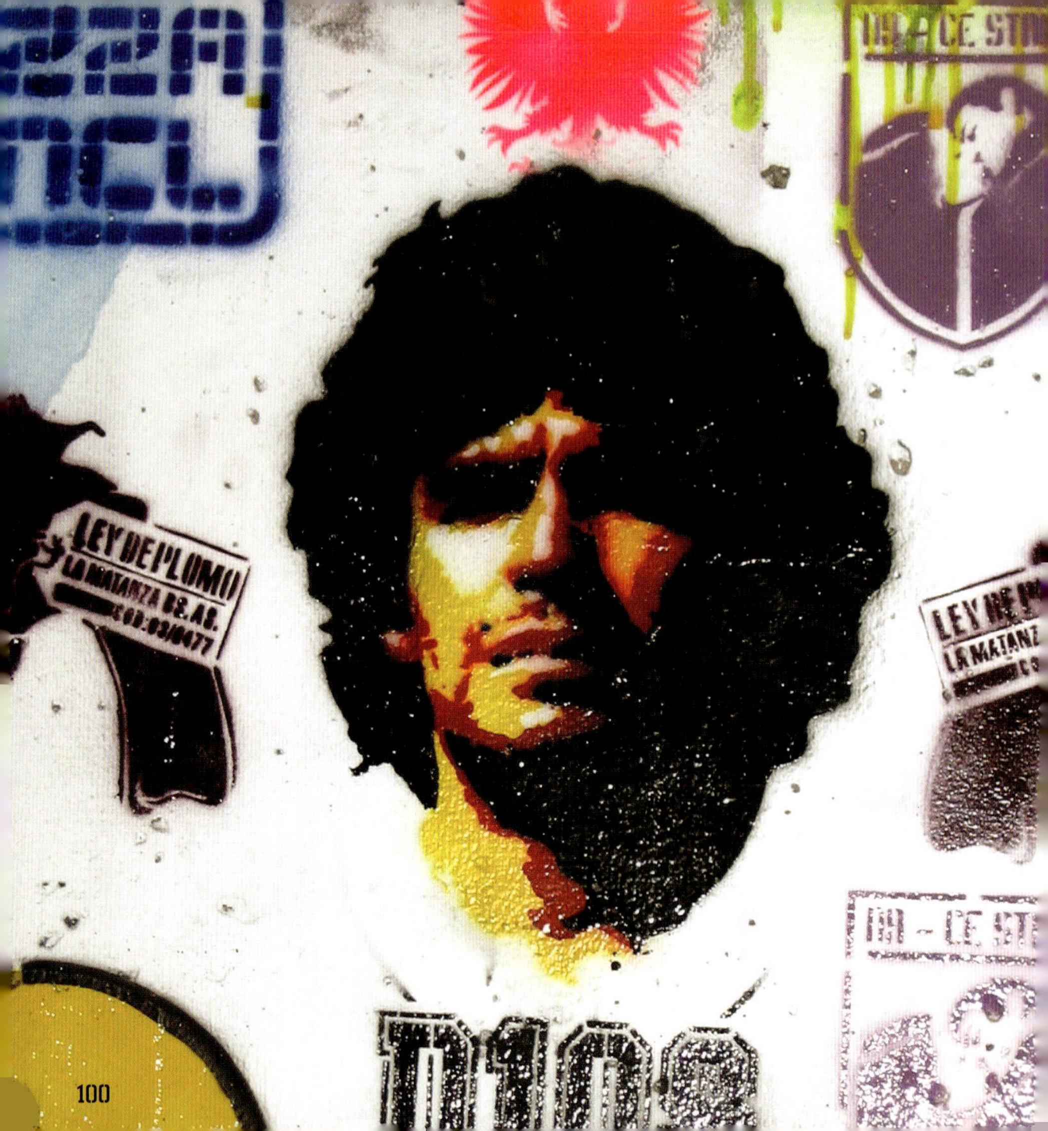

LEY DE PLOMO
LA MATANZA BS. AS.
LEY DE P
LA MATANZ
100

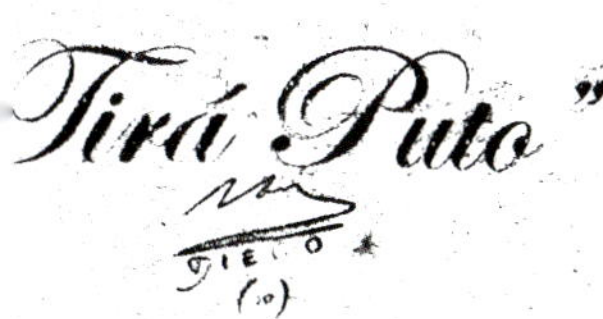
Tirá Puto "
DIEGO
(10)

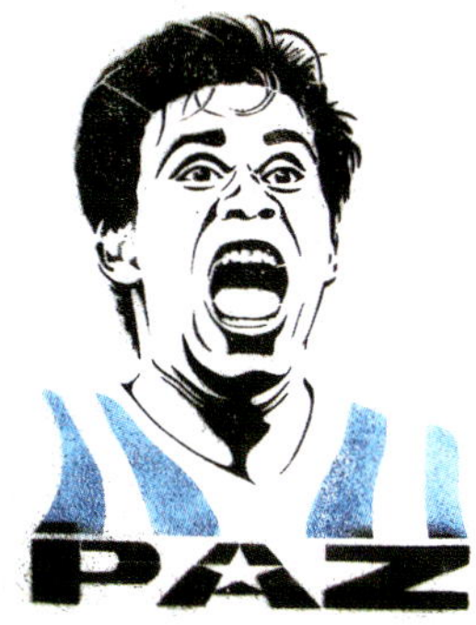
PAZ

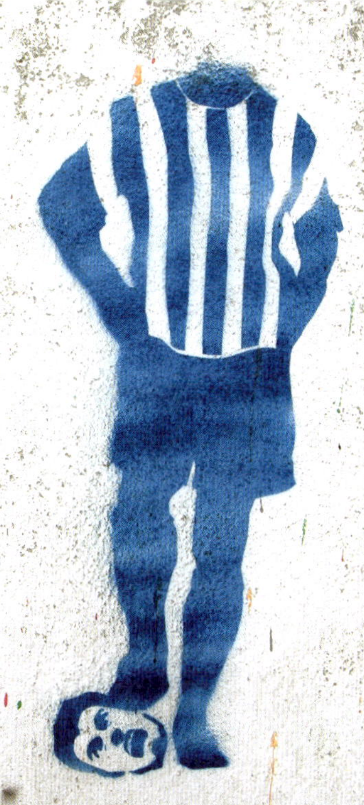

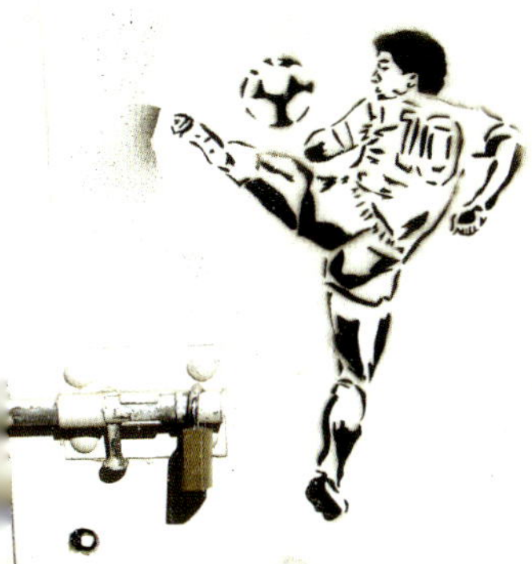

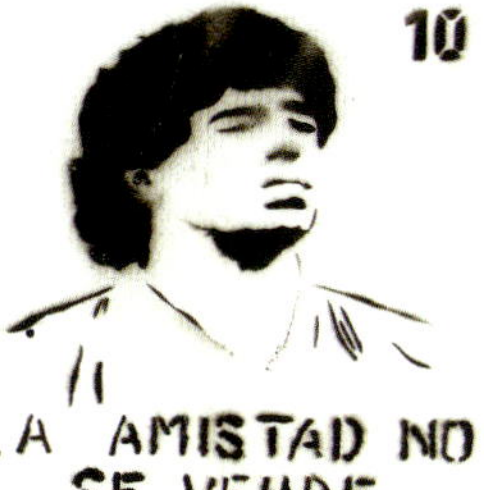
10
LA AMISTAD NO
SE VENDE

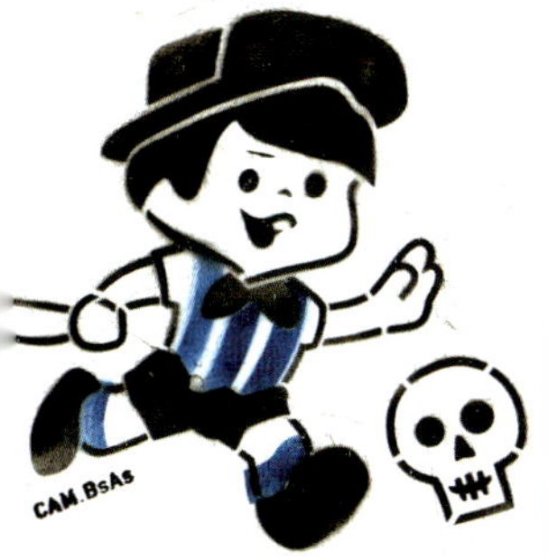
C.A.M. BsAs

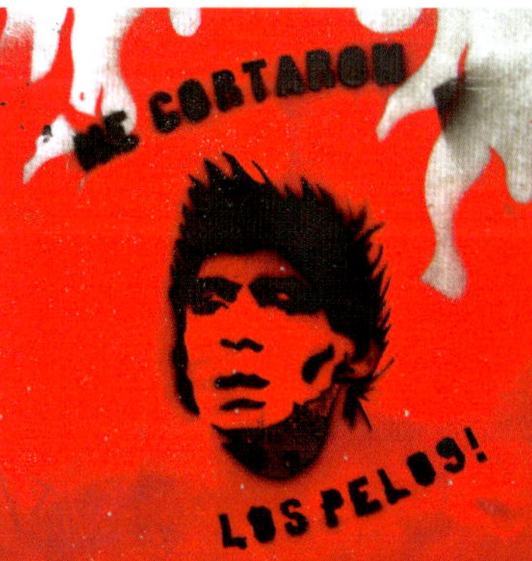
LE CORTARON
LOS PELOS!

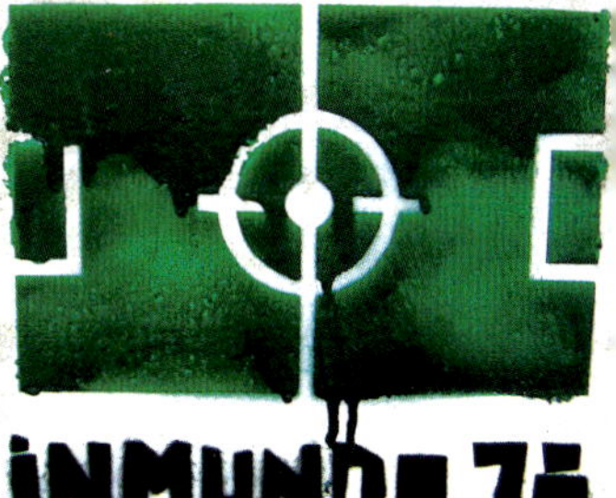
INMUND 7E

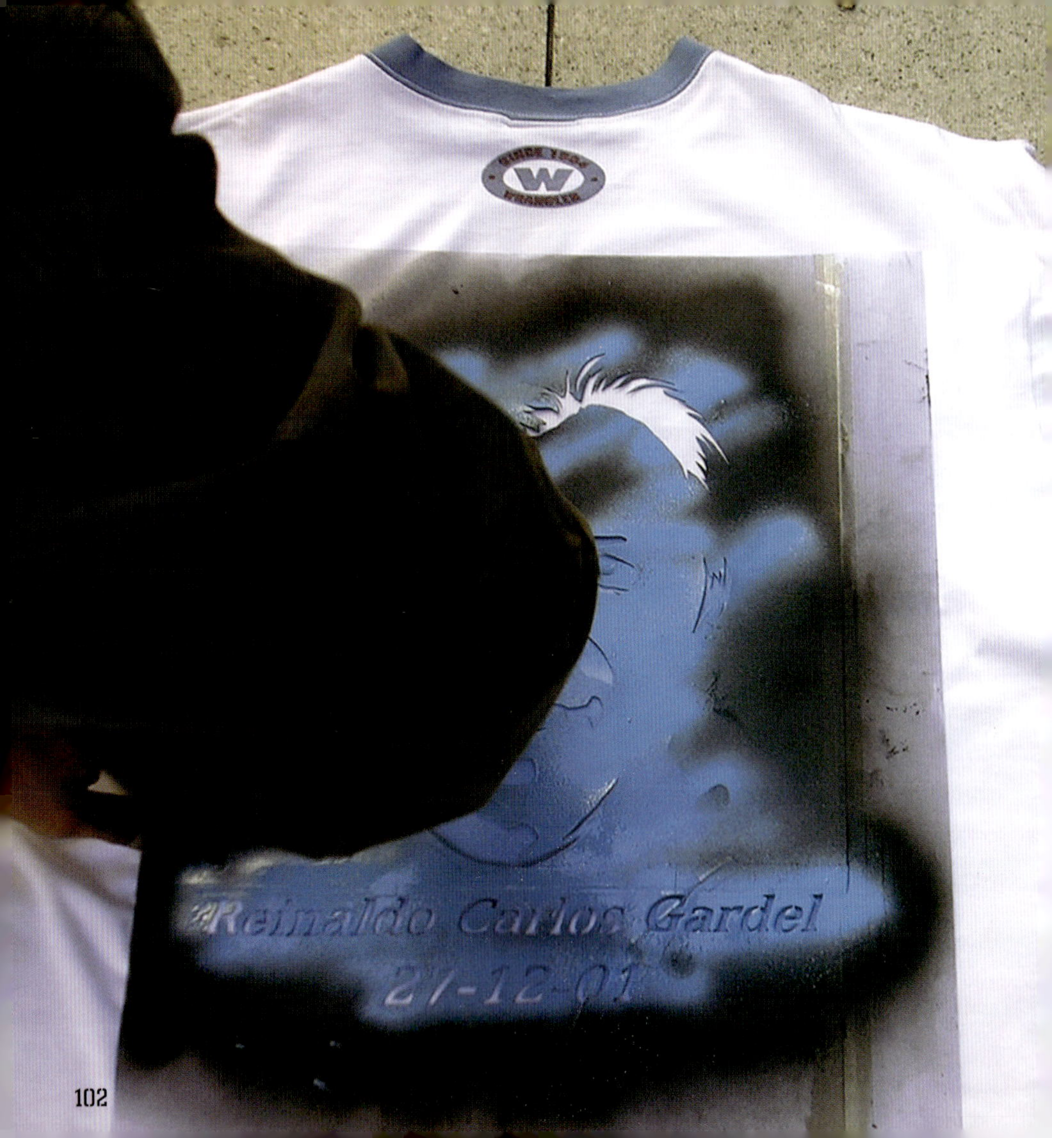
Reinaldo Carlos Gardel
21-12-01

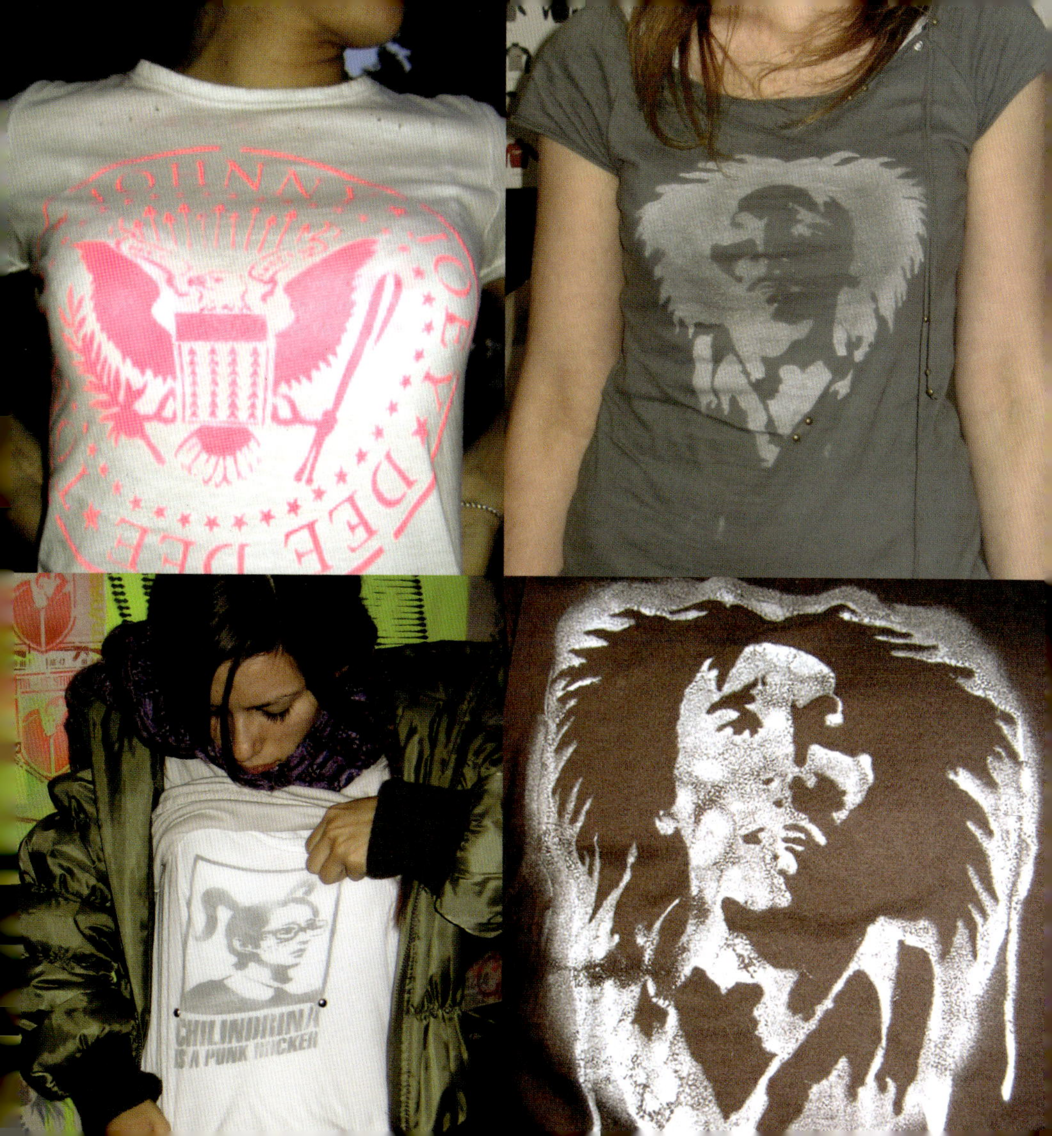
RAMONES
CHILINDRINA
IS A PUNK ROCKER

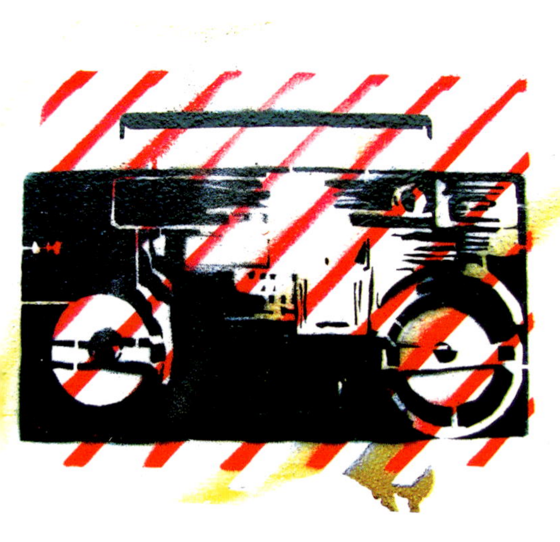

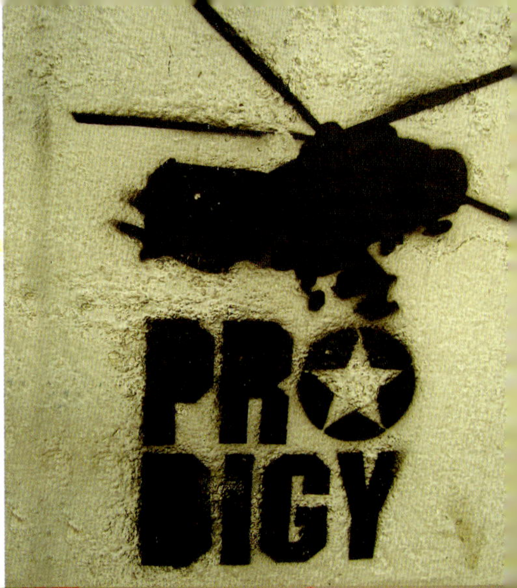

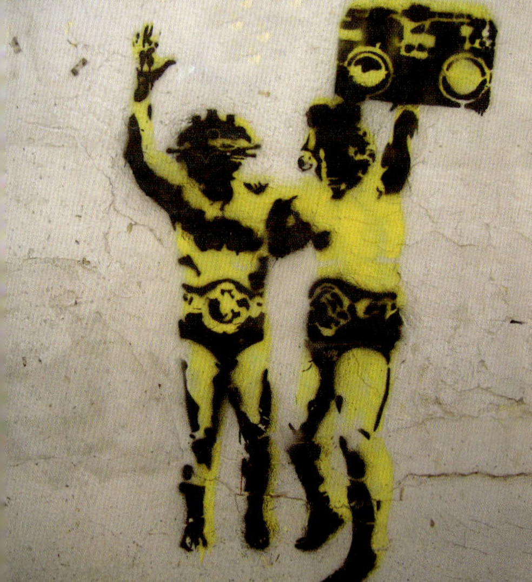
PRO
DIGY
SONIC 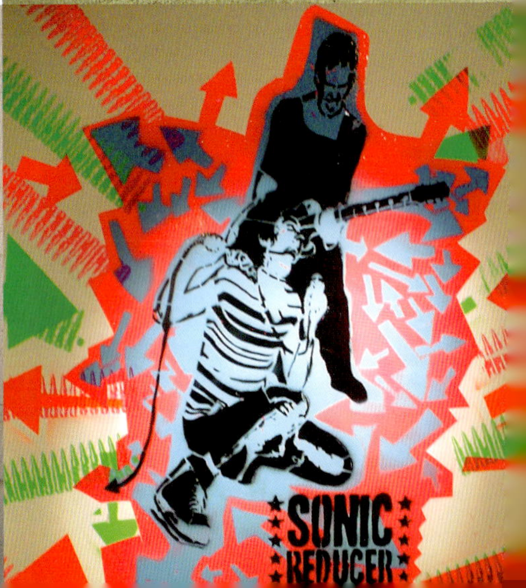
REDUCER

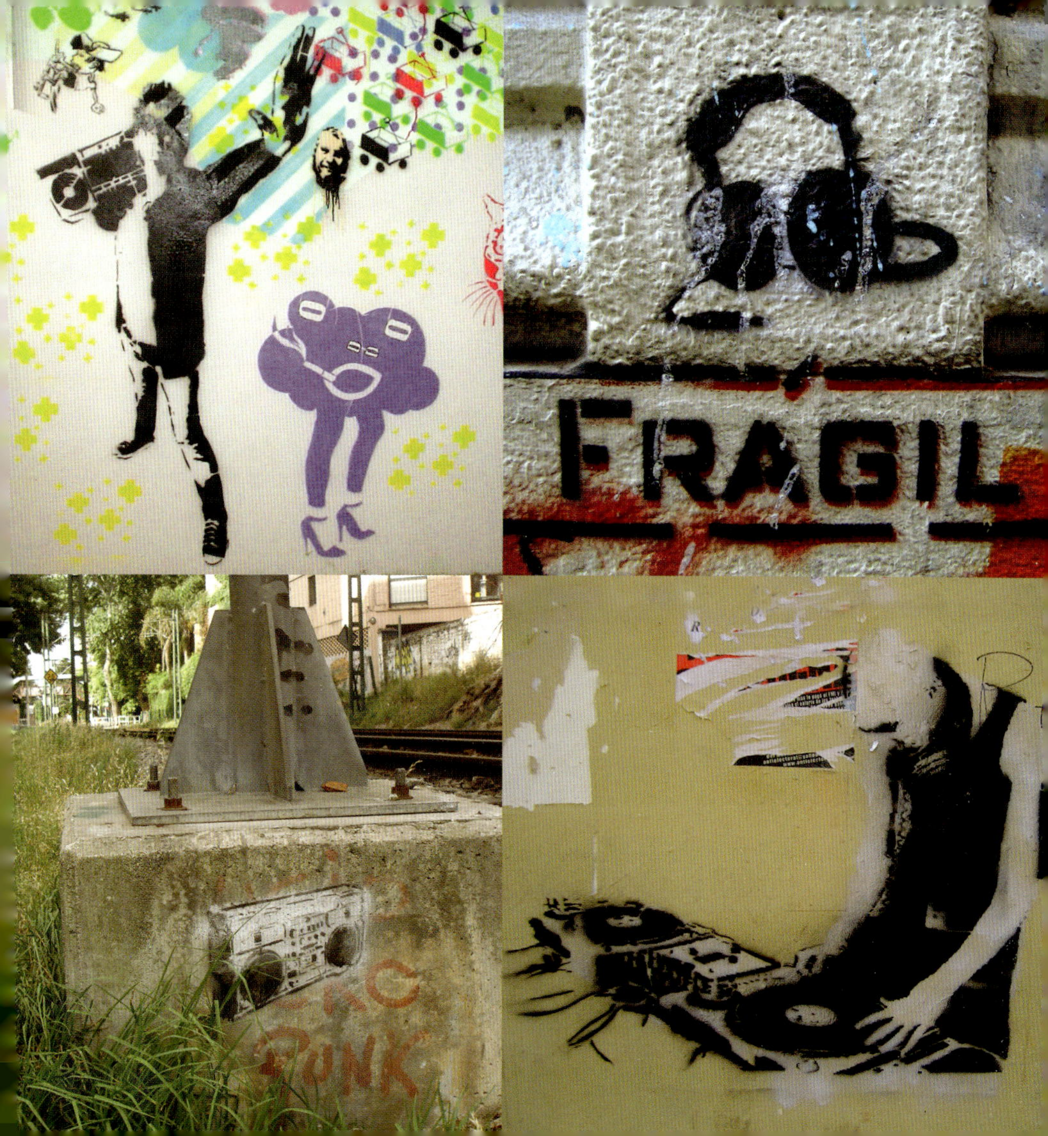

FRAGIL
PUNK

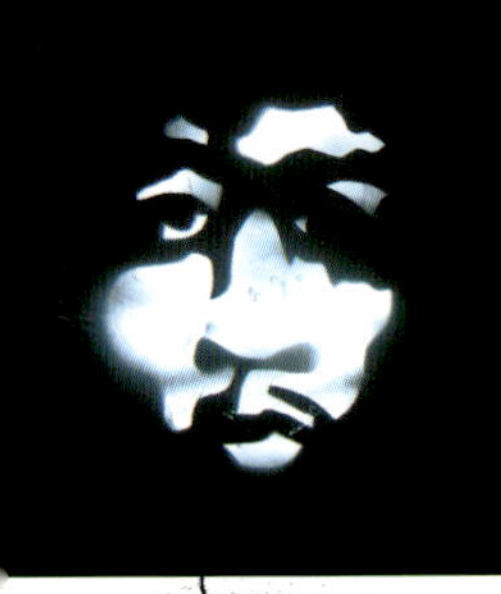
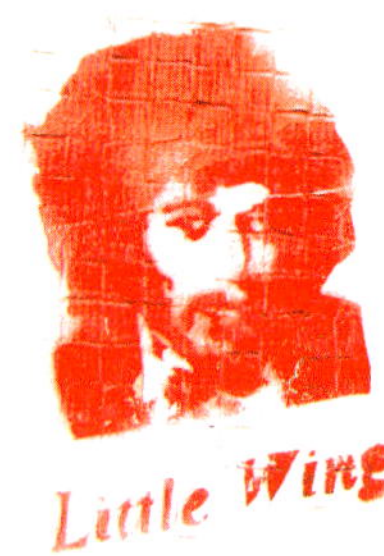
Little Wing
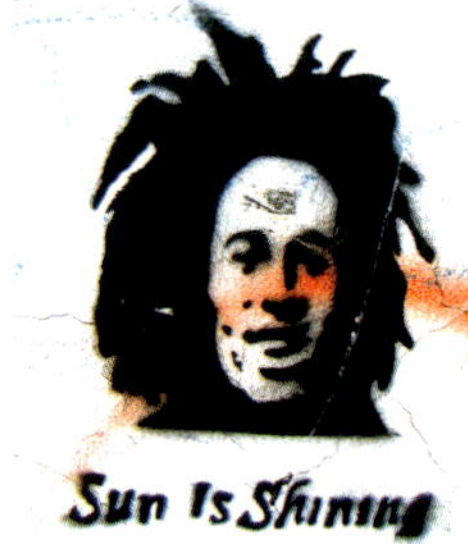
Sun Is Shining
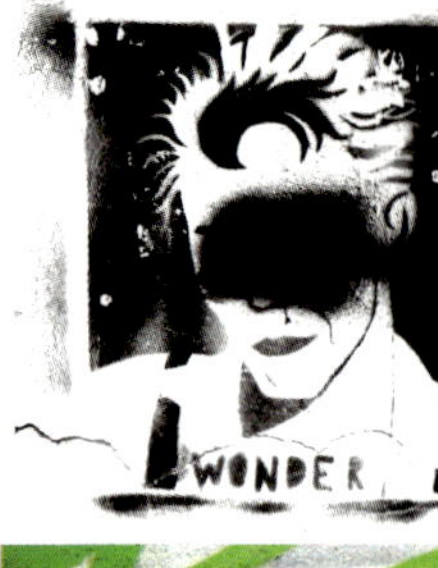
WONDER
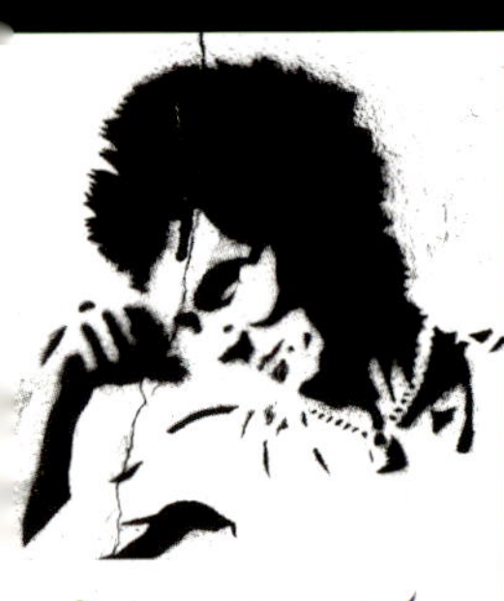

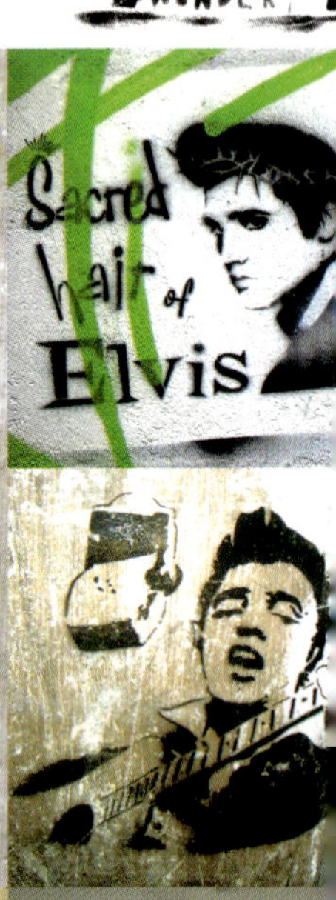
Sacred
hair of
Elvis
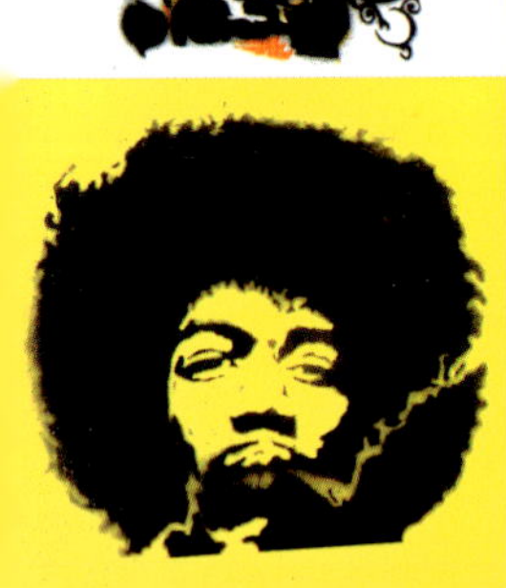
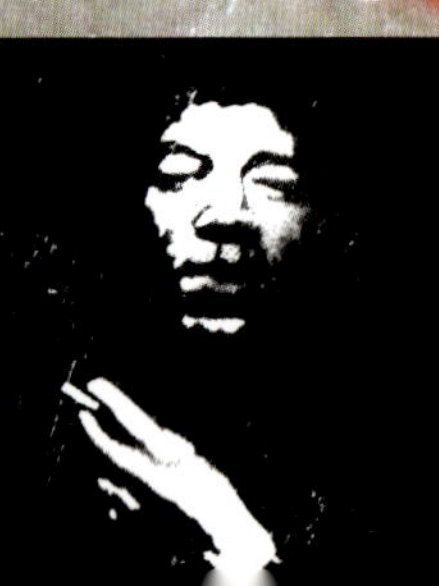
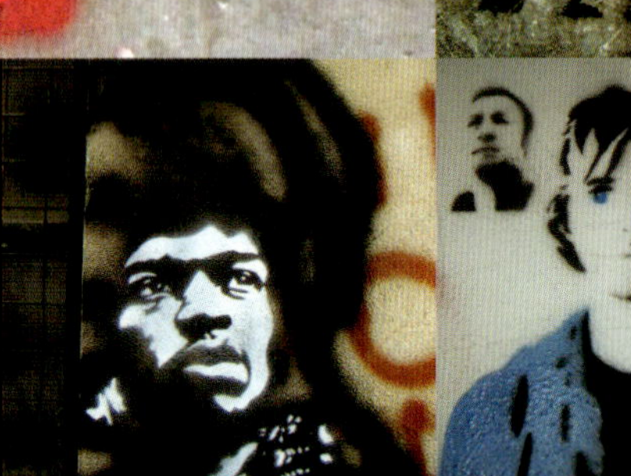

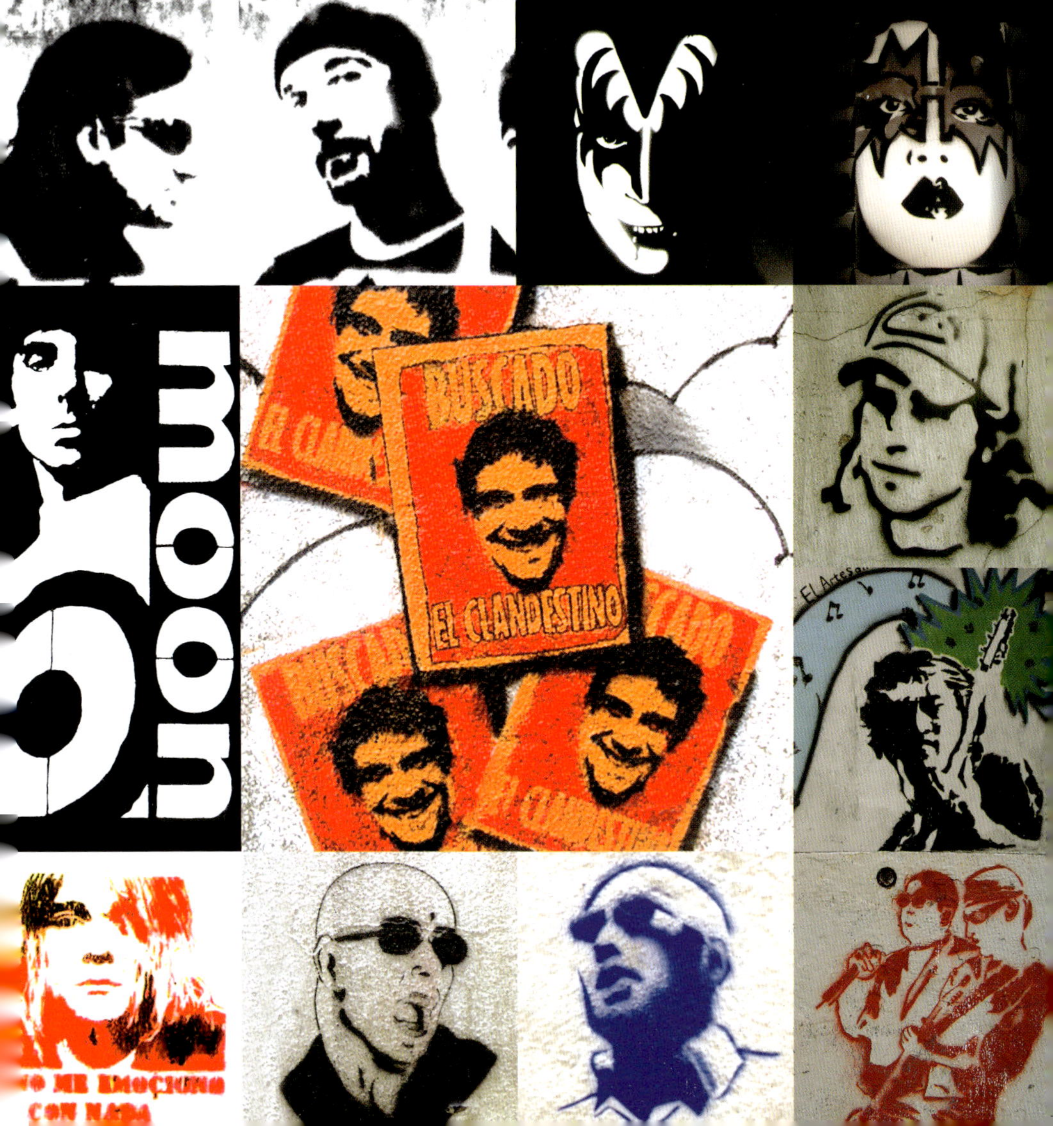
moon
BUSCADO
EL CLANDESTINO
El Artesa
NO ME EMOCIONA
CON NADA

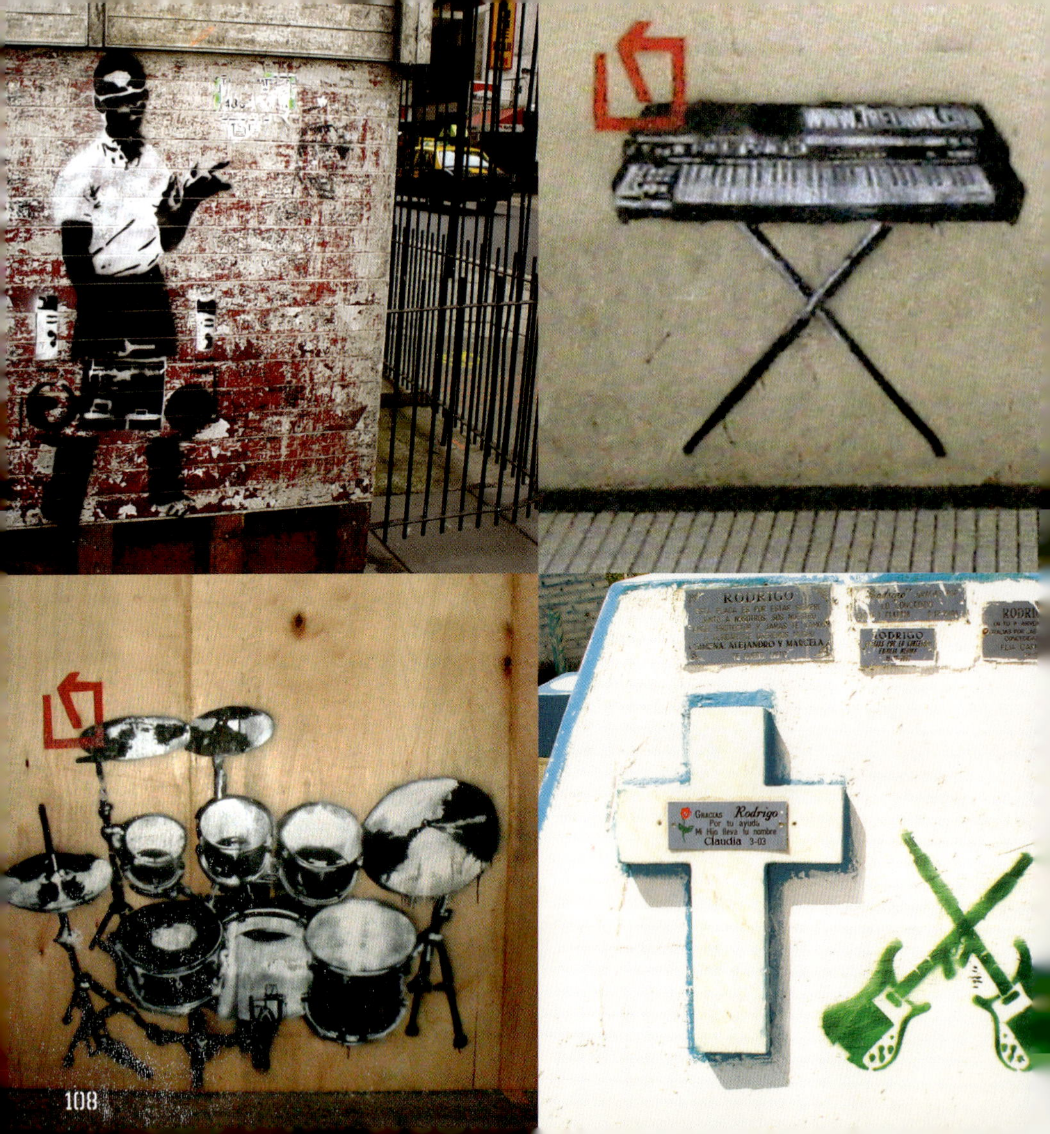

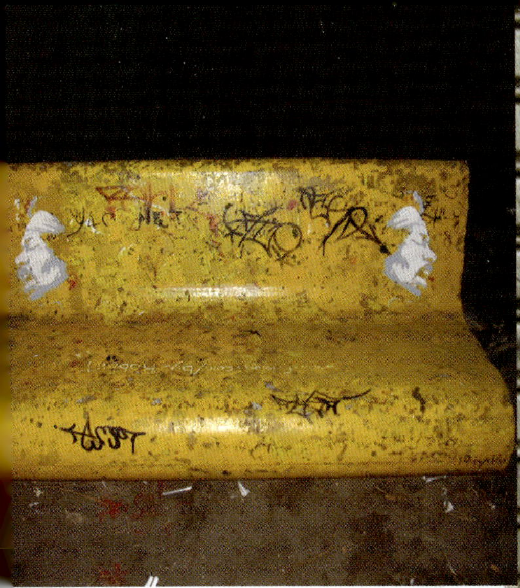

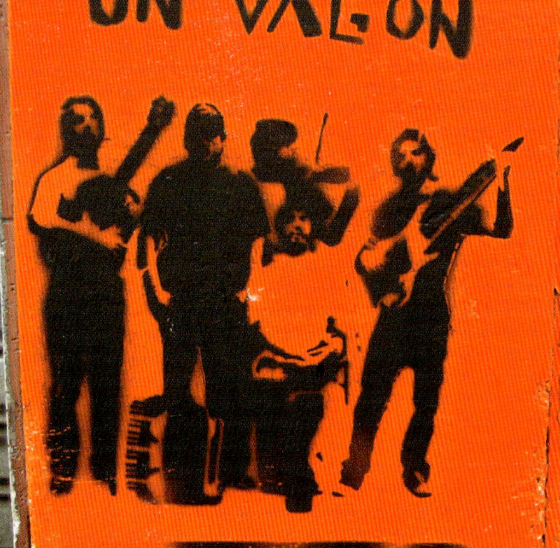
UN VAGON

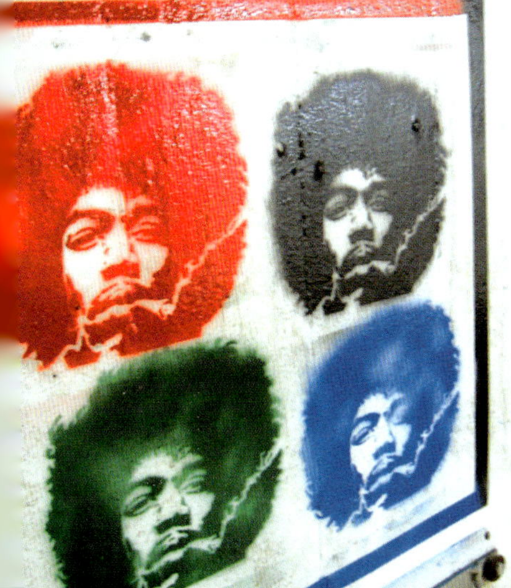

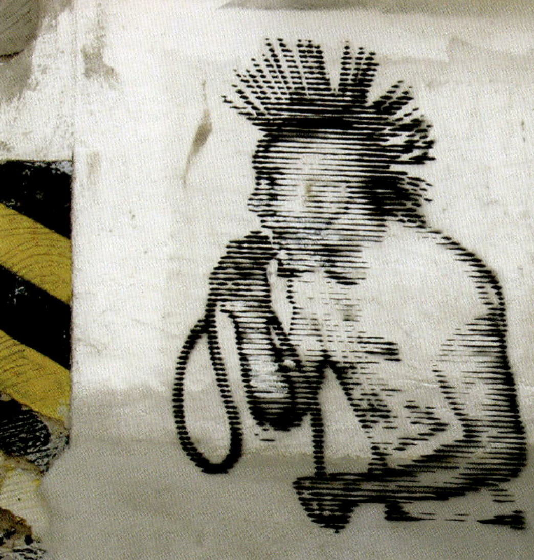

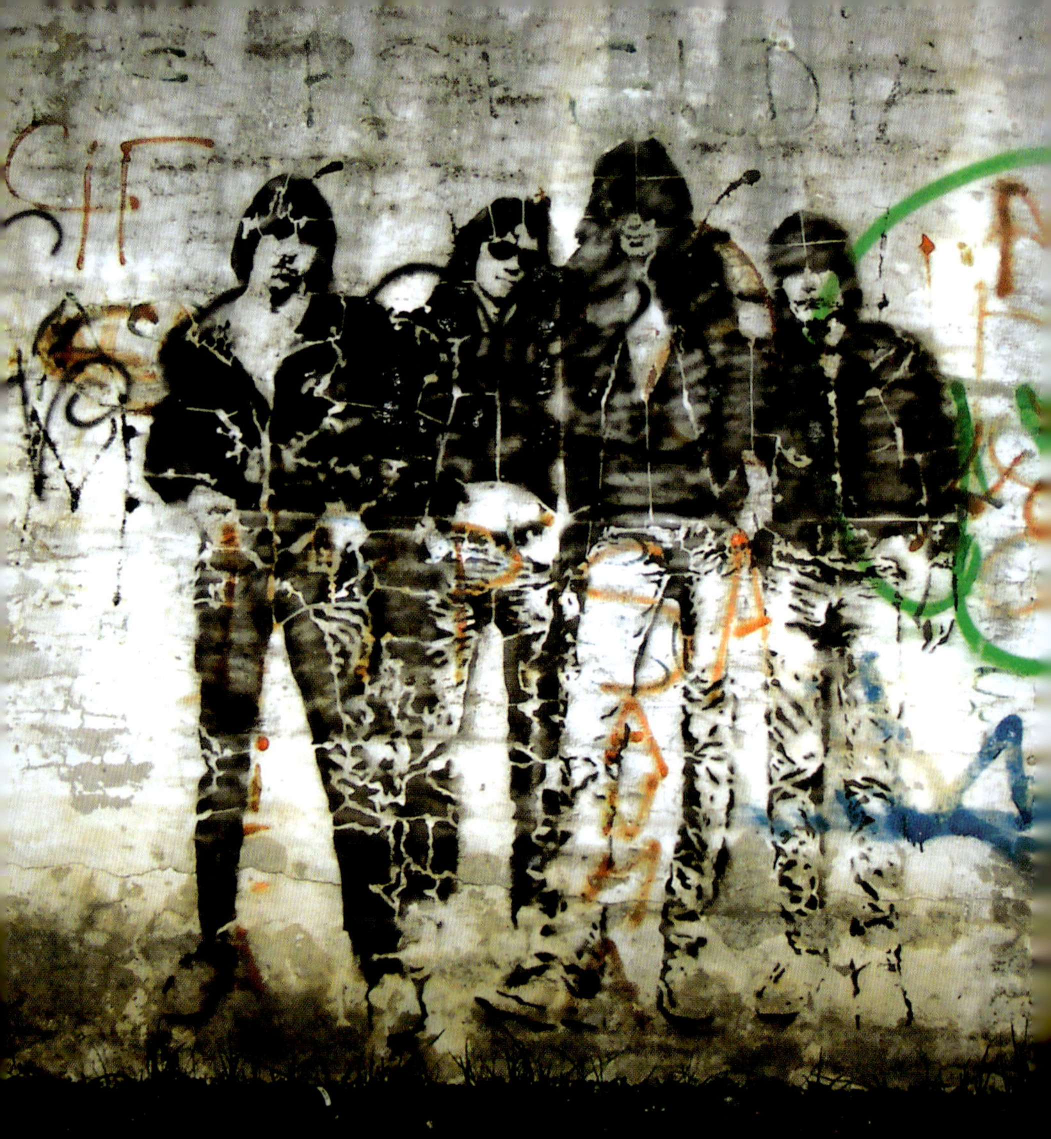

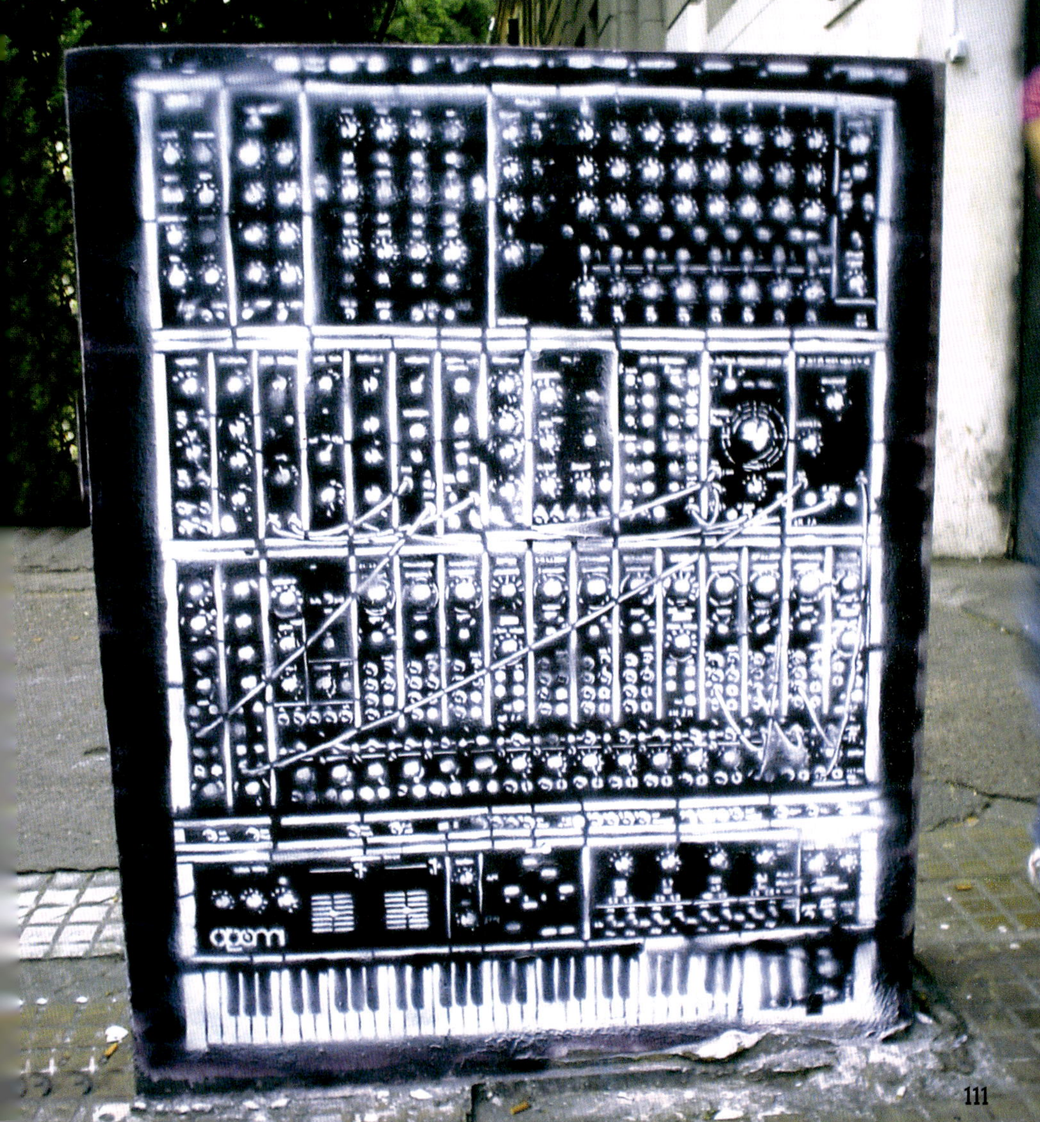

apem

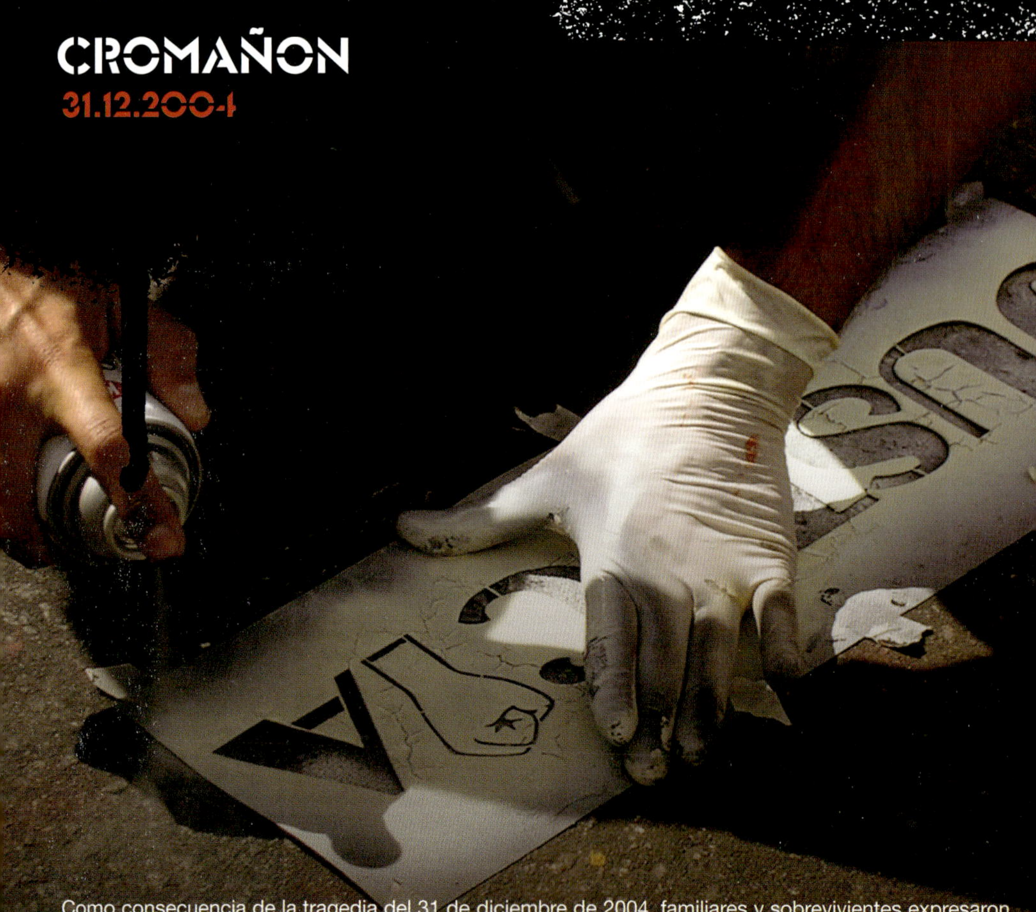

Como consecuencia de la tragedia del 31 de diciembre de 2004, familiares y sobrevivientes expresaron su indignación con marchas, cortes de calles y diversas estrategias de protestas como las que cualquier grupo de victimas de tragedias colectivas debe improvisar en la Argentina para hacerse oír. Quizás por identidad generacional, el stencil fue una de las herramientas privilegiadas de esas manifestaciones.

PIBES
DEL
ROCK

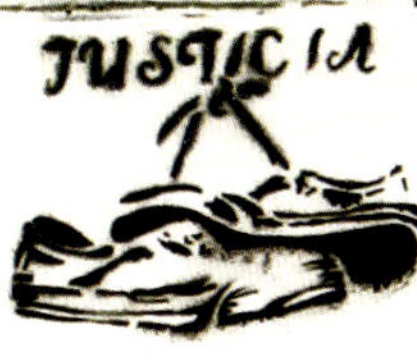

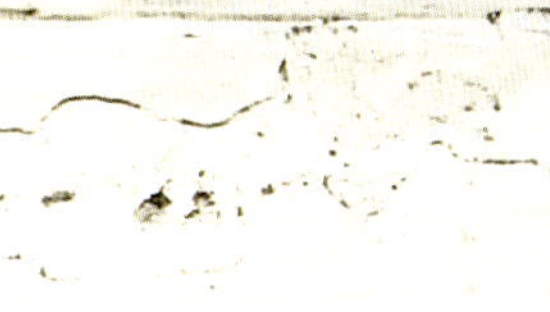

JUSTICIA X
LOS CHICOS

LOS
PIBES
AHORA

QUE NO

QUEDE

IMPUNE

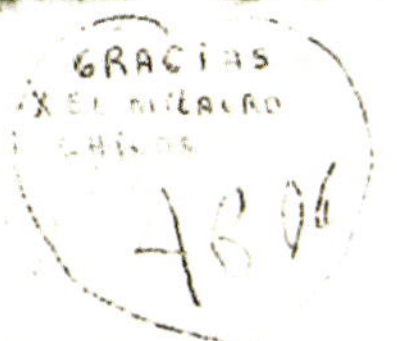

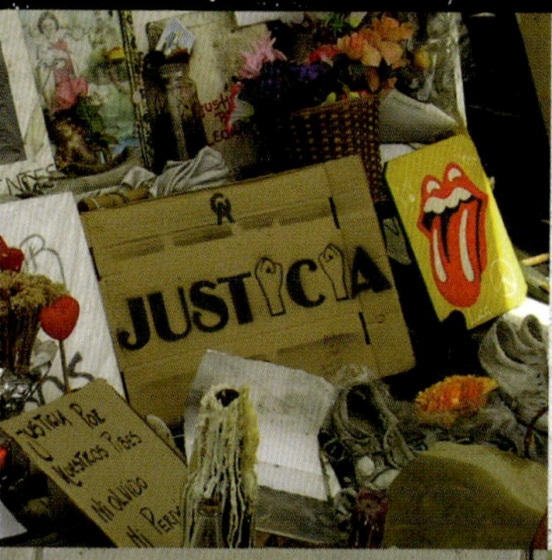
JUSTICIA

EL ALMA
DE UN PUEBLO
NO PUEDE
ENCERRARSE
NI
DESAPARECER

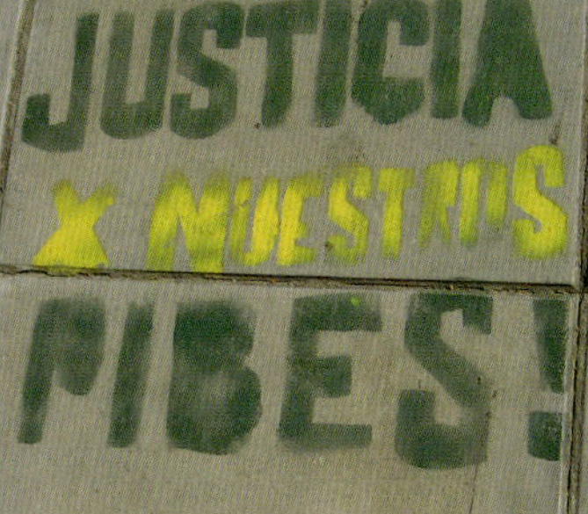
JUSTICIA
X NUESTROS
PIBES!

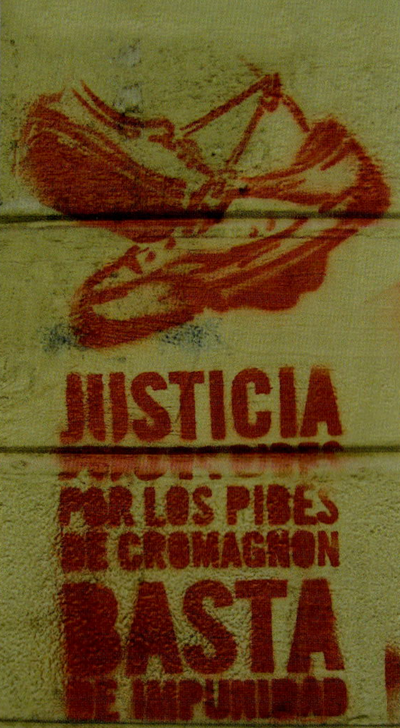
JUSTICIA
POR LOS PIBES
DE CROMAGNON
BASTA
DE IMPUNIDAD

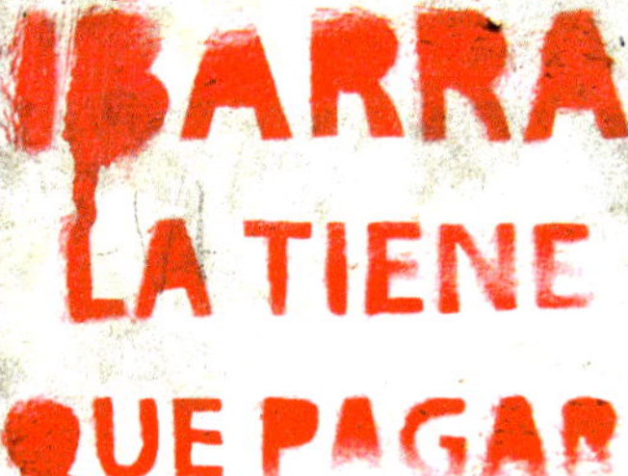
IBARRA
LA TIENE
QUE PAGAR

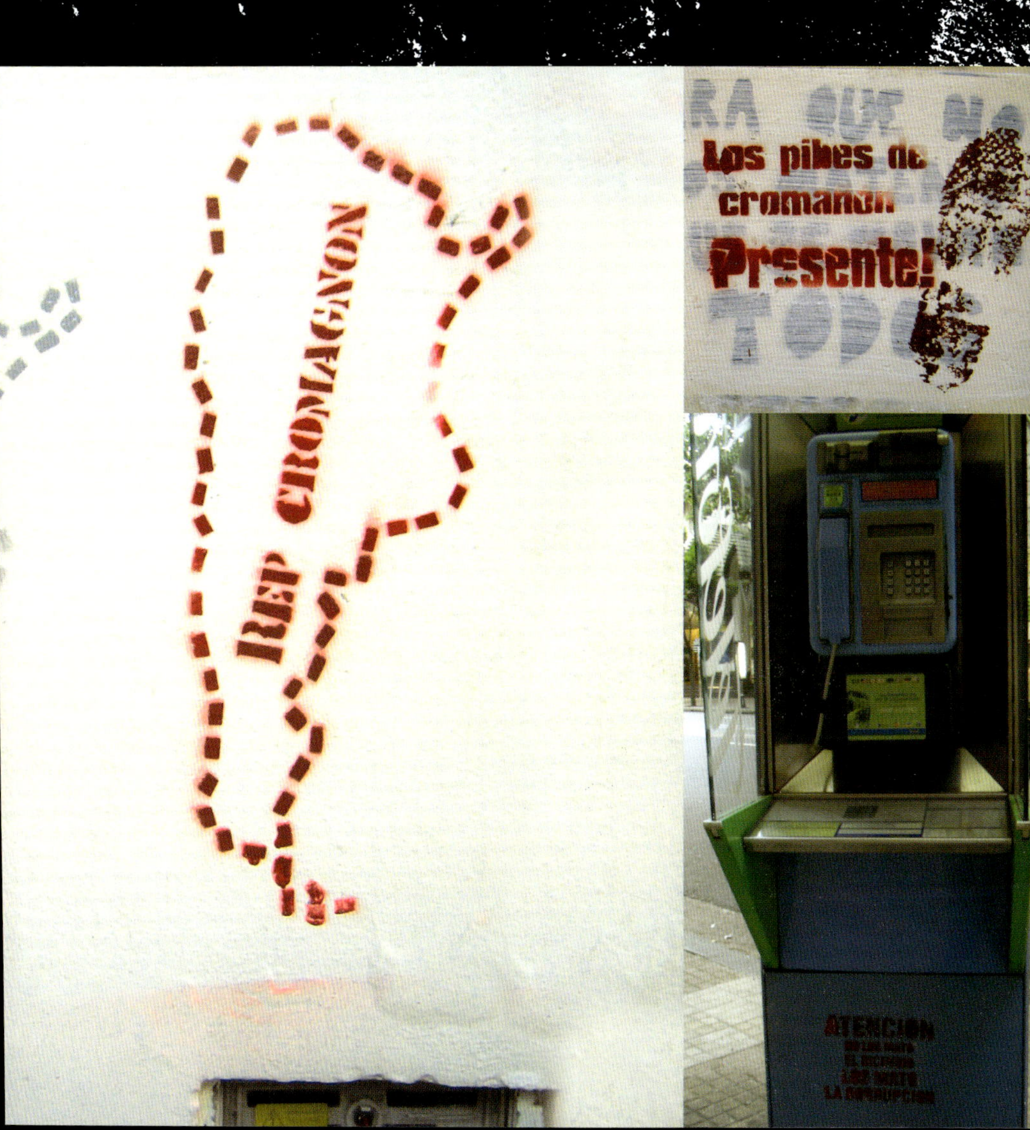
REP CROMAGNON
RA QUE
TODO
Los pibes de
cromañon
Presente!
ATENCION

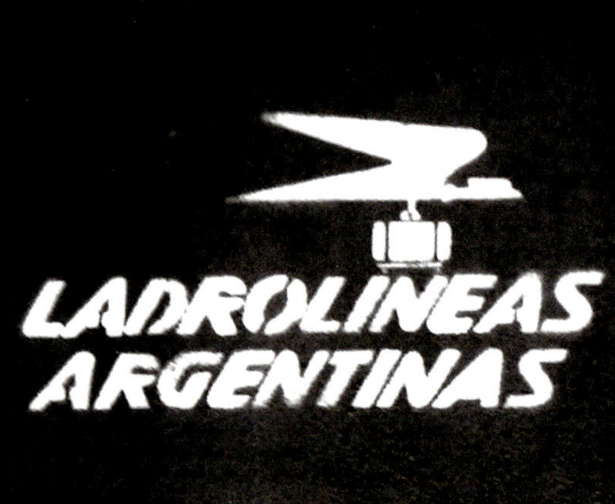

LADROLINEAS
ARGENTINAS

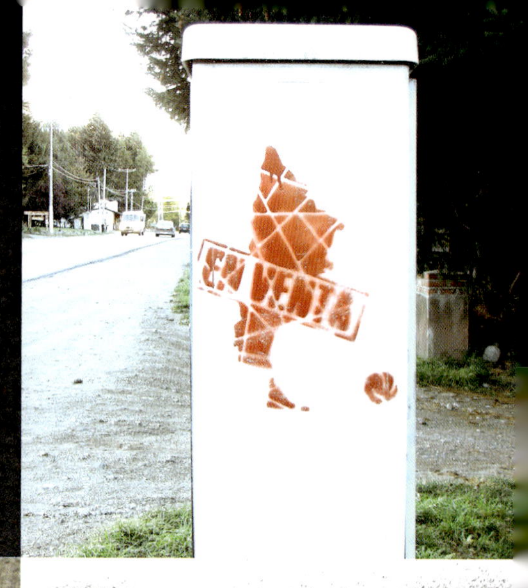

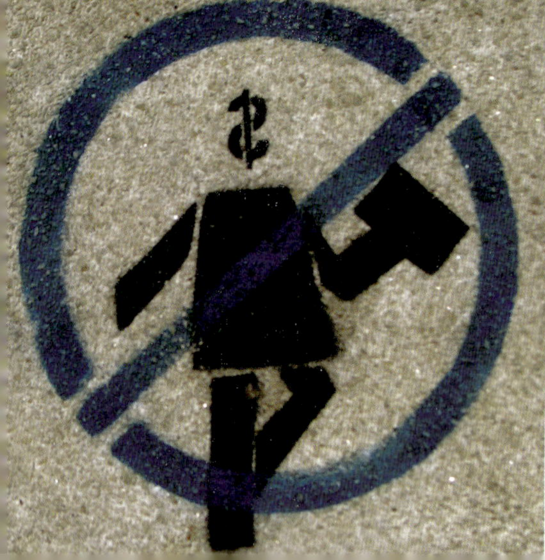

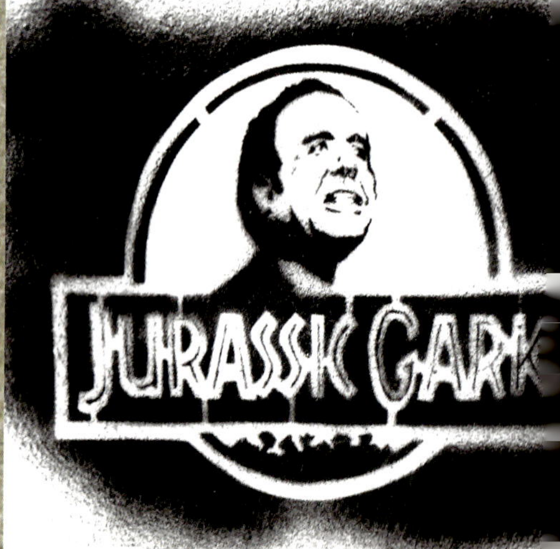

JURASSIC GARK

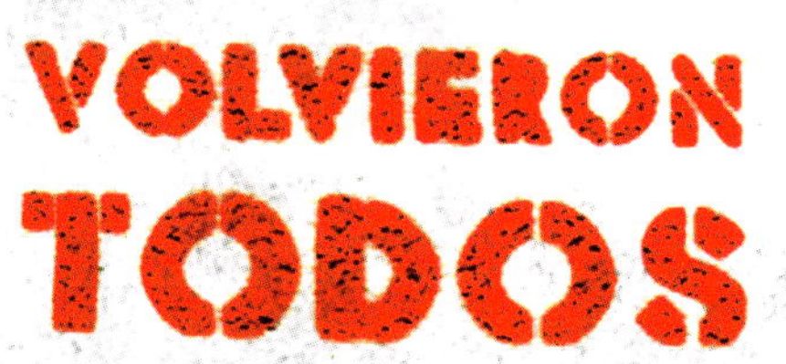

VOLVIERON
TODOS

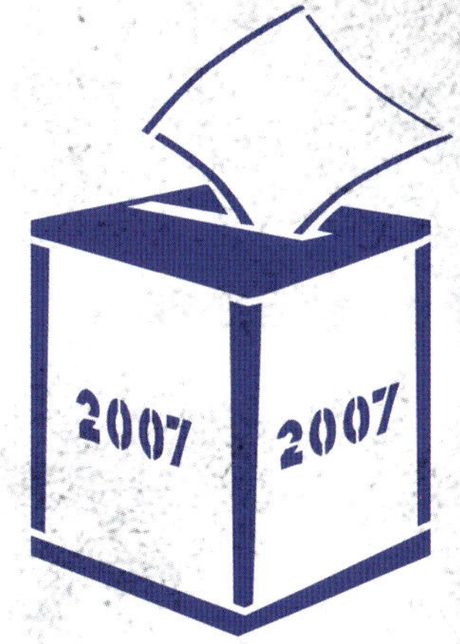

2007   2007
VOLVIERON
TODOS

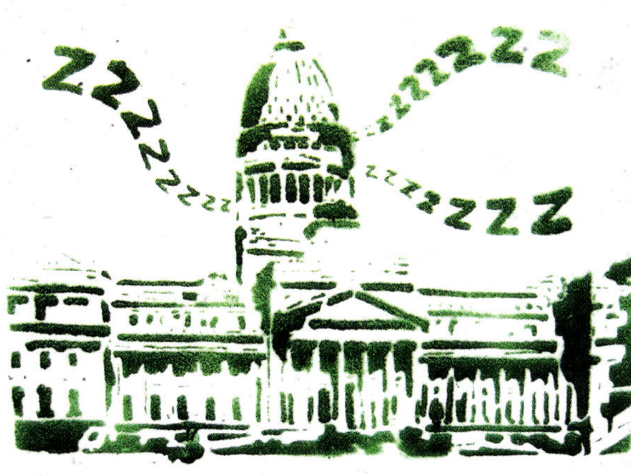

ZZZ
ZZZZZZZ
ZZZZZZZ
ZZZZZ
ZZZZZ
ZZZ

REPUBLICA ARGENTINA
EN UNION Y LIBERTAD

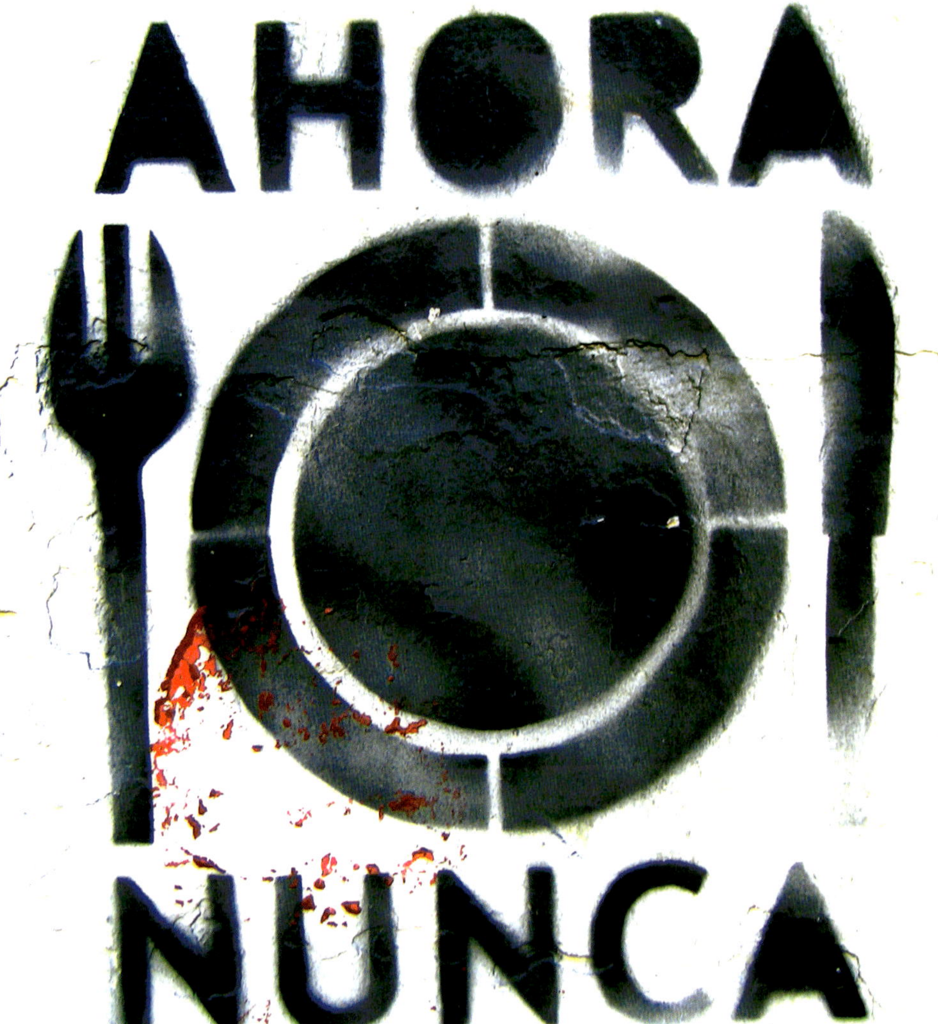

AHORA
NUNCA

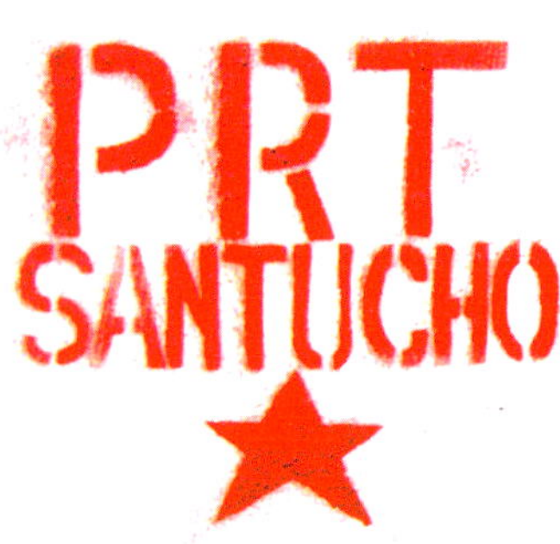
PRT
SANTUCHO

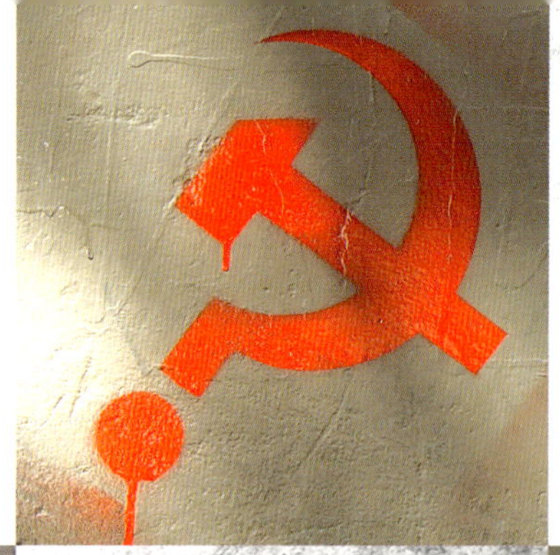

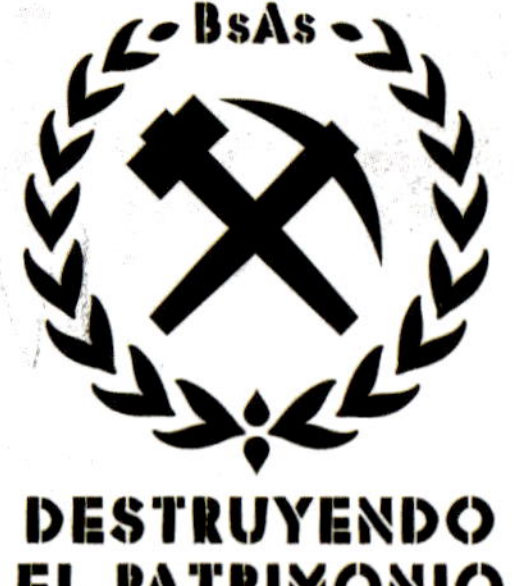
BsAs
DESTRUYENDO
EL PATRIMONIO
-CASA POR CASA-

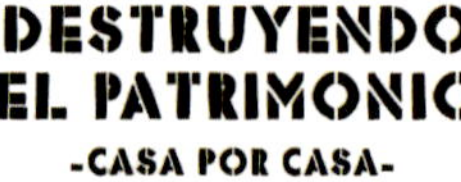

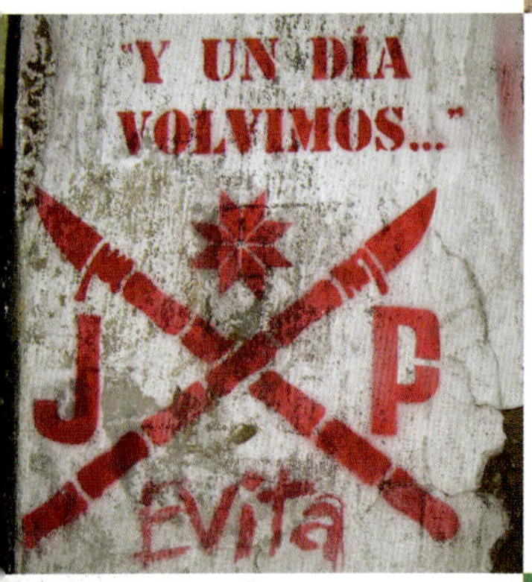
"Y UN DÍA
VOLVIMOS..."
J P
Evita

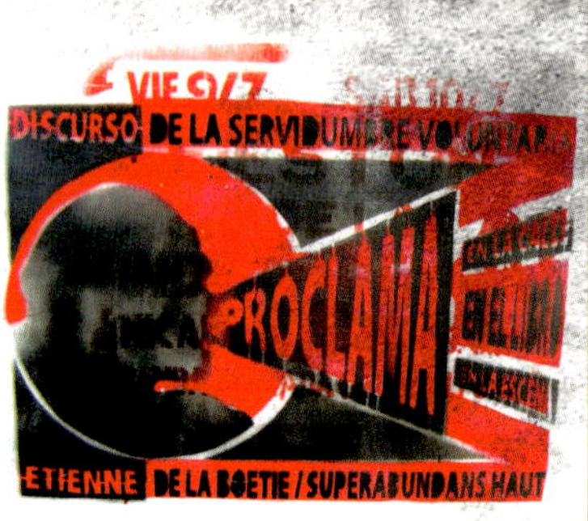
VIE 9/7
DISCURSO DE LA SERVIDUMBRE VOLUNTARIA
PROCLAMA
ETIENNE DE LA BOETIE / SUPERABUNDANS HAUT

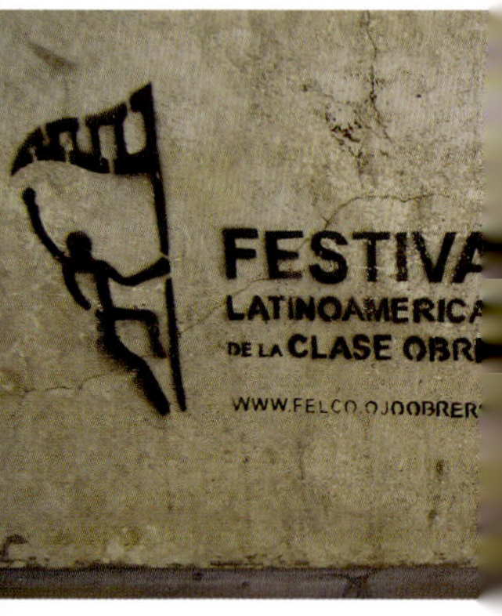
FESTIVA
LATINOAMERICA
DE LA CLASE OBR
WWW.FELCO.OJOOBRER

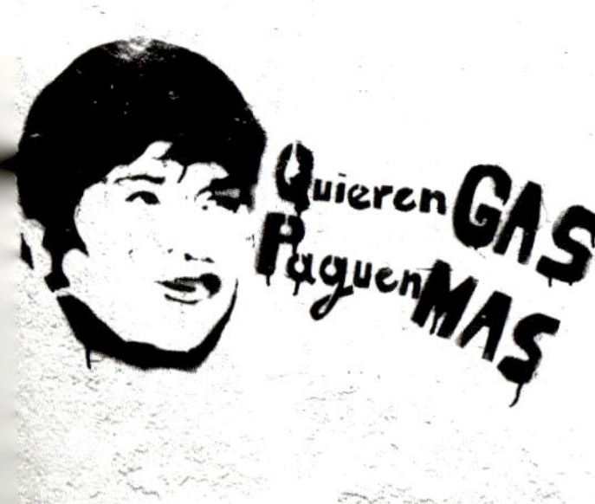
Quieren GAS
Paguen MAS

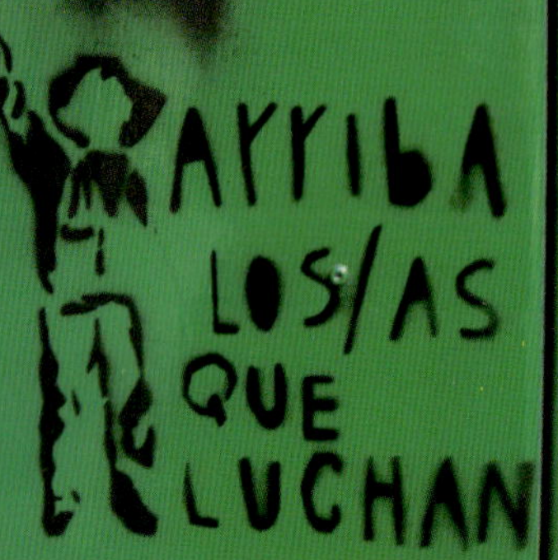
ARRIBA
LOS/AS
QUE
LUCHAN

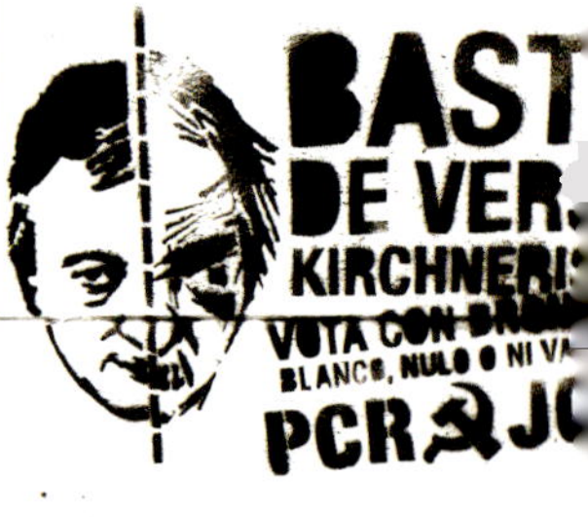
BAST
DE VER.
KIRCHNERI
VOTA CON
BLANCO, NULO O NI VA
PCR OJO

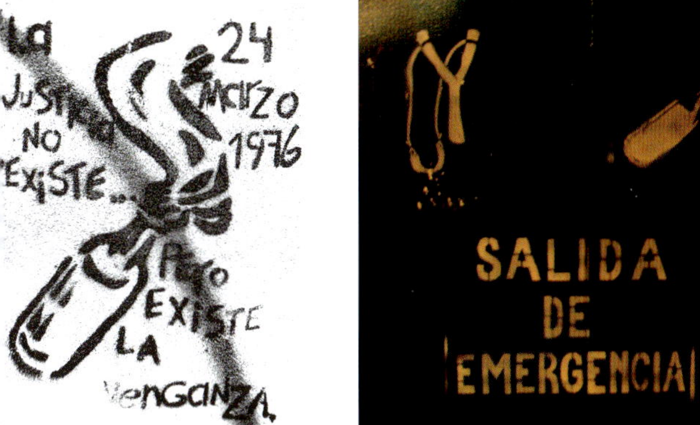
La
justicia
no
existe...
Pero
existe
la
venganza.
24 marzo 1976

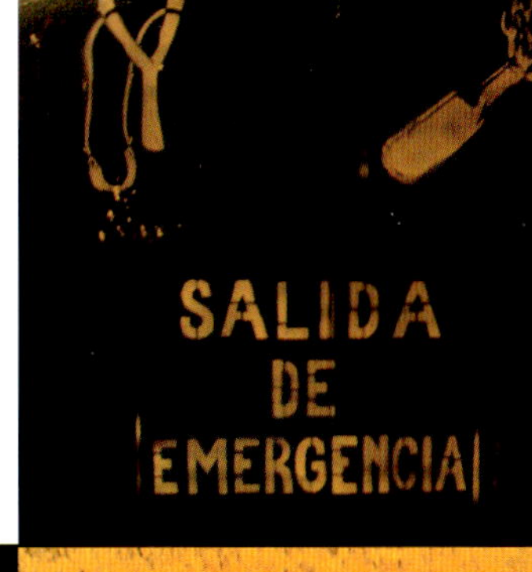
SALIDA
DE
EMERGENCIA

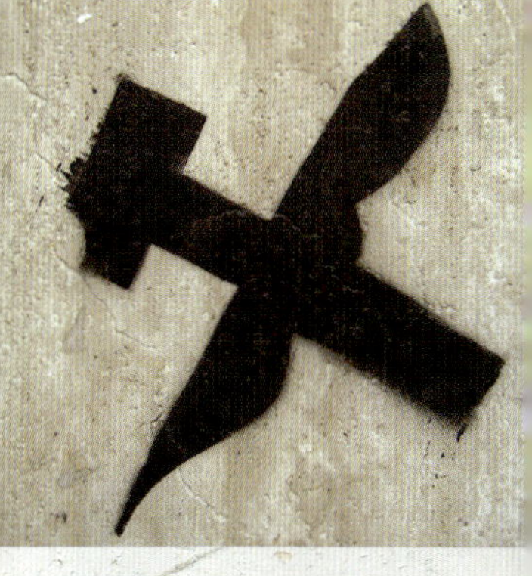

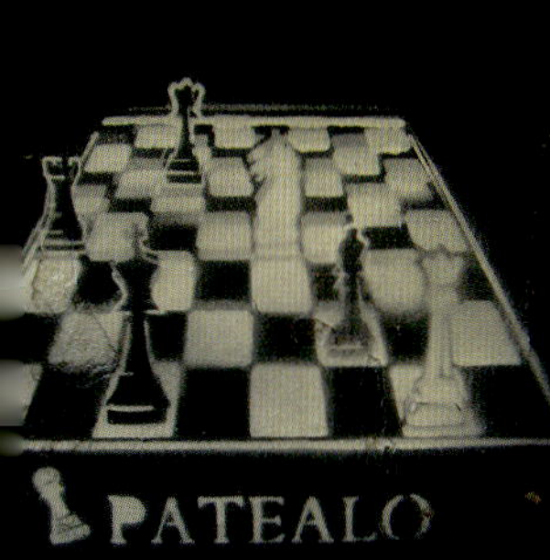
PATEALO

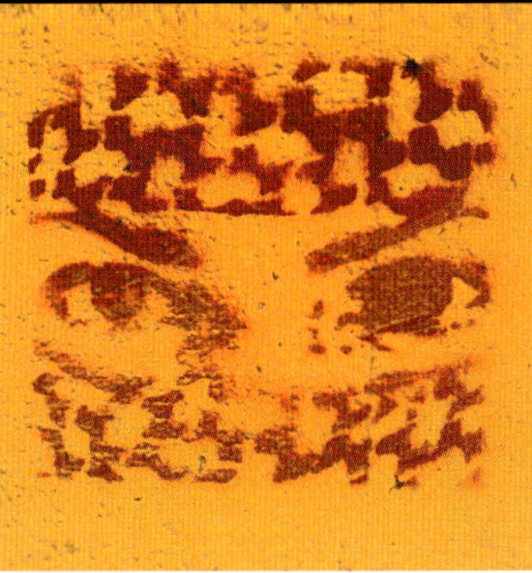

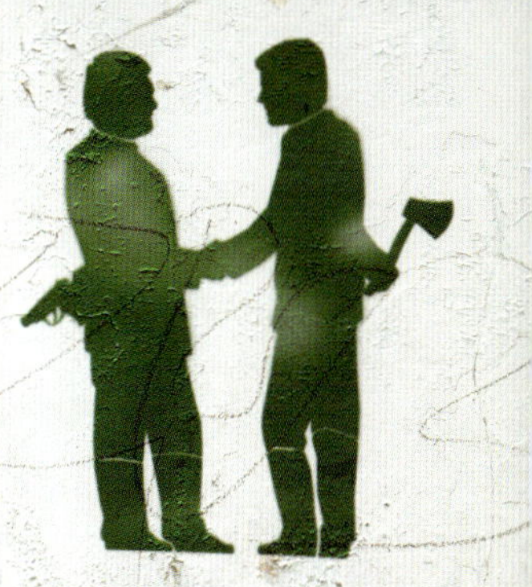

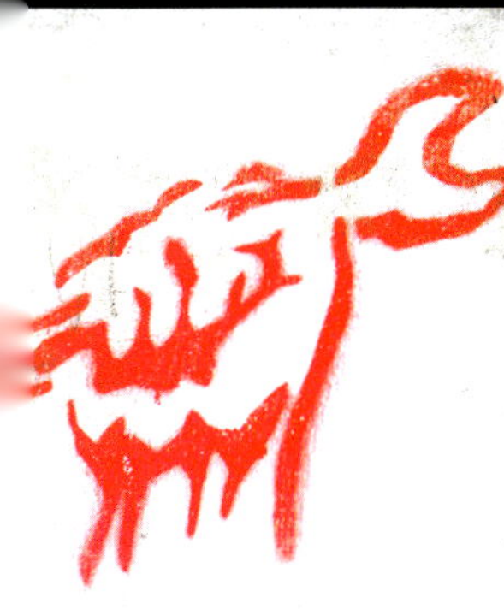

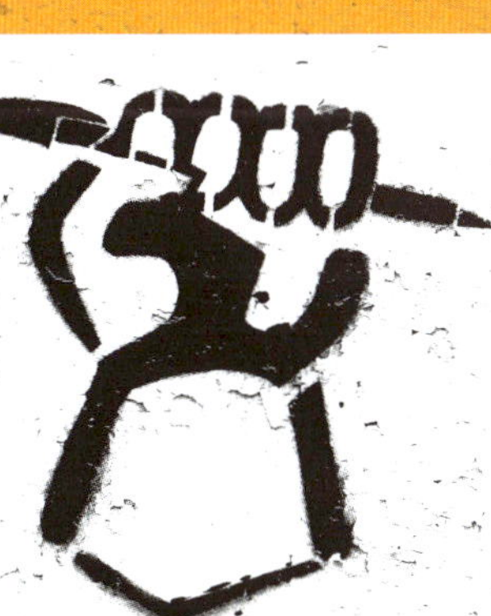

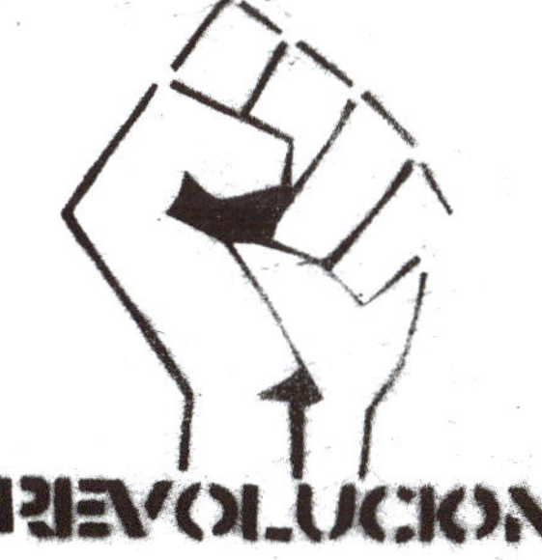
REVOLUCION

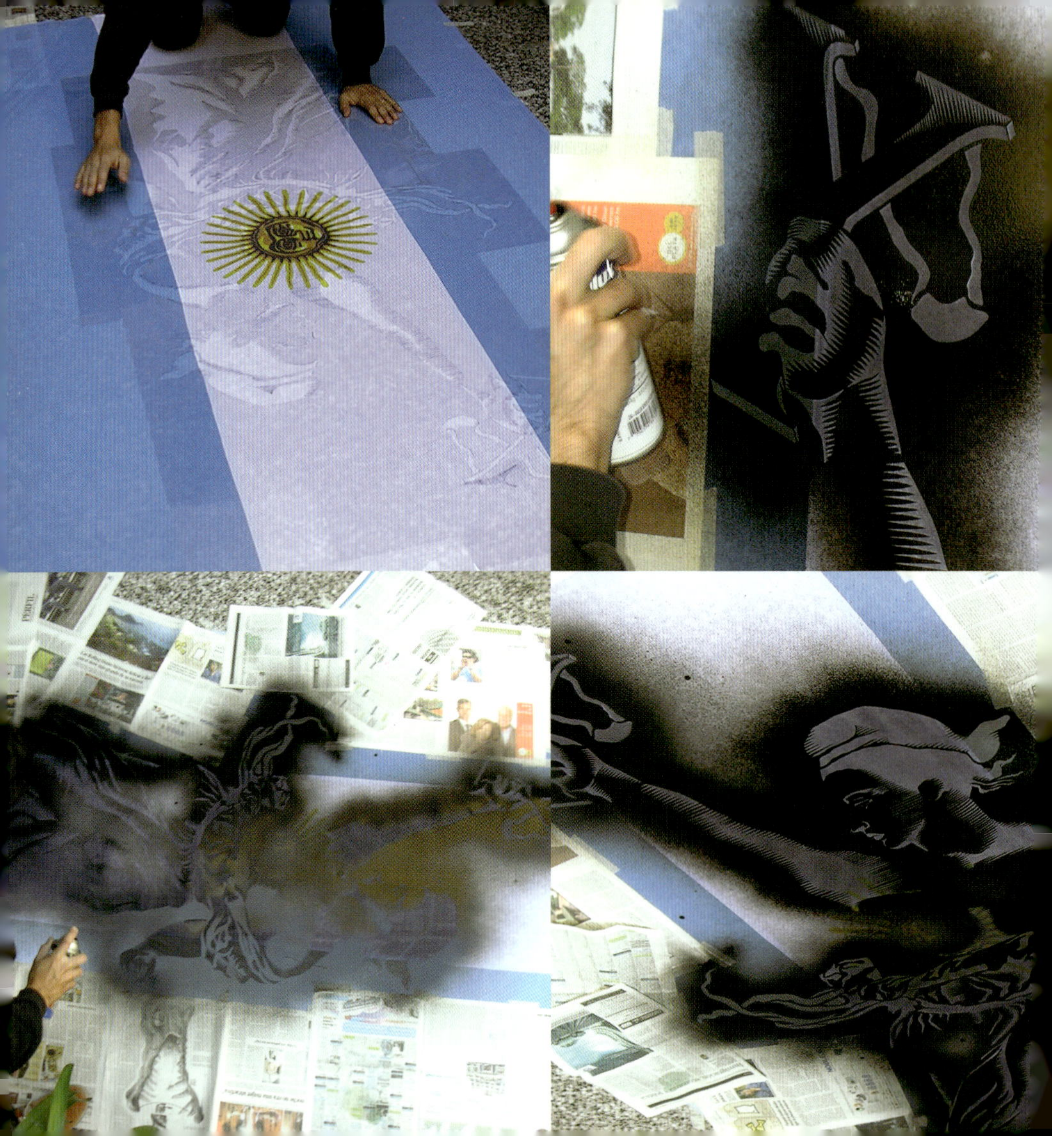

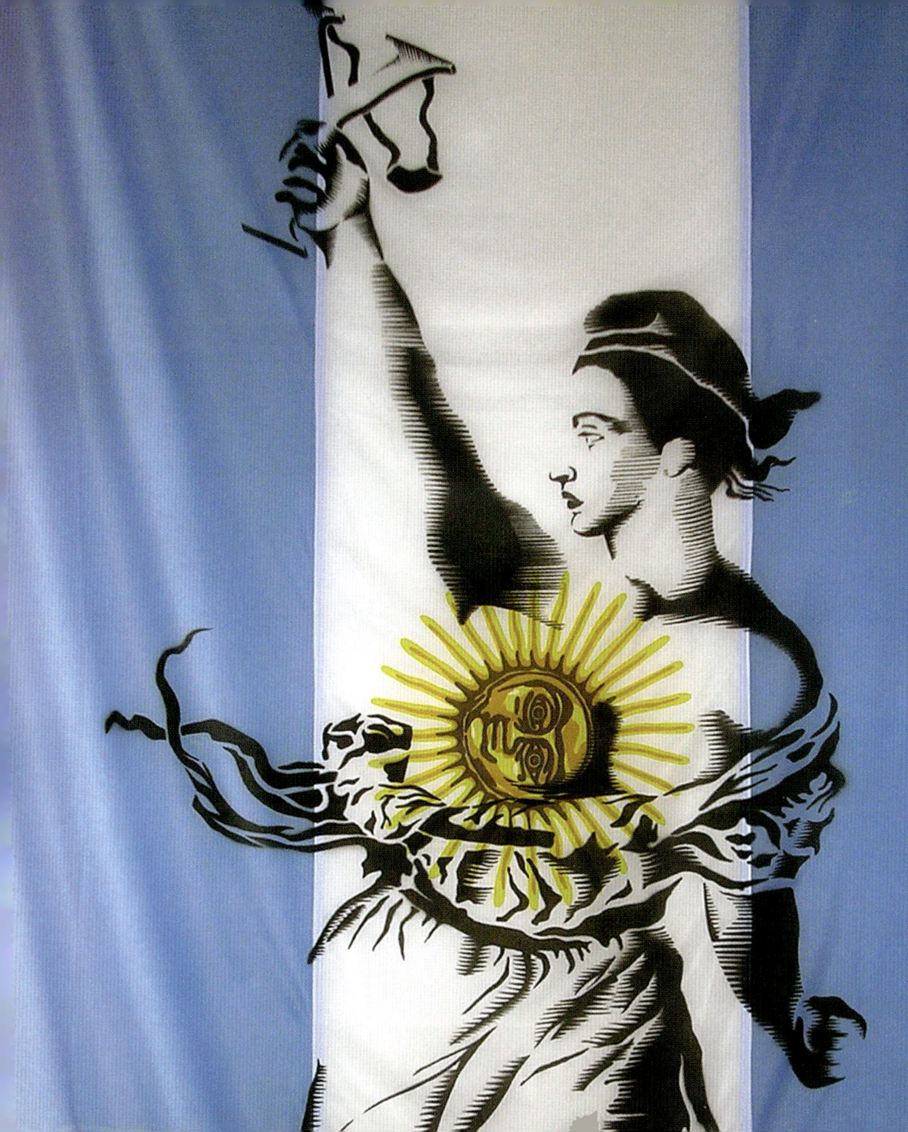

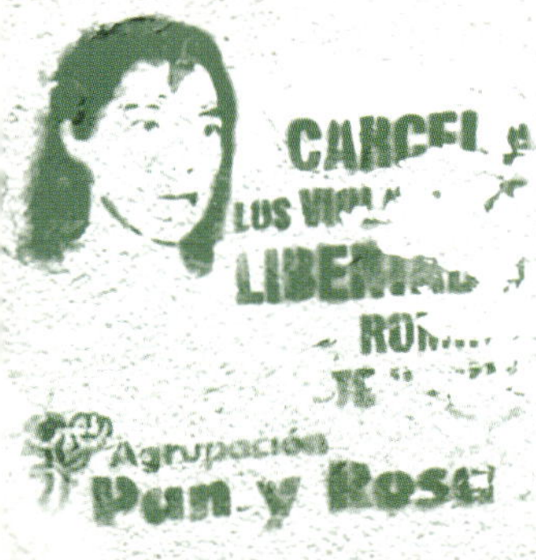

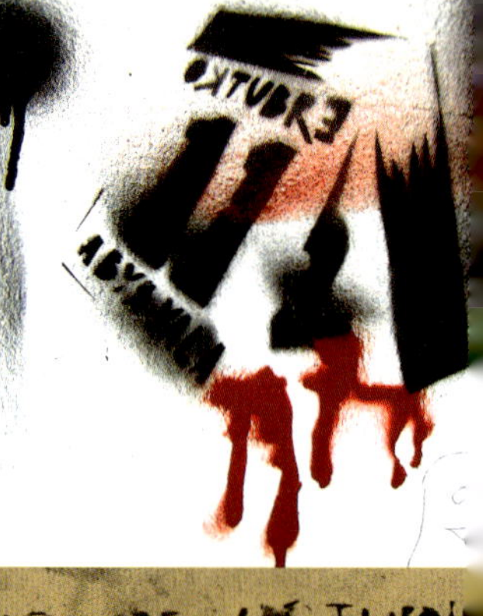

SOMOS
EXCLUIDOS X
DECRETO
NEOLIBERAL

SOMOS REBELDES
X DECRETO DE
LA DIGNIDAD
HUMANA

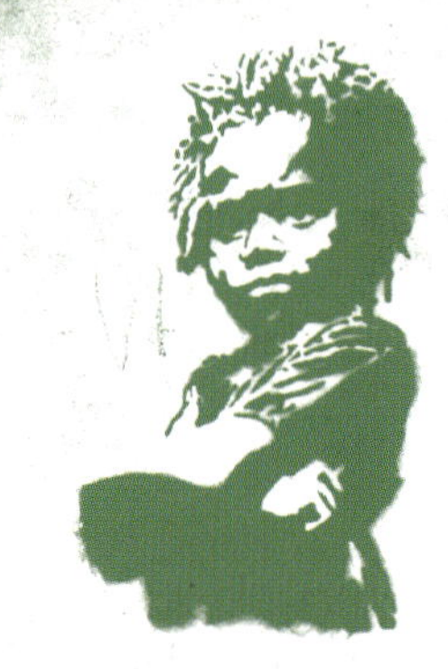

boleto a
5 centavos
Para todo
estucliante

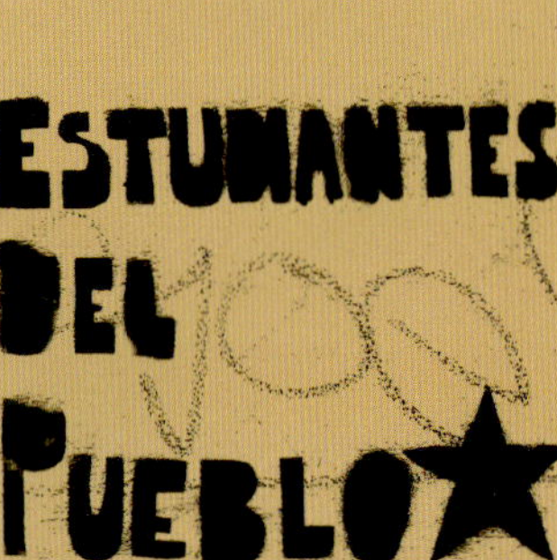

150000 MILLONE
DEUDA EXTERN
3000
DEUDA INTER

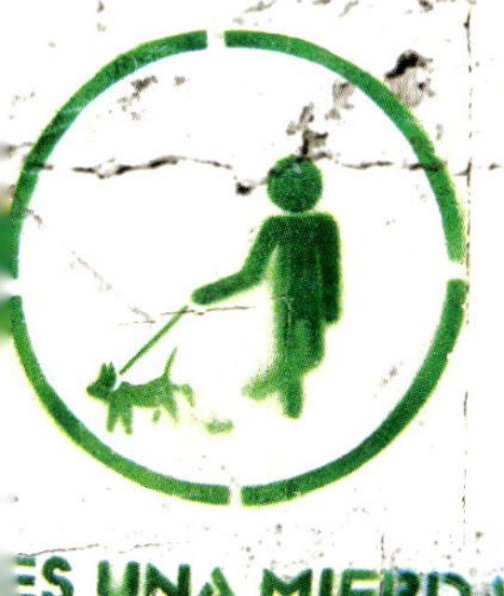

ES UNA MIERDA

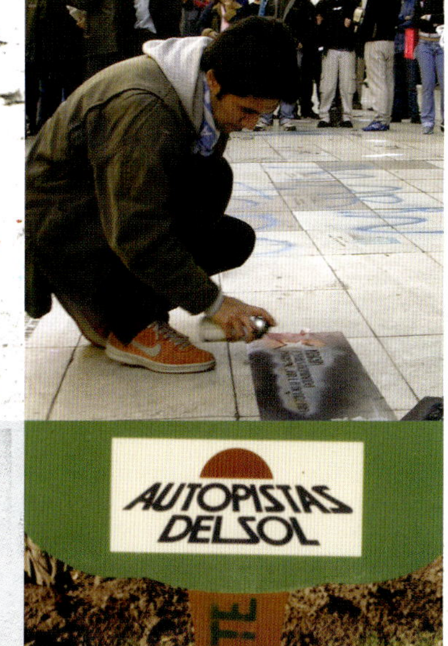

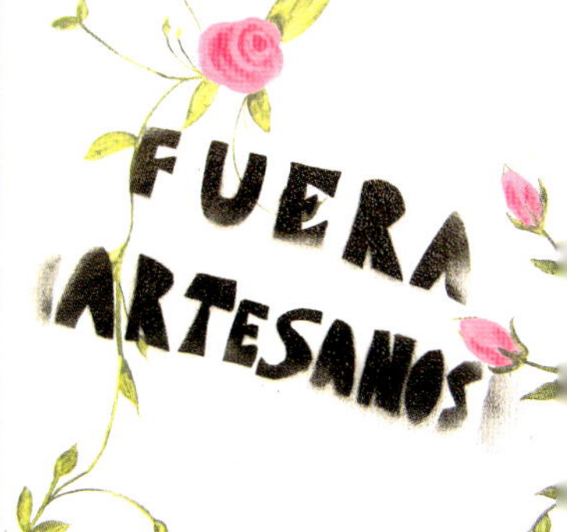

FUERA
ARTESANOS

DR PIROLO
4816-3088
REPRESOR
ASESOR DE LA
DICTADURA

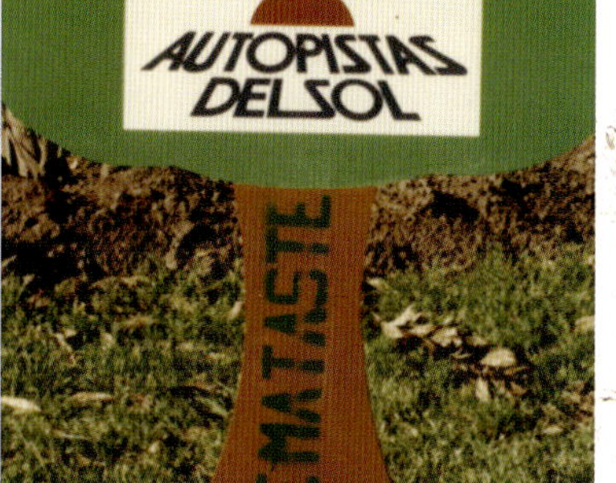
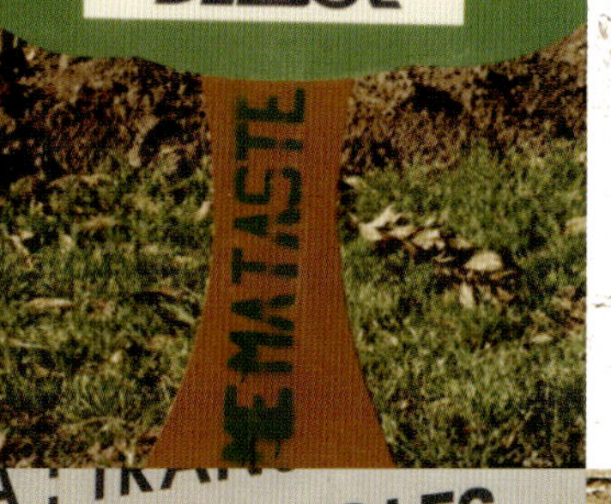

AUTOPISTAS
DELSOL
ME MATASTE

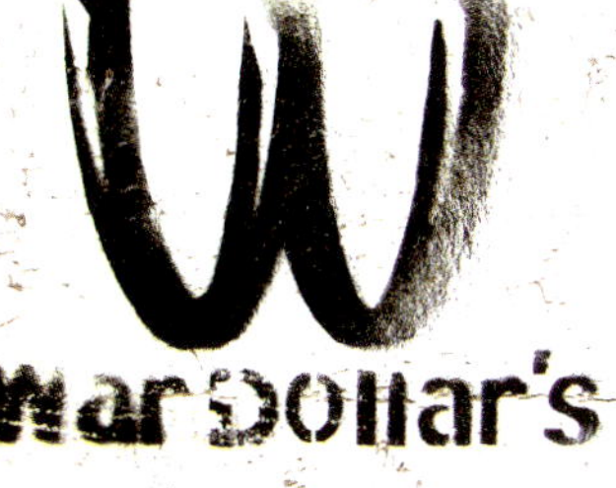

W
War Dollar's

ME MATASTE

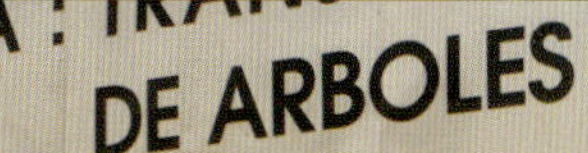
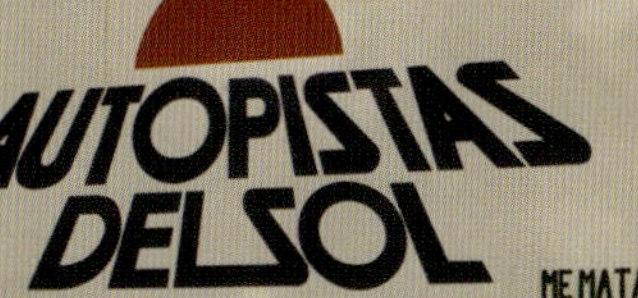

RA : TRA
DE ARBOLES
AUTOPISTAS
DELSOL
ME MATASTE

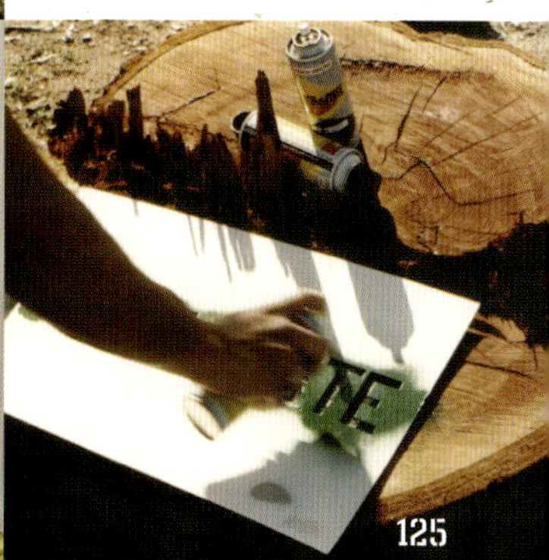

TE

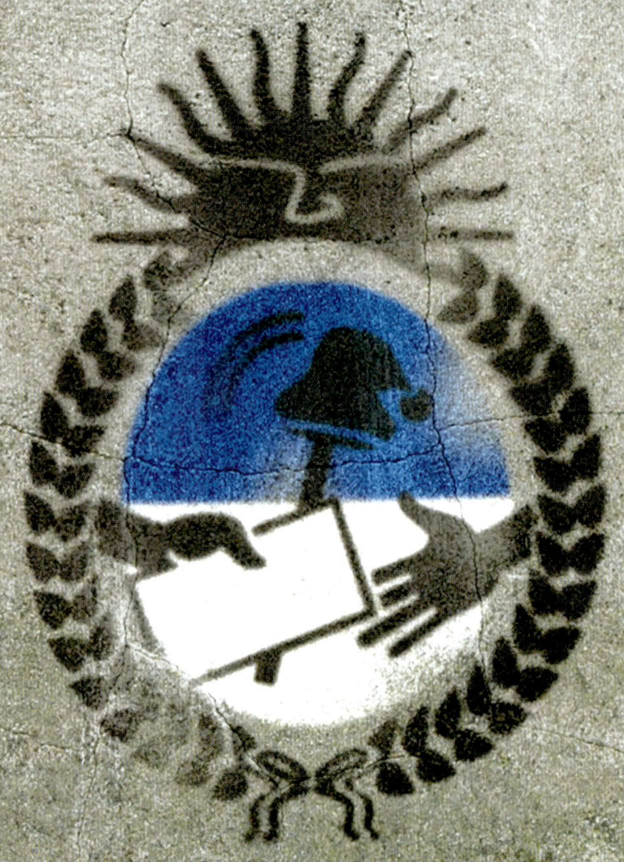

SOBRERANIA

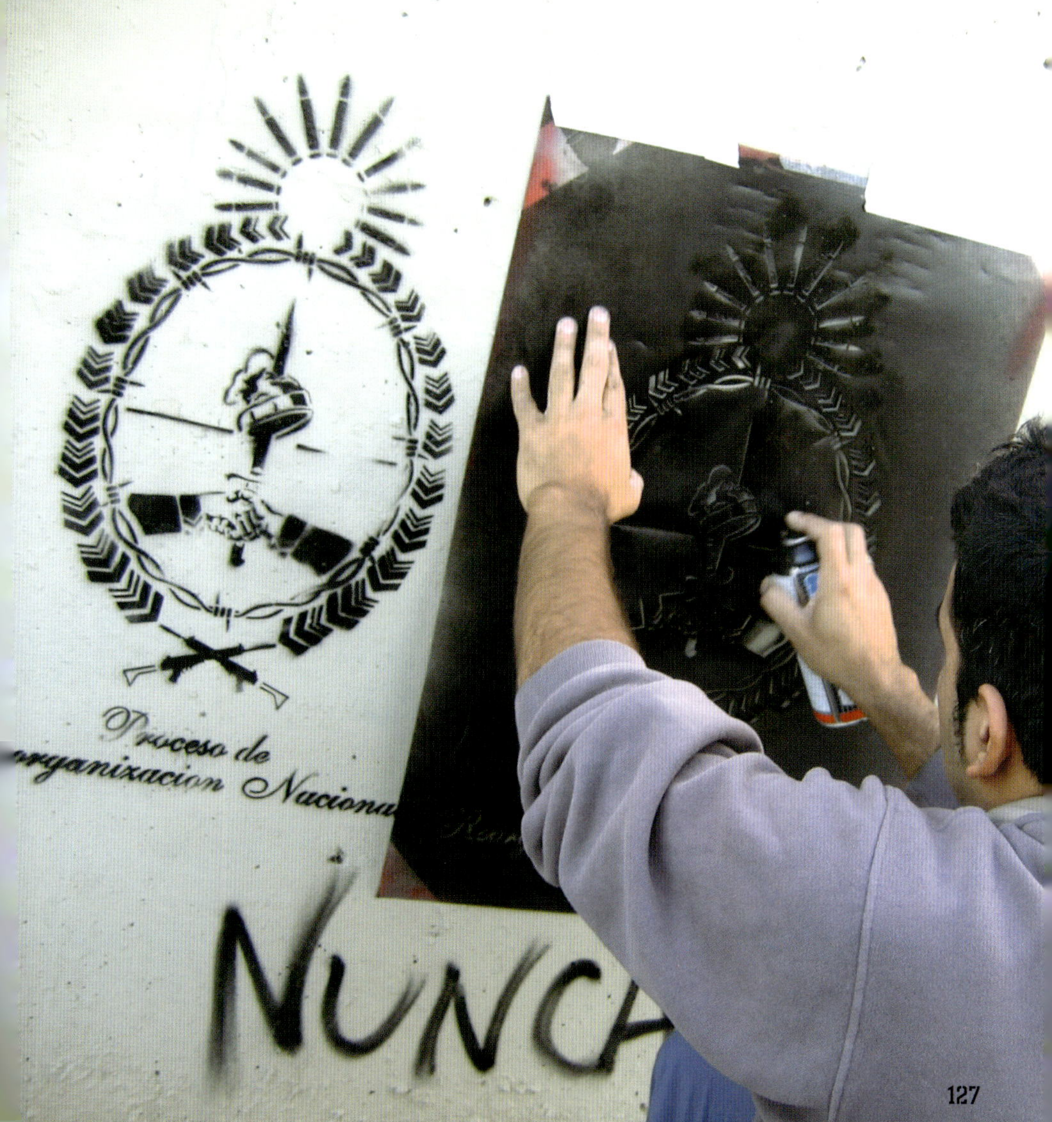

Proceso de
Reorganizacion Nacional
NUNCA

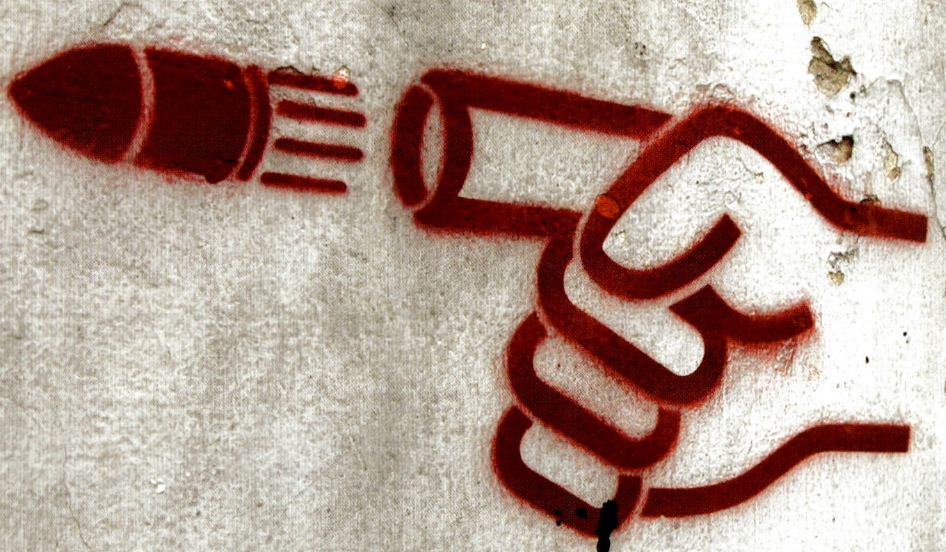
1976/1983
CAM BsAs

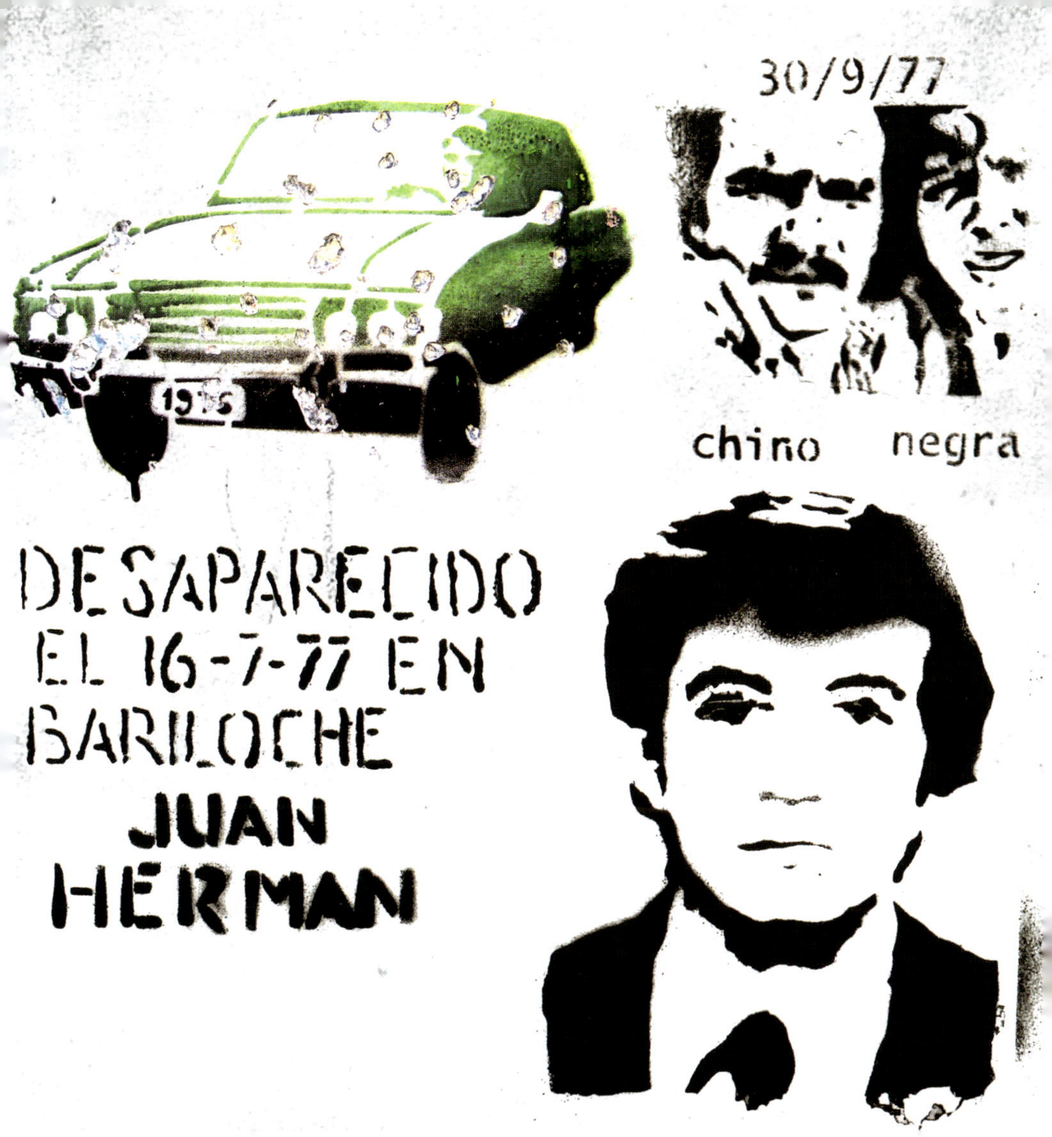

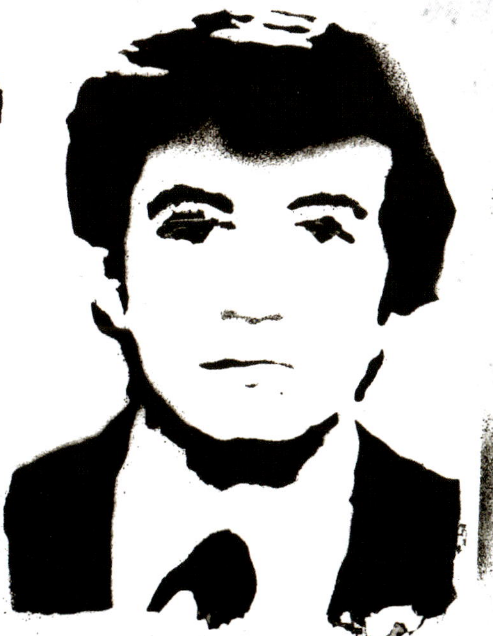
30/9/77
chino   negra
DESAPARECIDO
EL 16-7-77 EN
BARILOCHE
JUAN
HERMAN

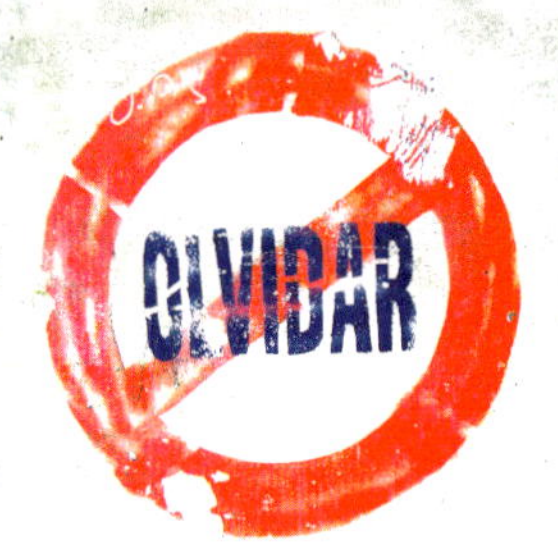

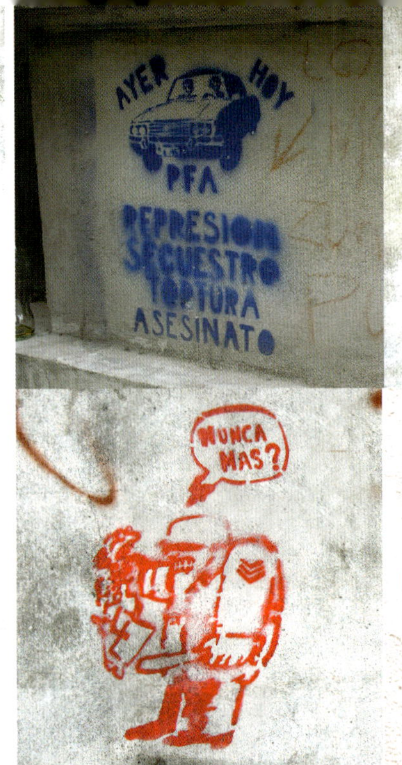

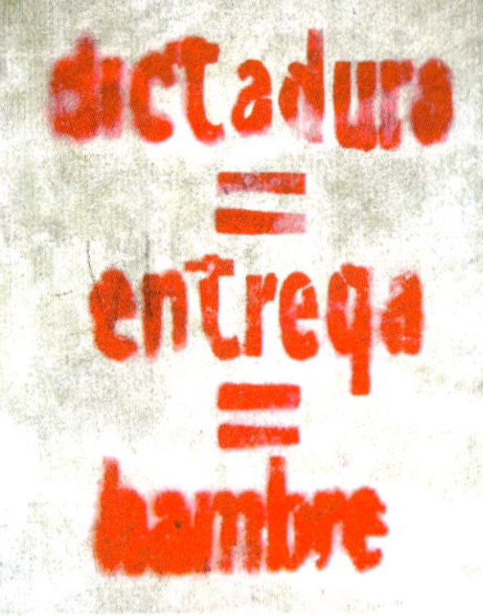

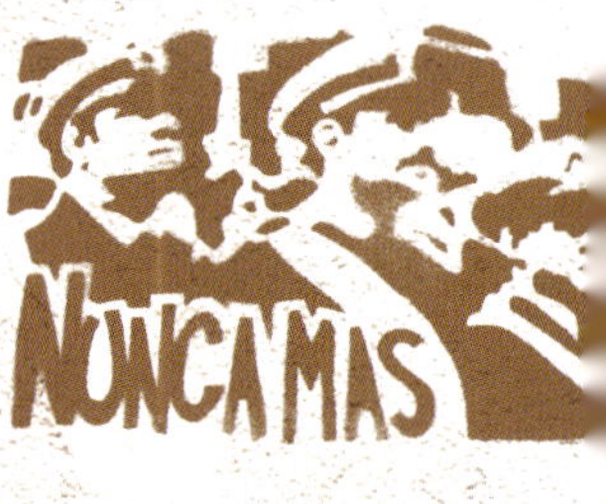

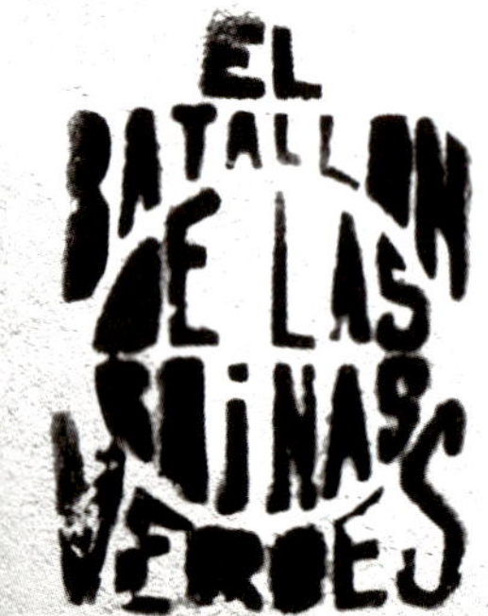

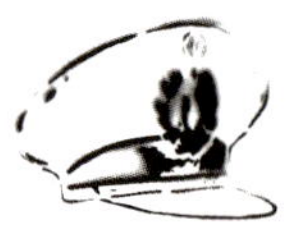

NO HAGAMOS
DEL
NUNCA MÁS
SÓLO UNA FRASE
COLECTIVO DESALAMBRANDO

CARCEL EFECTIVA A
GENOCIDAS
LUCHARTE

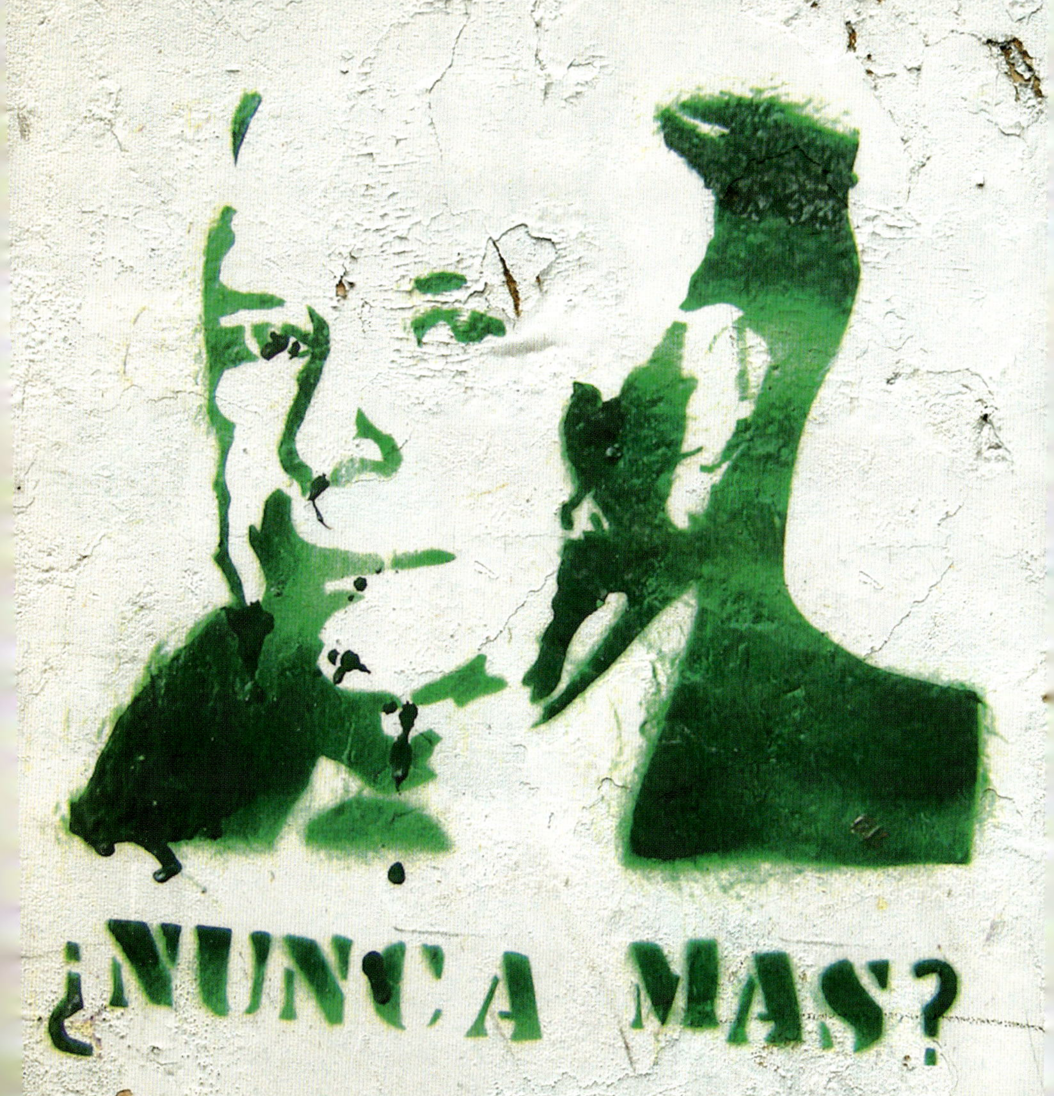
¿NUNCA MAS?

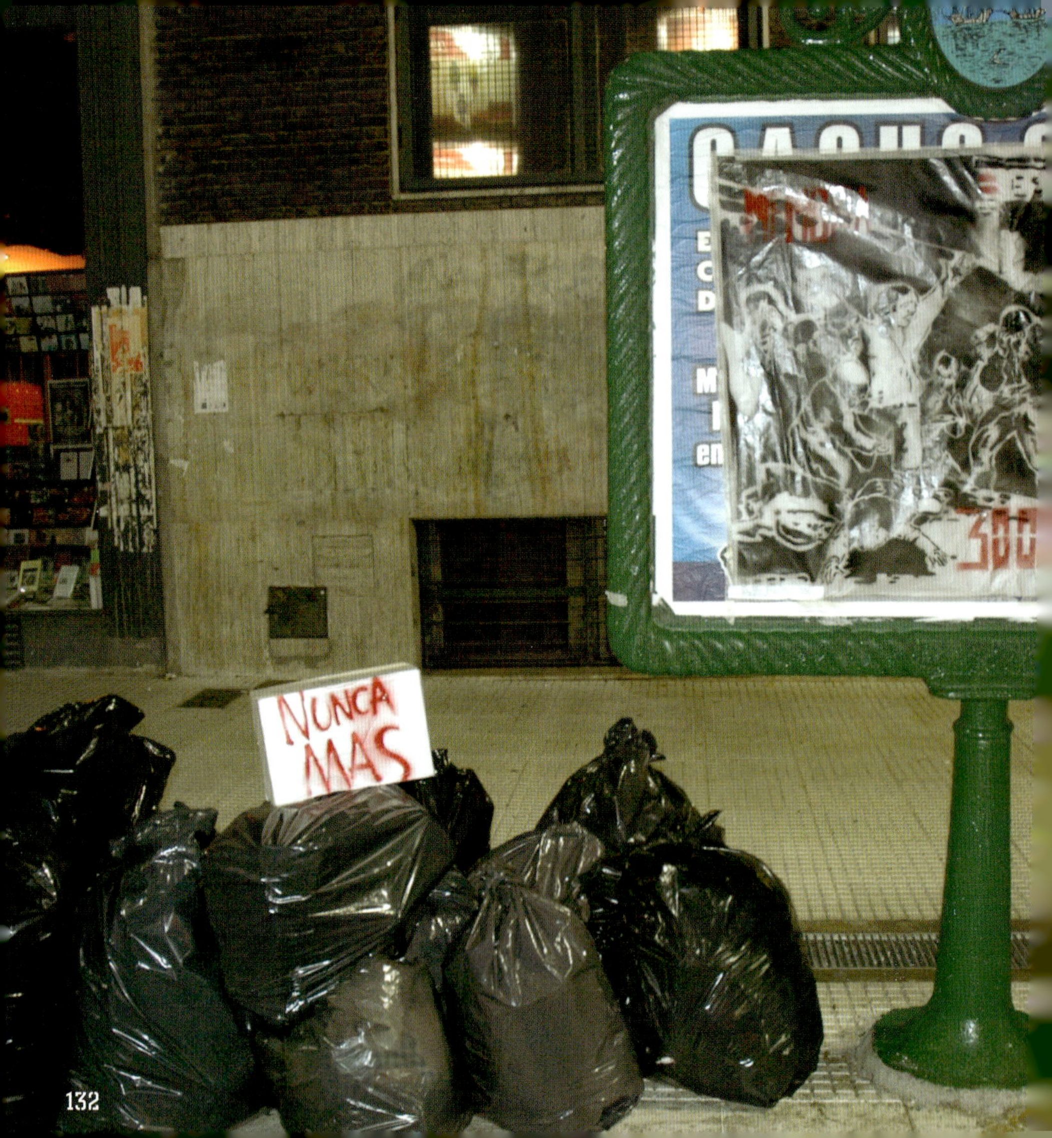

NUNCA
MAS
300

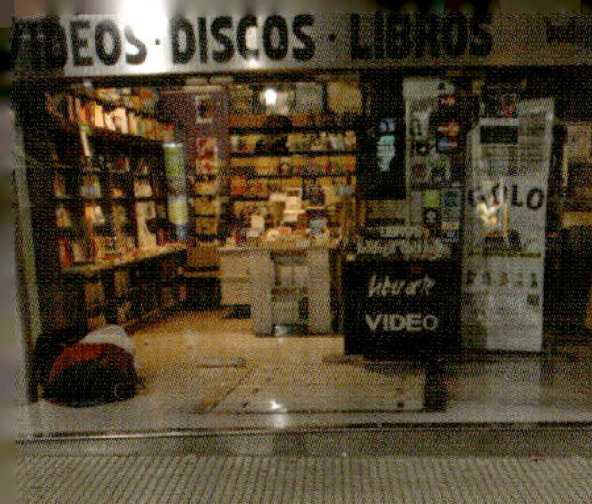
VIDEOS · DISCOS · LIBROS
VIDEO
NUNCA MAS
LIBROS PROHIBIDOS

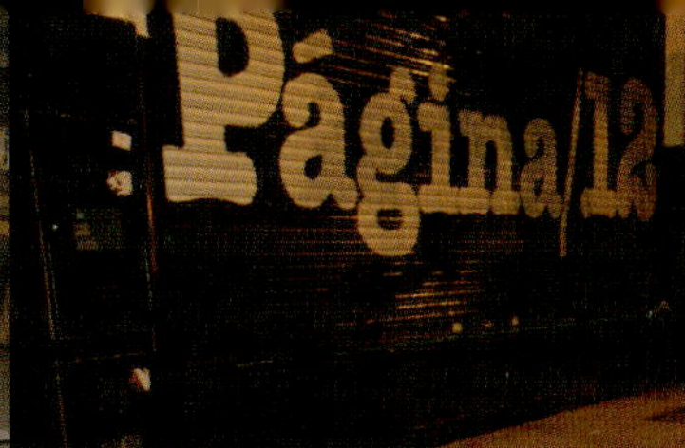
Página/12
PRENSA CORRUPTA
NUNCA MAS

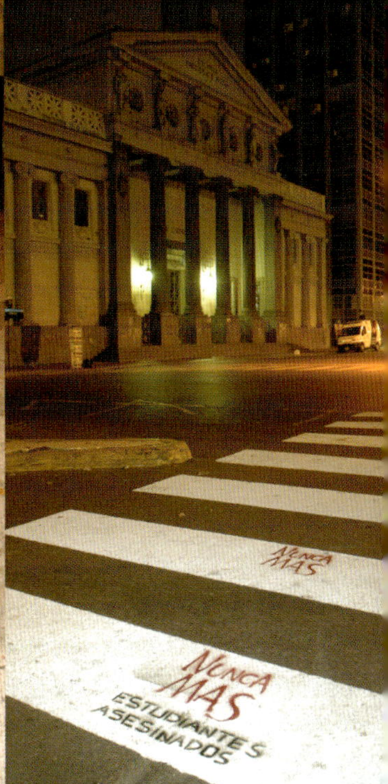
NUNCA MAS
NUNCA MAS
ESTUDIANTES ASESINADOS

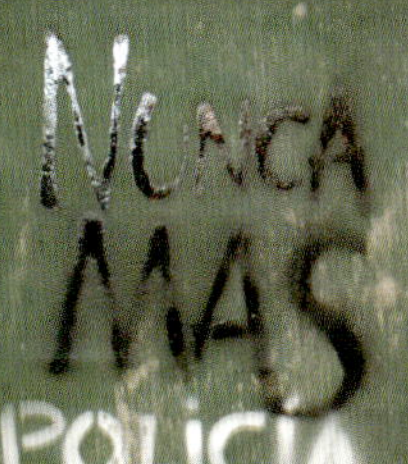
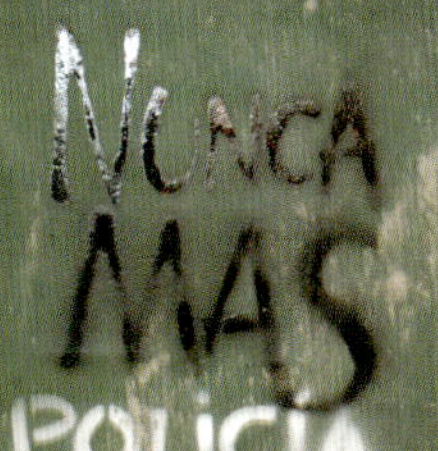
NUNCA MAS
PELICULAS PROHIBIDAS
NUNCA MAS
POLICIA
NUNCA MAS
EN IRAQ

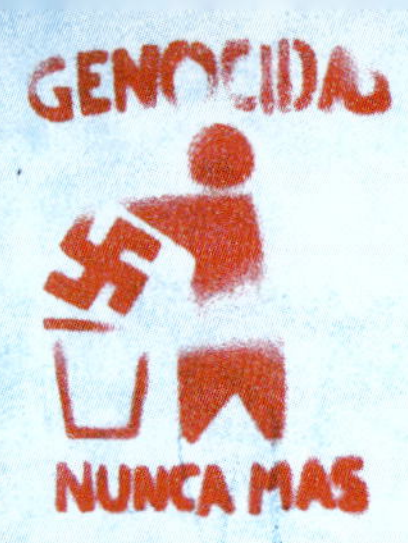

GENOCIDA
NUNCA MAS

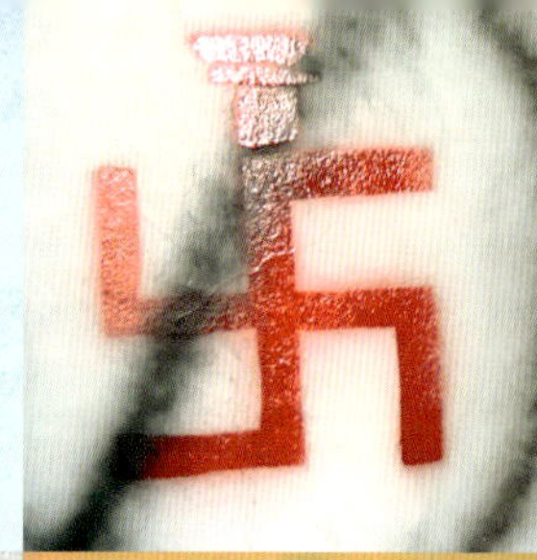

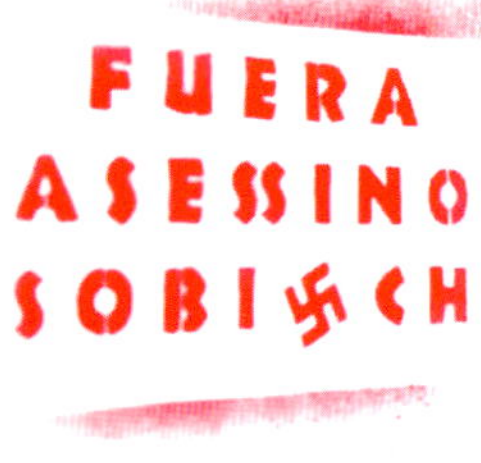

FUERA
ASESSINO
SOBISCH

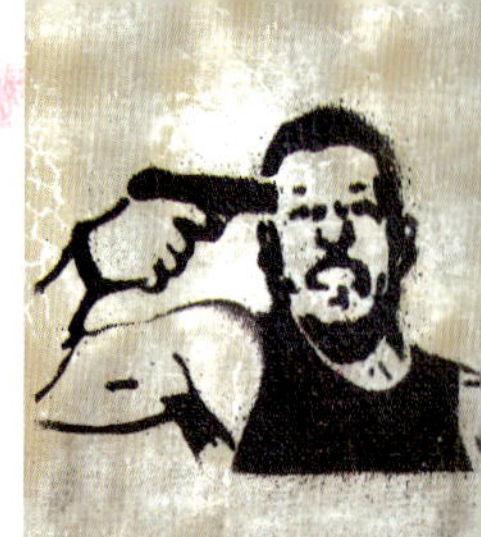

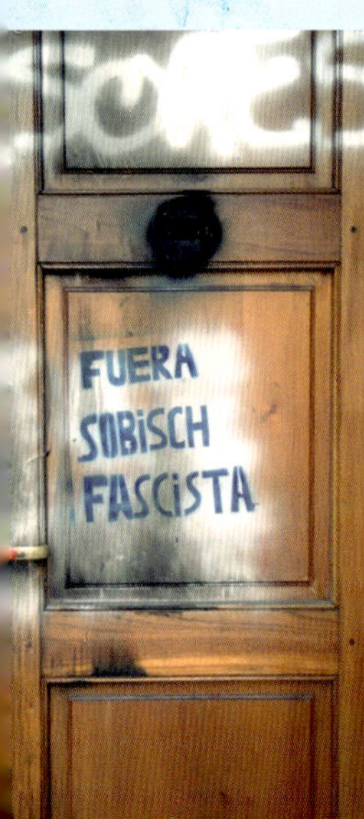

FUERA
SOBISCH
FASCISTA

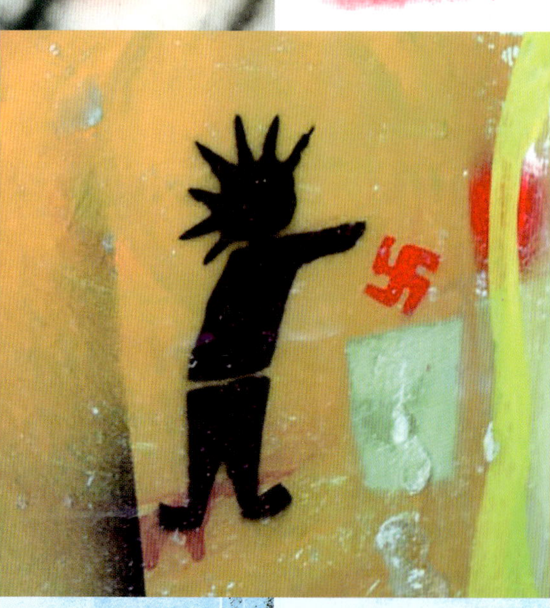

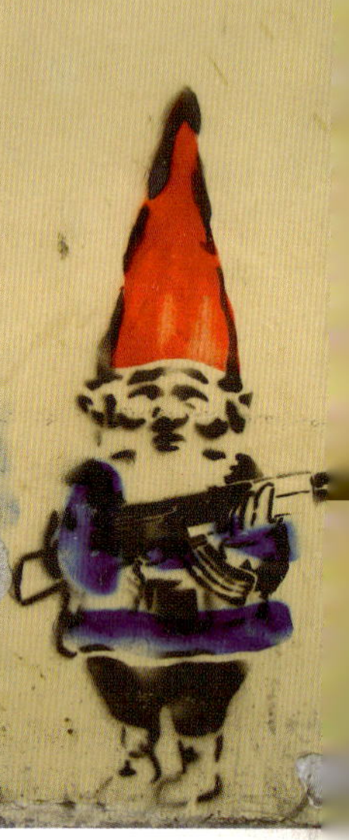

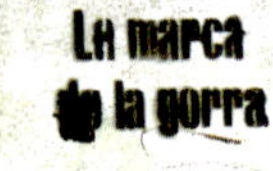

LA marca
de la gorra

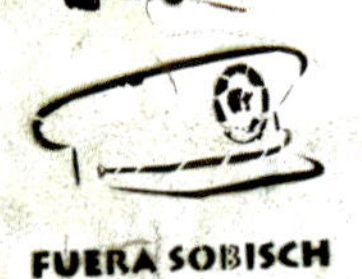

FUERA SOBISCH
!!! HUELGA
GENERAL !!!

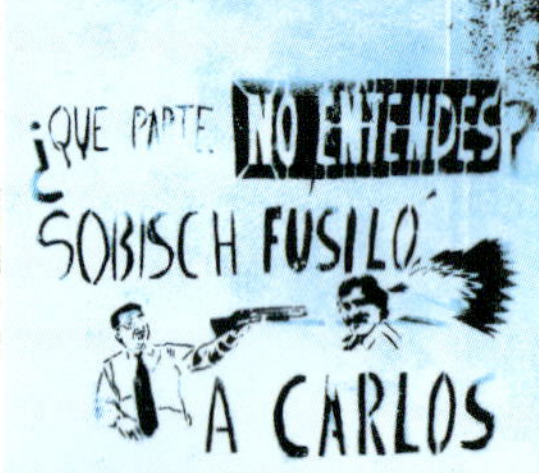

¡QUE PARTE NO ENTIENDES?
SOBISCH FUSILO
A CARLOS

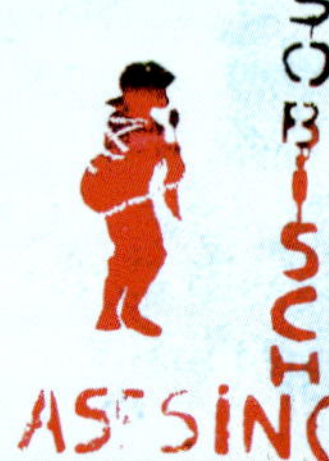

SOBISCH
ASESINO

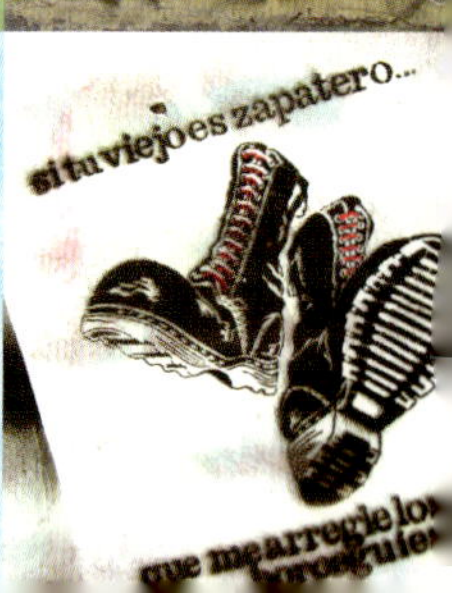

si tu viejo es zapatero...
que me arregle los borcegüíes

Al Servicio de
la Impunidad "

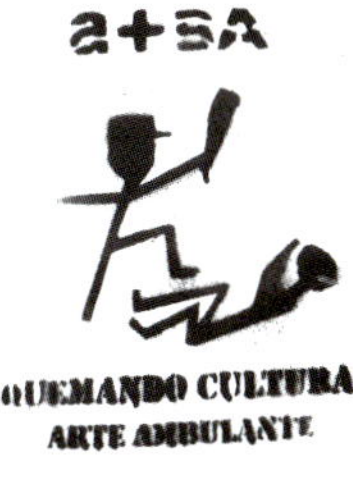
a+sa
QUEMANDO CULTURA
ARTE AMBULANTE

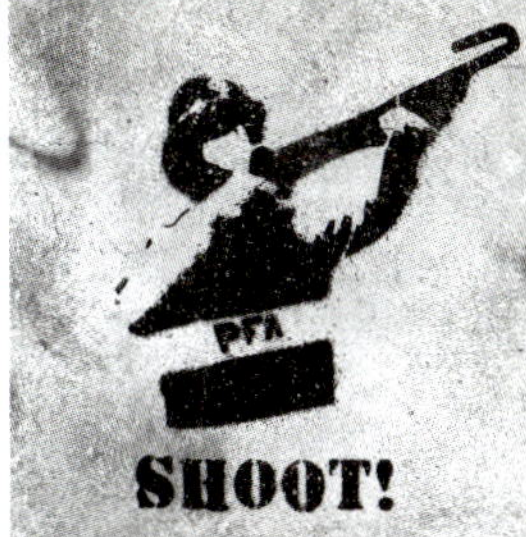
PFA
SHOOT!

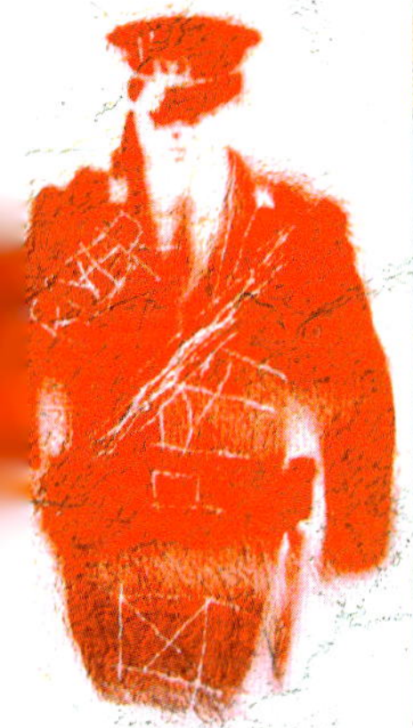
'a no sos
igual

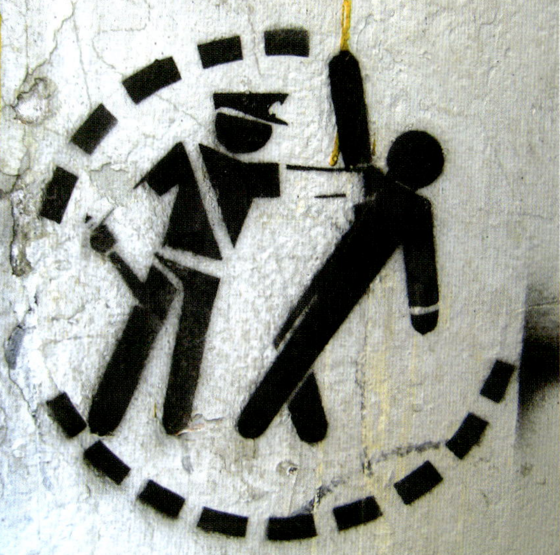

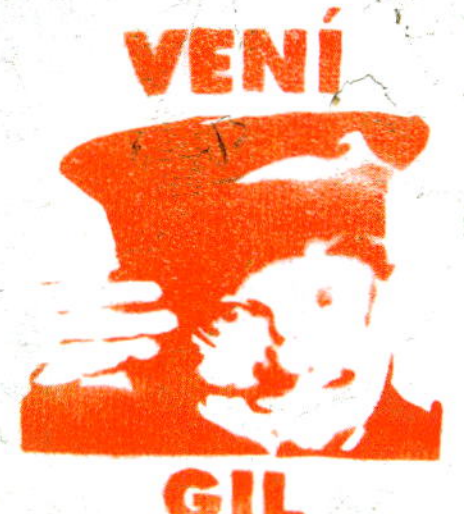
VENÍ
GIL

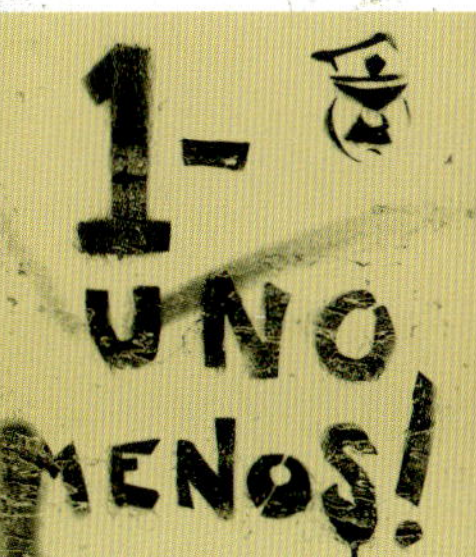
1-
UNO
MENOS!

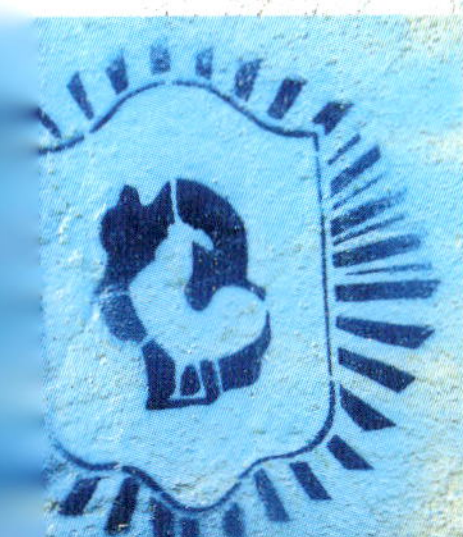

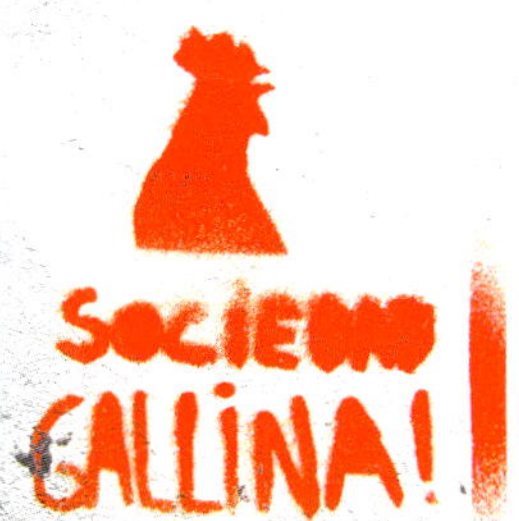
SOCIEDAD
GALLINA!

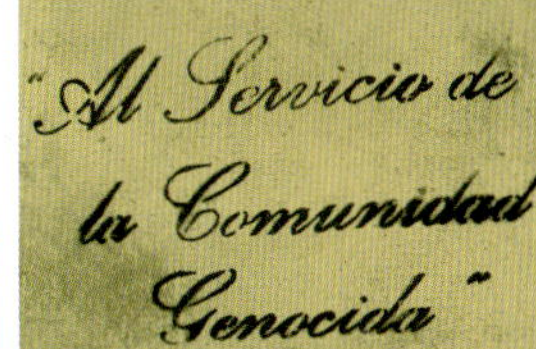
"Al Servicio de
la Comunidad
Genocida "

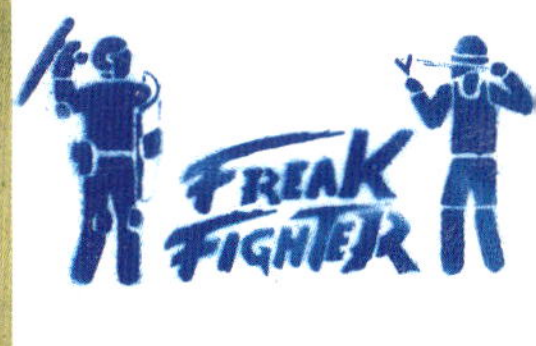
FREAK
FIGHTER

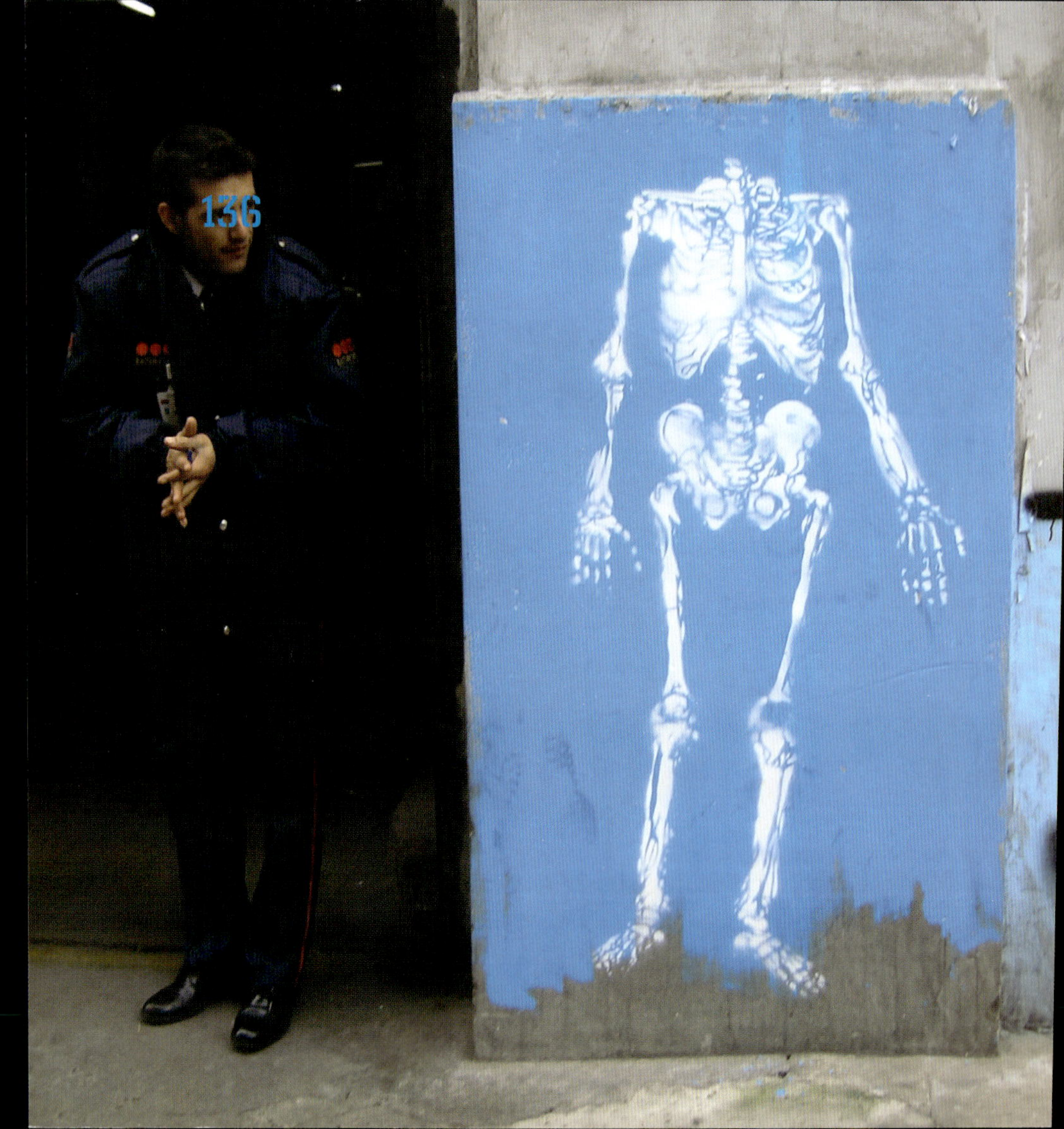

136

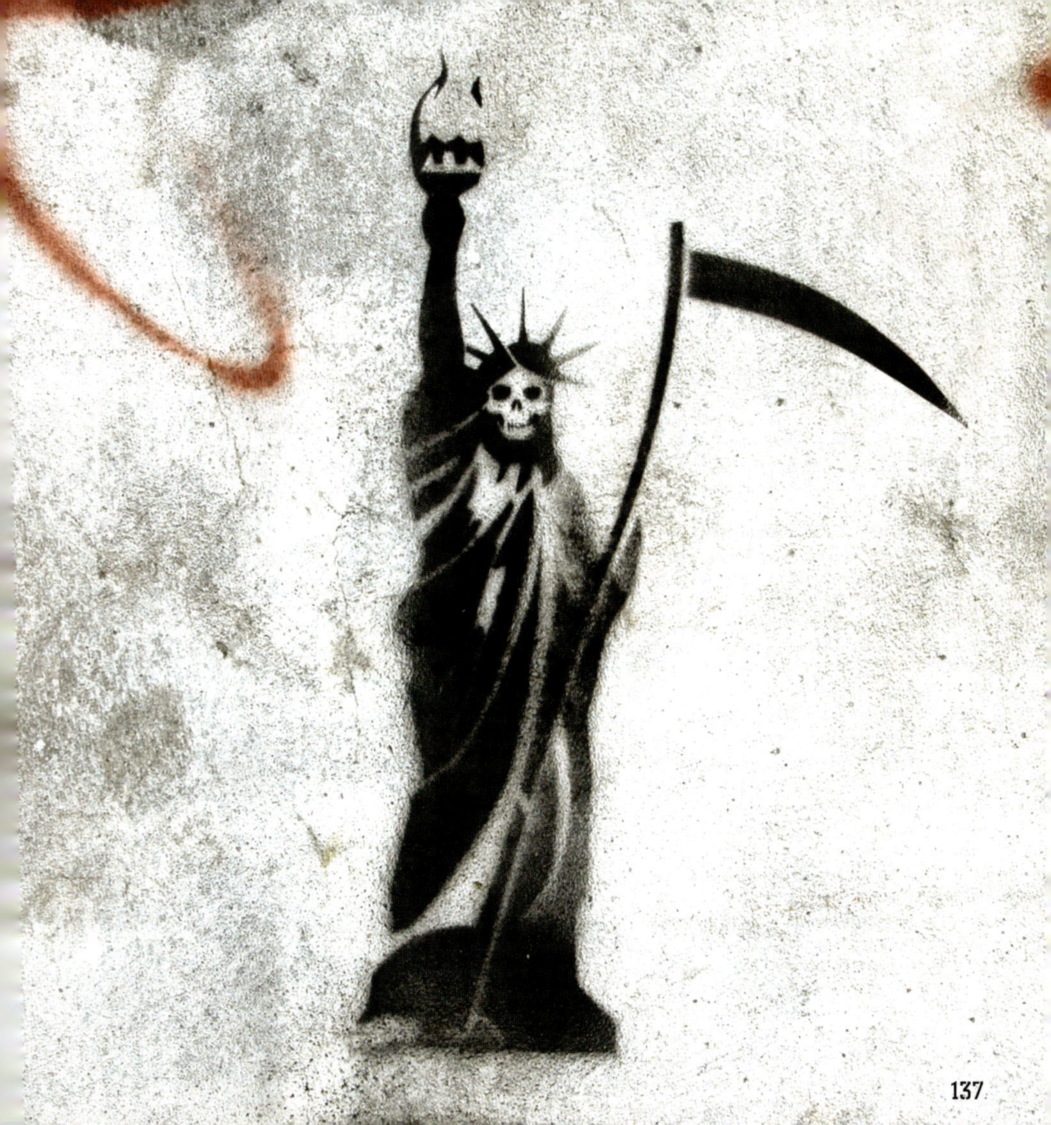

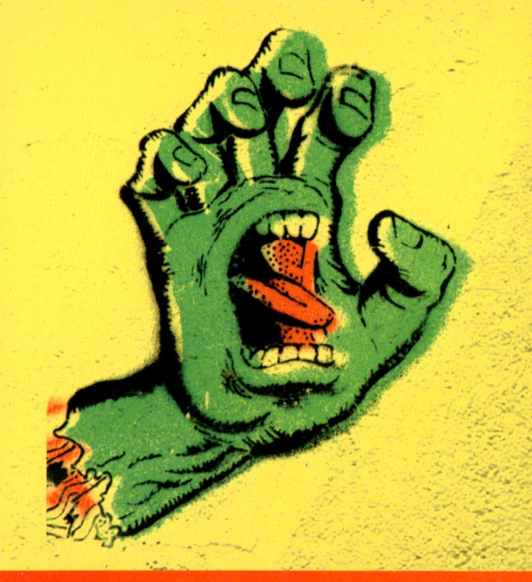
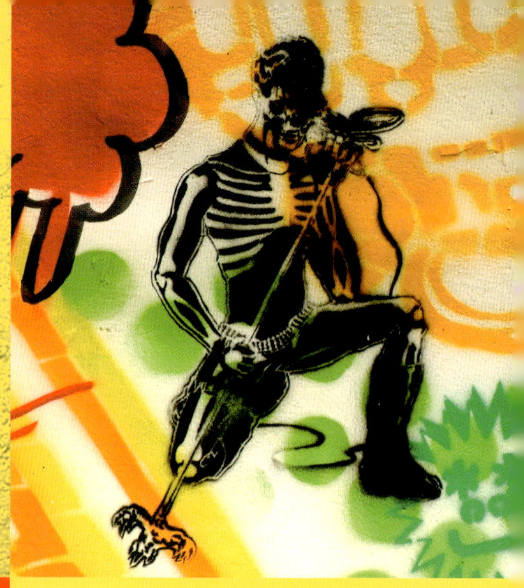
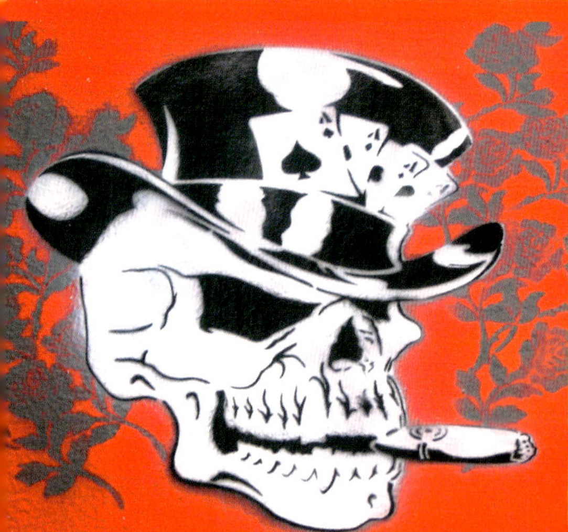

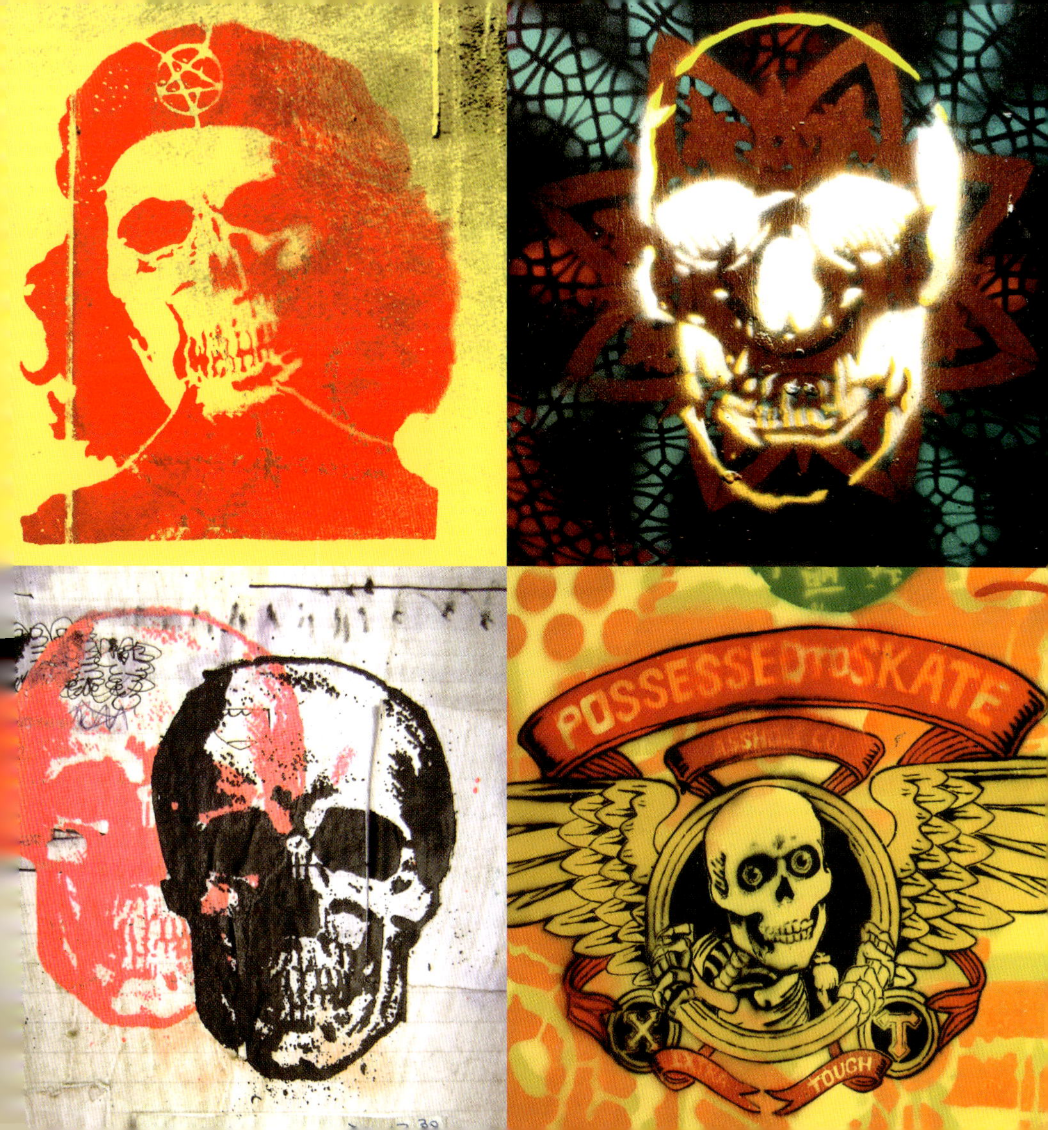

POSSESSED TO SKATE
TOUGH

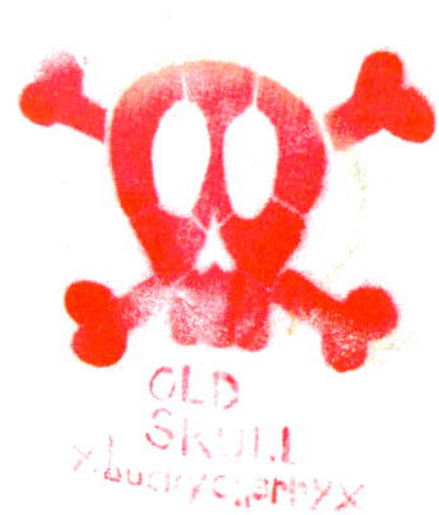
OLD
SKULL
x.bucky.cherry.x
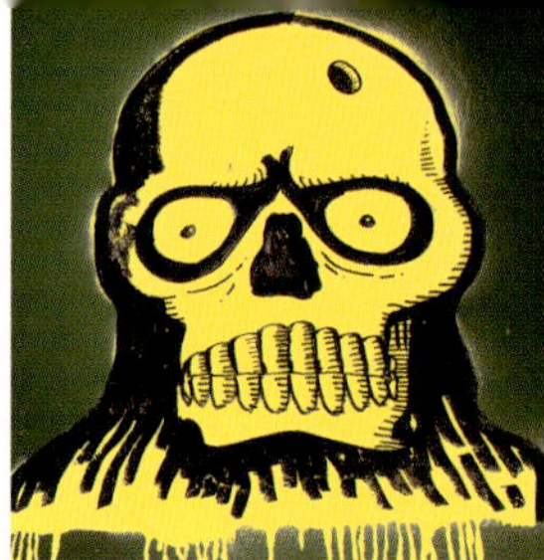
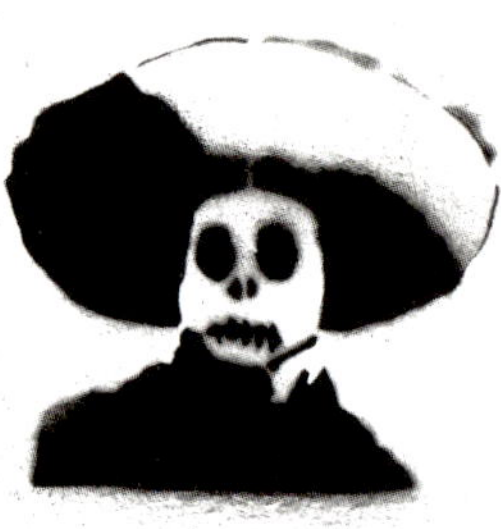
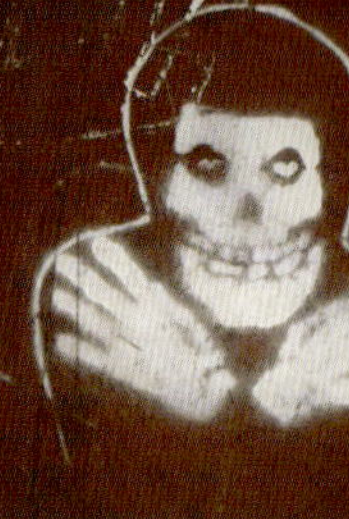
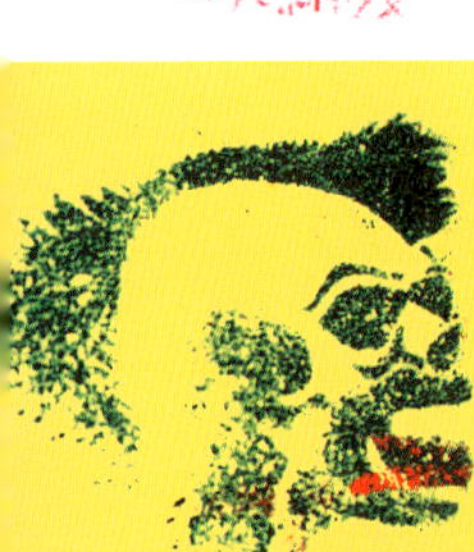
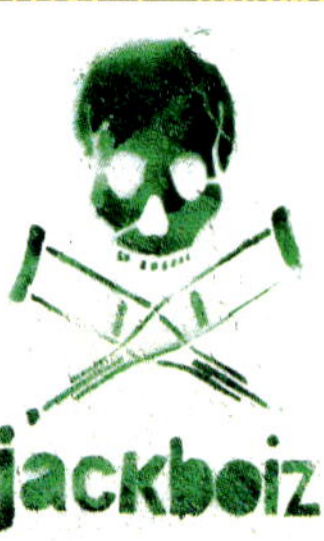
jackboiz
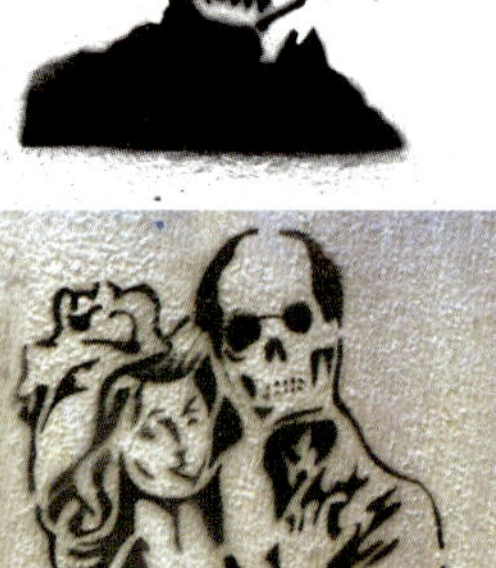
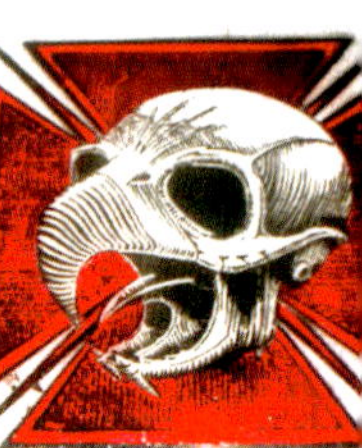
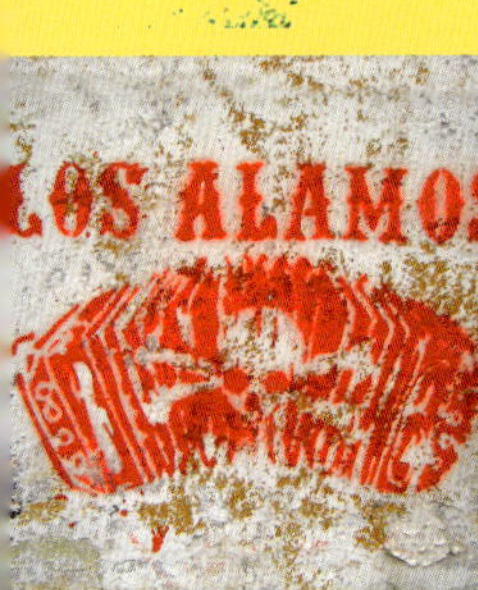
LOS ALAMOS
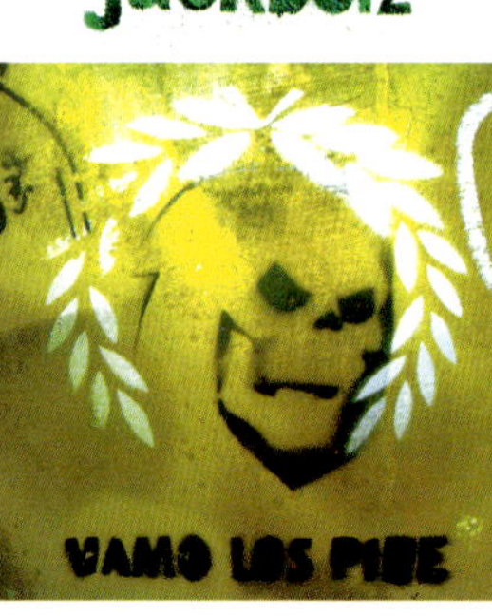
VAMO LOS PIBE
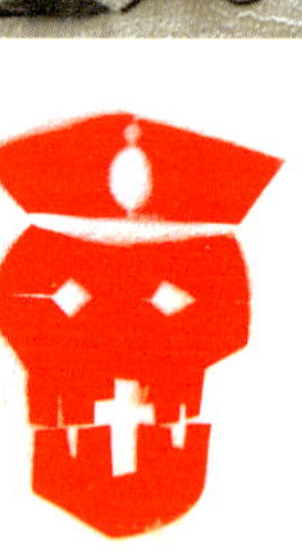
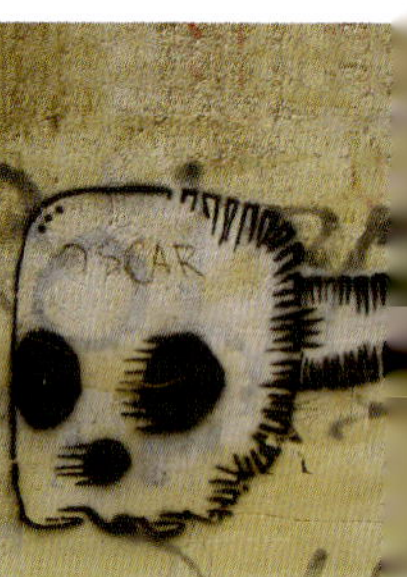
OSCAR
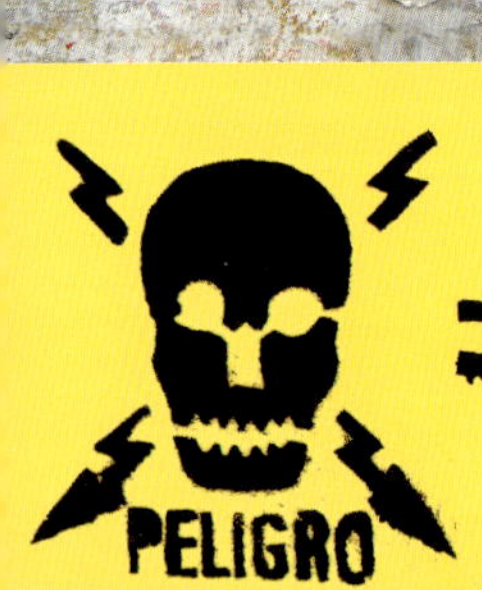
PELIGRO
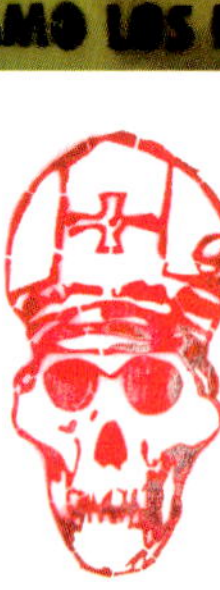
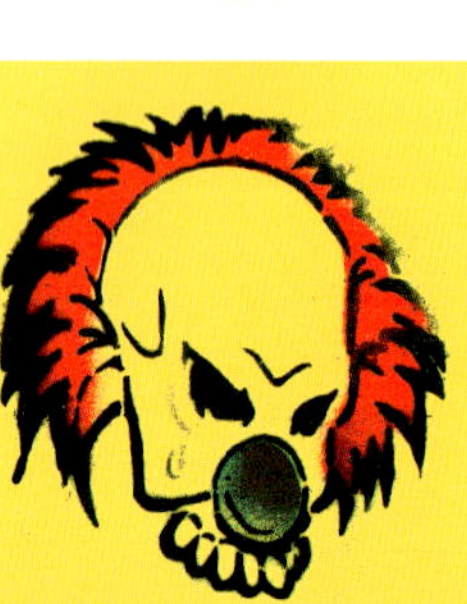
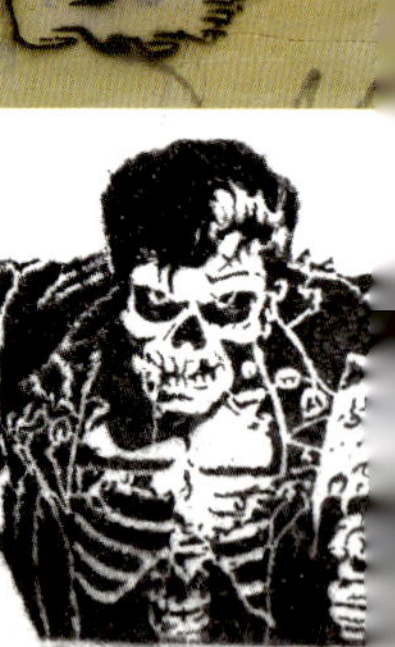

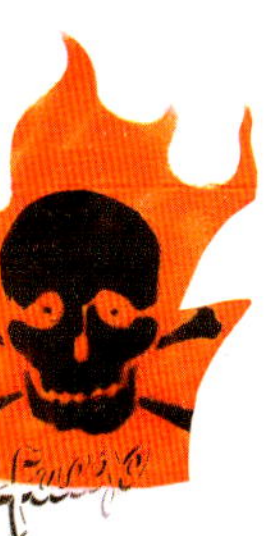

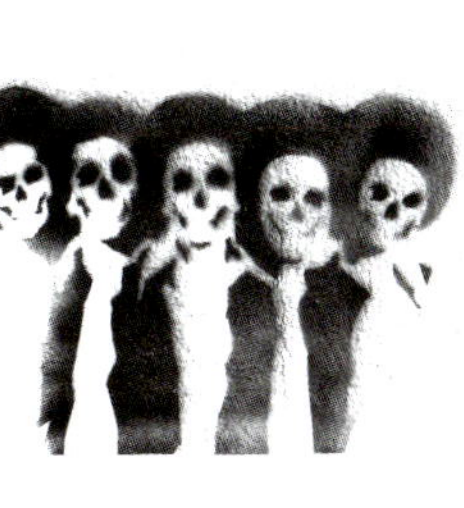
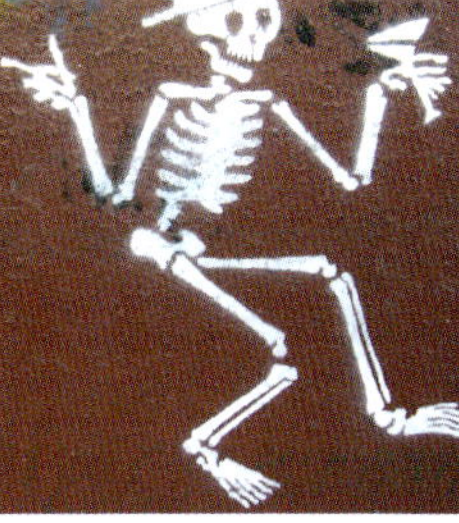
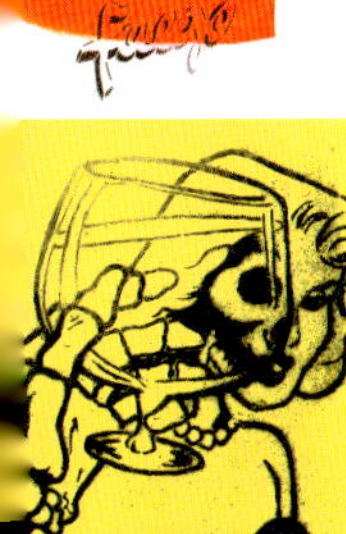
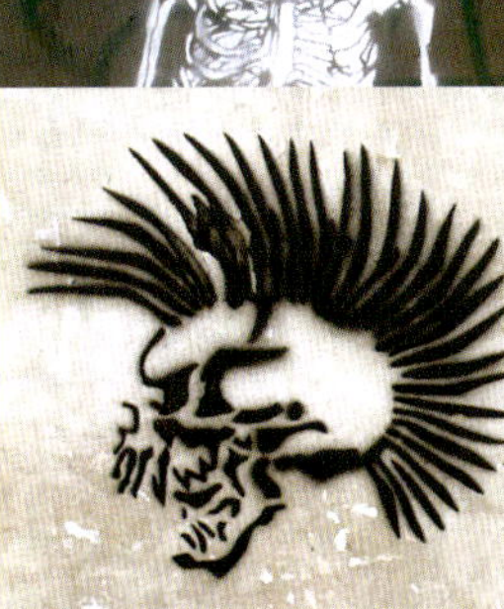
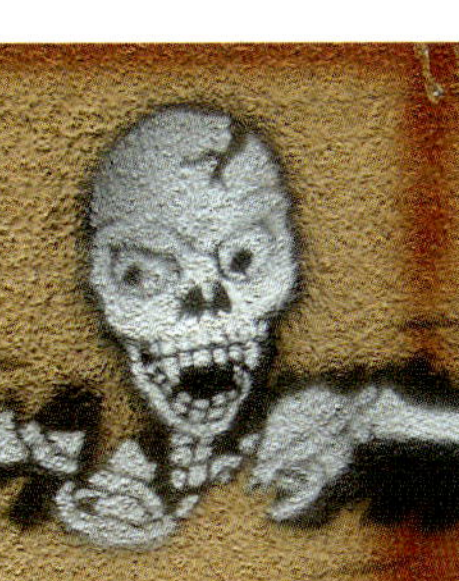

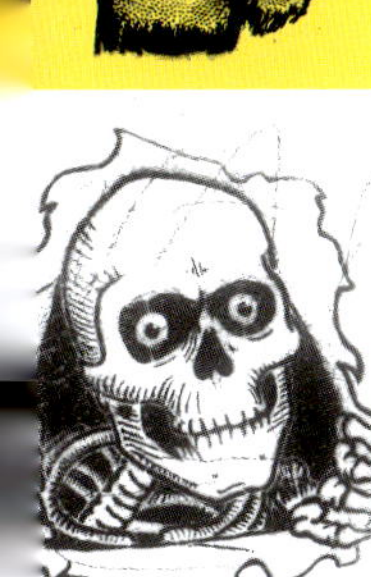
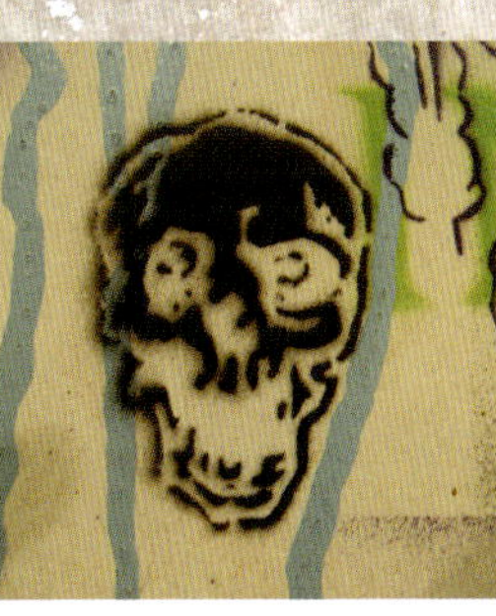
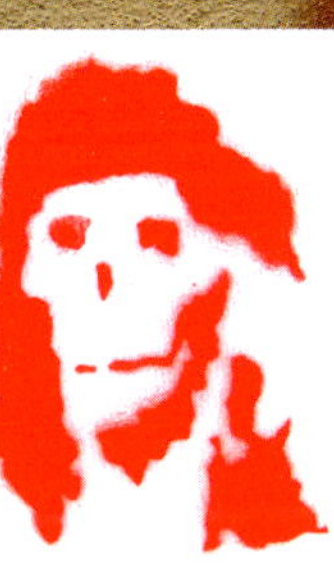
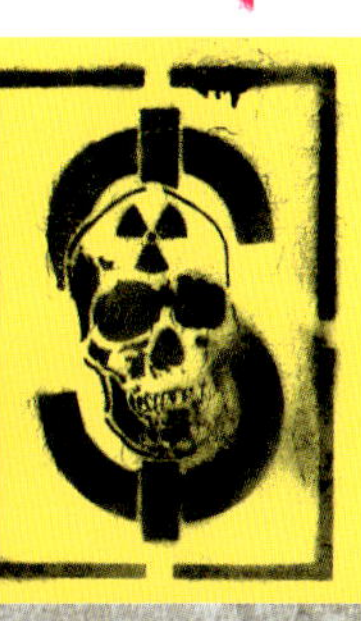
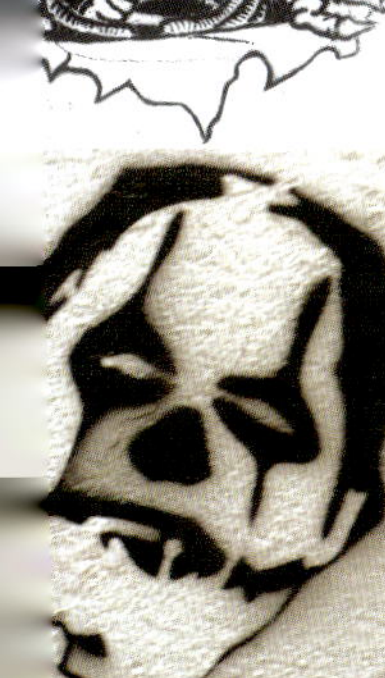
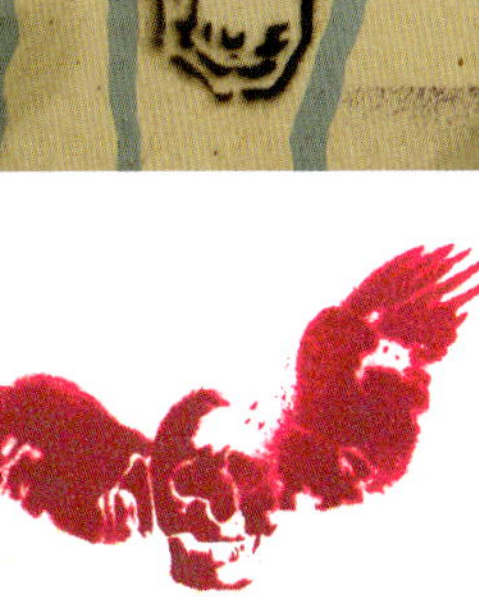
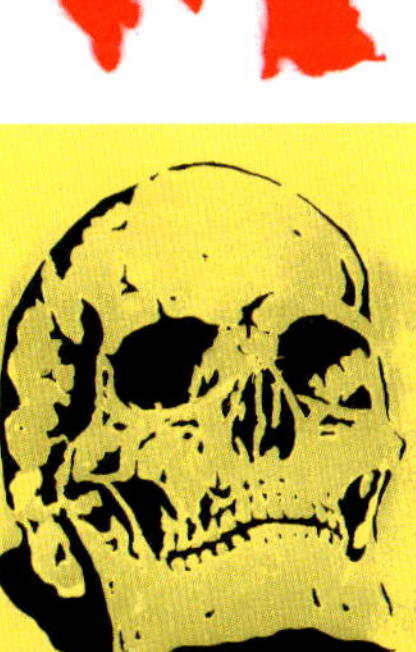
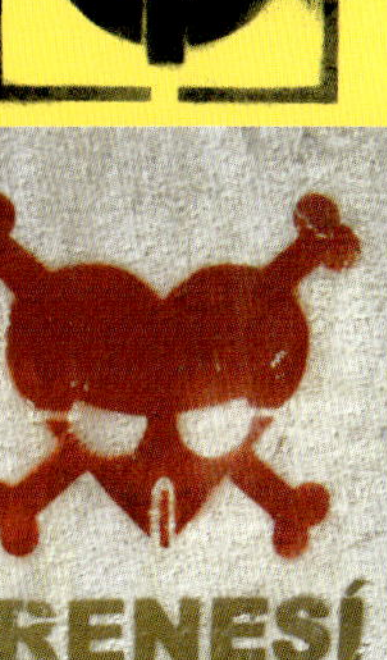
FRENESÍ

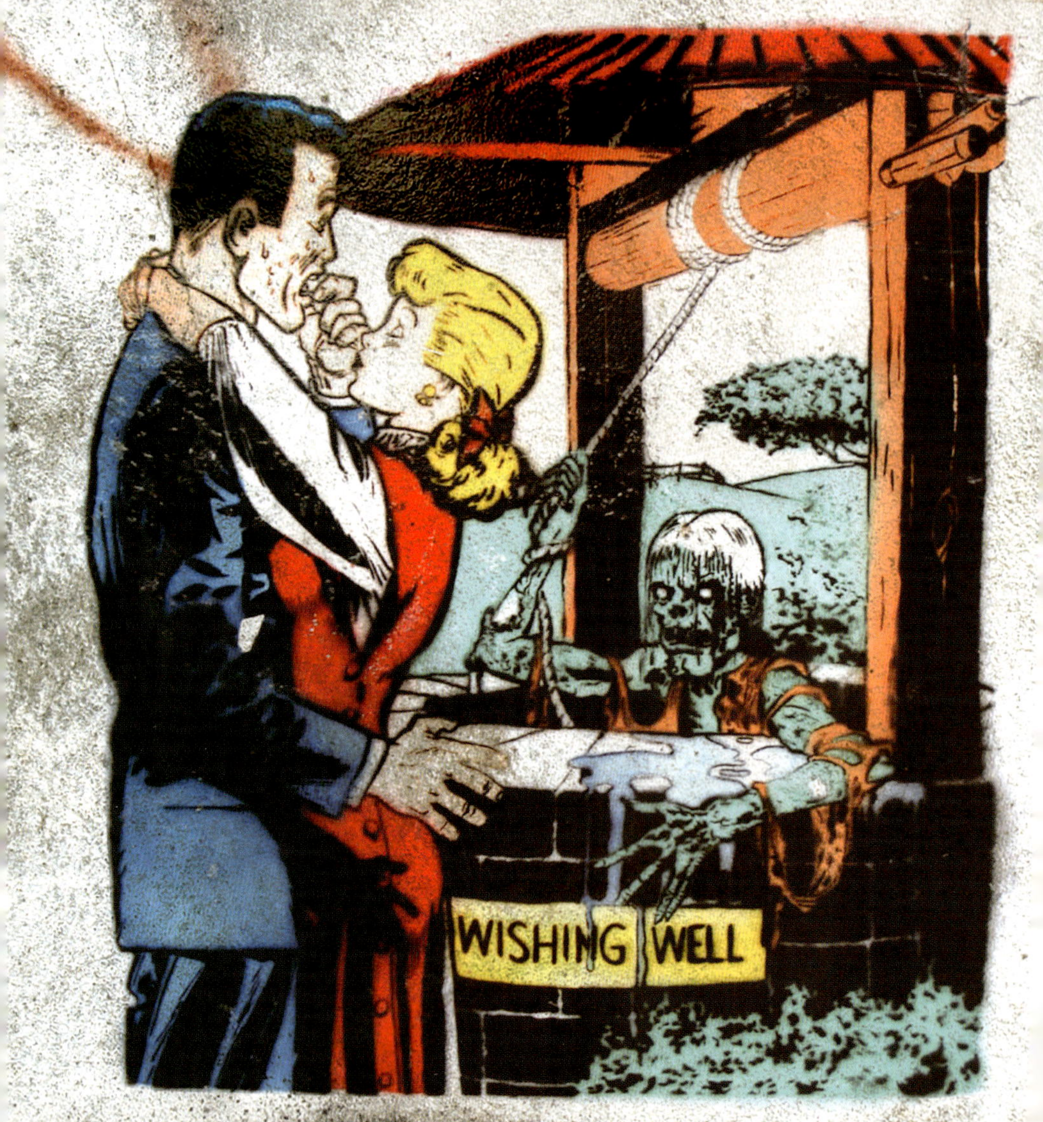

WISHING WELL

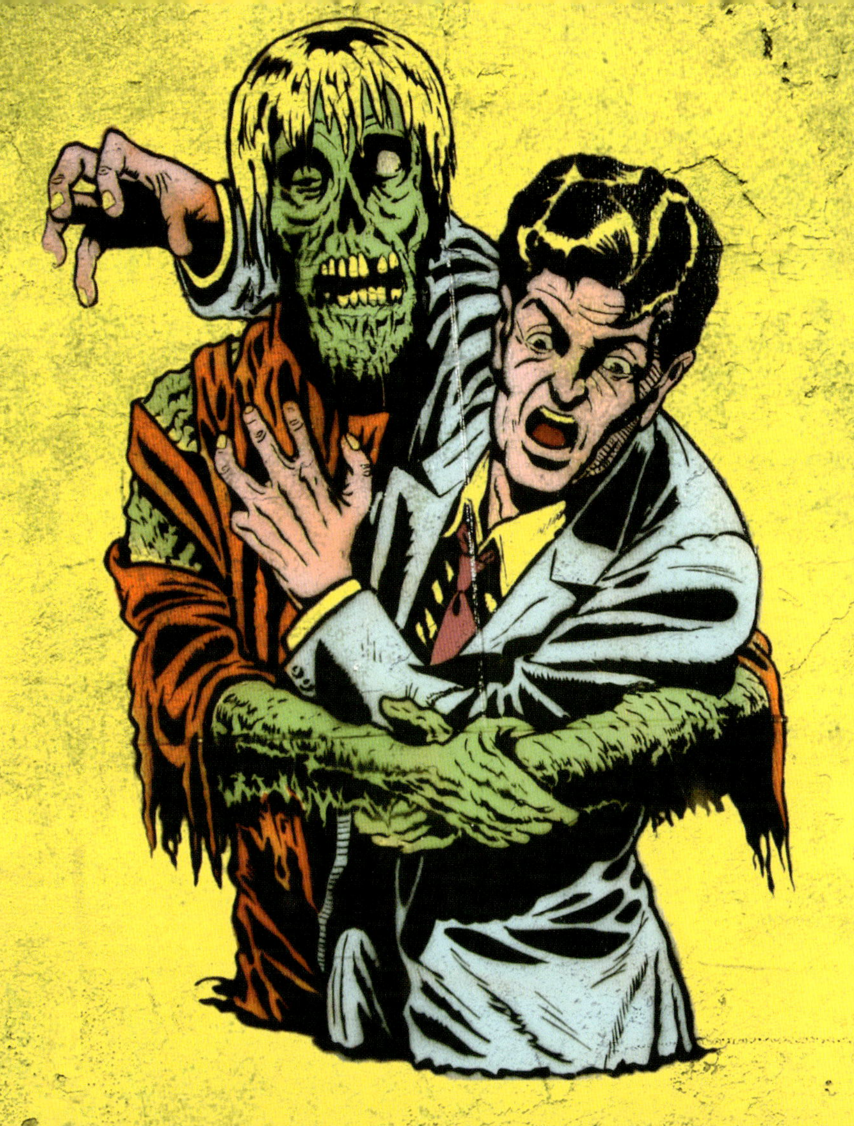

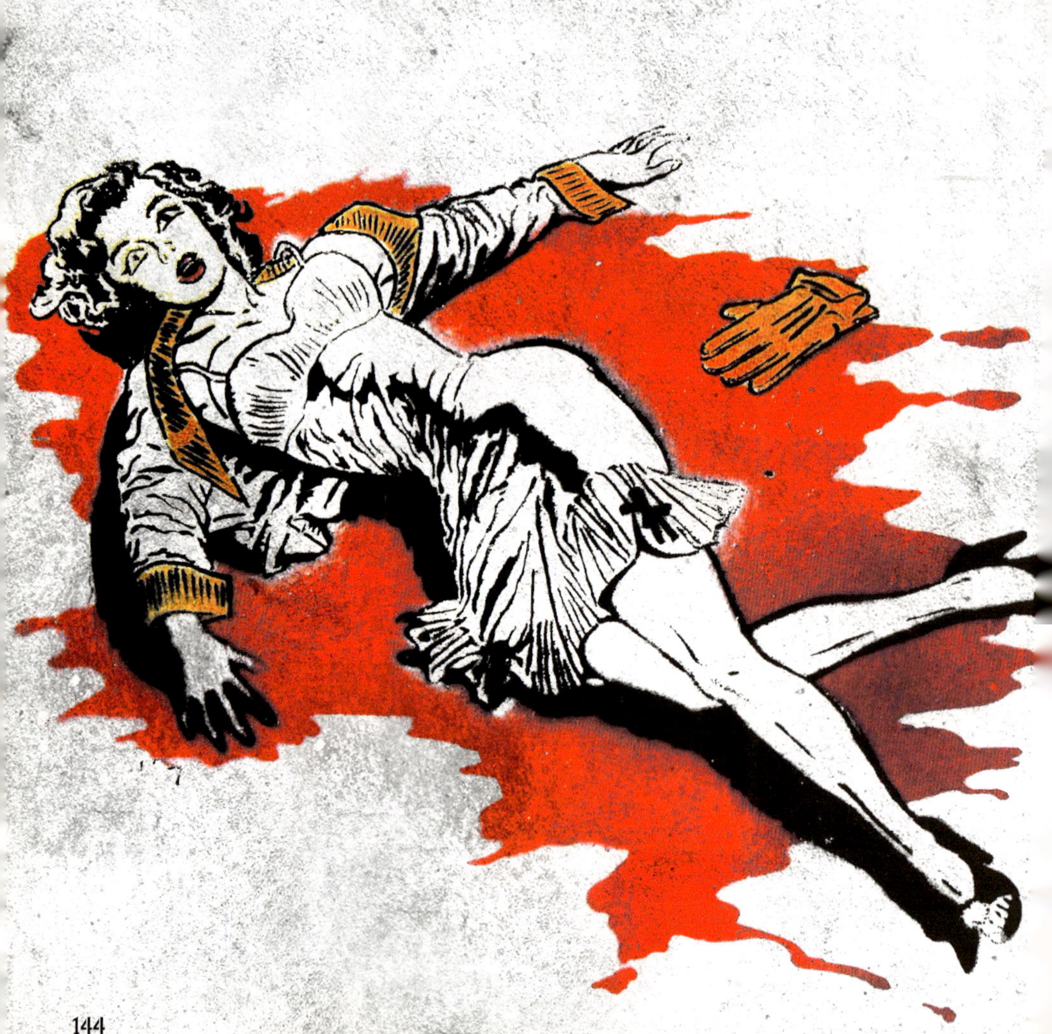

144

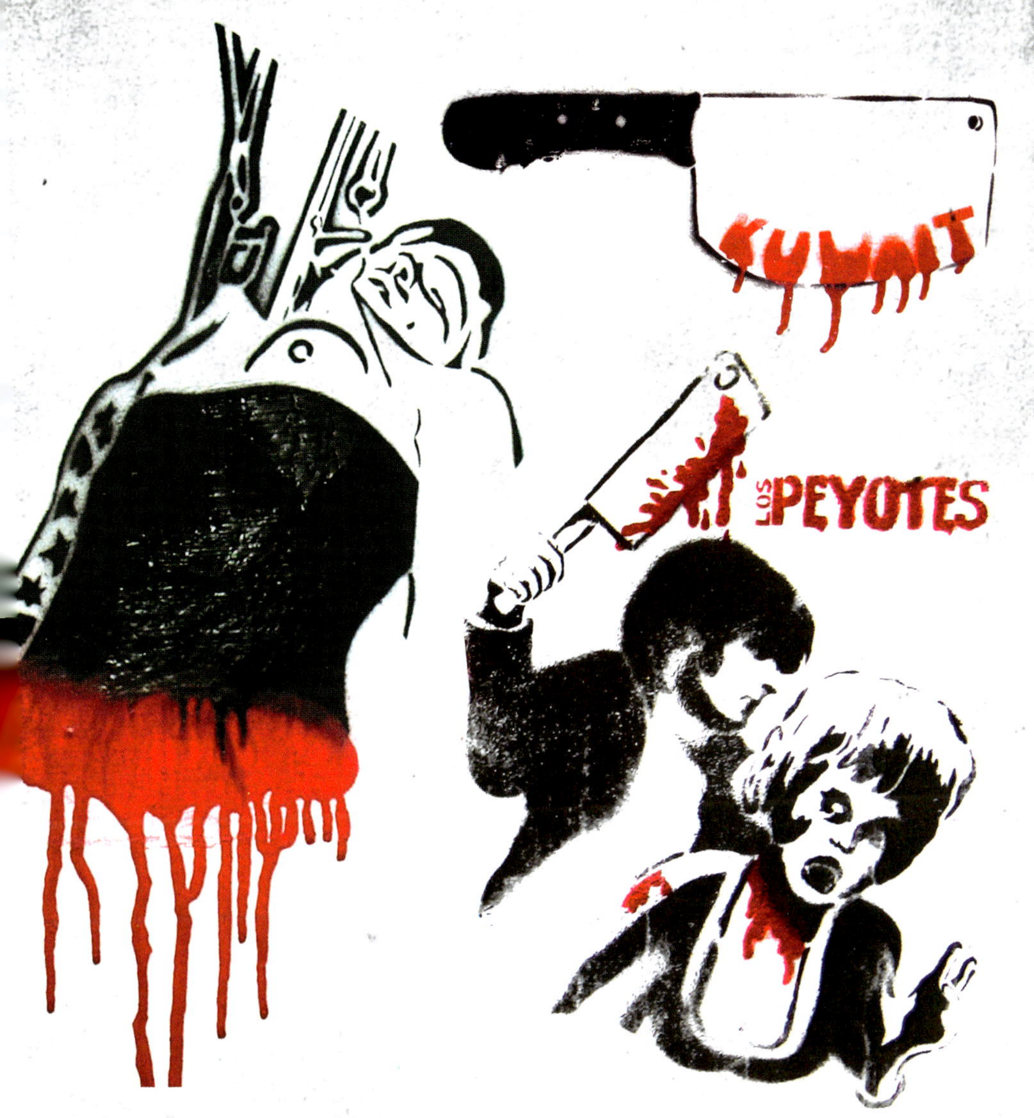
KUWAIT
LOS PEYOTES

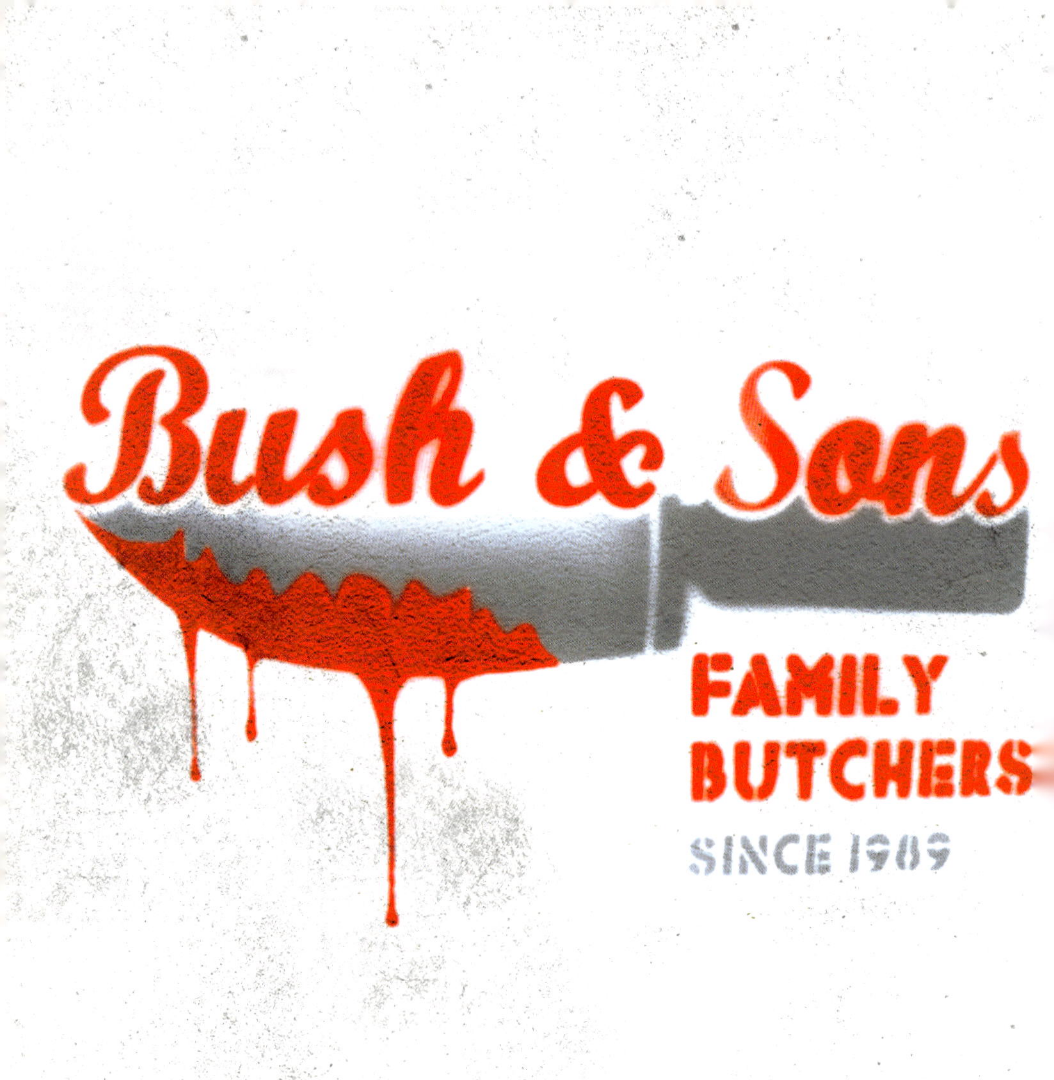

Bush & Sons
FAMILY
BUTCHERS
SINCE 1909

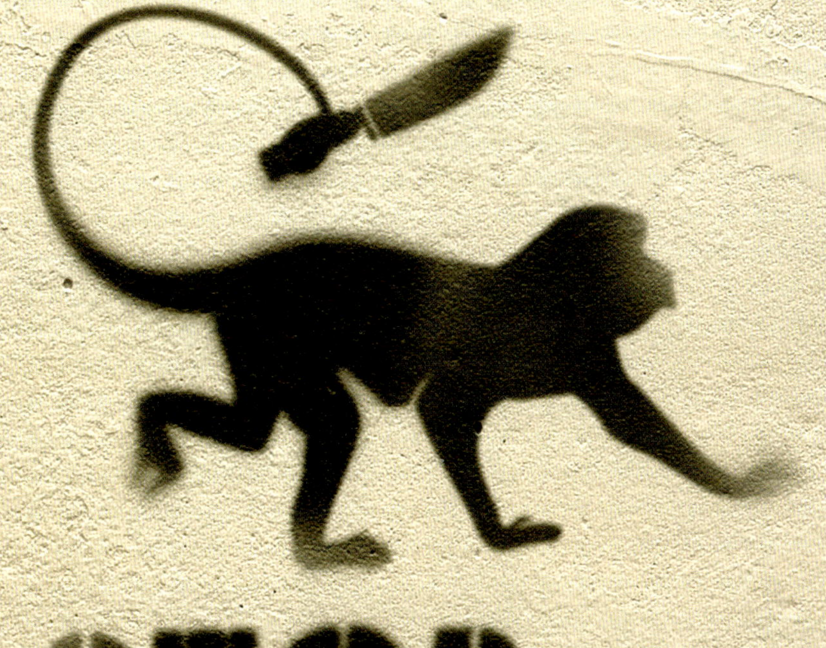

STOP
BULLSHIT

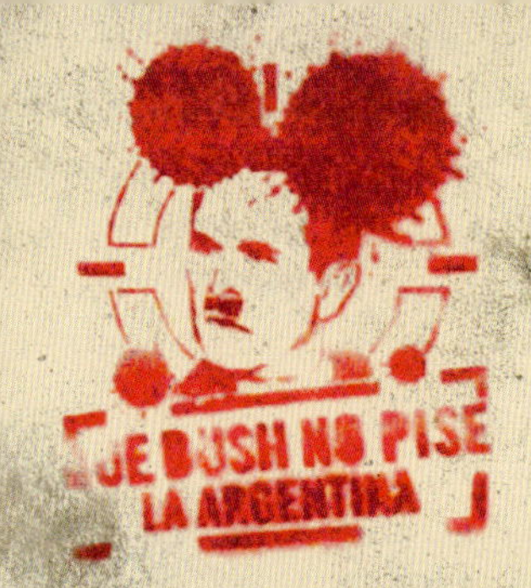
QUE BUSH NO PISE
LA ARGENTINA

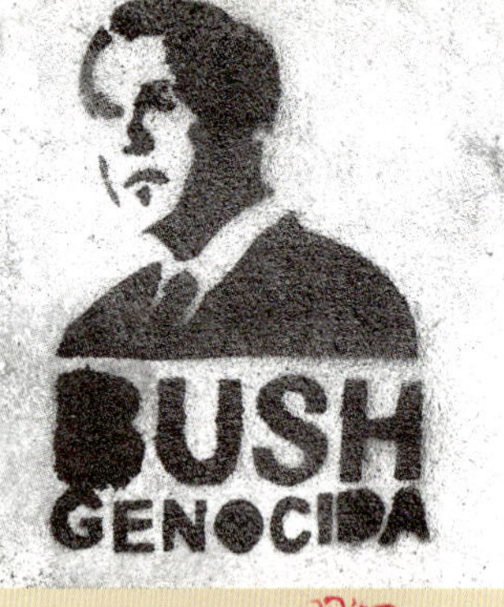
BUSH
GENOCIDA

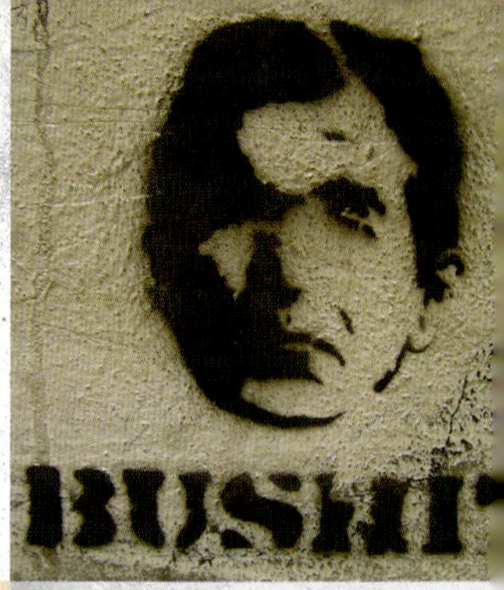
BUSHIT

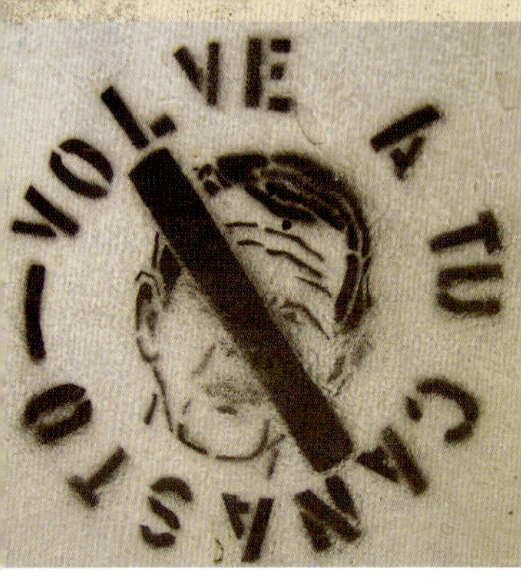
VOLVE A TU CANASTO

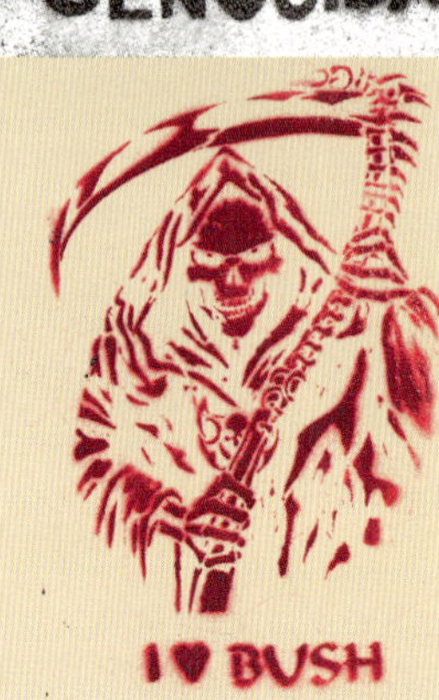
I ♥ BUSH

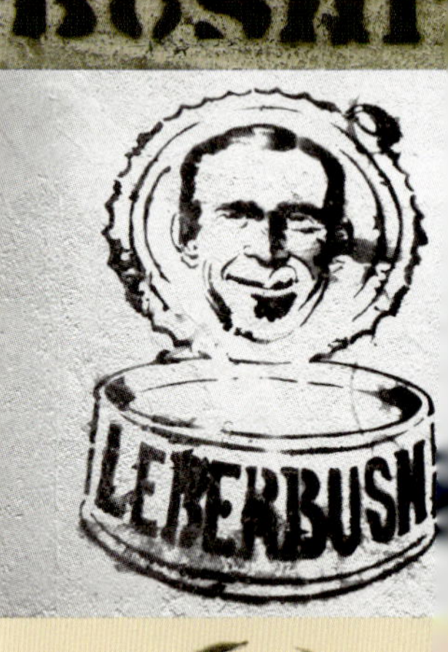
LEBERBUSH

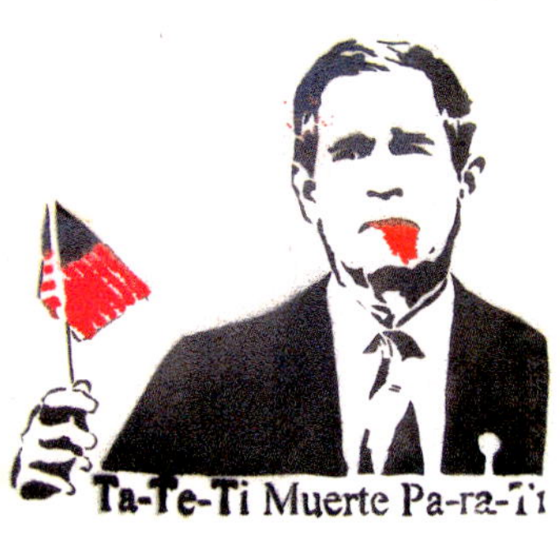
Ta-Te-Ti Muerte Pa-ra-Ti

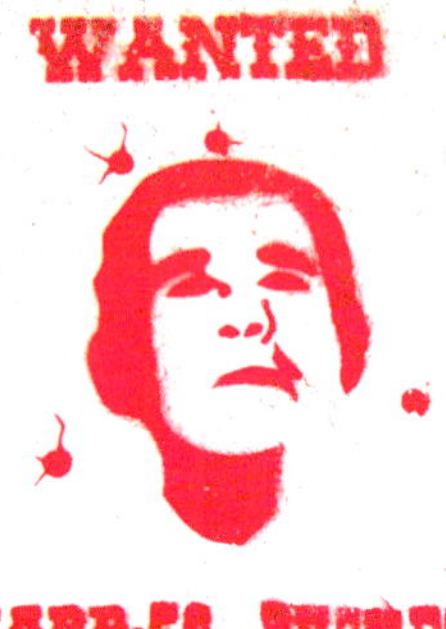
WANTED
REWARD:50 BUCKETS

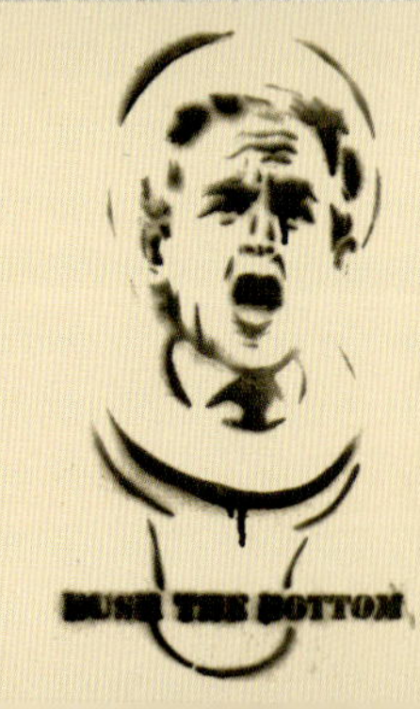
BUSH THE BOTTOM

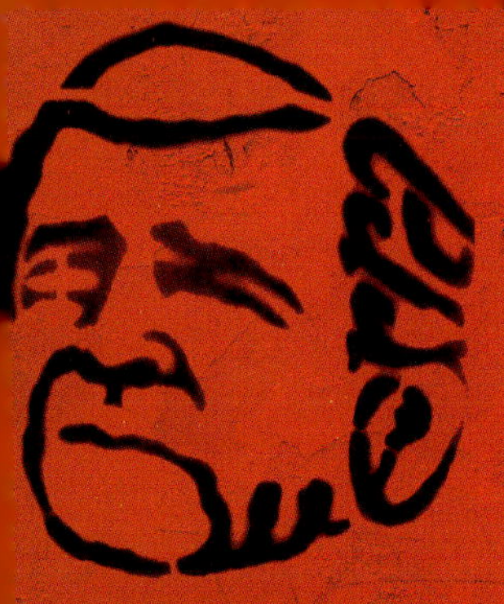
Guerra
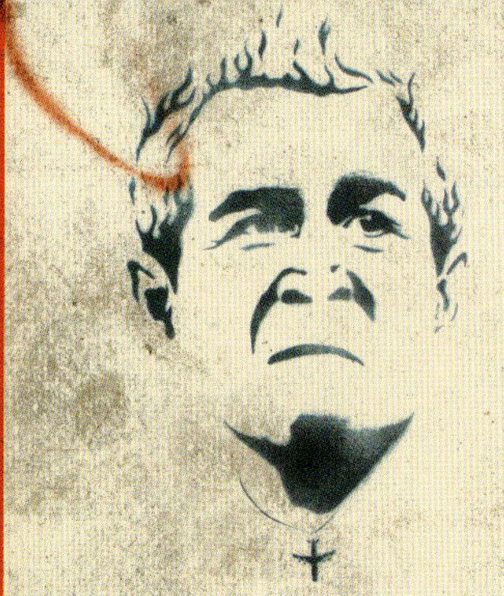

BUSCADO
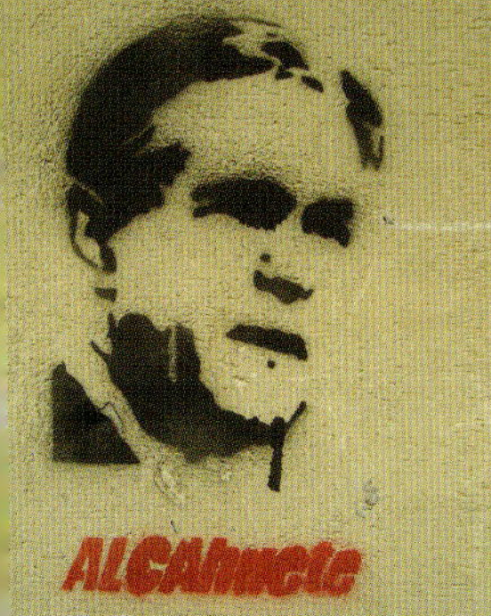
ALCAhuete

FUERA BUSH DEL MUNDO
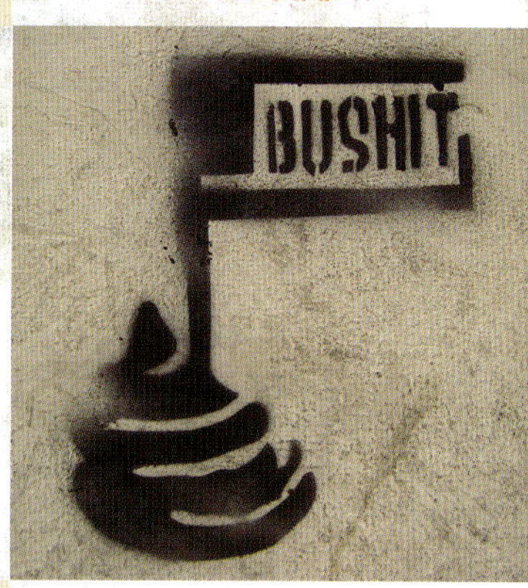
BUSHIT
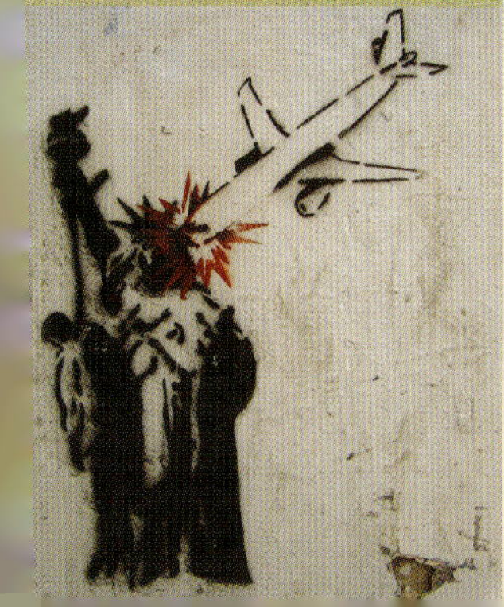
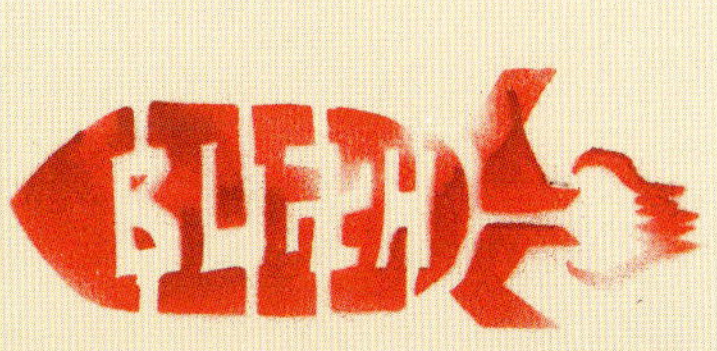
BLEED
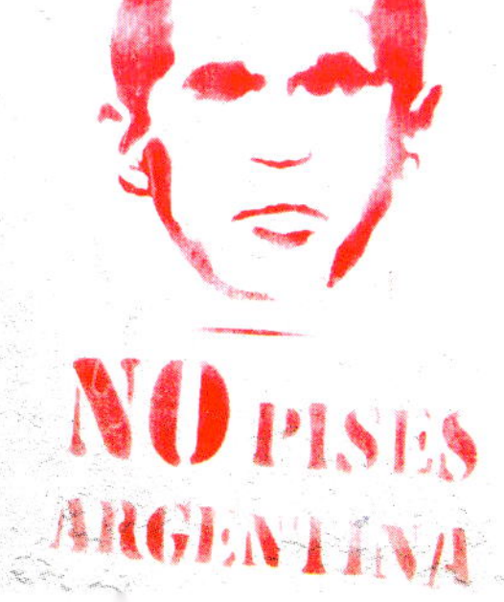
NO PISES
ARGENTINA

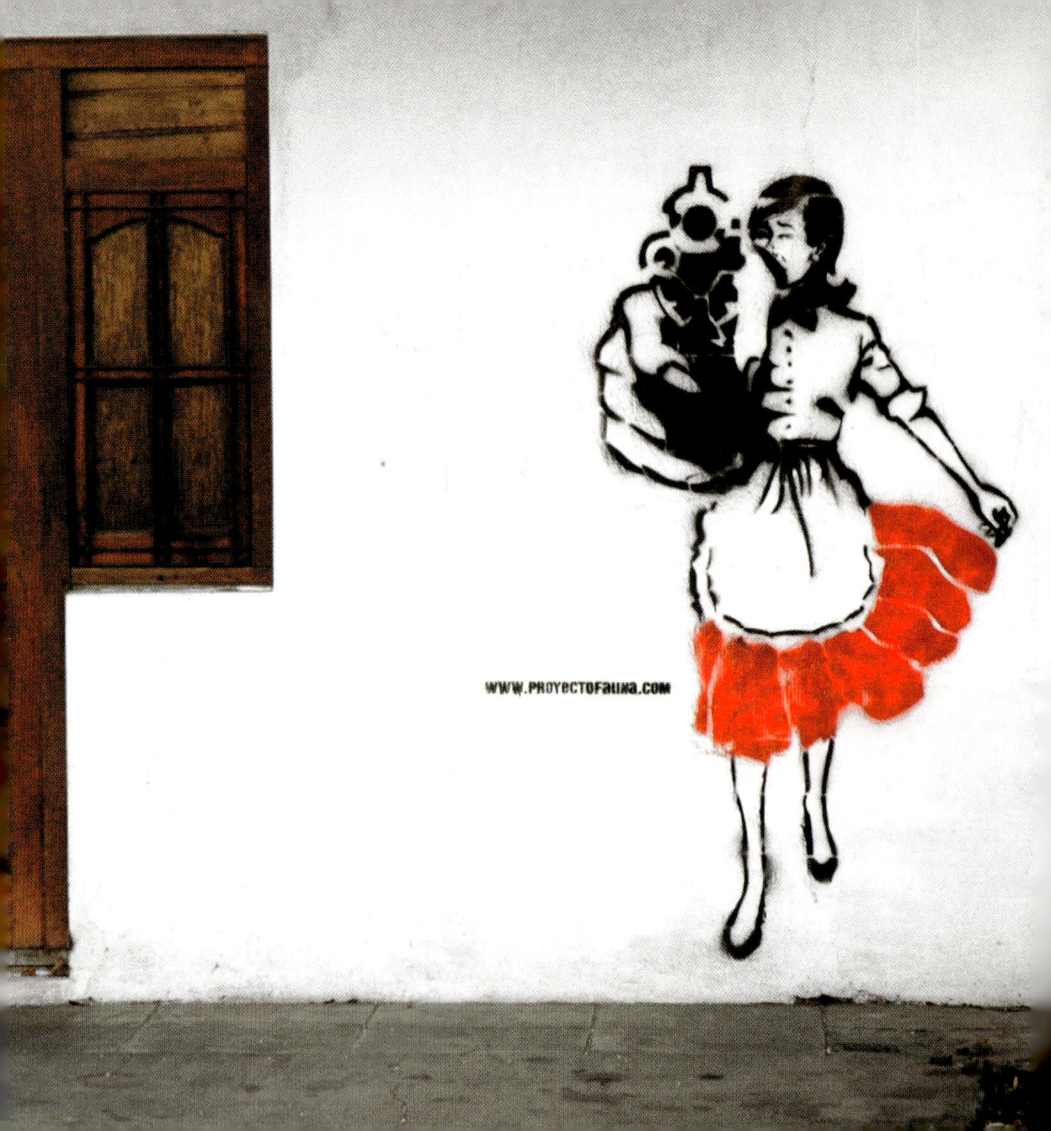

WWW.PROYECTOFAUNA.COM

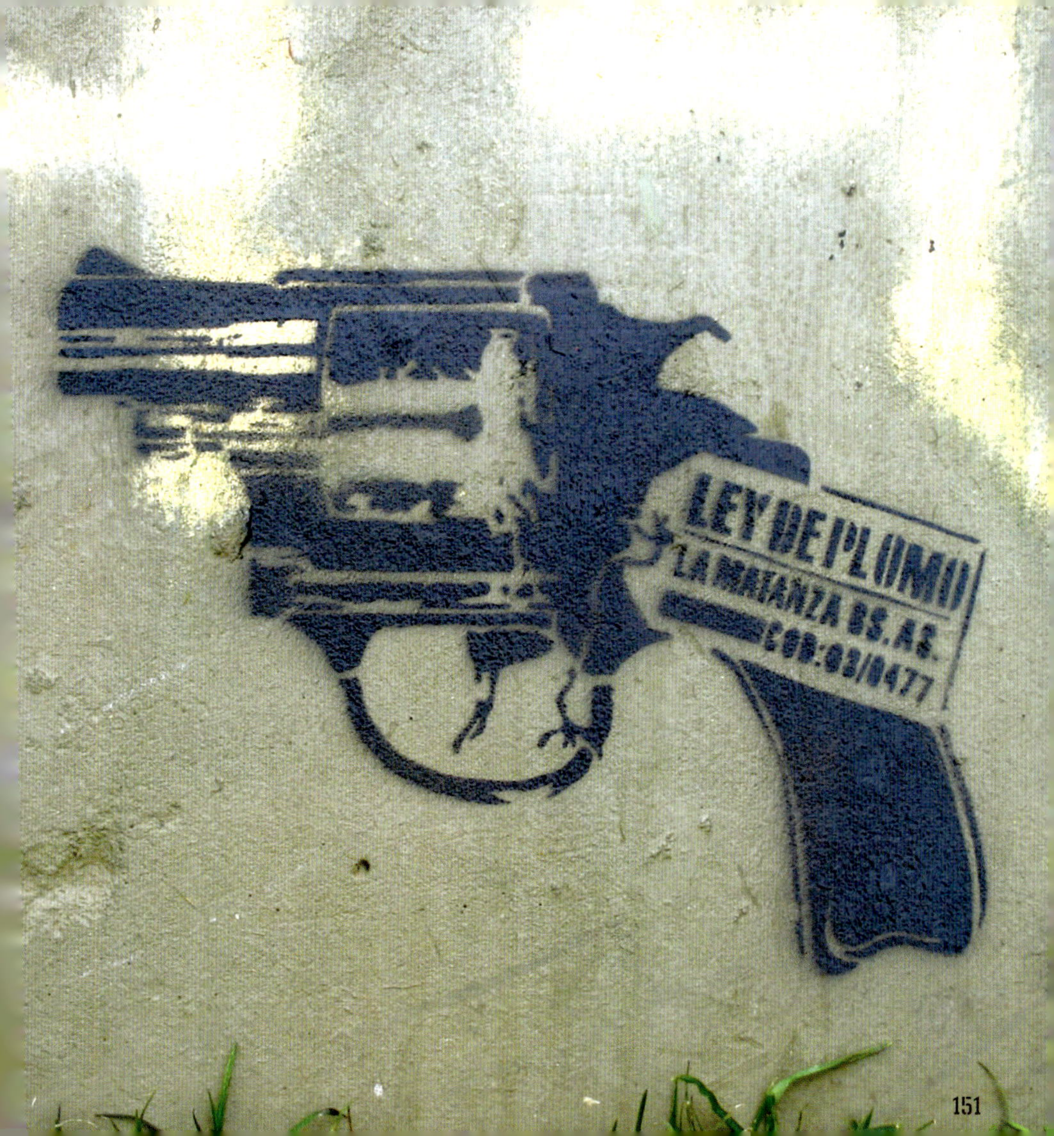

LEY DE PLOMO
LA MATANZA BS. AS.
CON: 03/0477

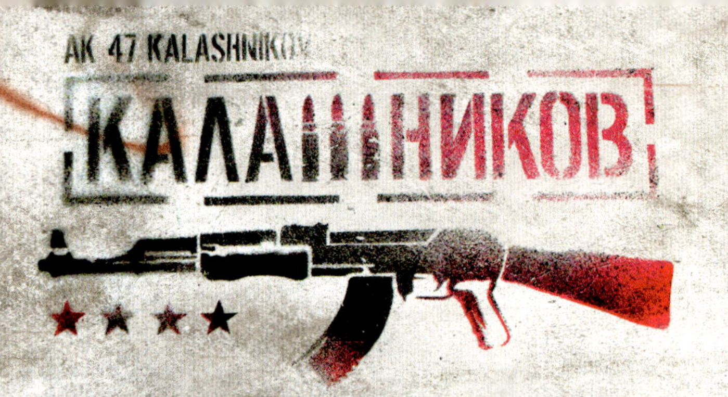

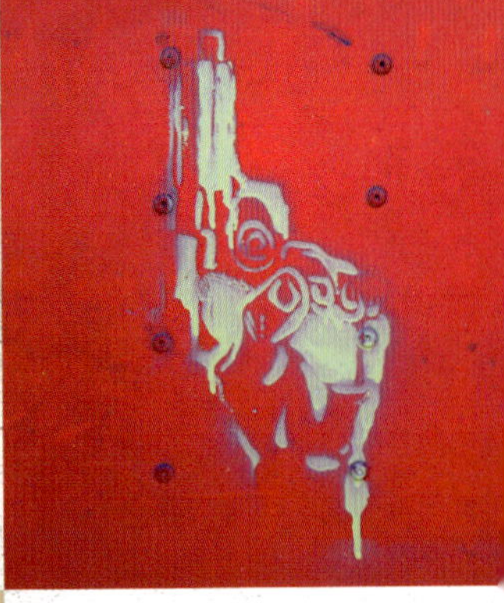

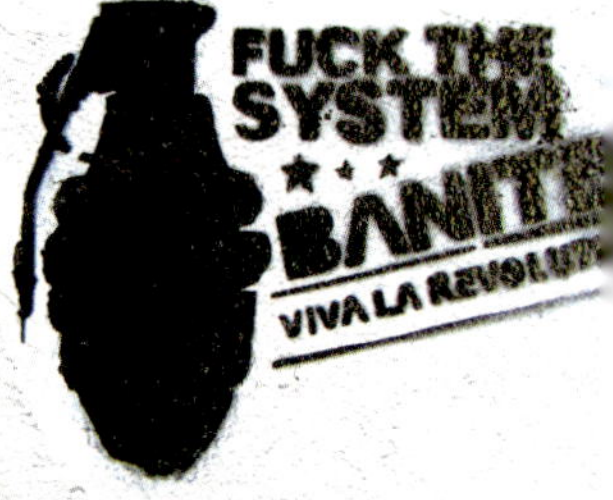

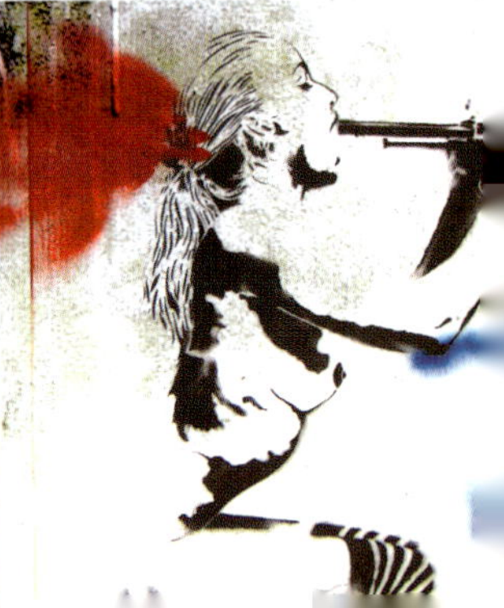

VOLVO

MADE IN BRAZIL

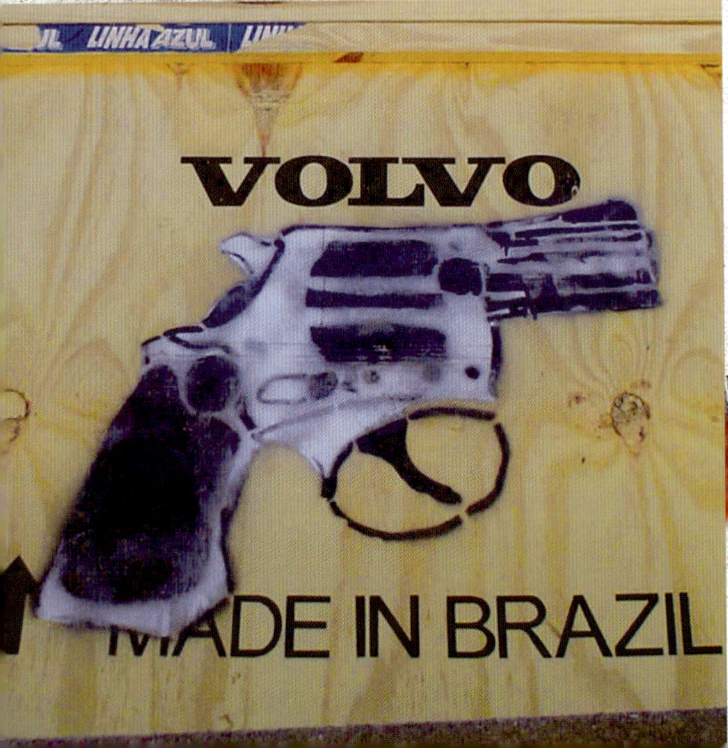

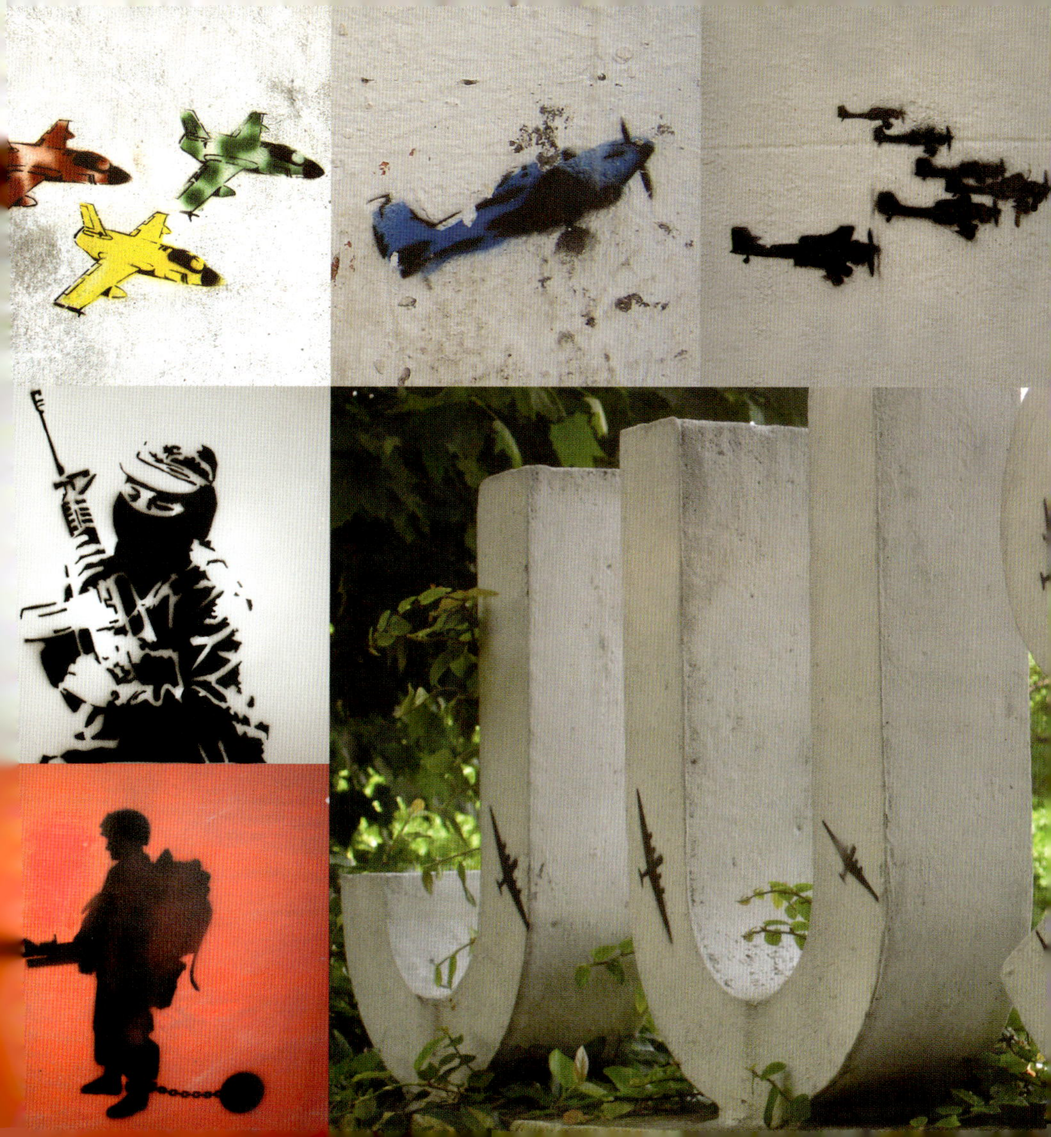

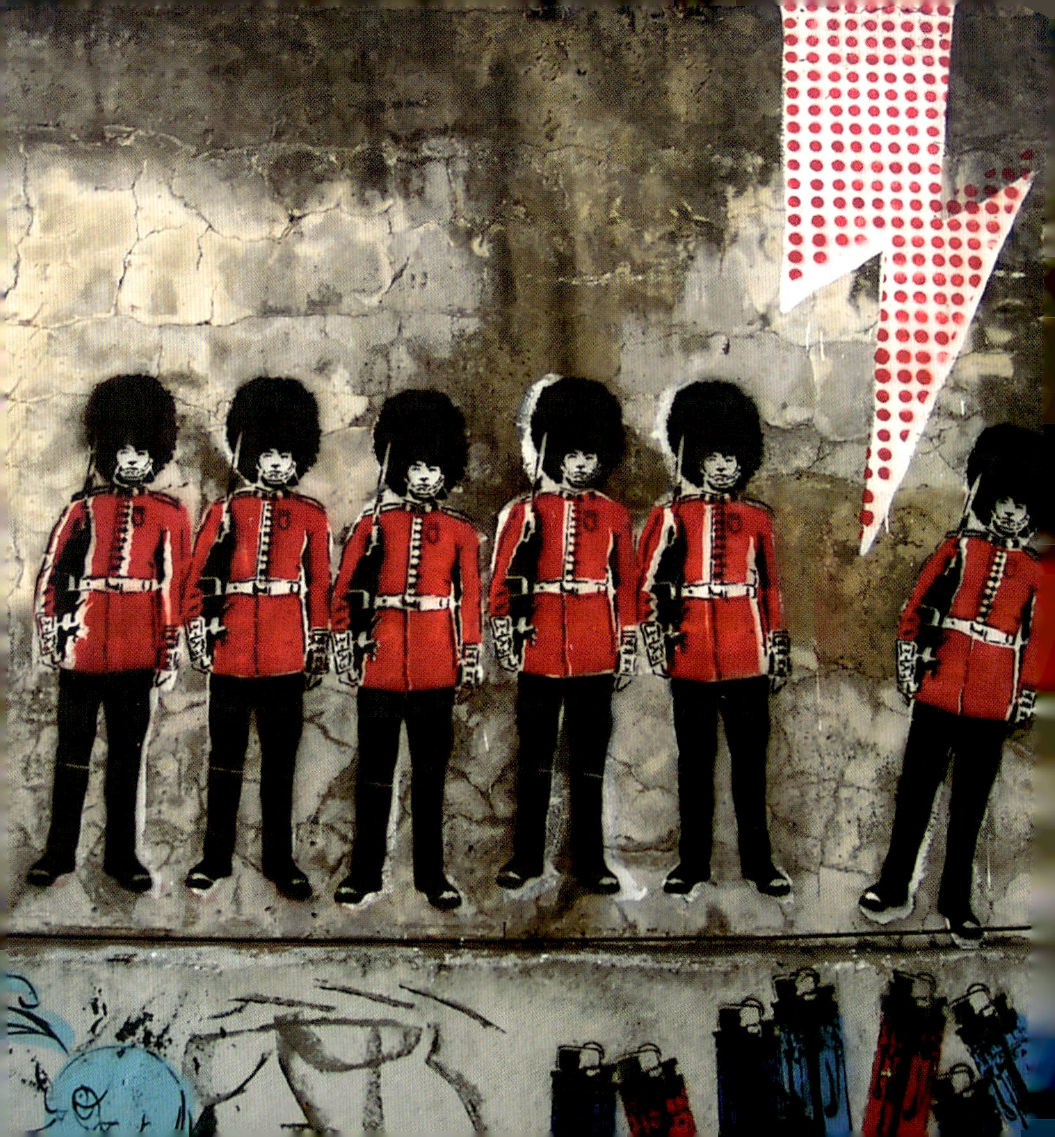

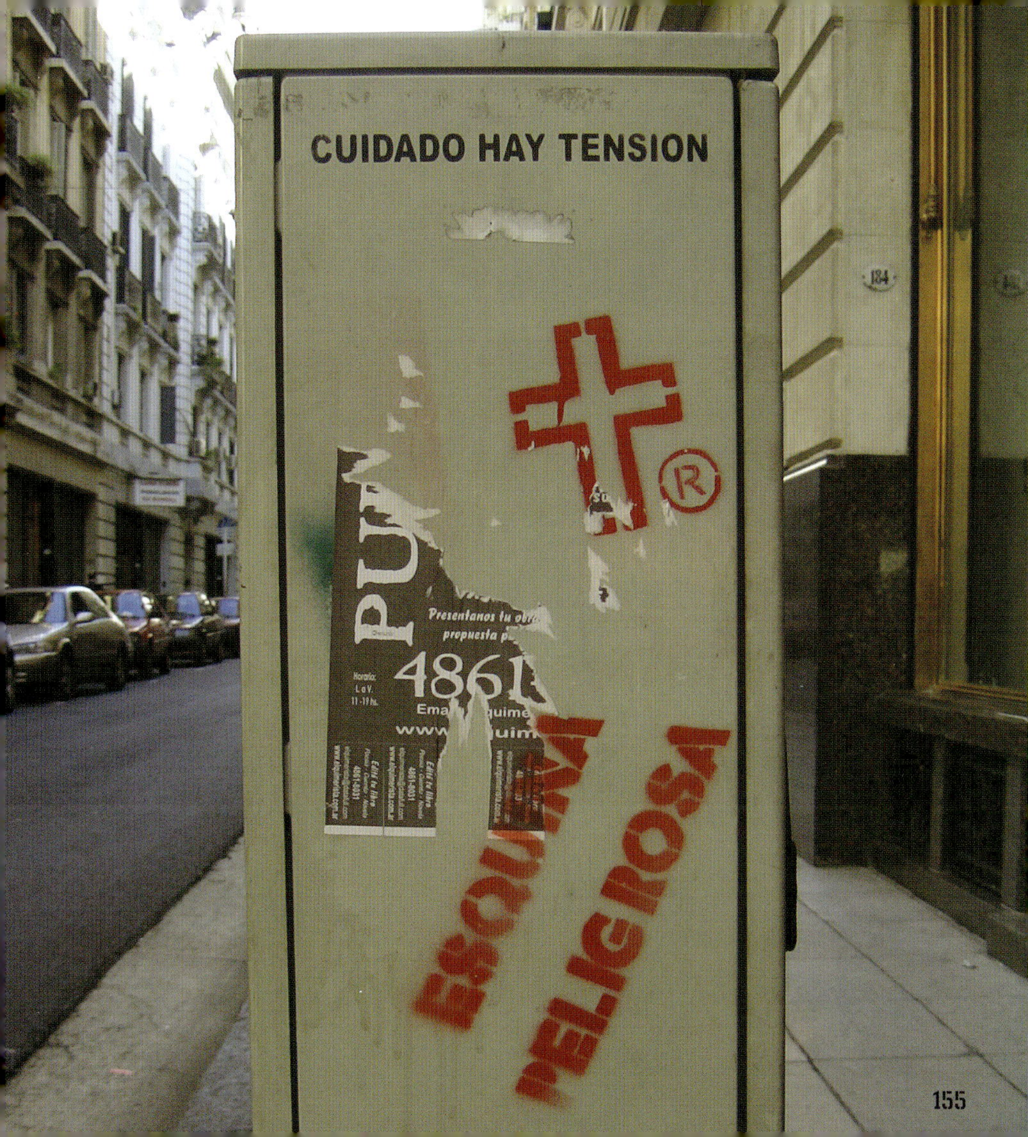
CUIDADO HAY TENSION
PUM
ESQUIM
PELIGROSA
184

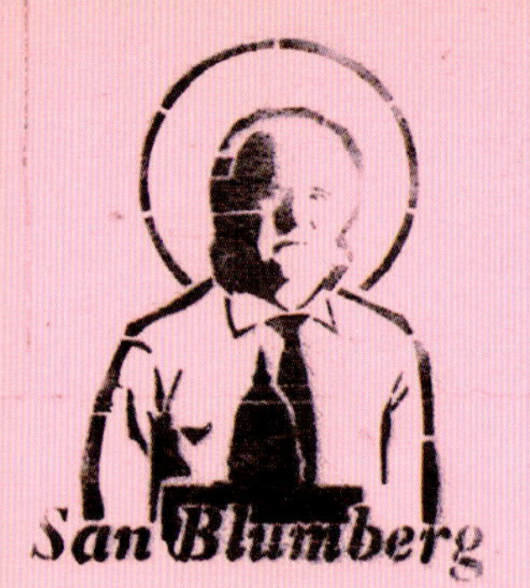
San Blumberg

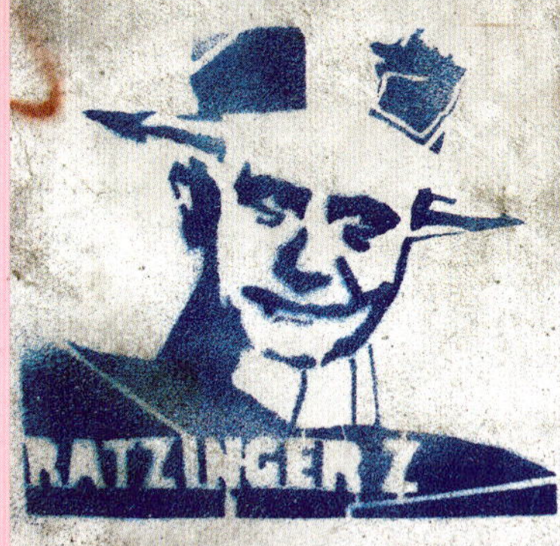
RATZINGER I

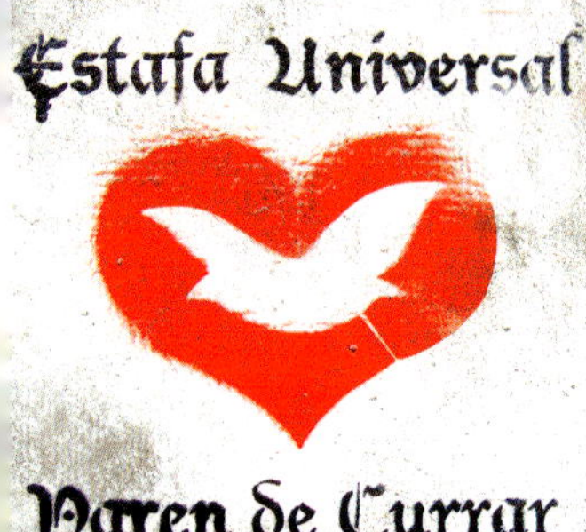
Estafa Universal
Paren de Currar

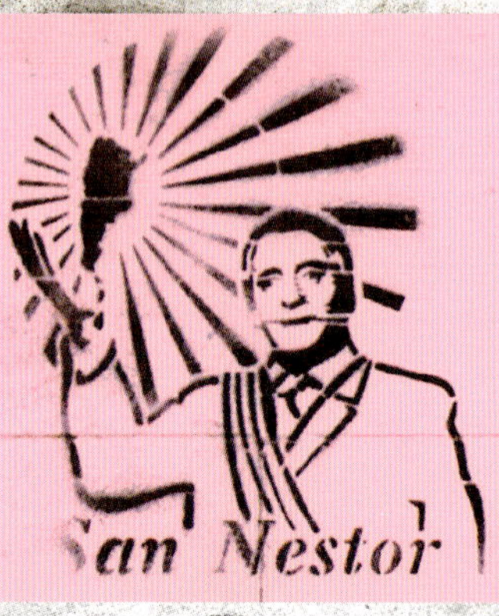
San Nestor

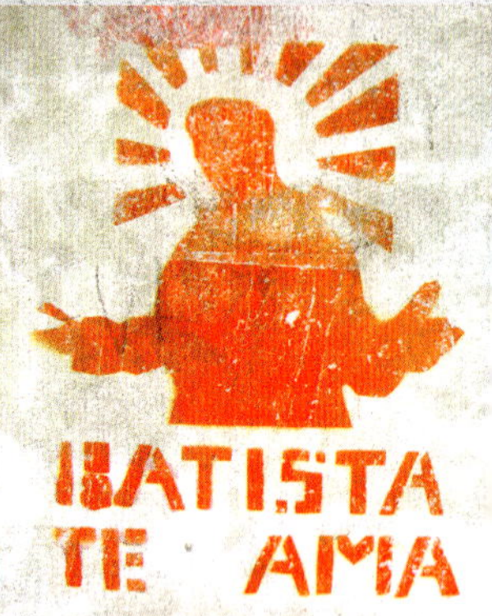
BATISTA
TE AMA

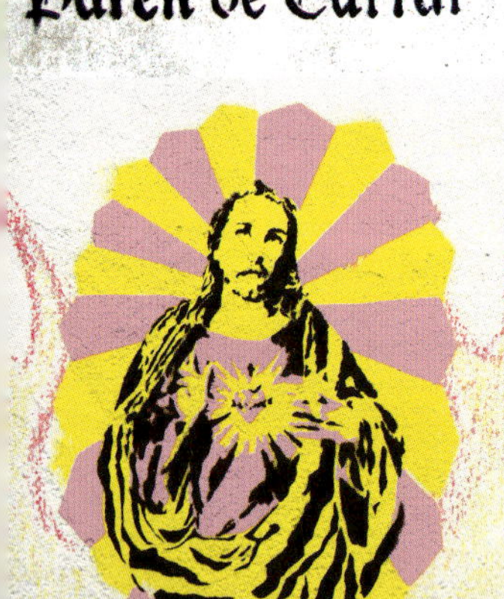

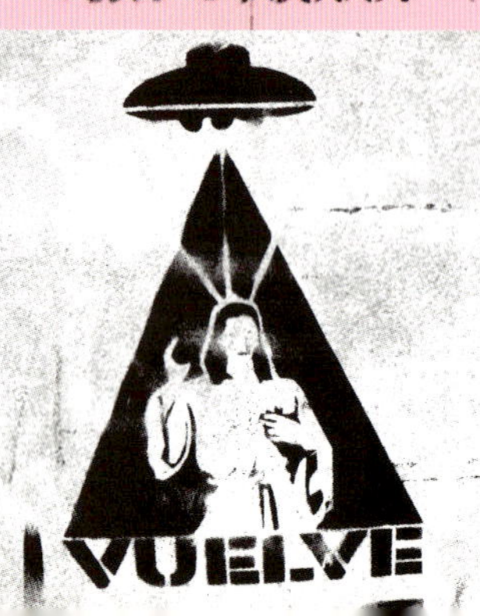
¡VUELVE

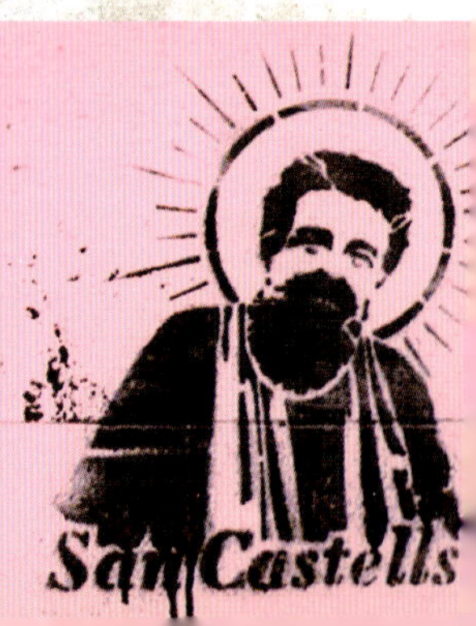
San Castells

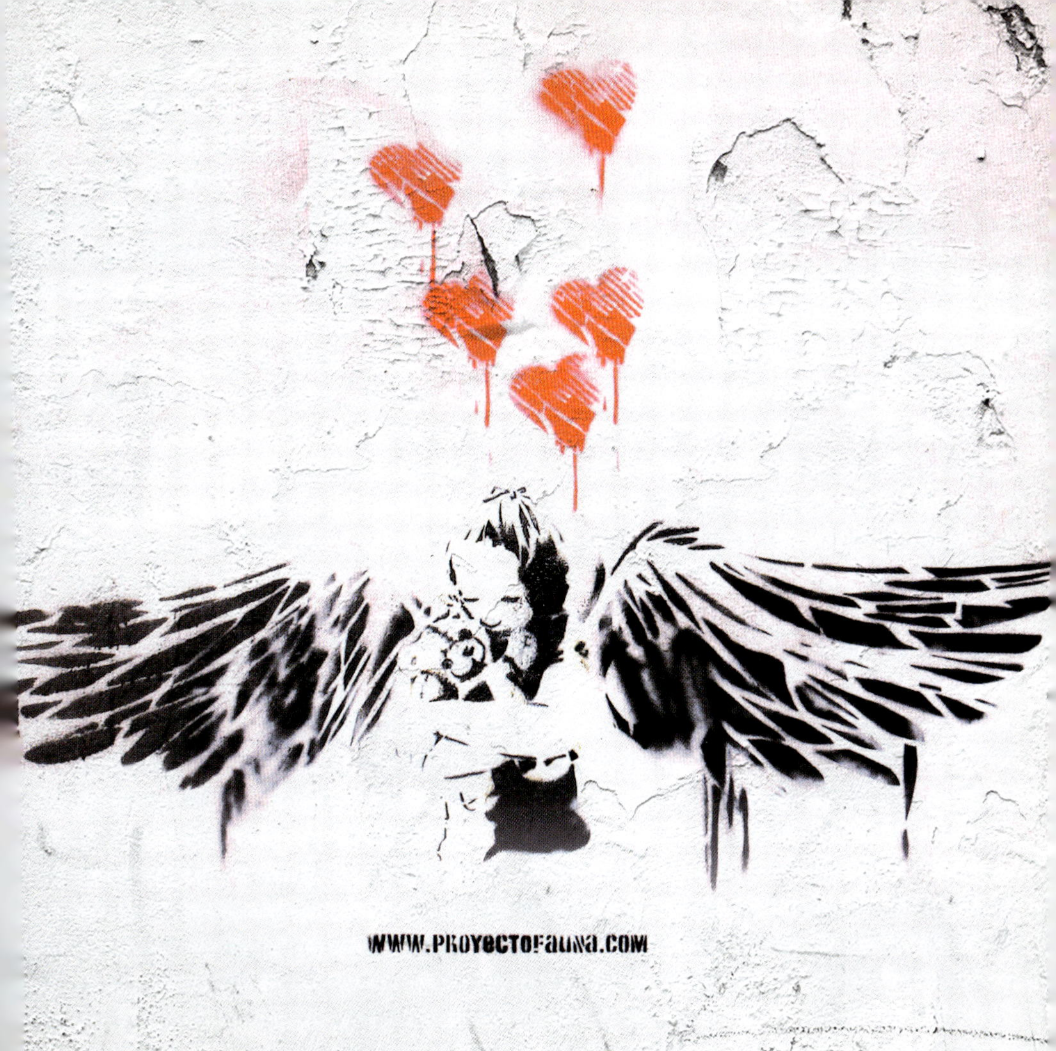
WWW.PROYECTOFAUNA.COM

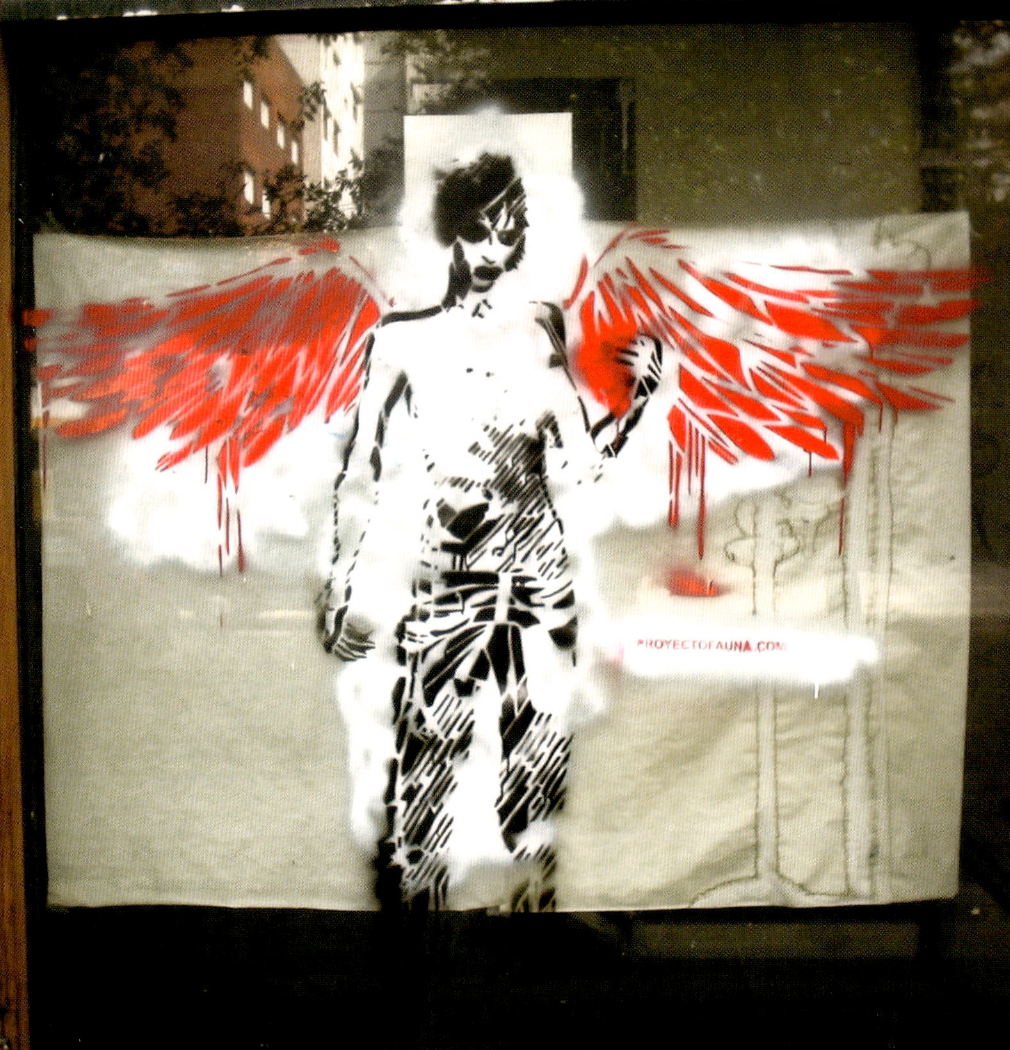
PROYECTOFAUNA.COM

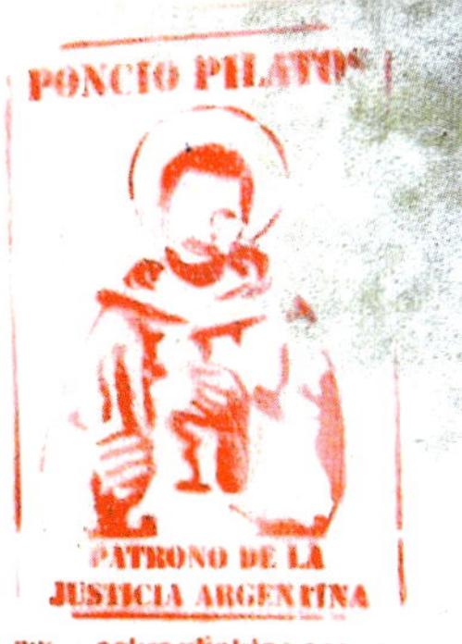
PONCIO PILATOS
PATRONO DE LA
JUSTICIA ARGENTINA
www . pobresdiablos.com.ar

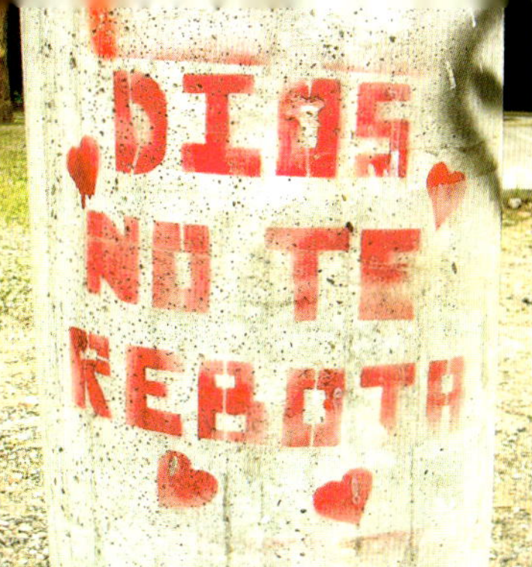
DIOS
NO TE
REBOTA

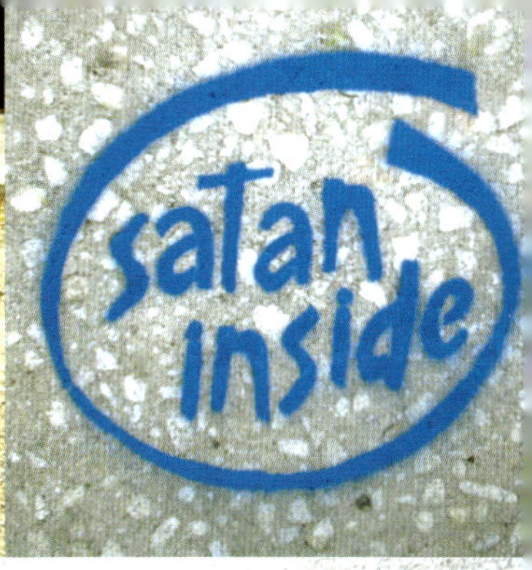

satan
inside

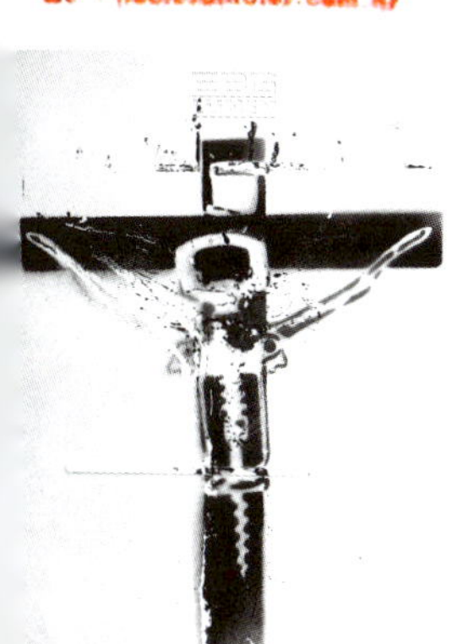

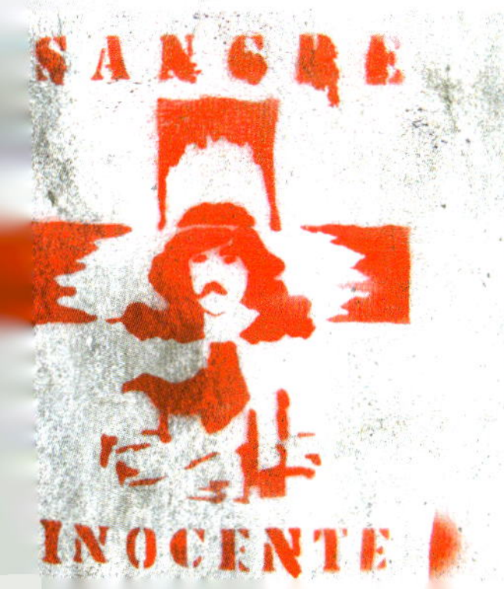

SANGRE
INOCENTE

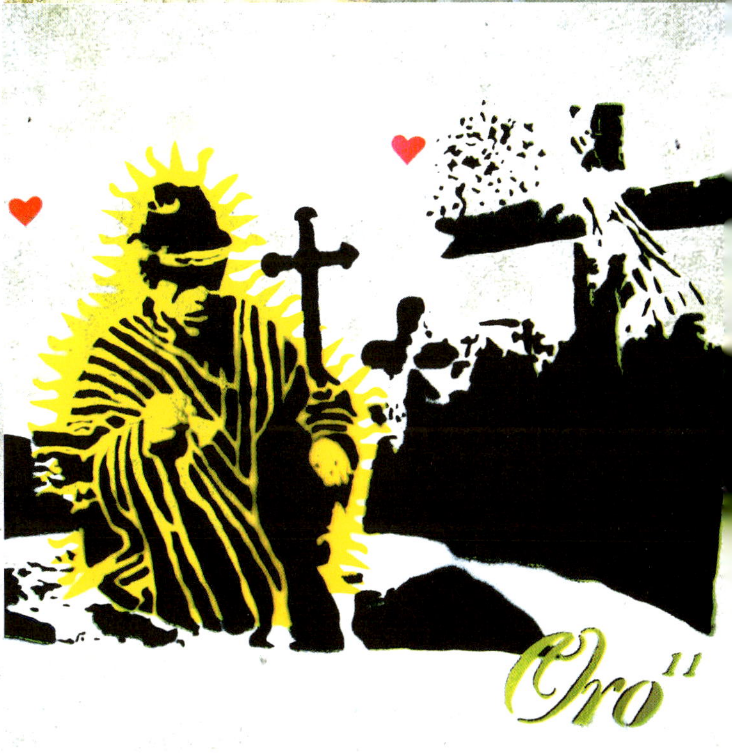

Oró"

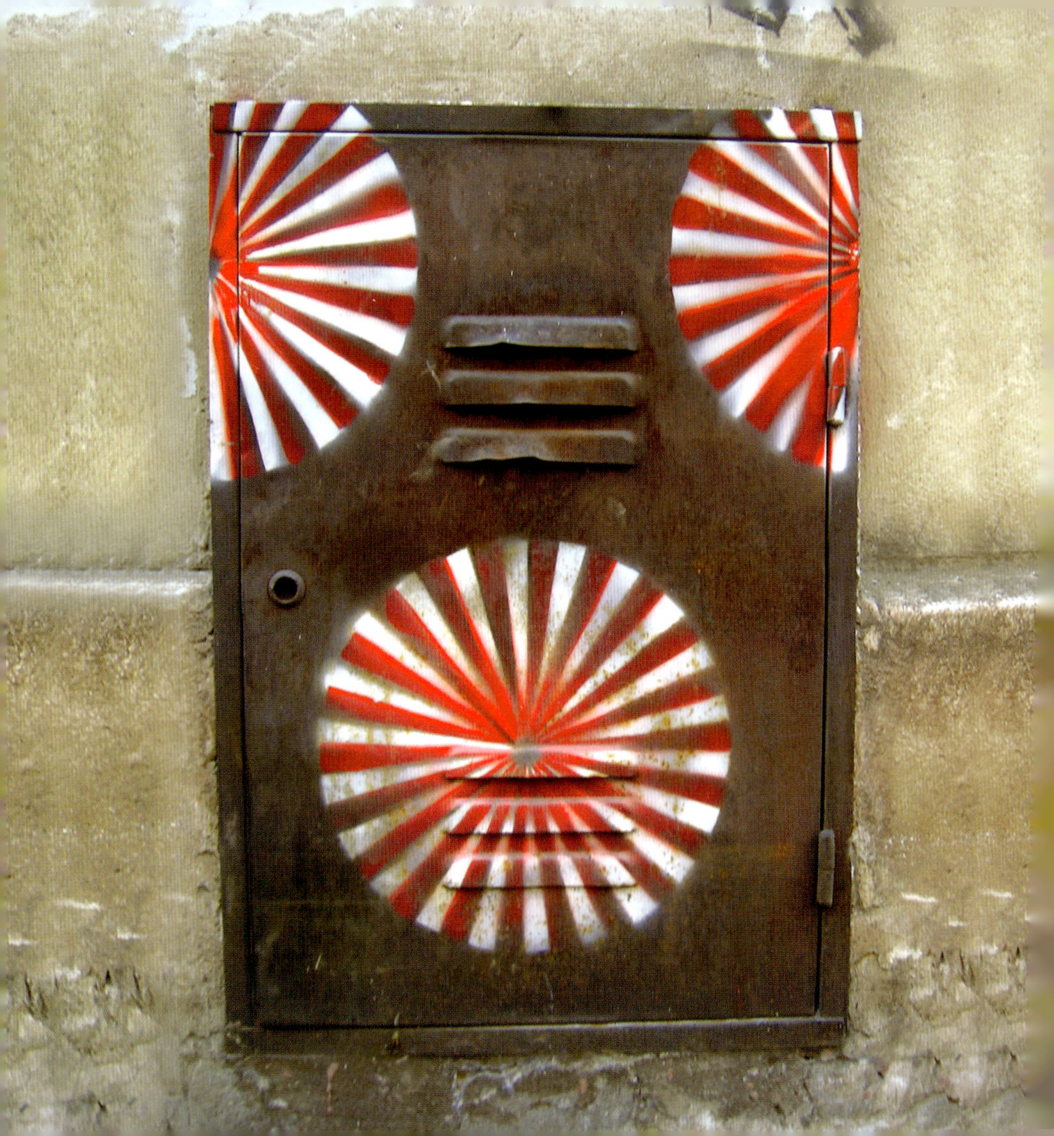

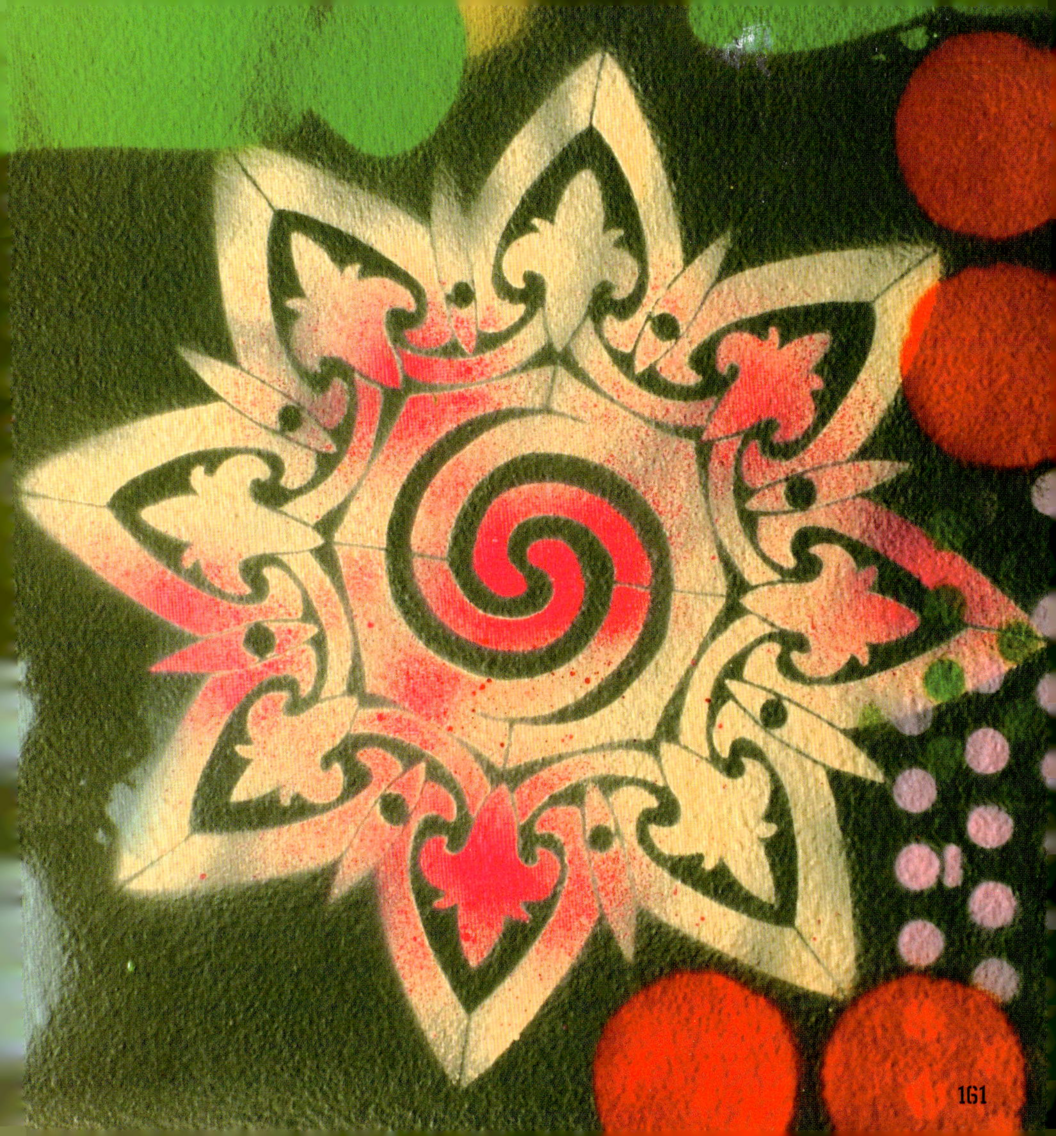

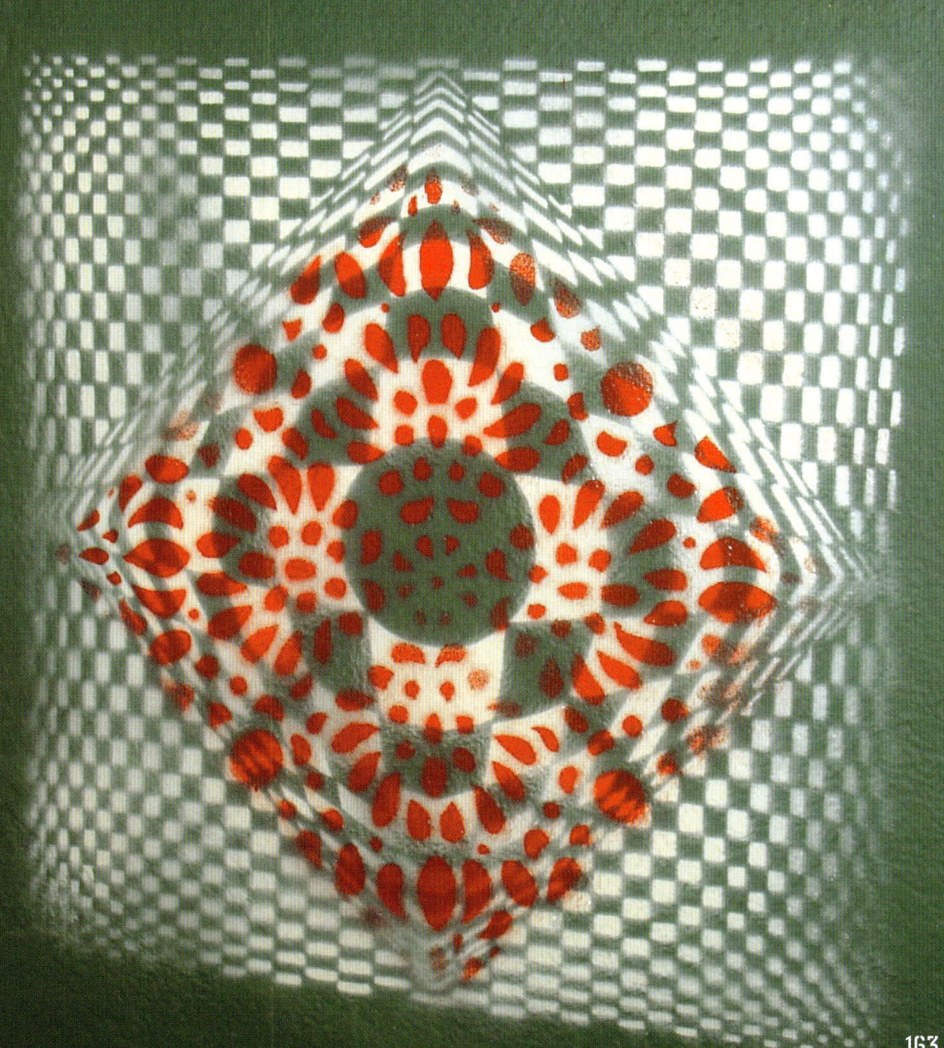

NO ROBARAS

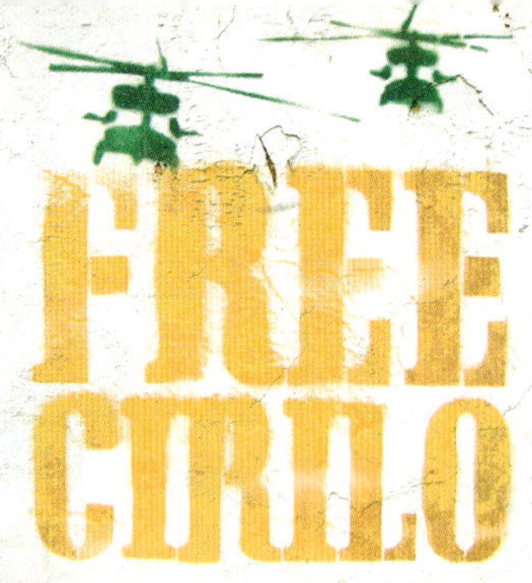
FREE CIRILO

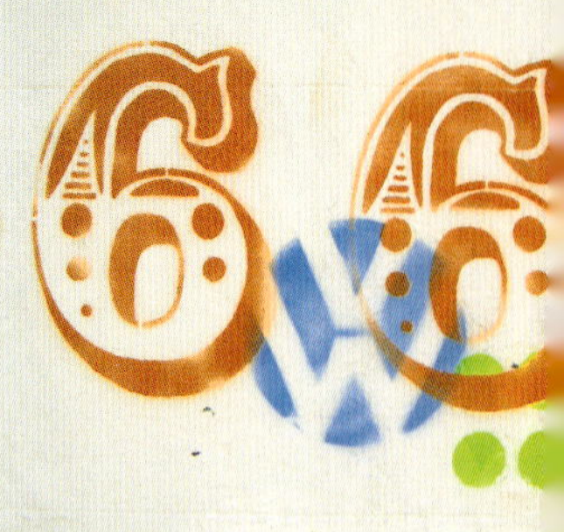
6 6

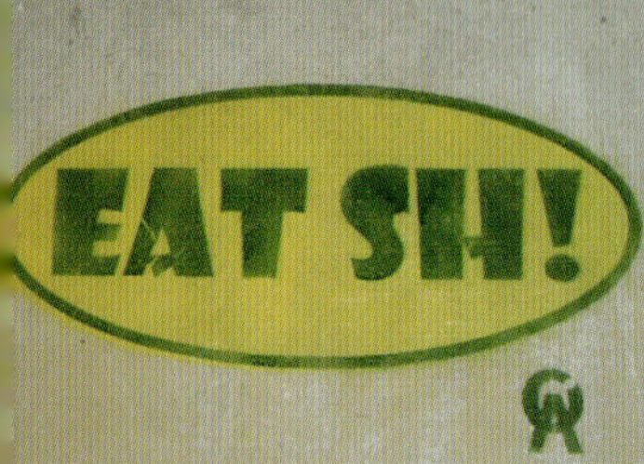
EAT SH!

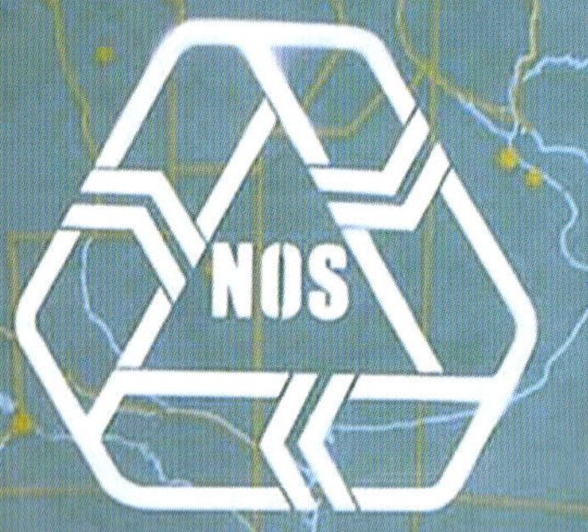
NOS

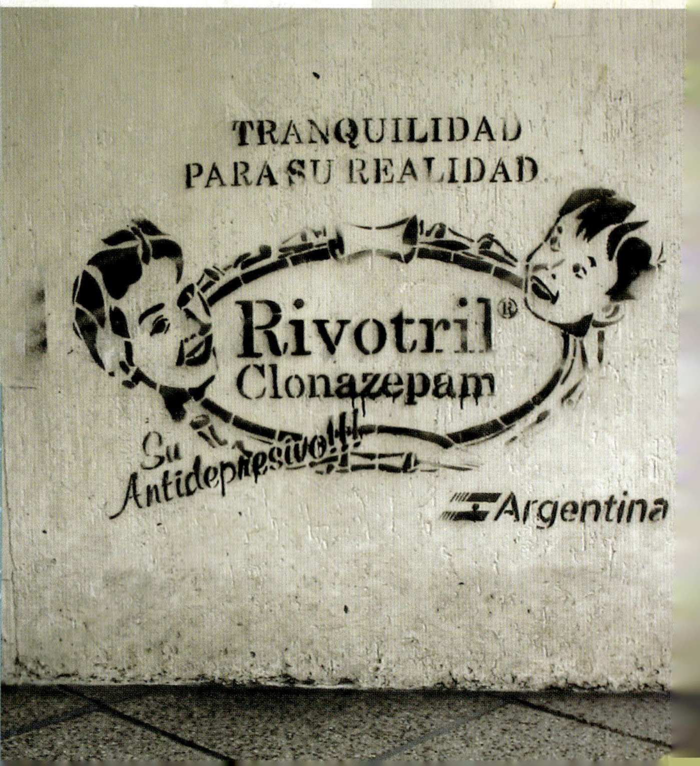

TRANQUILIDAD
PARA SU REALIDAD
Rivotril®
Clonazepam
Su
Antidepresivol!!
Argentina

TILIN GO!

generation

© luna carolina

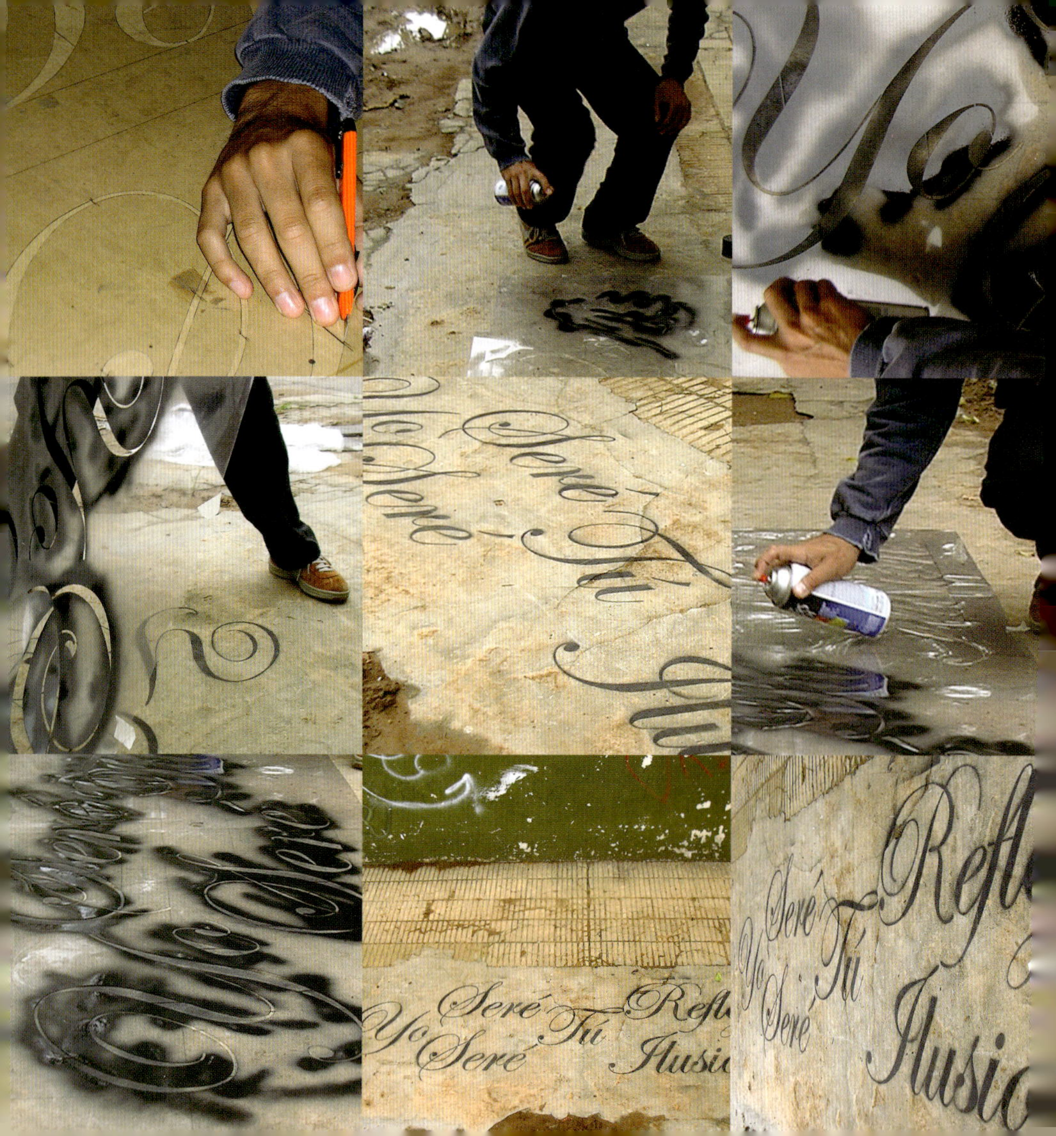
Yo Seré Tu Reflejo
Yo Seré Tu Ilusión
Seré Tu Refl
Yo Seré Ilusi

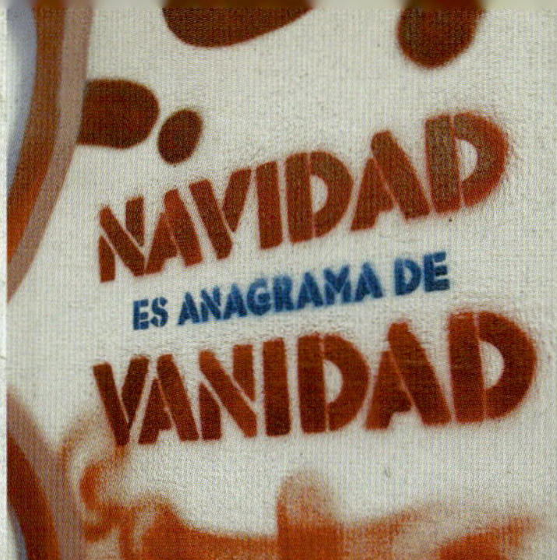

SANTA
ES ANAGRAMA DE
SATAN

MILITAR
ES ANAGRAMA DE
LIMITAR
CAN BsAs

NAVIDAD
ES ANAGRAMA DE
VANIDAD

SOCIEDAD ARGENTINA
ES ANAGRAMA DE
NACIO DESINTEGRADA

OLITICO NACIONAL
ES ANAGRAMA DE
NTICIPO COLONIAL

BUENOS AIRES
ES ANAGRAMA DE
URBE ASESINO

ARGENTINO
ES ANAGRAMA DE
IGNORANTE

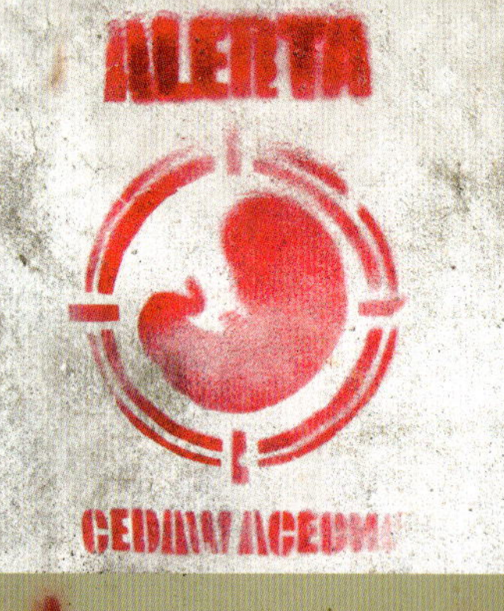

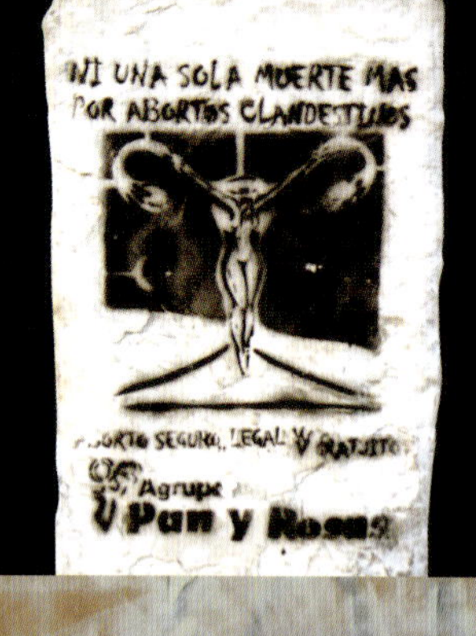

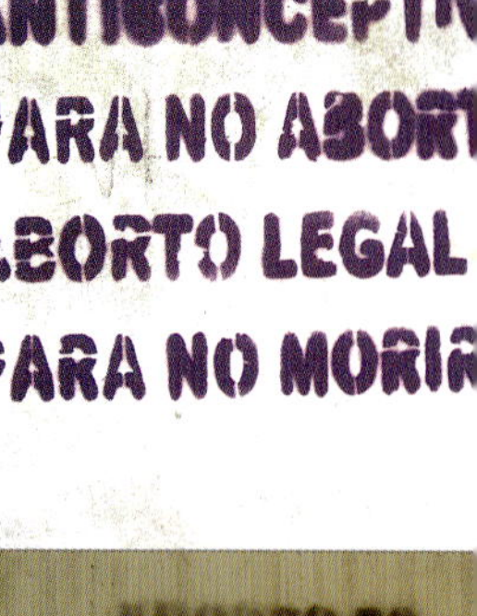

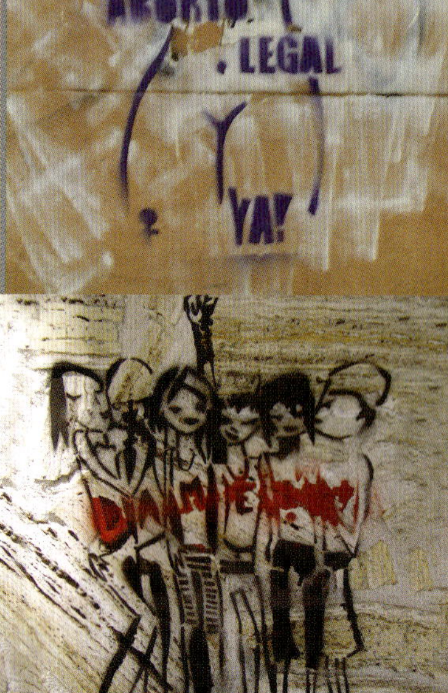

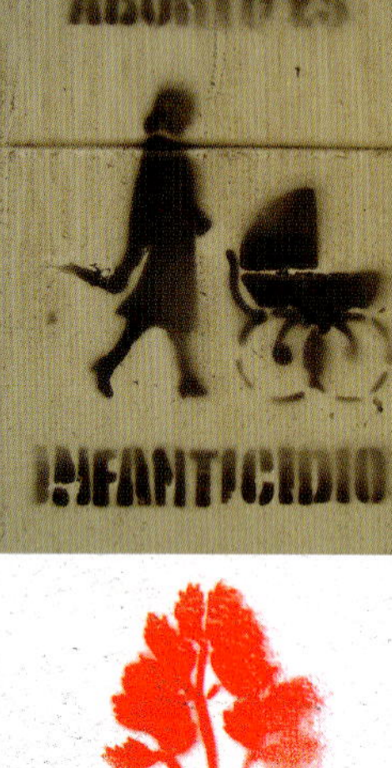

NI CUERPO

ES

MÍO

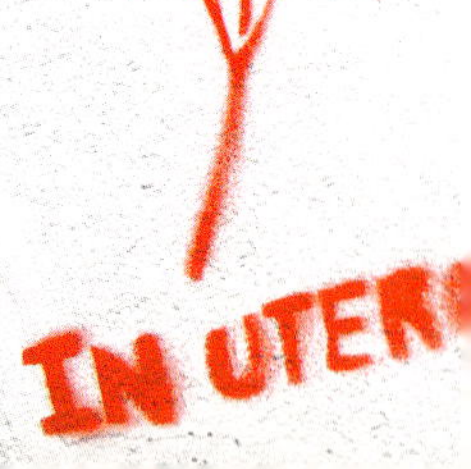

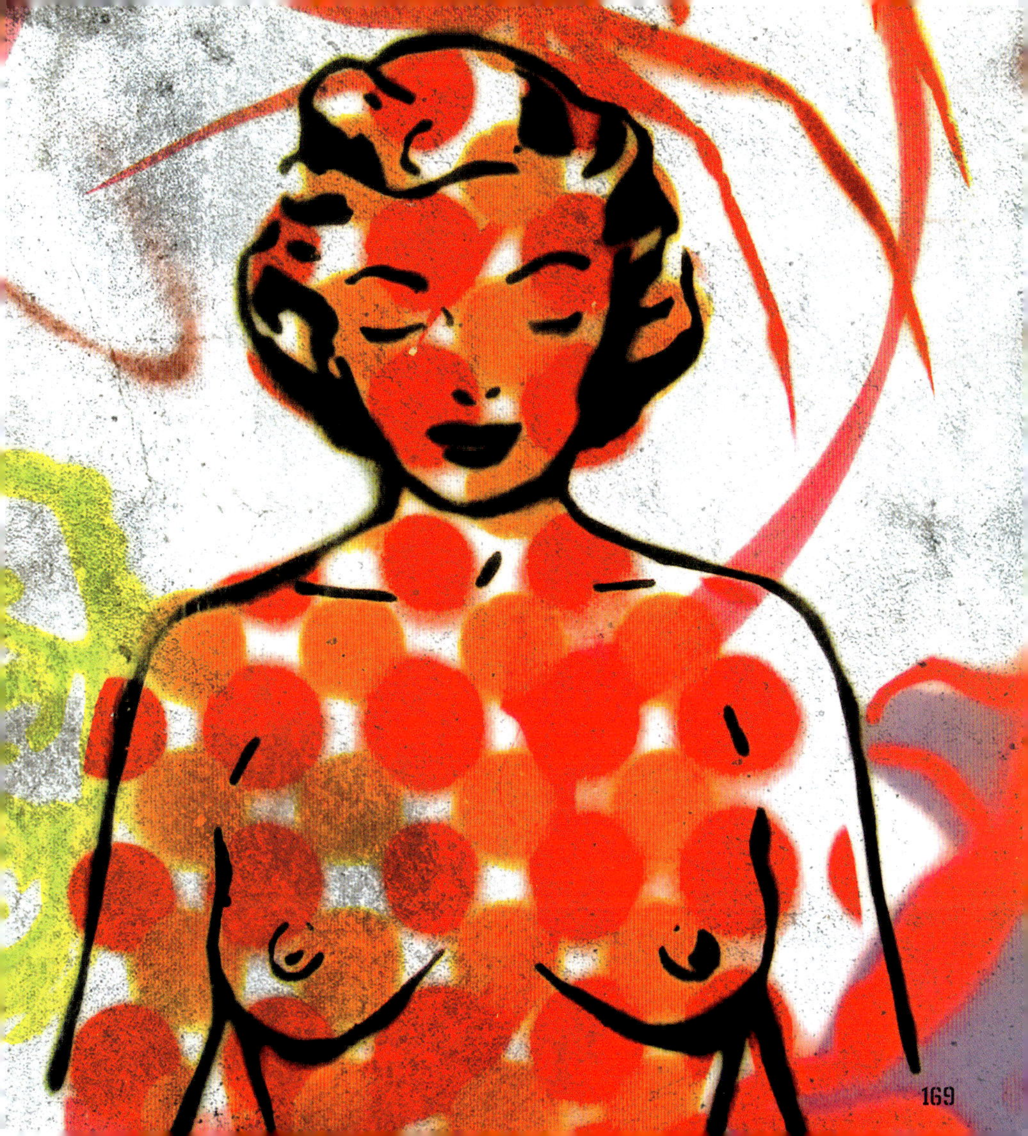

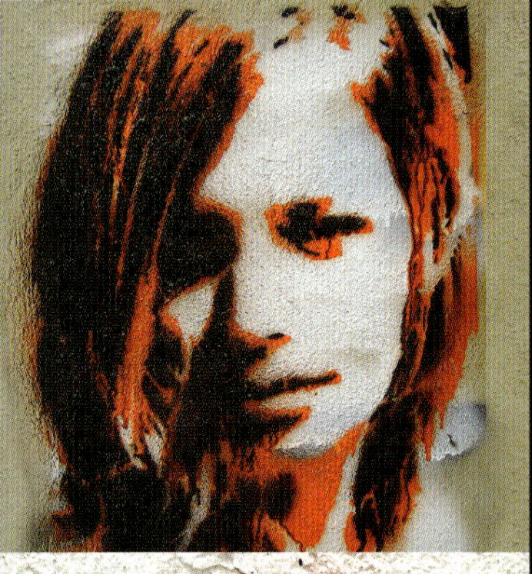
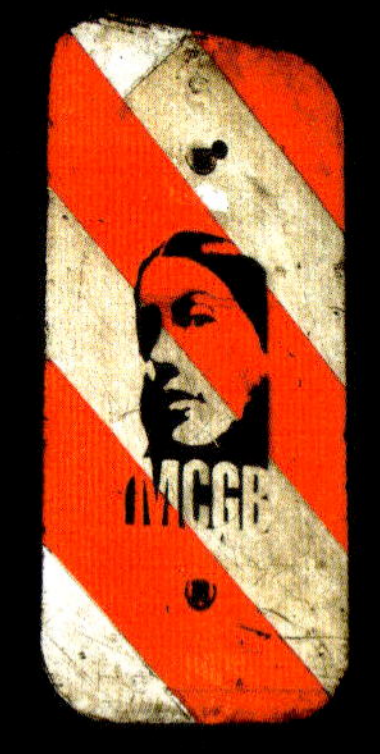

MCGB

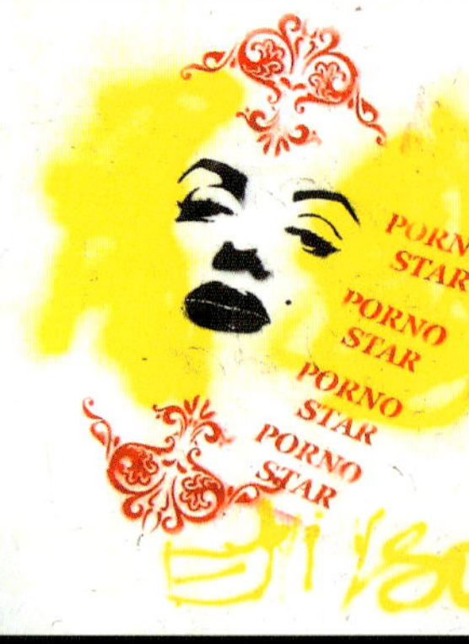

PORNO
STAR
PORNO
STAR
PORNO
STAR
PORNO
STAR

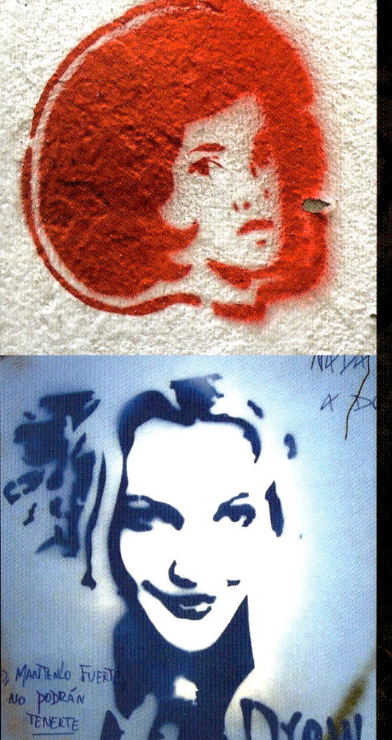

MANTENLO FUERTE
NO PODRÁN
TENERTE

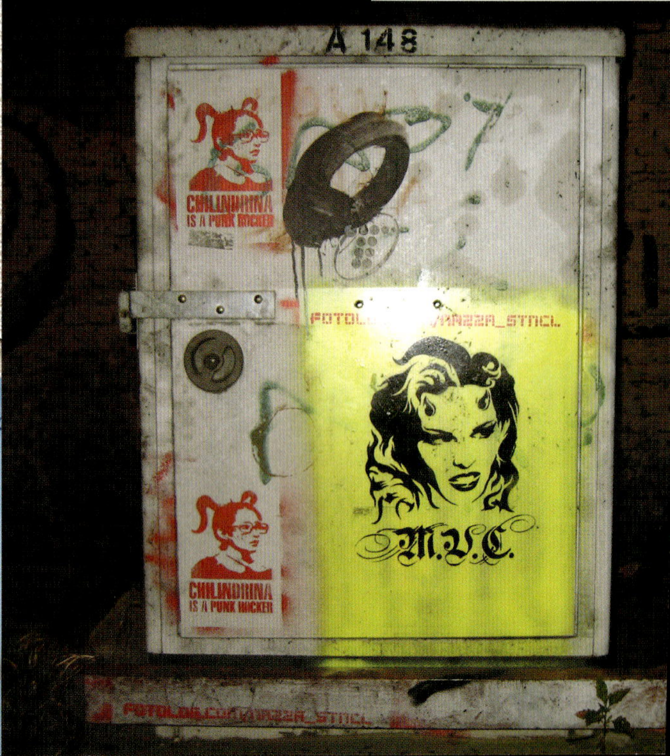

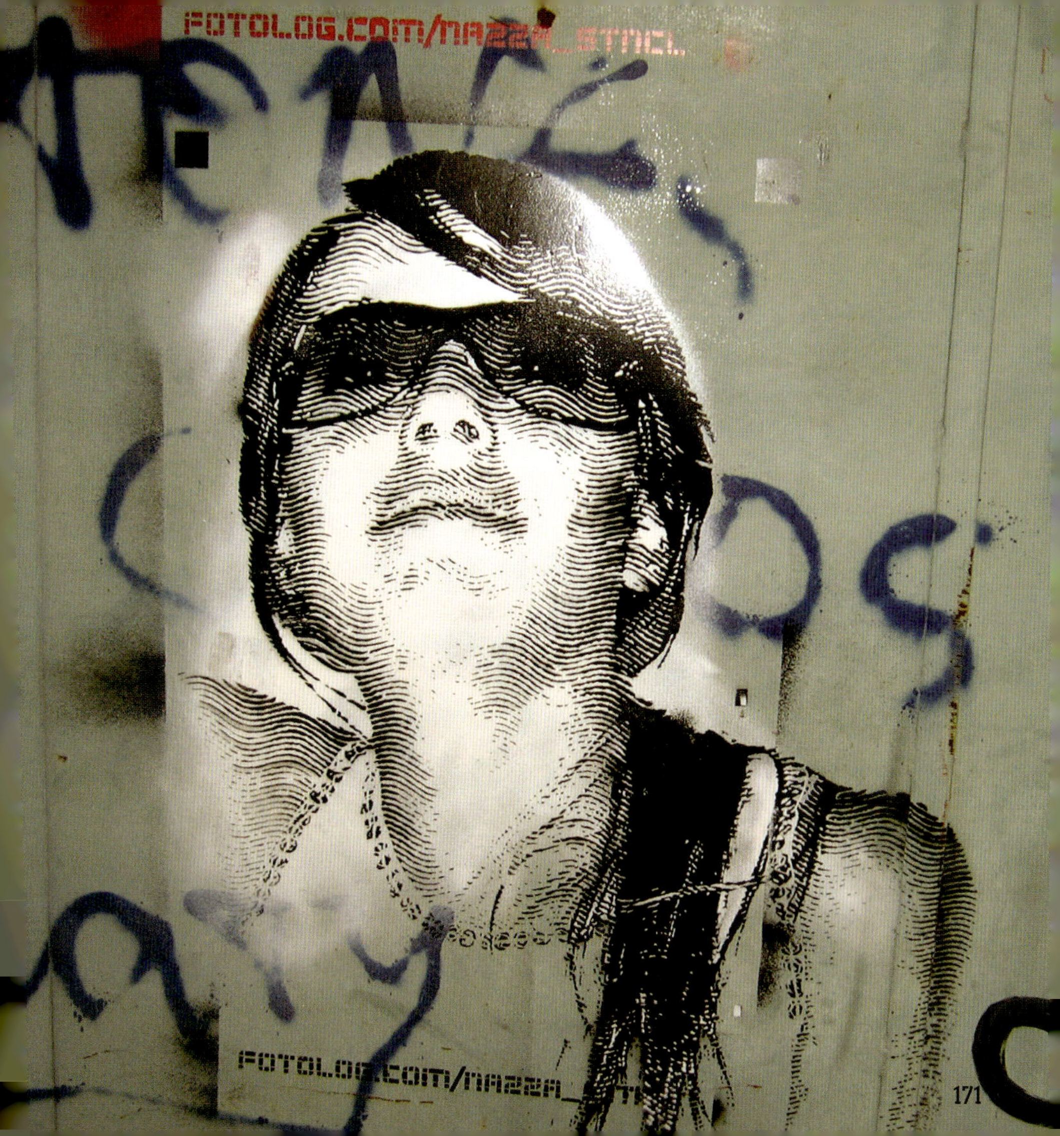

FOTOLOG.COM/MAZZA_STNCL
FOTOLOG.COM/MAZZA_STNCL

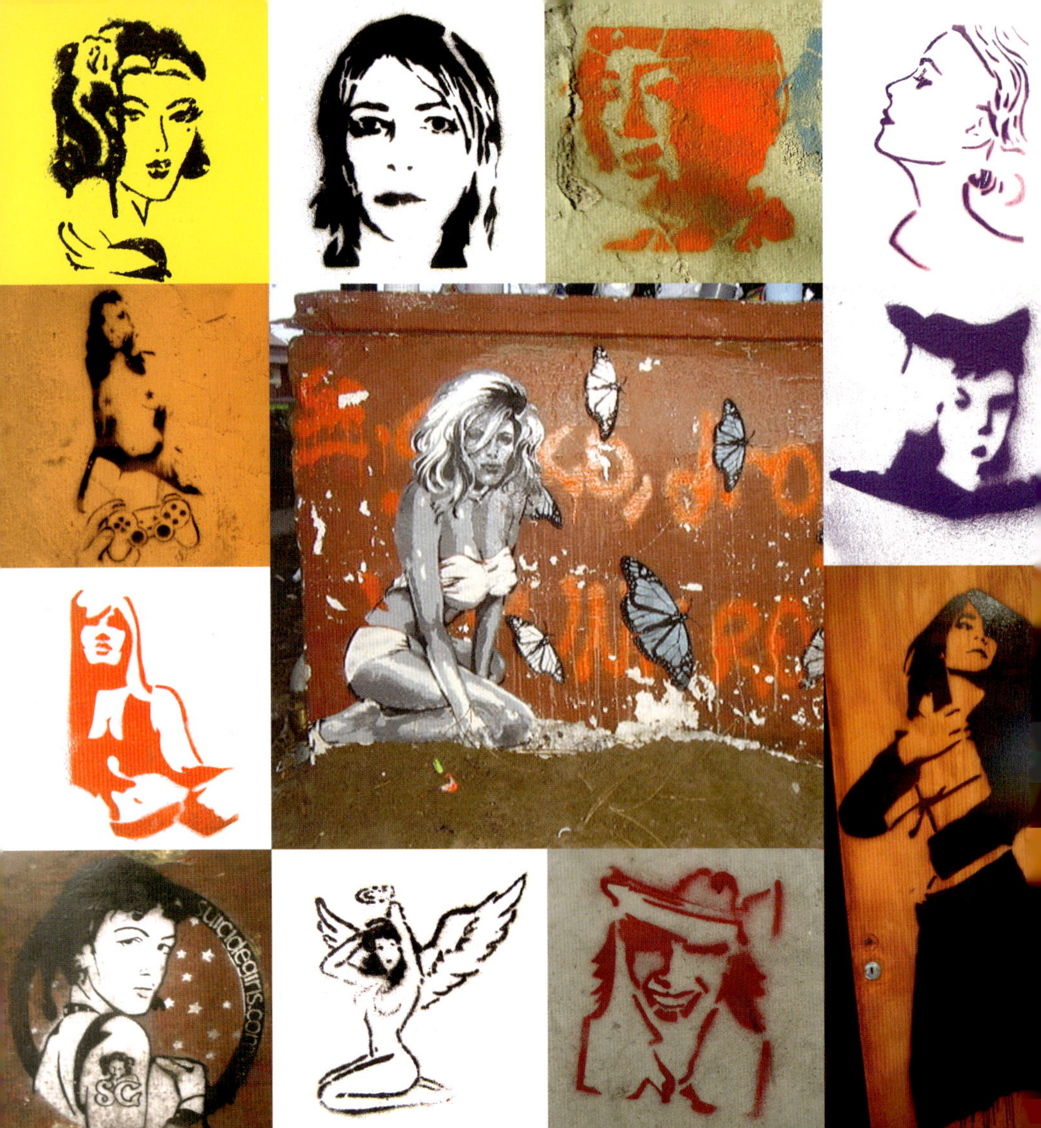

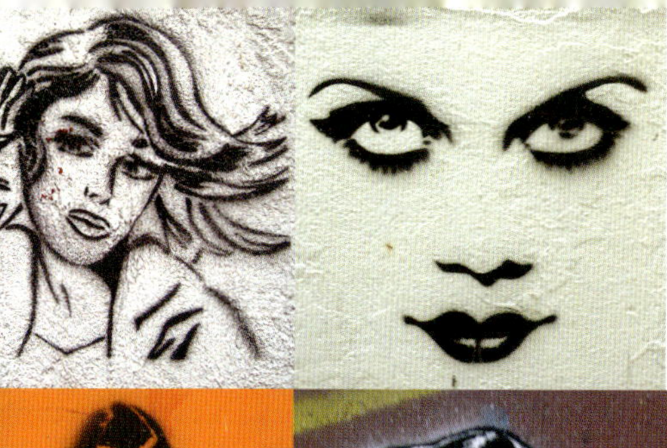
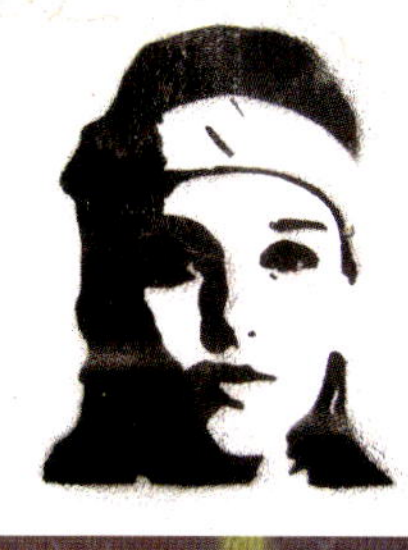
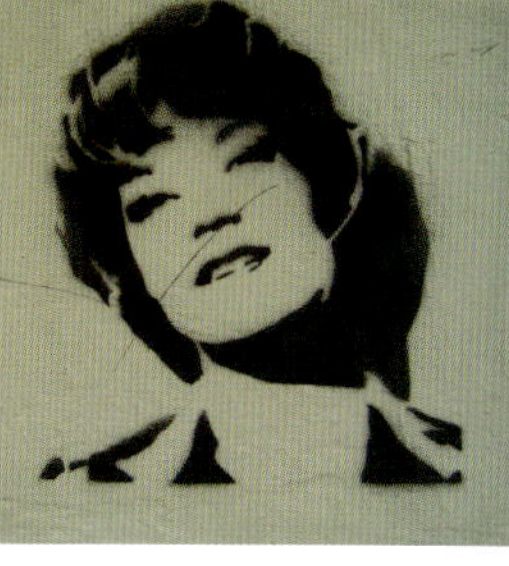
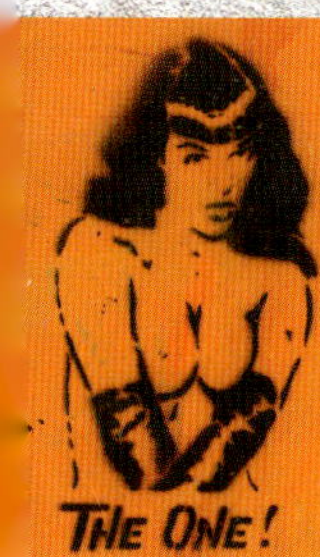
The One !
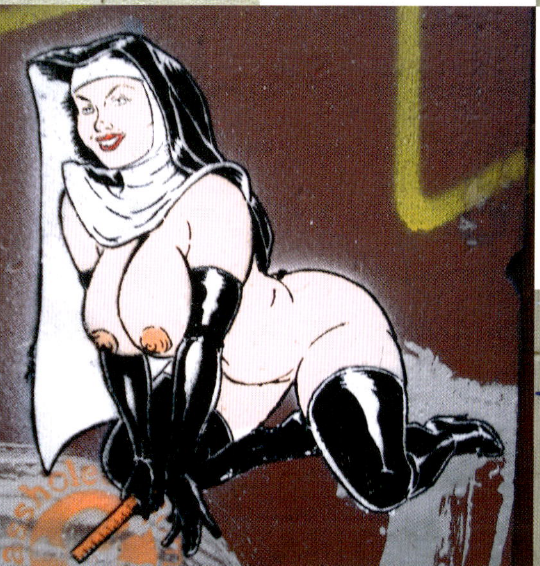
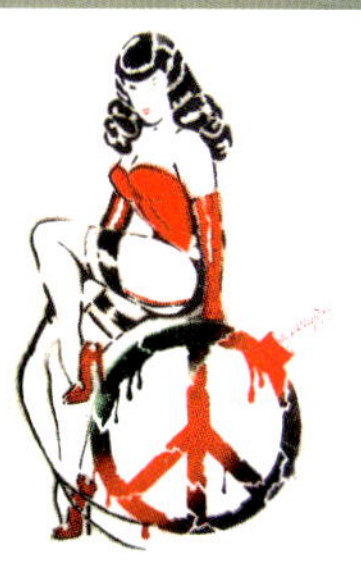
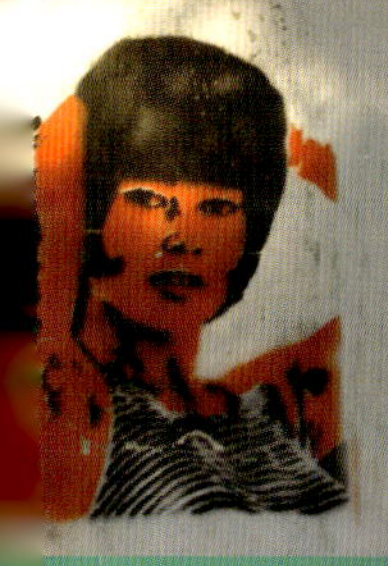
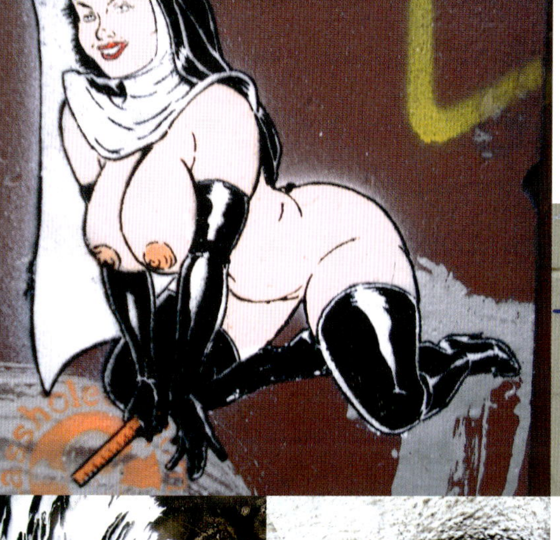
asshole
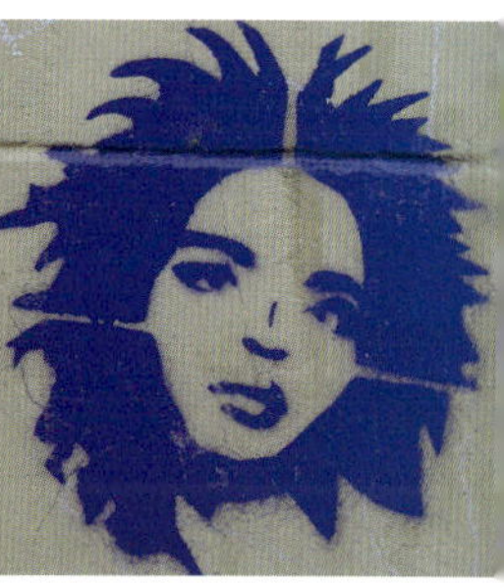
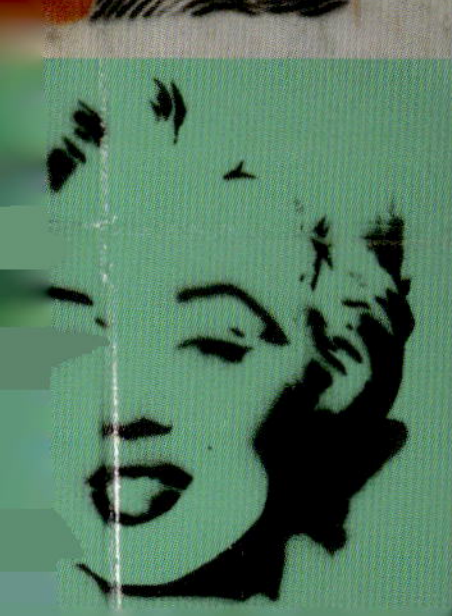
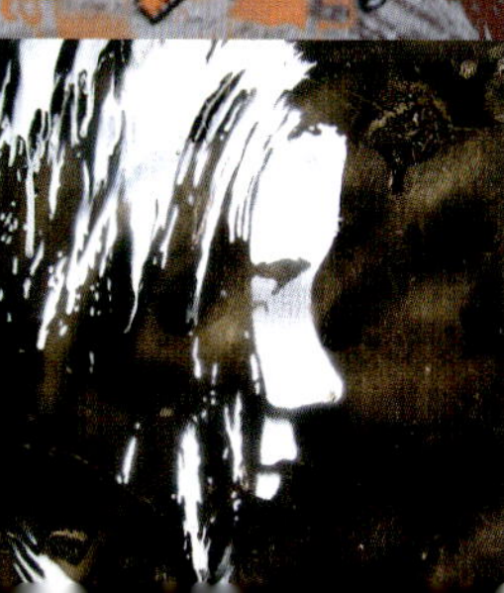
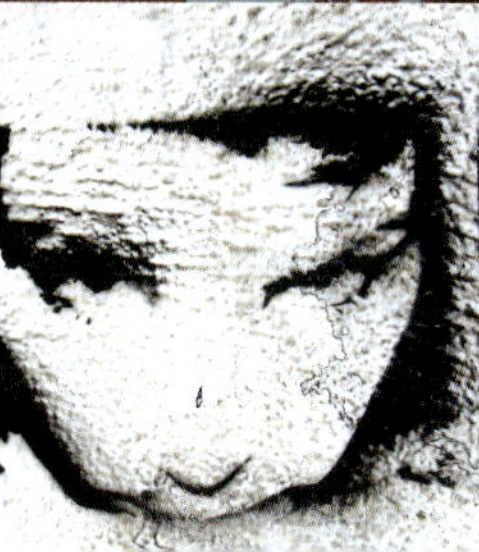
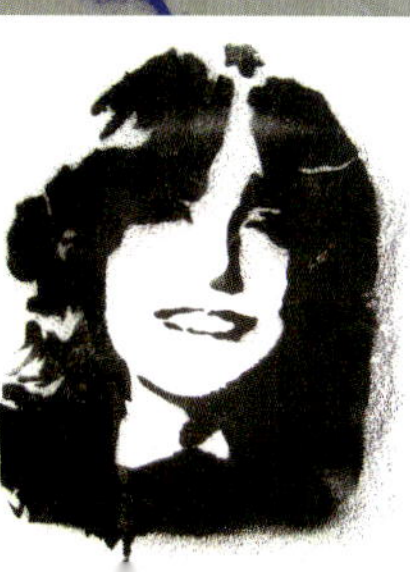

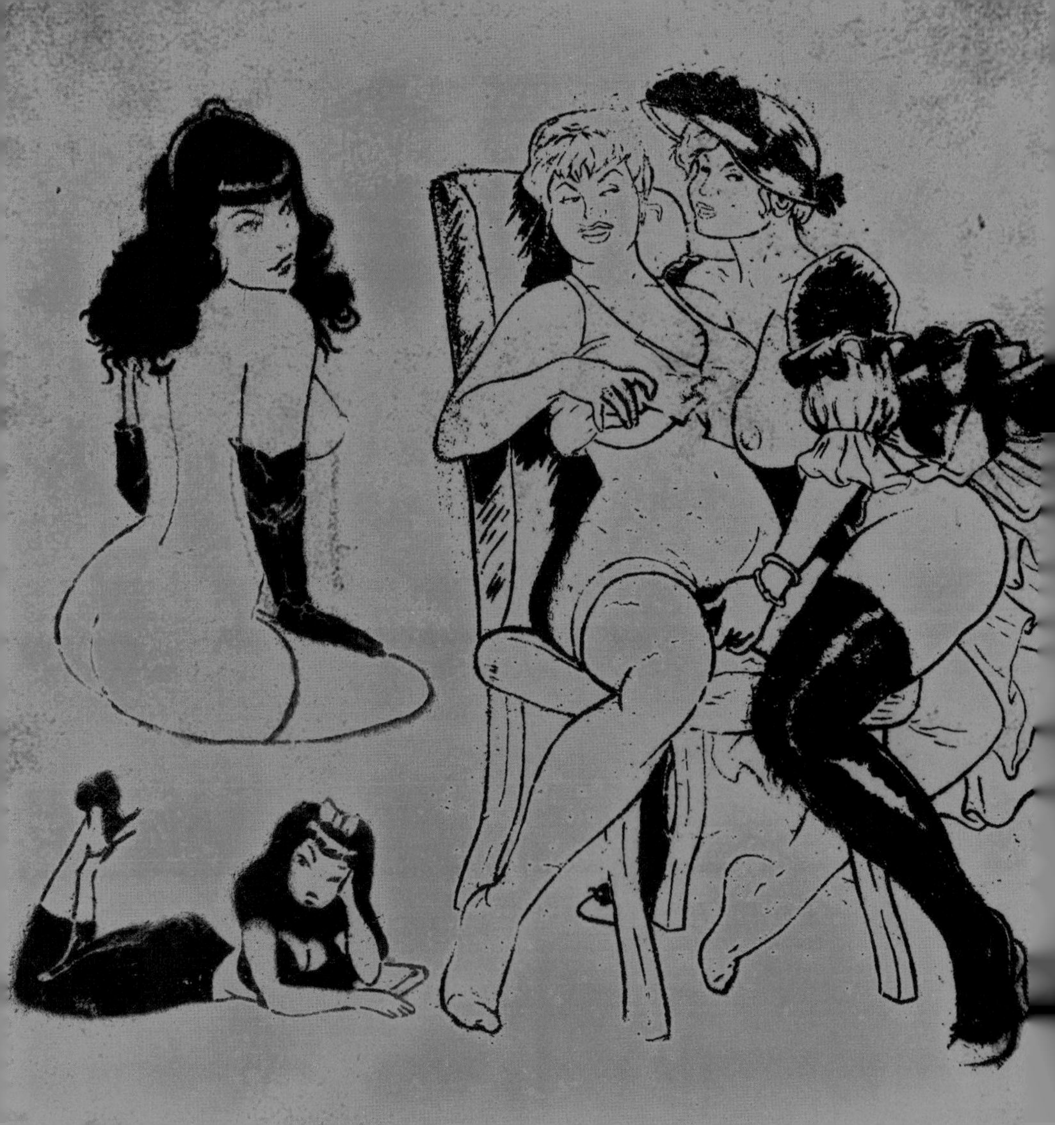

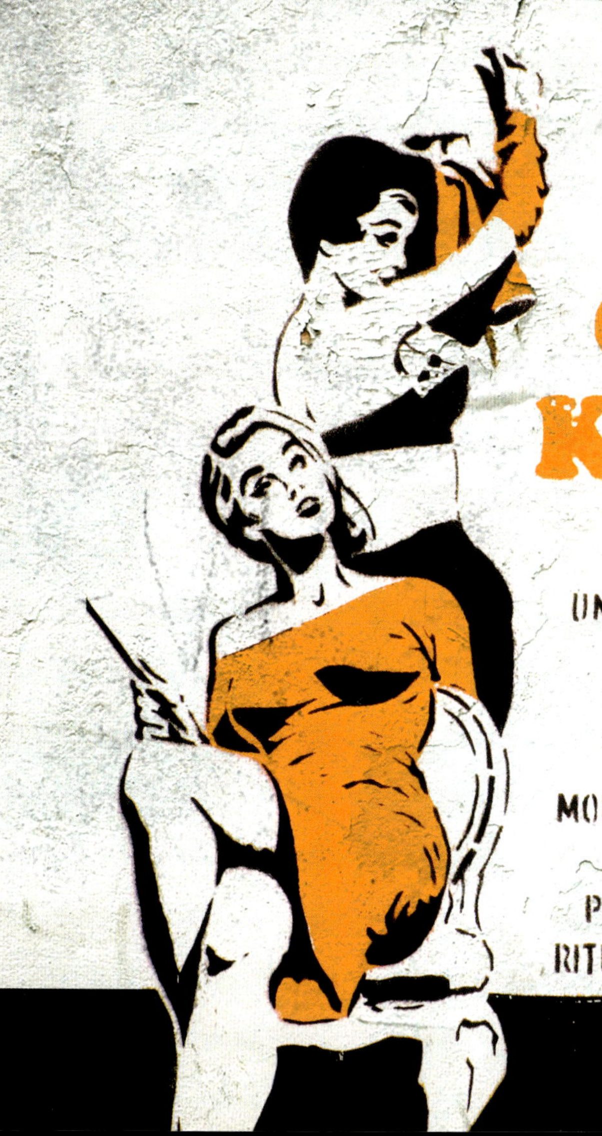

THE ODD KIND

UNVEILS THE SLEEK
AND EXPENSIVE
WORLD OF THE
LESBIANS WHO
MODEL FASHIONS IN
PUBLIC—AND
PERFORM AGE-OLD
RITUALS IN PRIVATE!

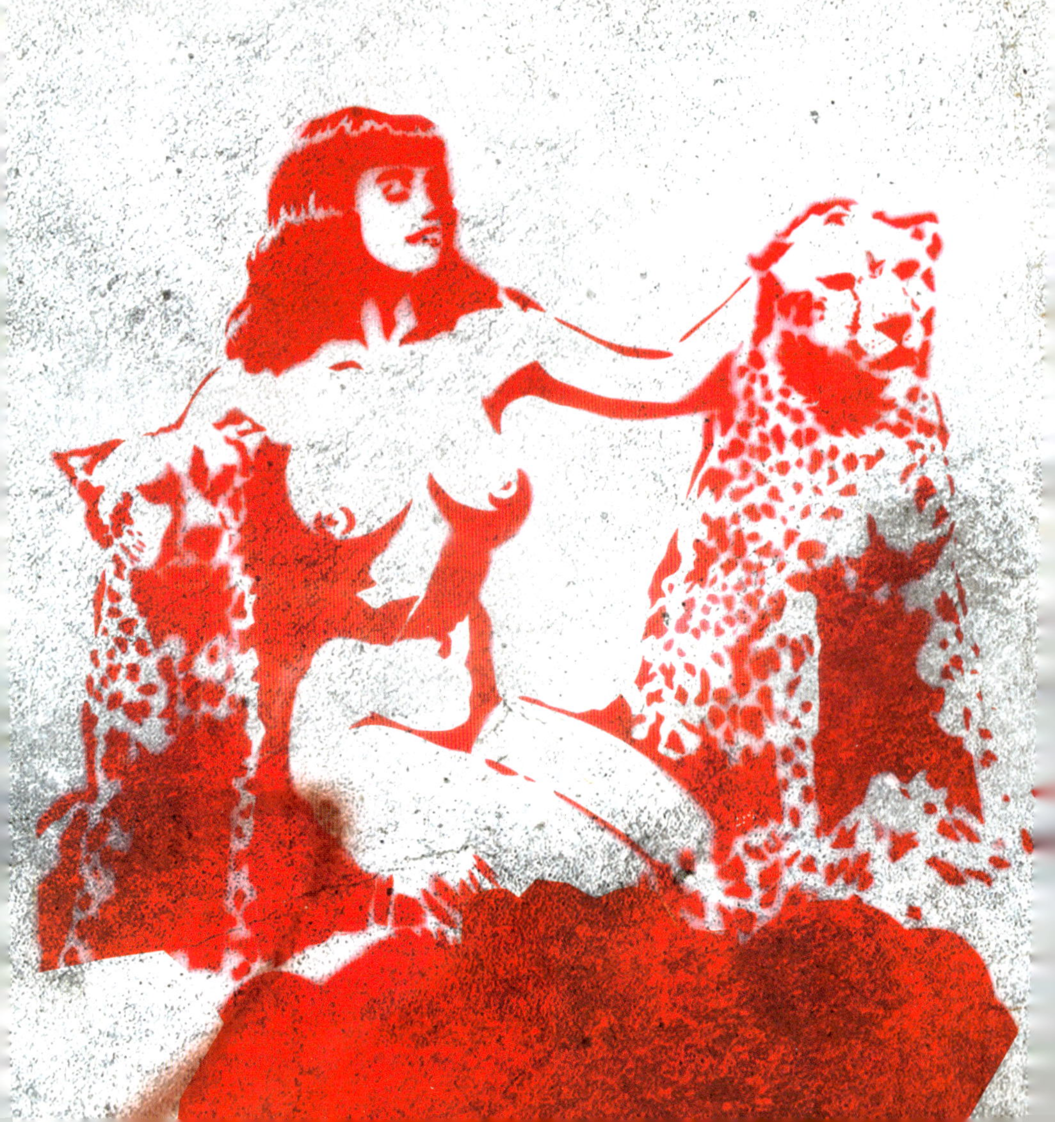

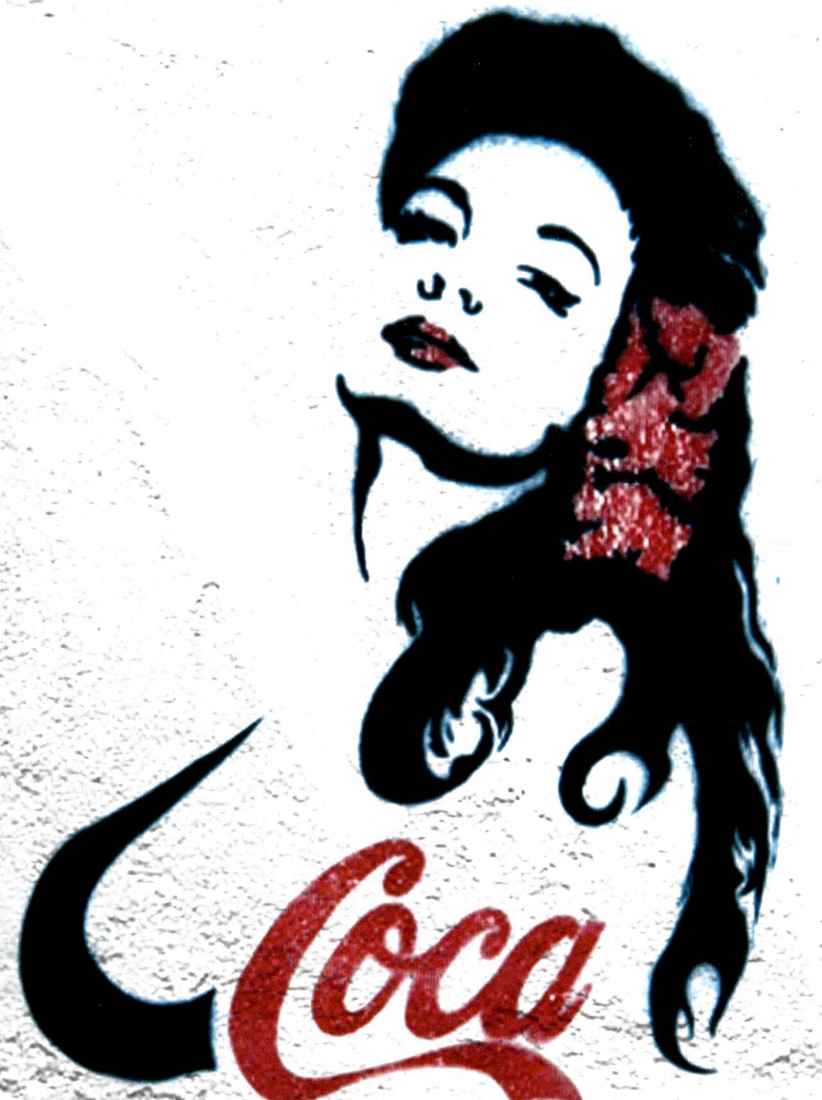

Coca

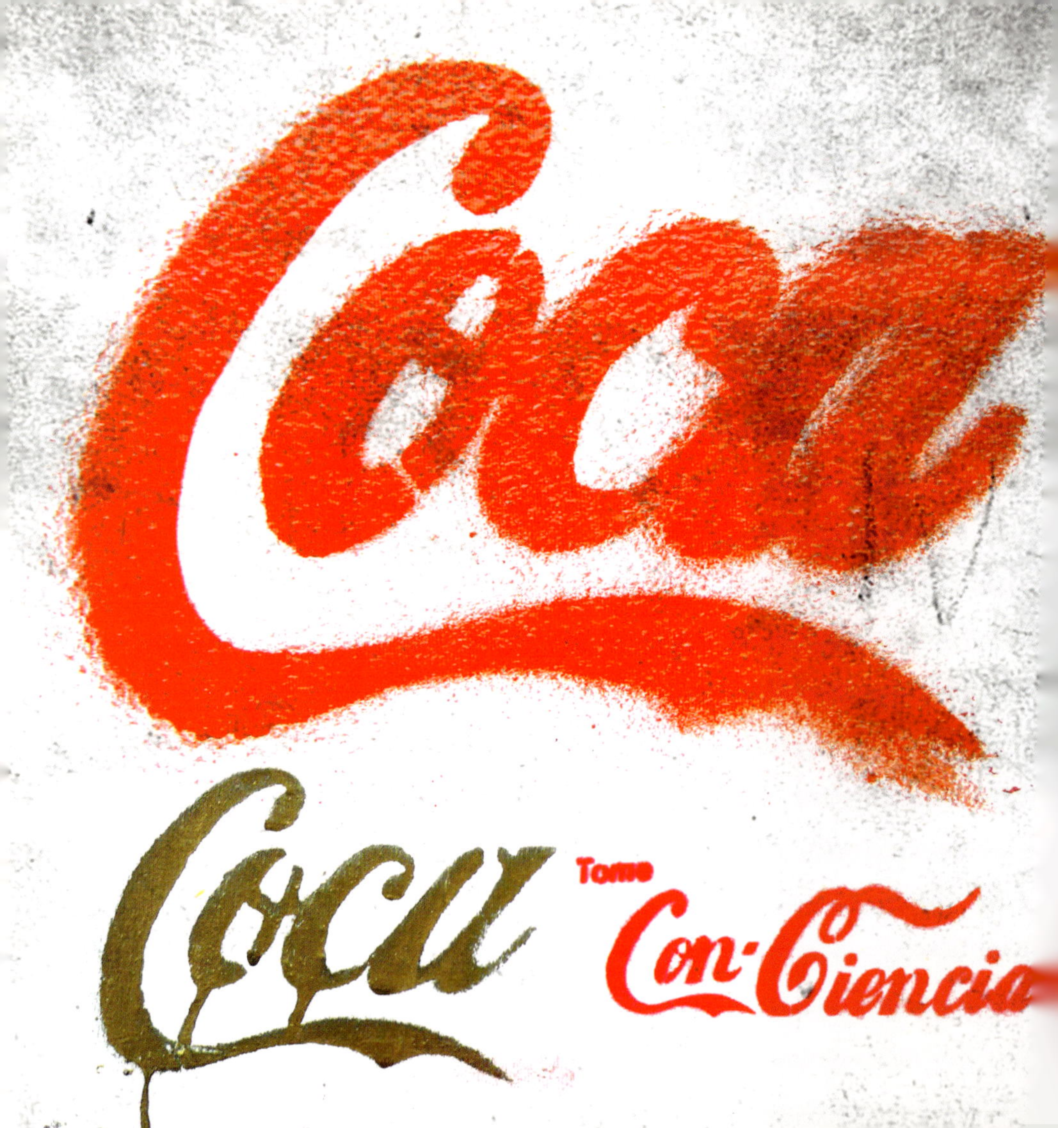
Coca
Coca Tome
Con·Ciencia

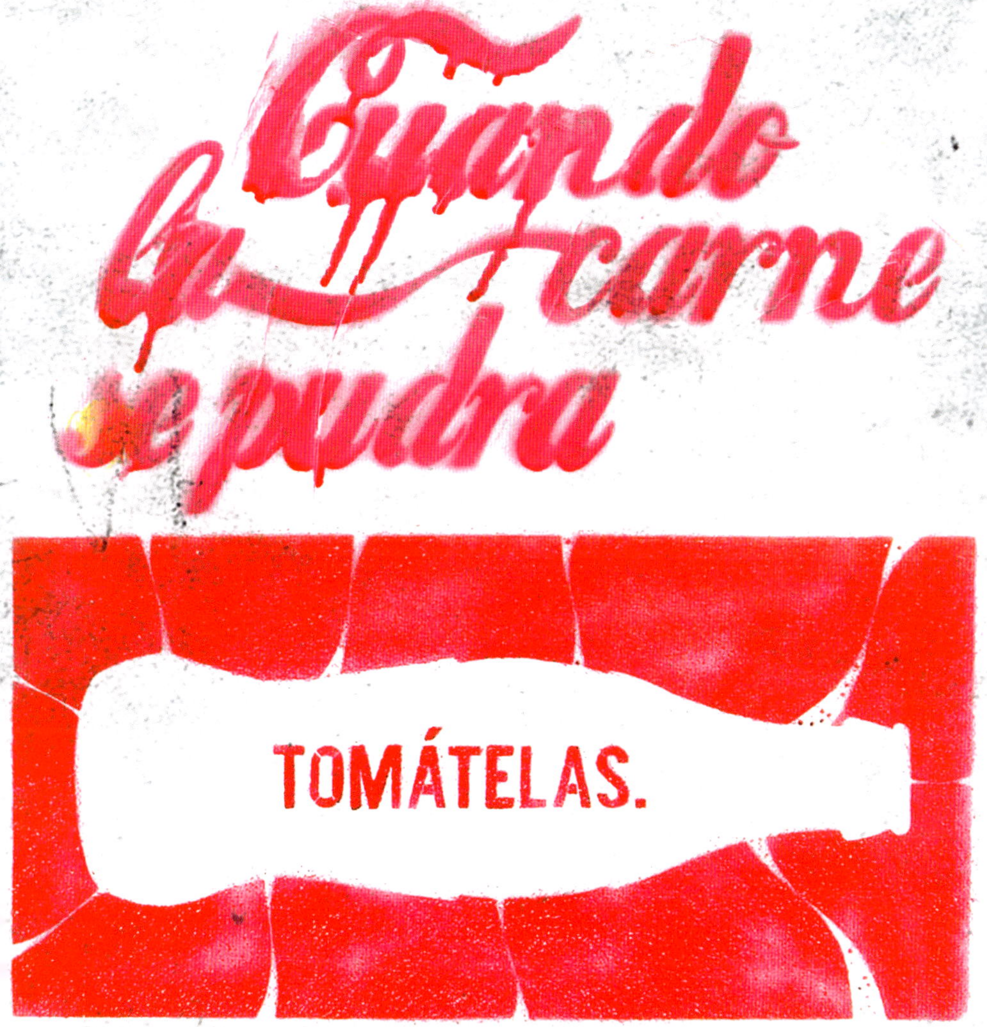

Cuando la carne se pudra
TOMÁTELAS.

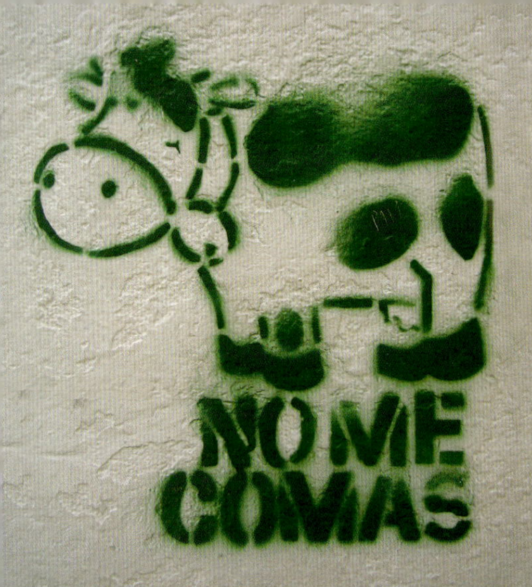

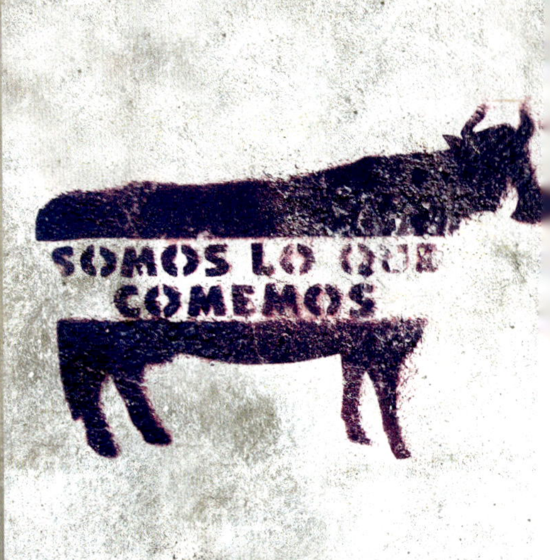

CARNE ES
ASESINATO

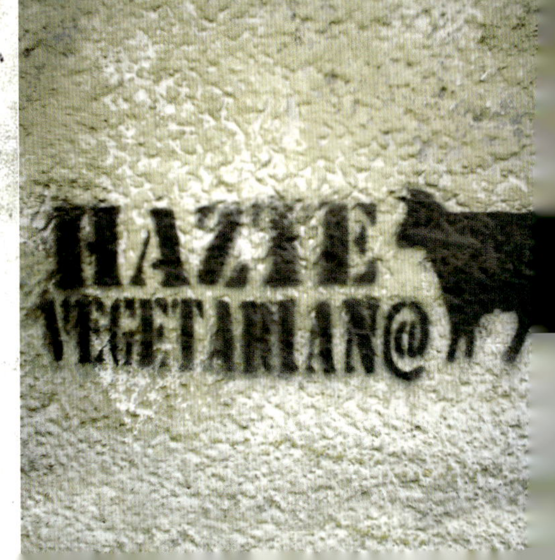

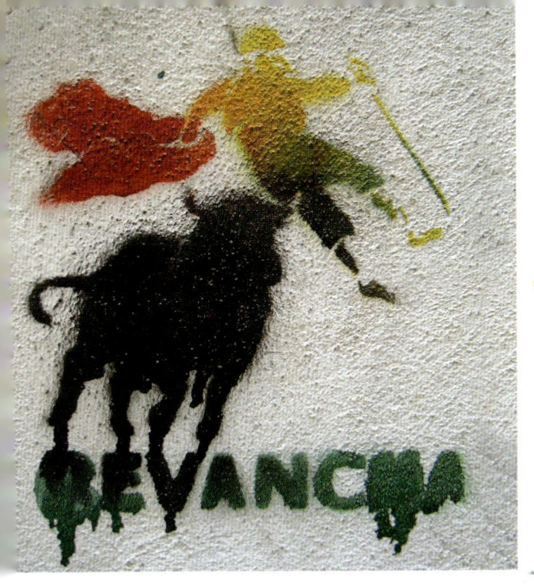

DEVANCIA

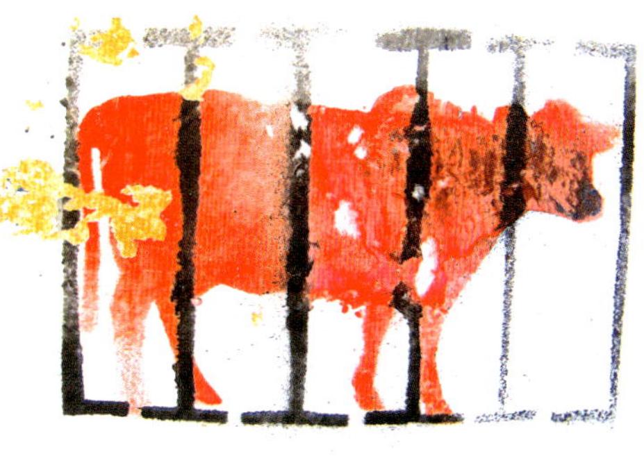

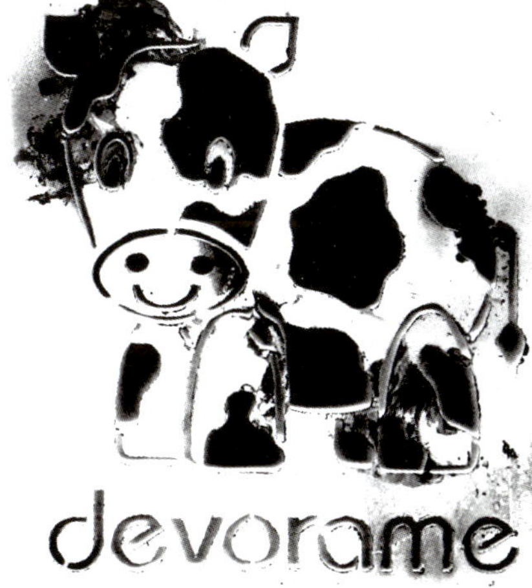

devorame

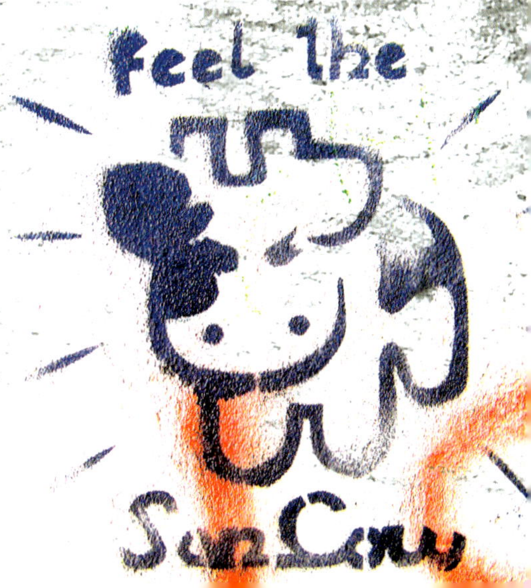

feel the
SunCow

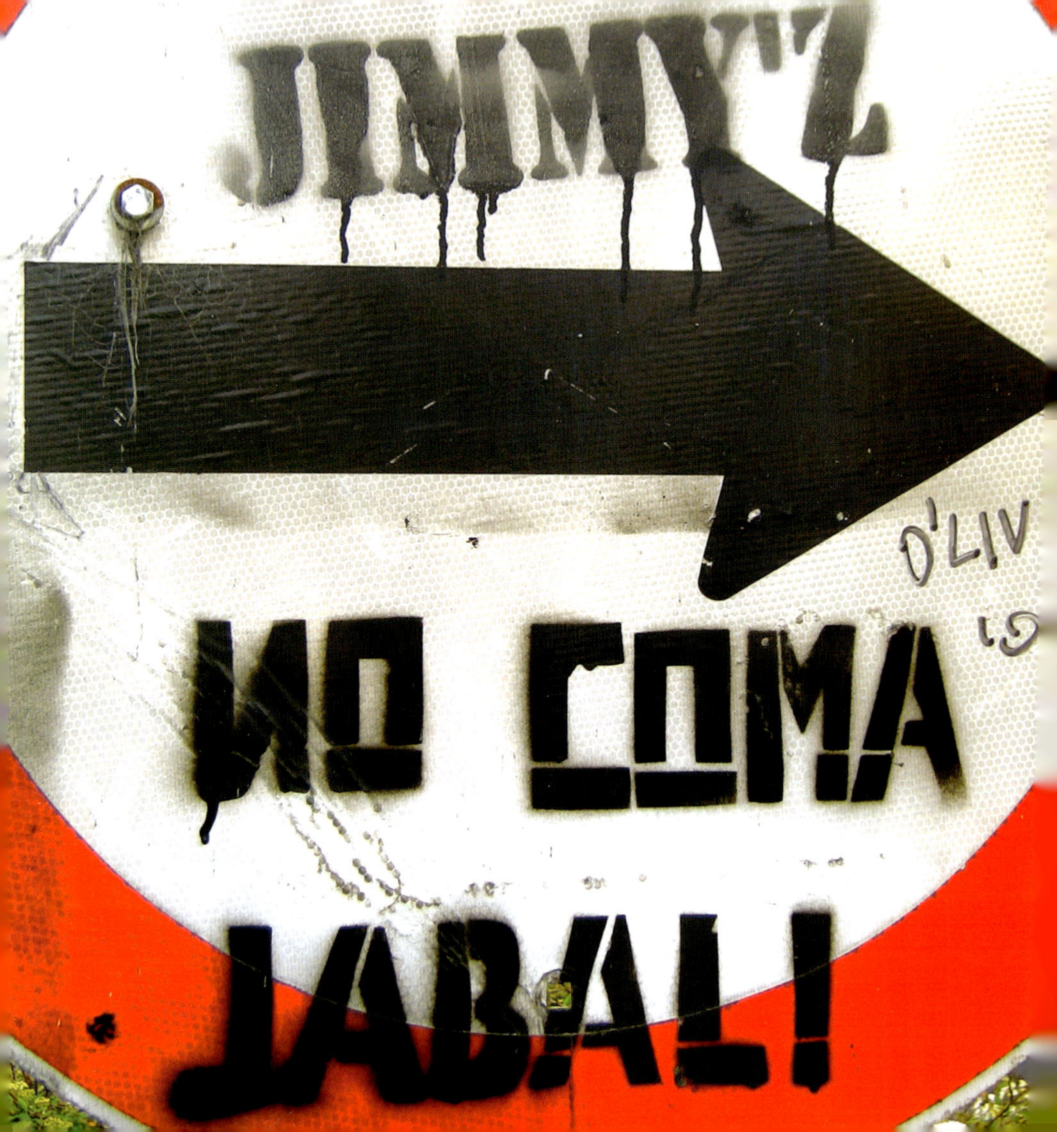

JIMMY'Z
NO COMA
JABALI
O'LIV
15

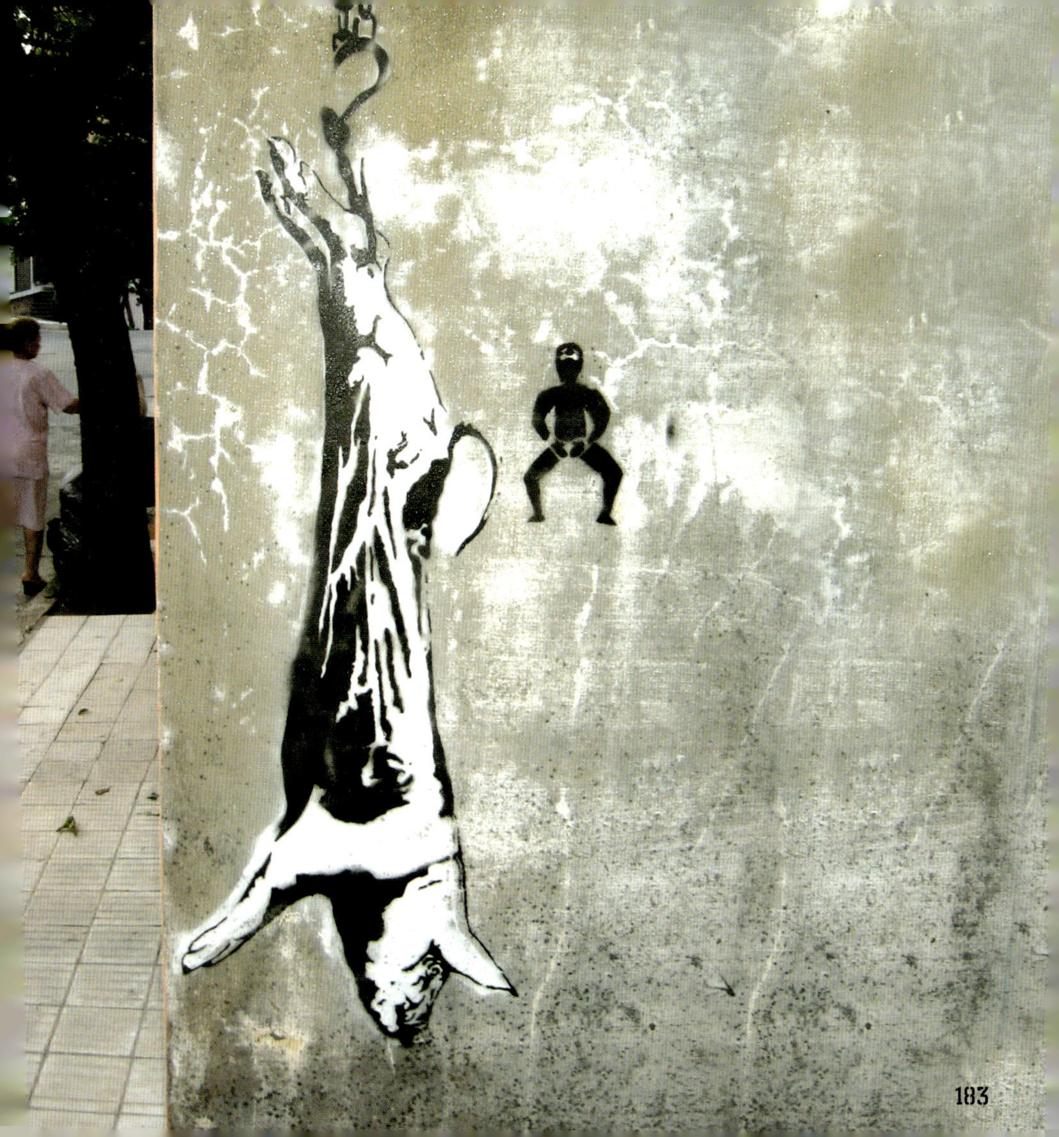

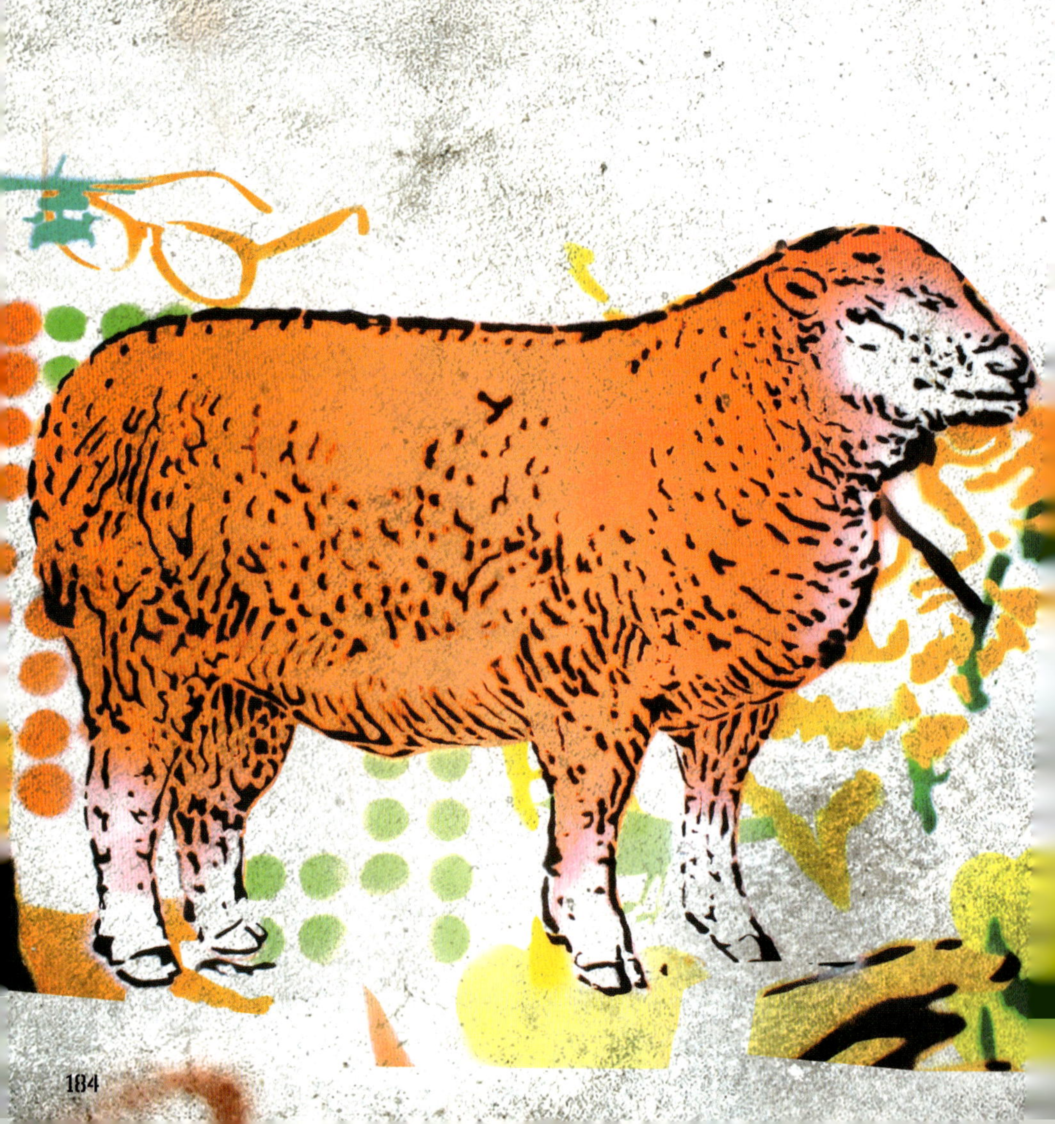

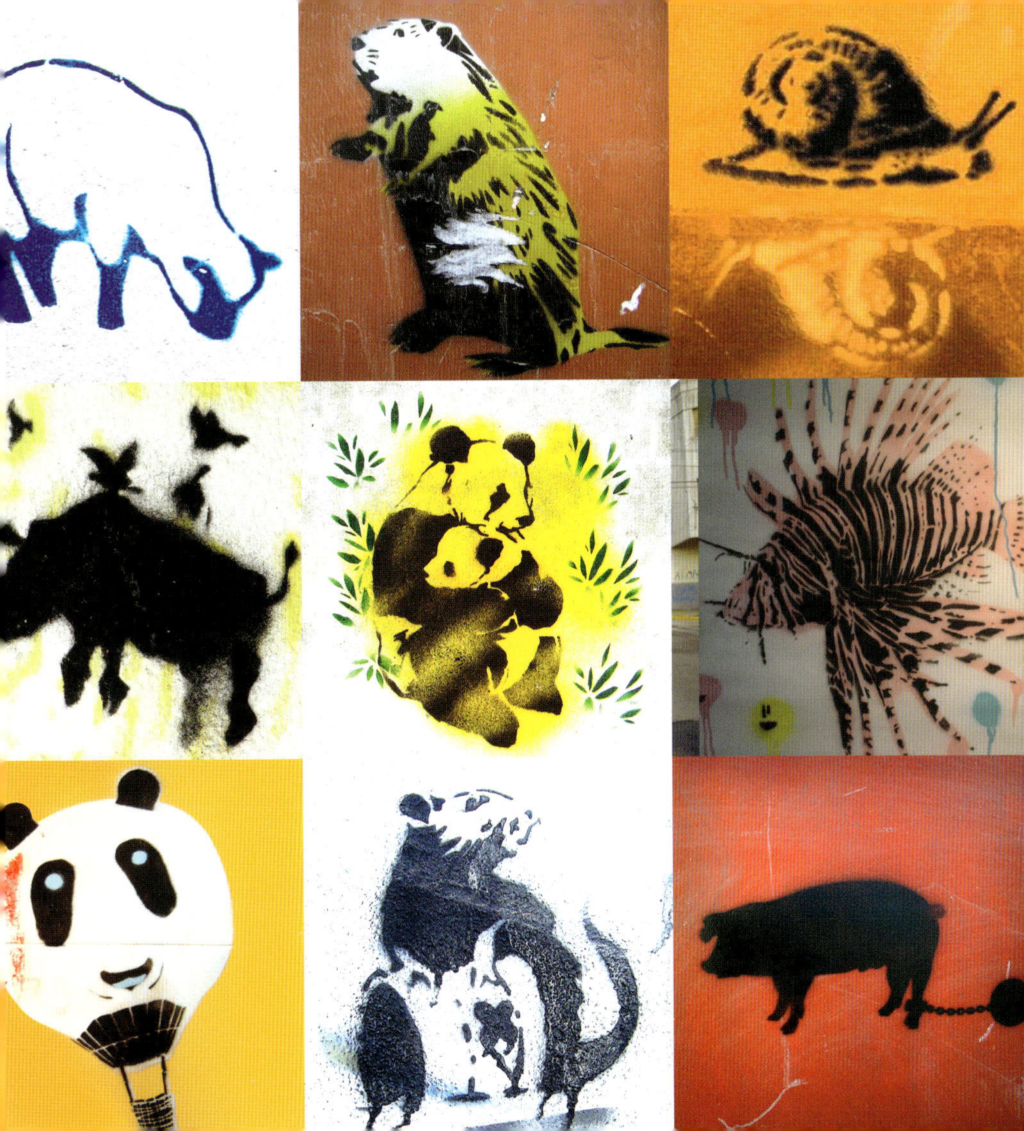

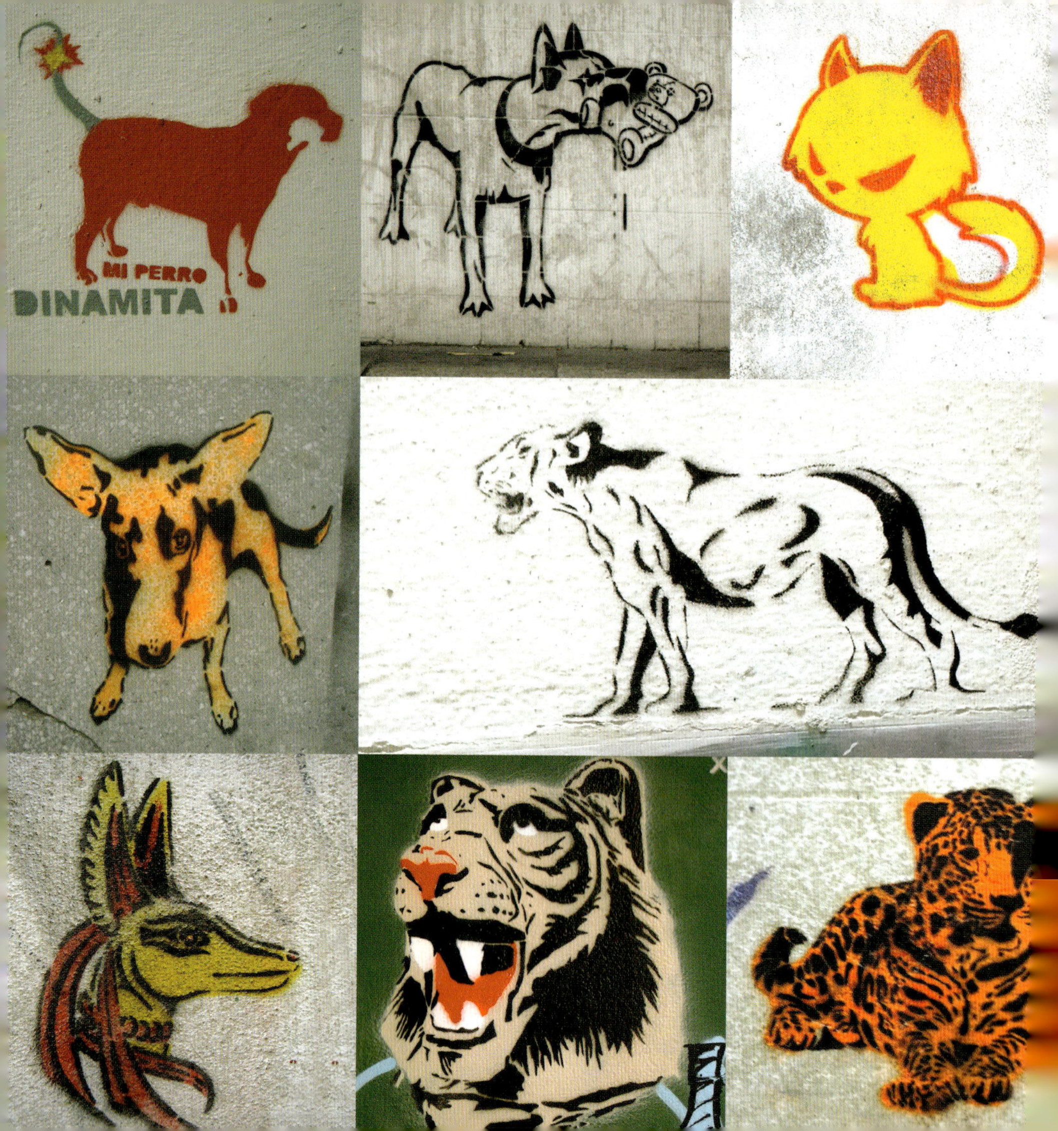

MI PERRO
DINAMITA

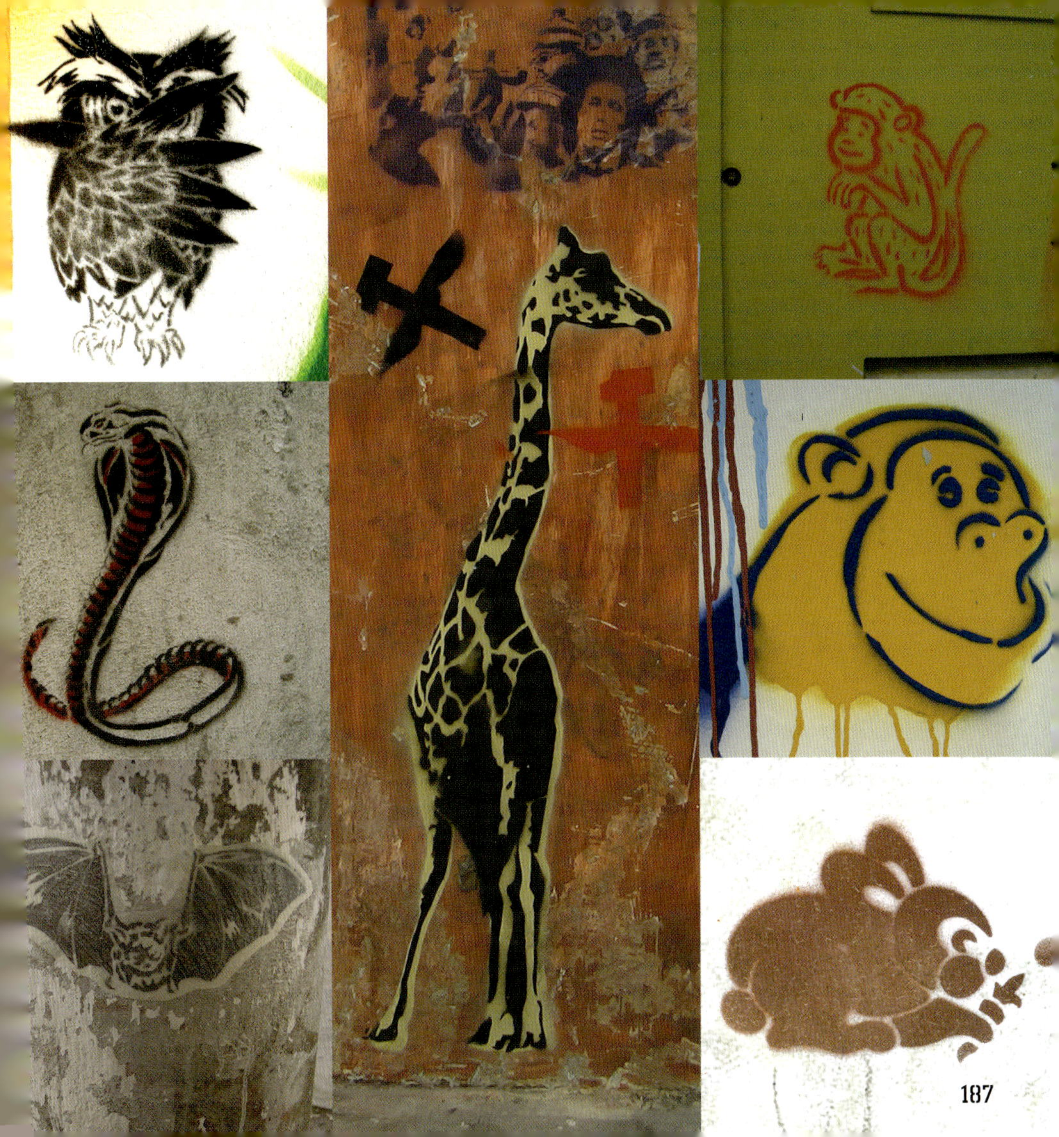

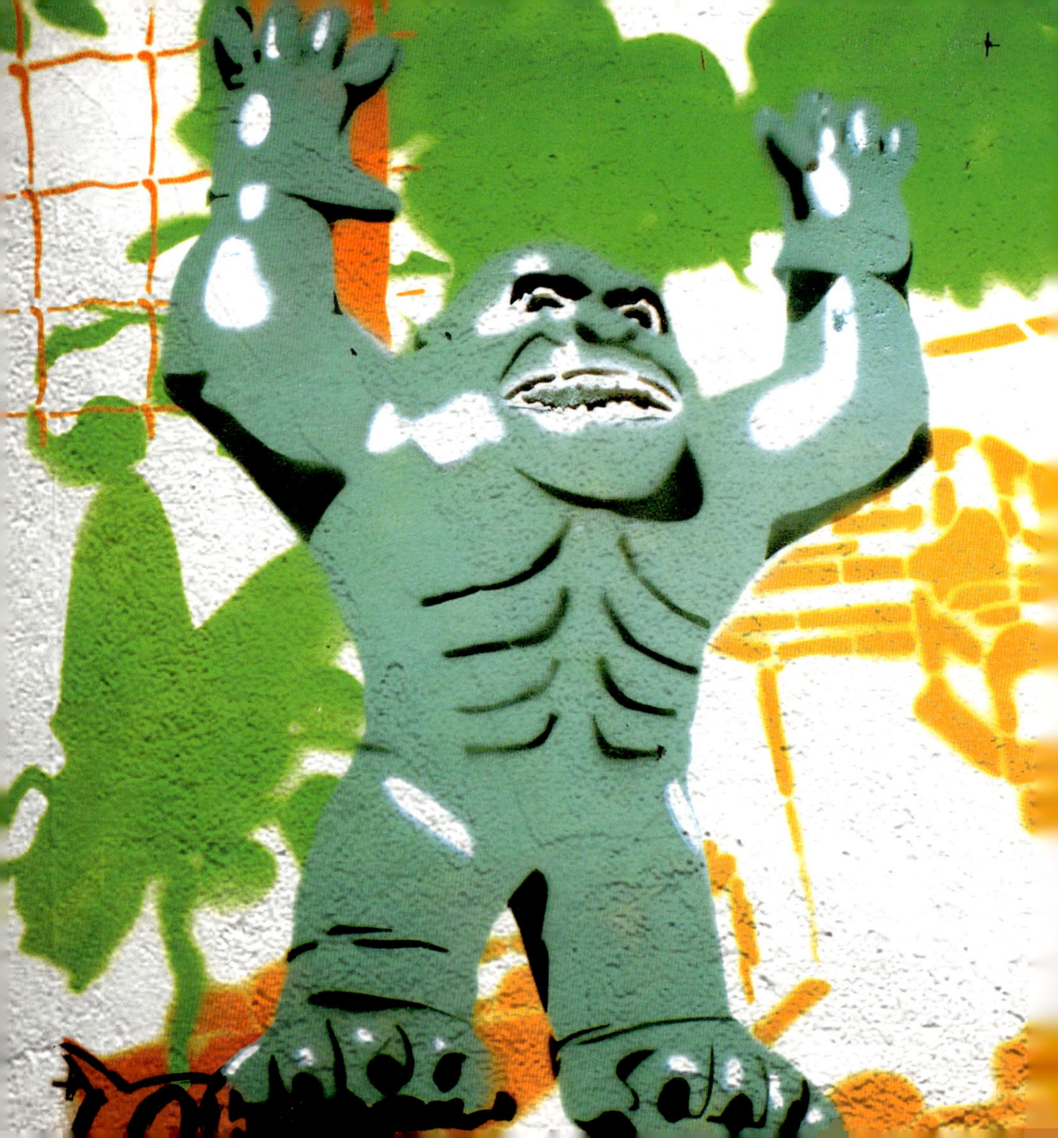

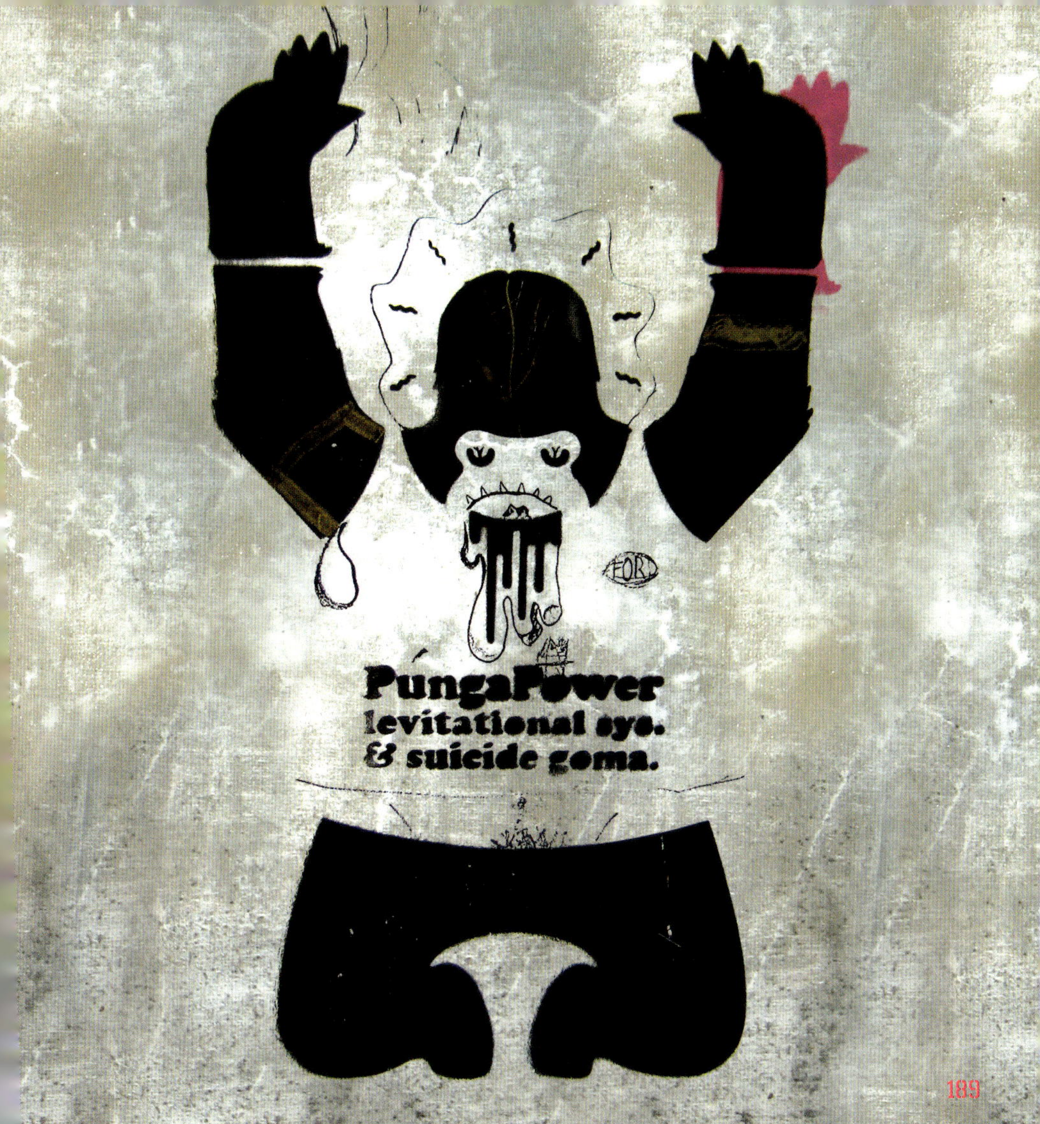

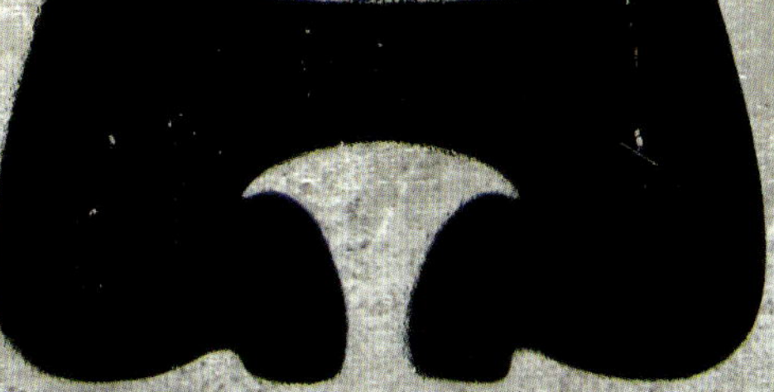

PúngaPower
levitational eye.
& suicide goma.
FORD

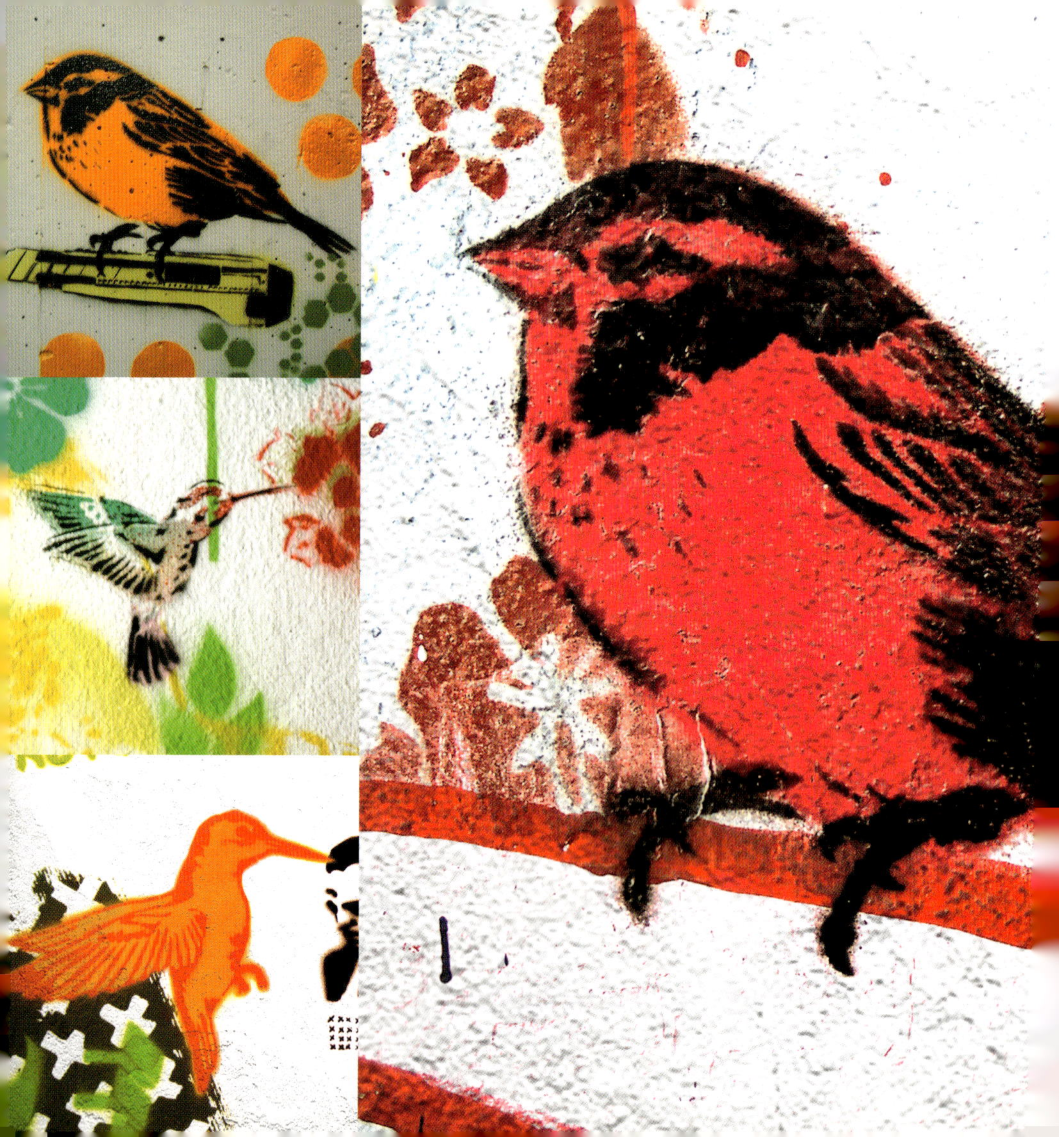

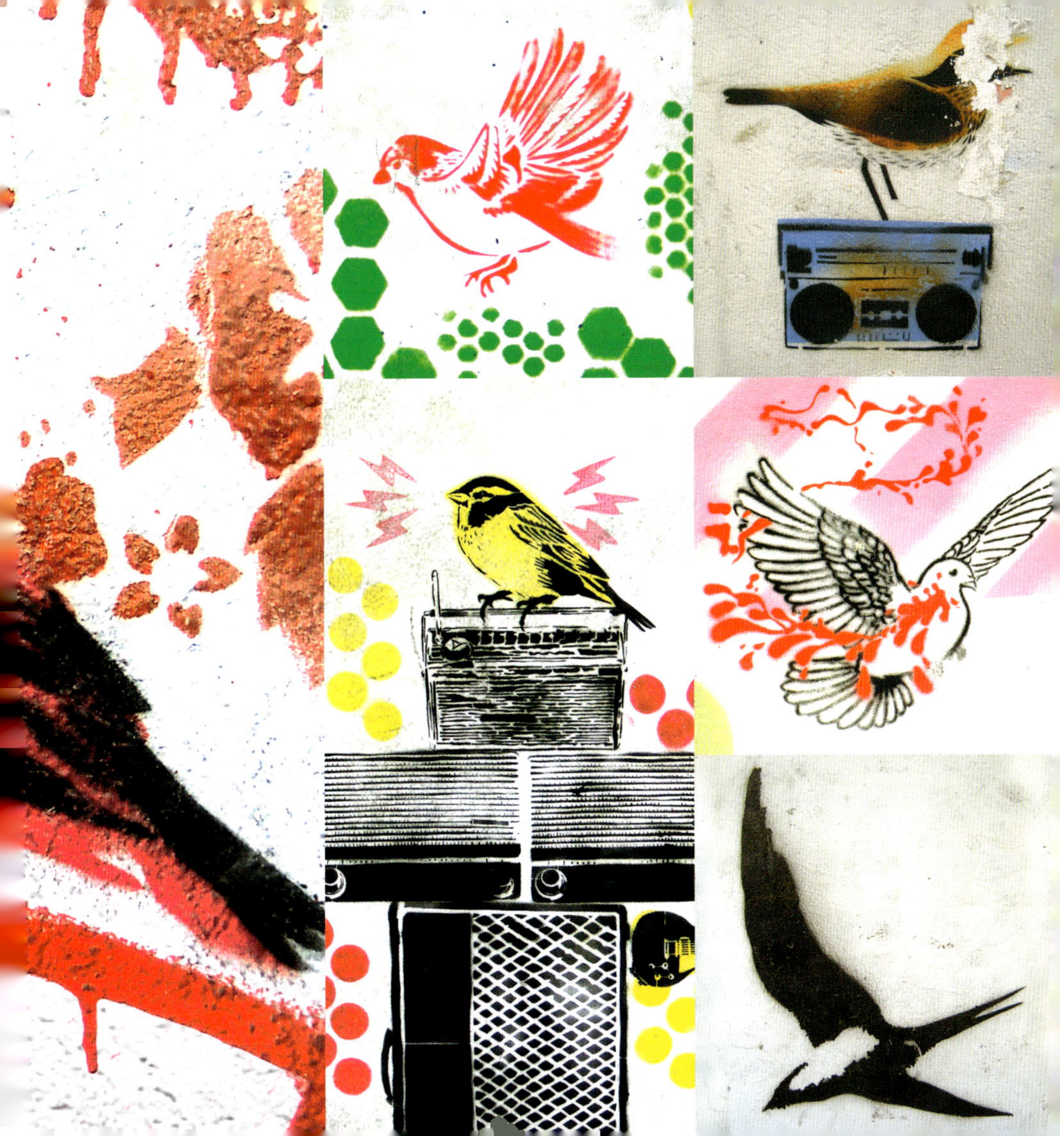

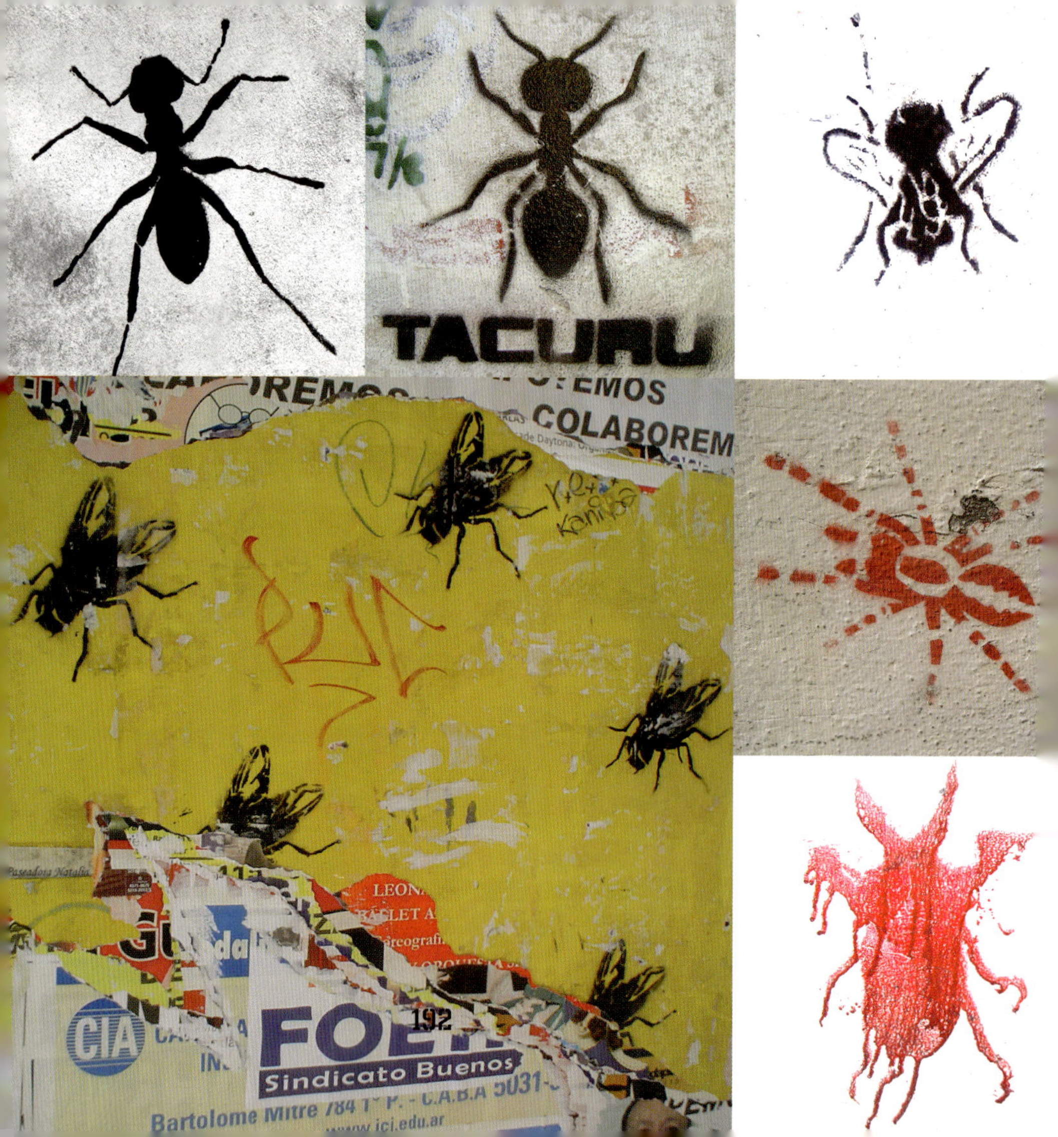

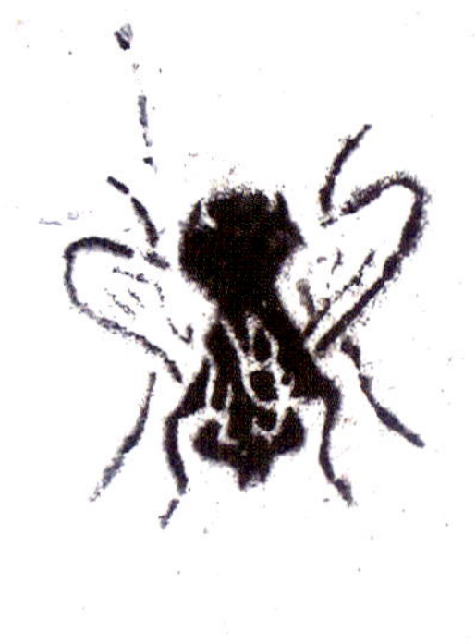
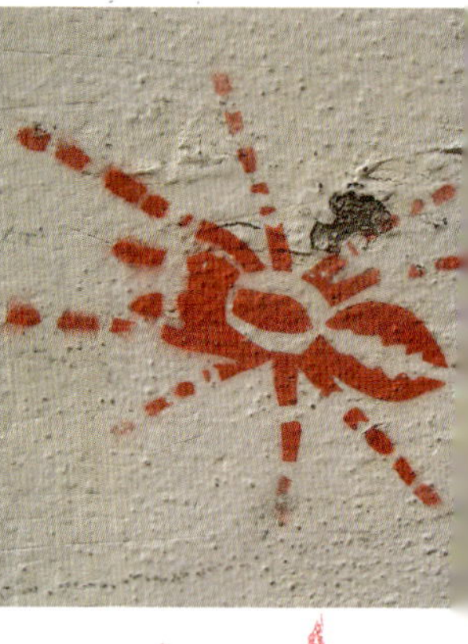
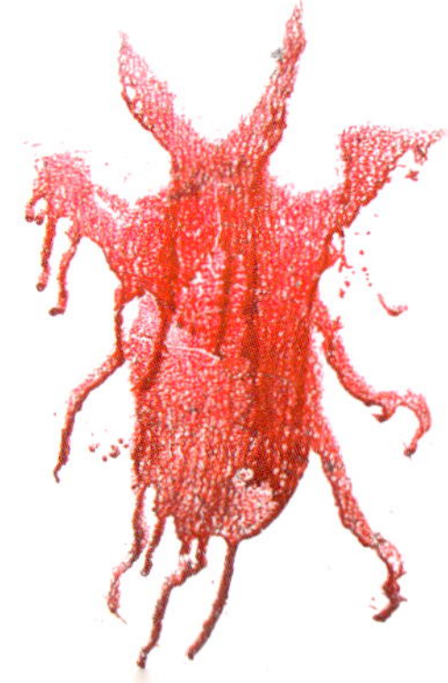

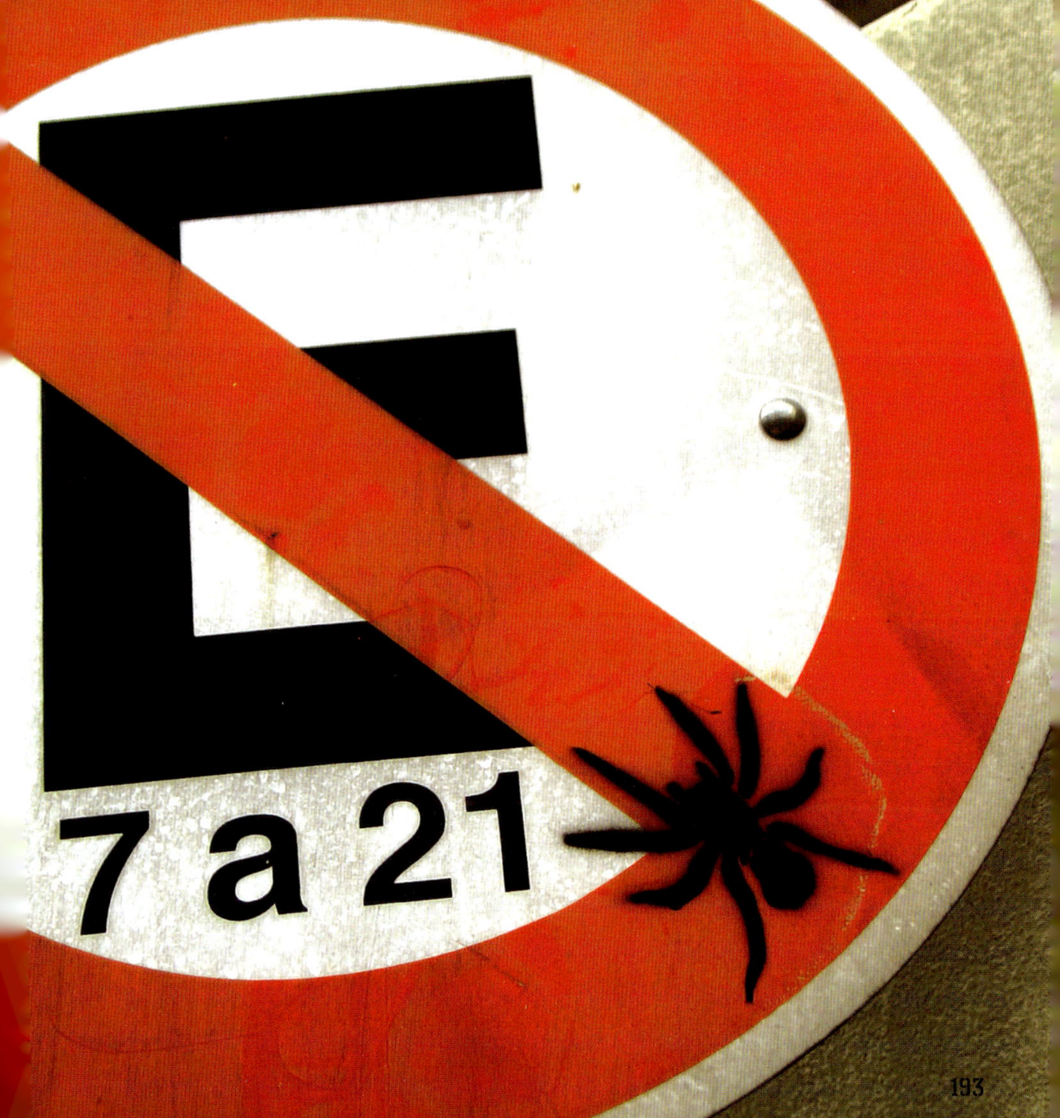

7 a 21

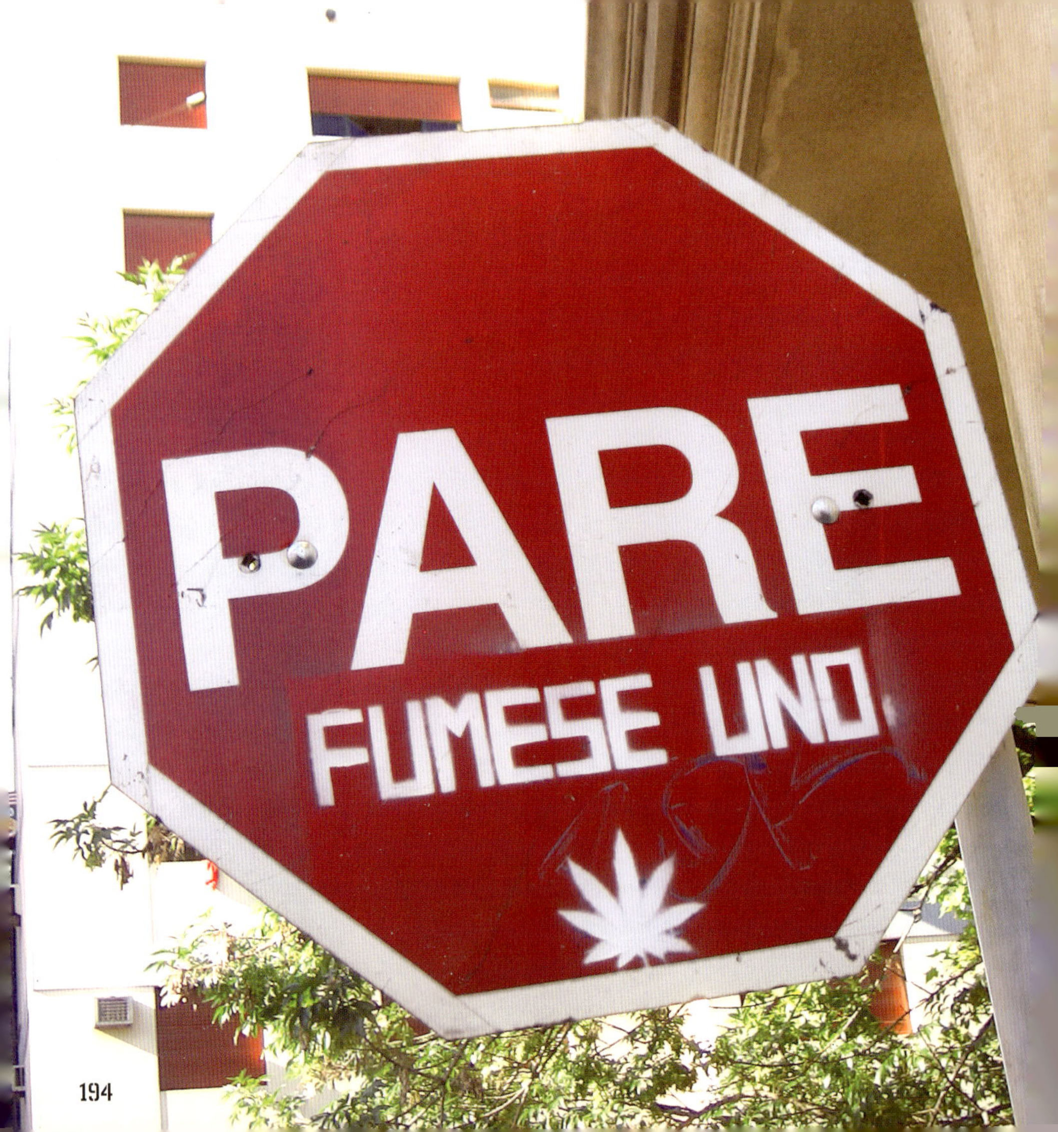

194

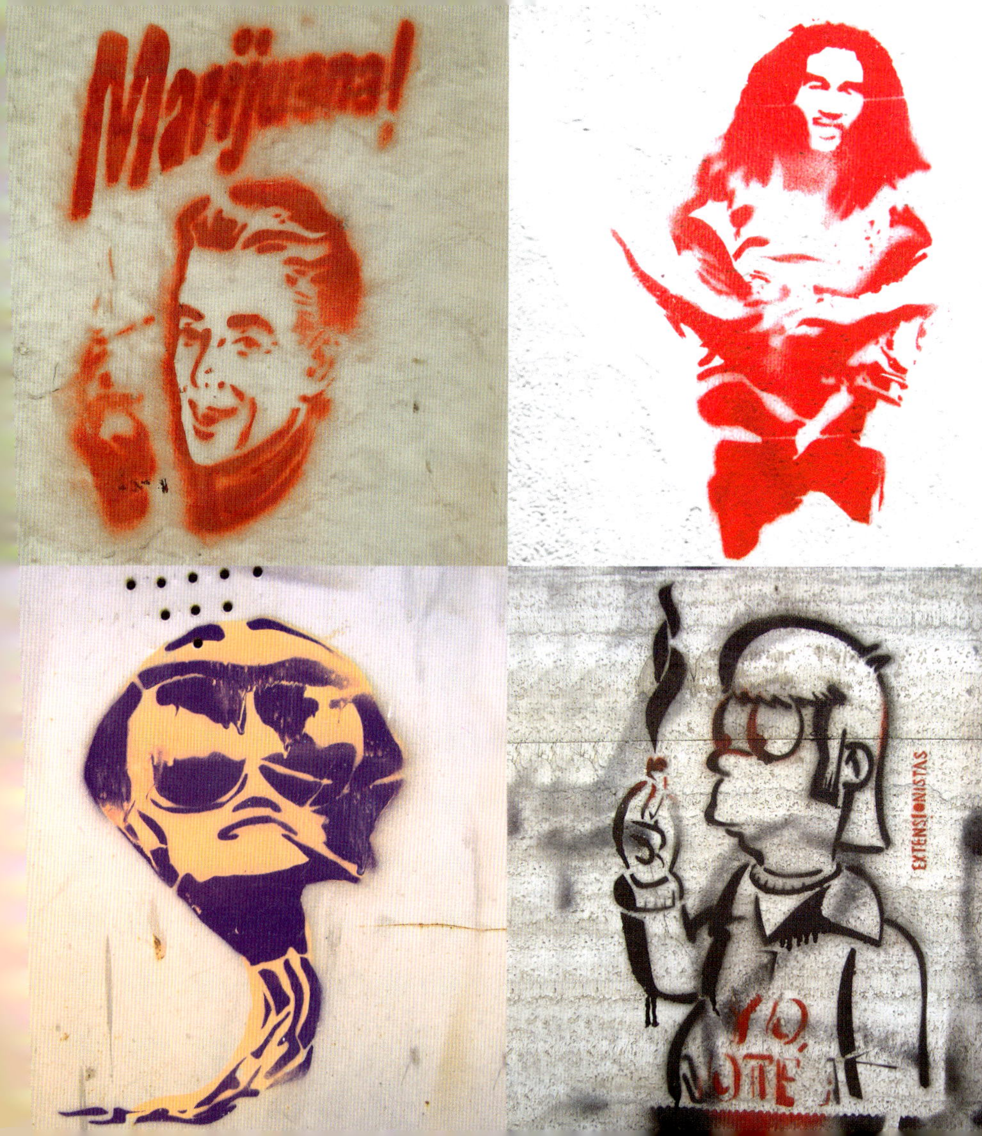
Marijuana!
EXTENSIONISTAS
YO
VOTE

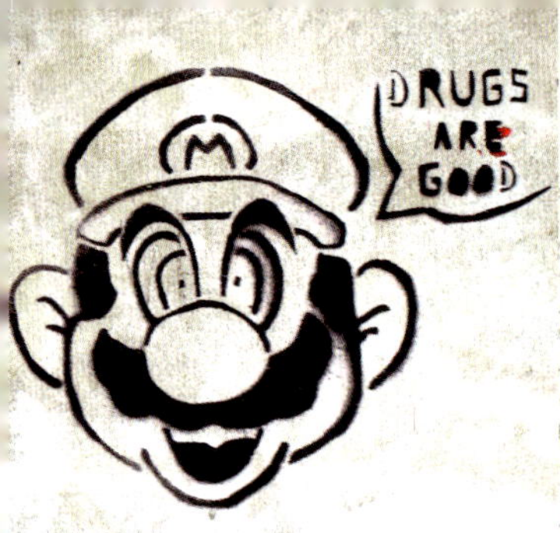
DRUGS ARE GOOD

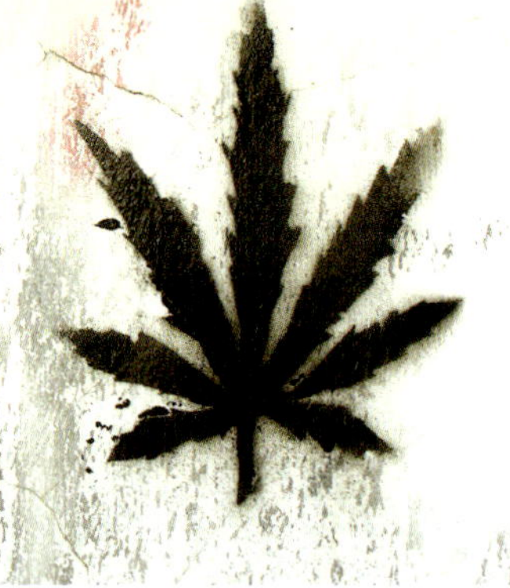

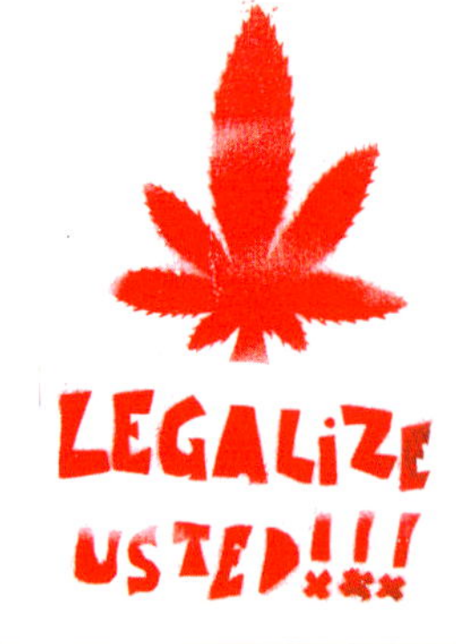
LEGALIZE USTED!!!

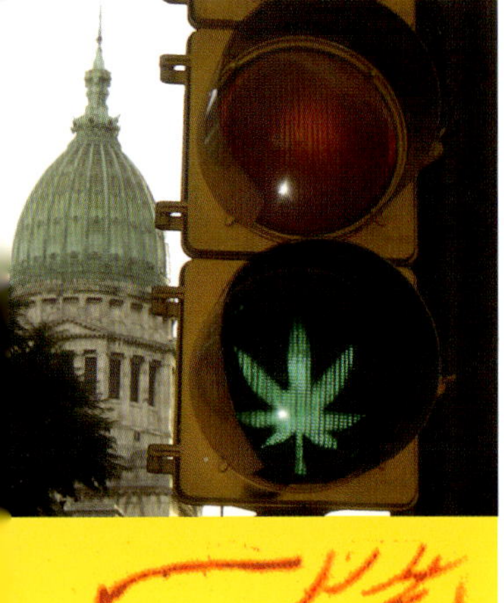

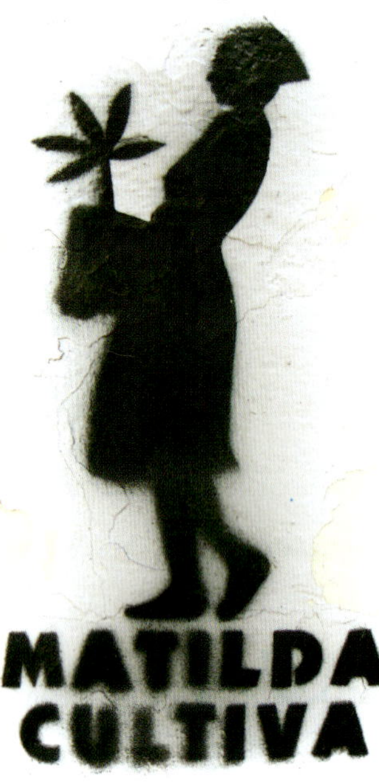
MATILDA CULTIVA

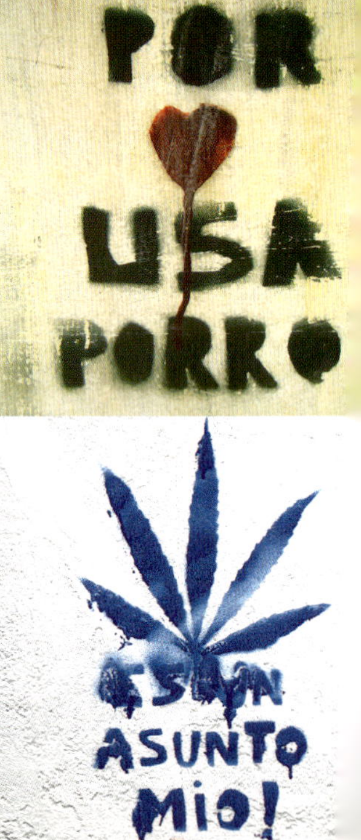
POR
USA
PORRO

ES UN
ASUNTO
MIO!

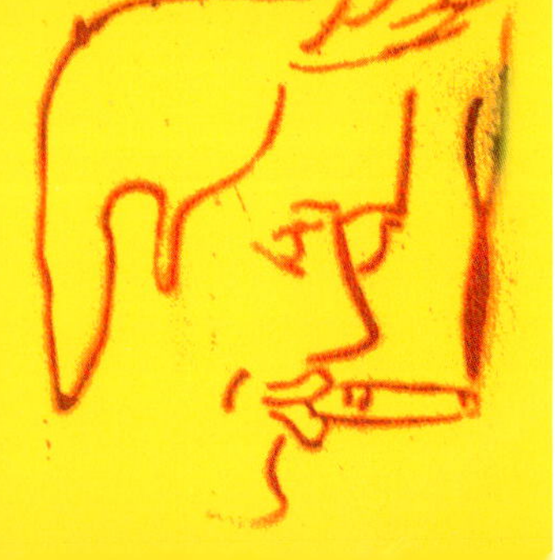

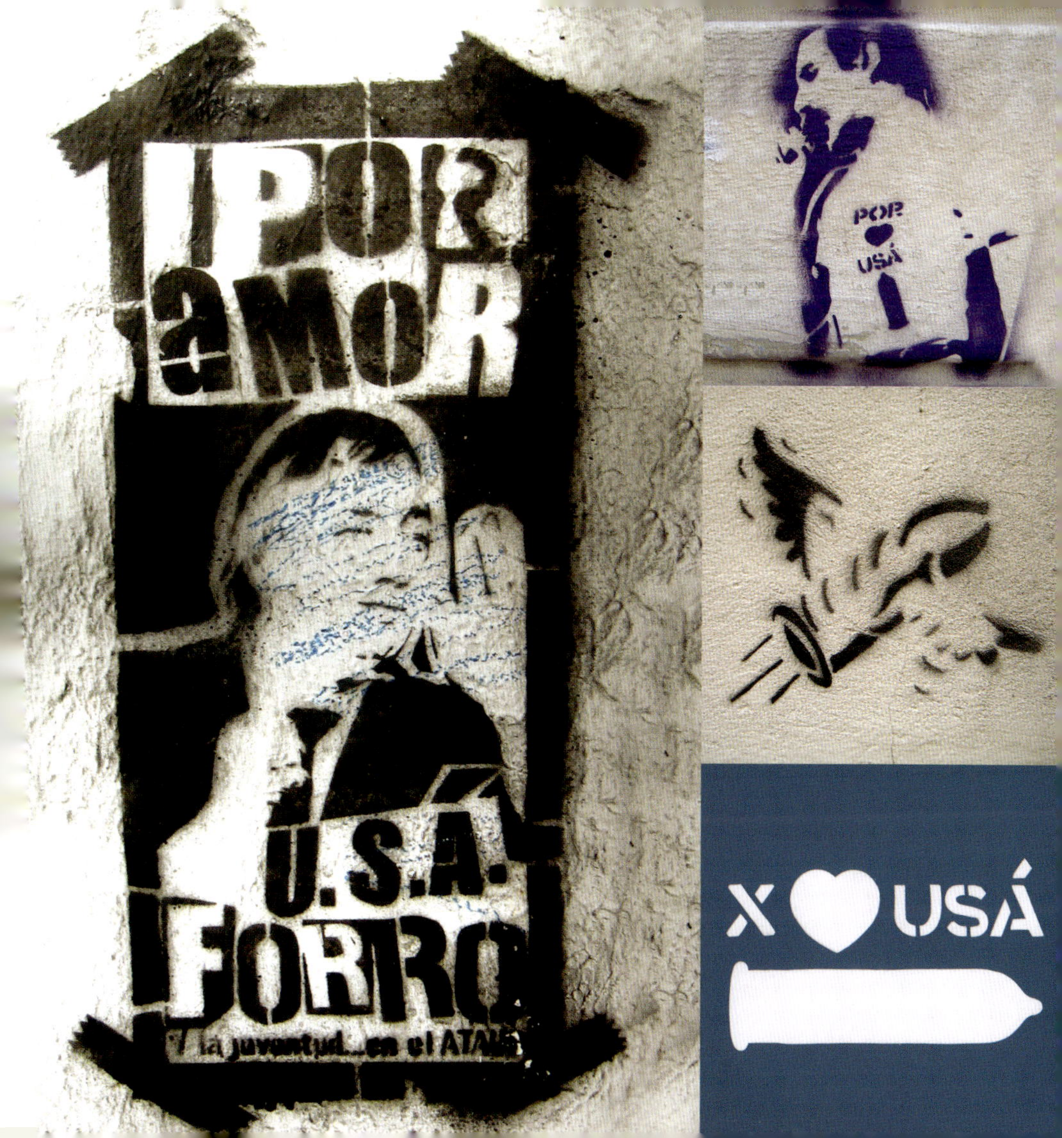

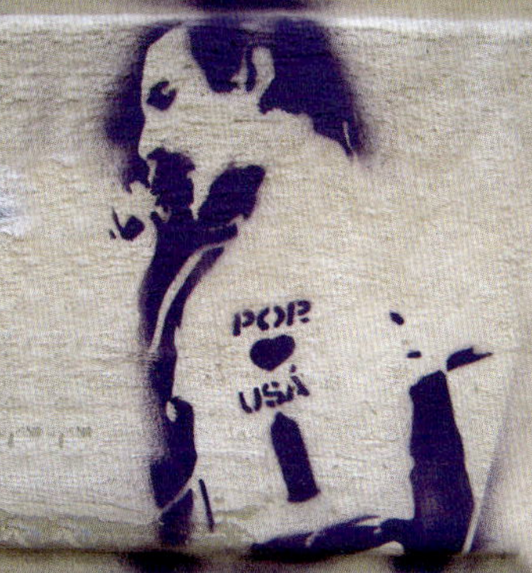

POR
USA

¡POR
AMOR
U.S.A.
FORRO
y la juventud...en el ATAIS

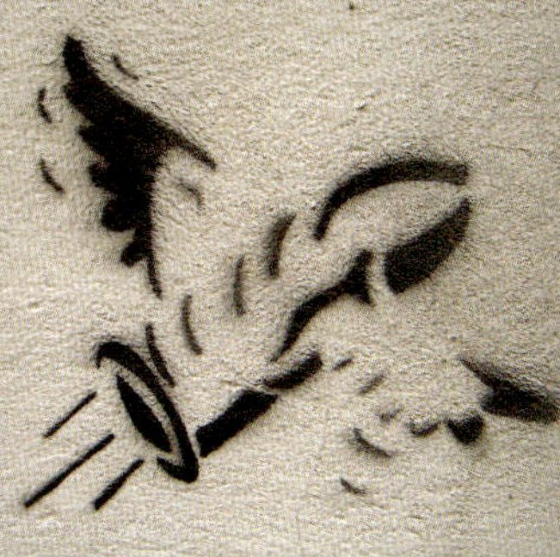

X USÁ

Por AMOR usá
preservativo

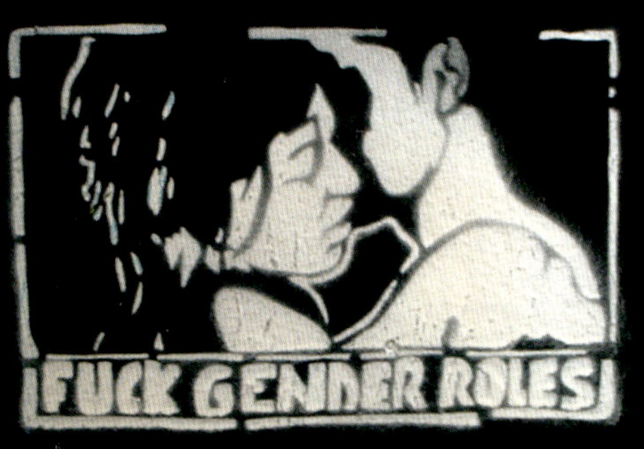
FUCK GENDER ROLES

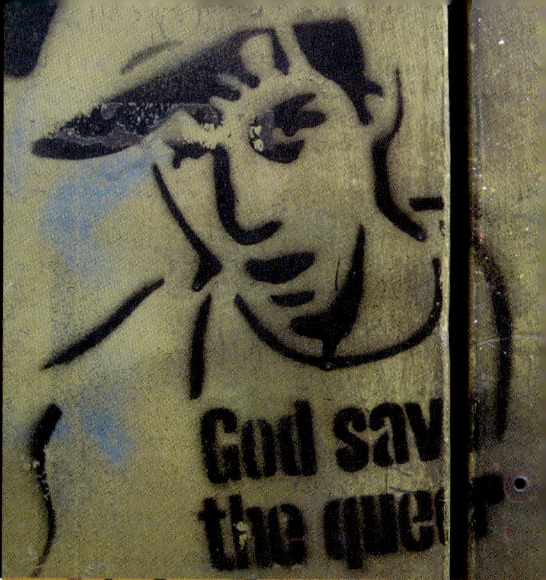

God sav
the quee

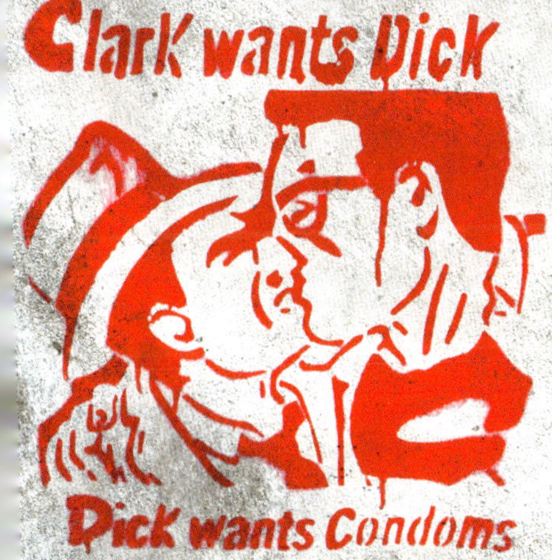
Clark wants Dick
Dick wants Condoms

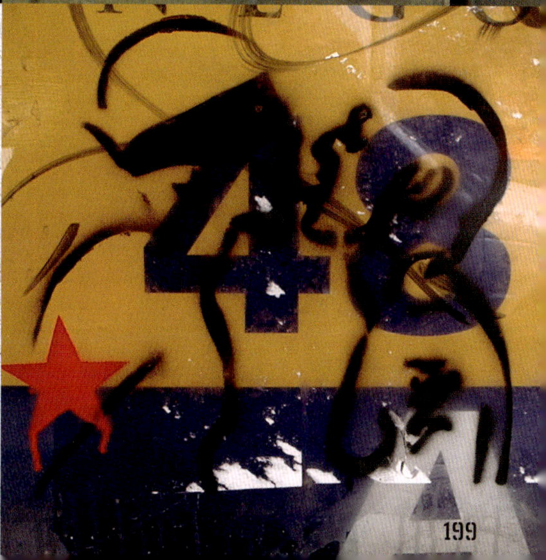

METASTENCIL

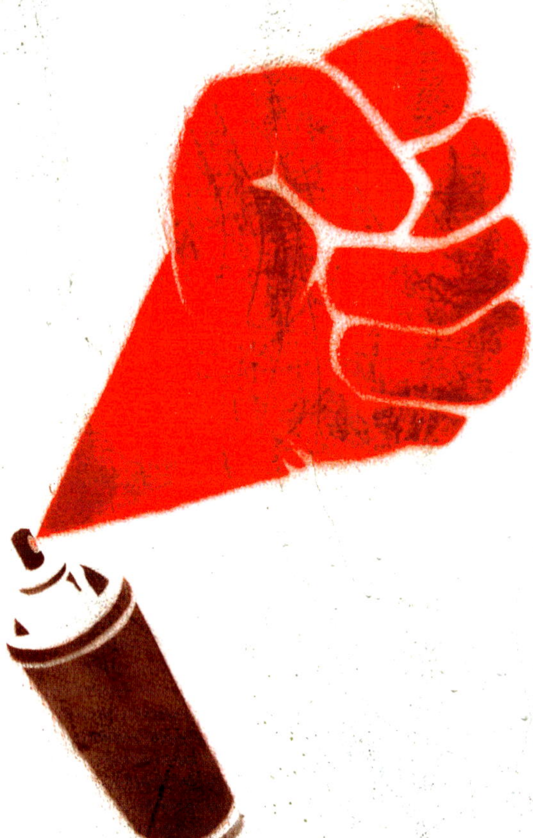

El stencil puede leerse como metalenguaje de múltiples lenguajes visuales, pero también –producto de su eficacia discursiva para revelar realidades y experiencias–, se ha convertido en un lenguaje-objeto tan rico, que ha comenzado a exponer la precariedad de su cuerpo de acetato y aerosol para pensarse a sí mismo como técnica.

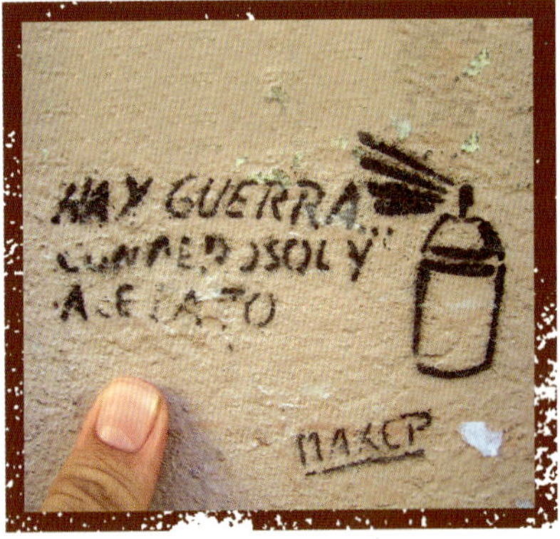

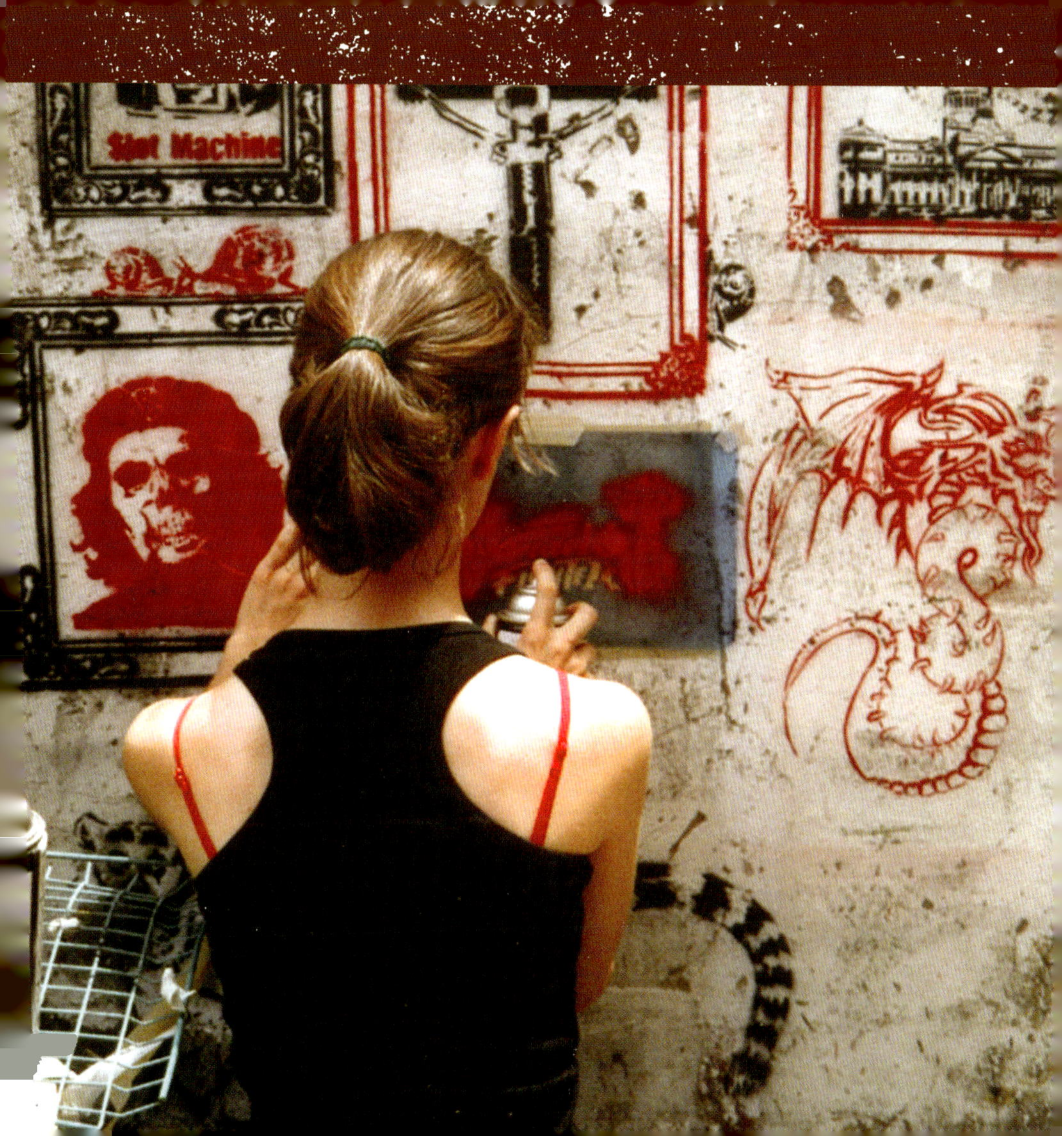

Slot Machine

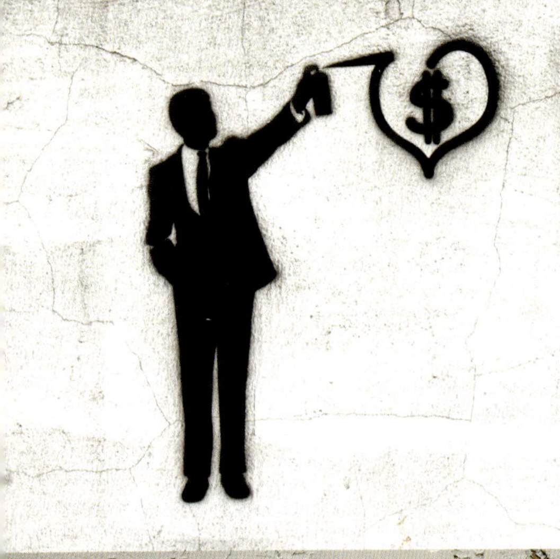

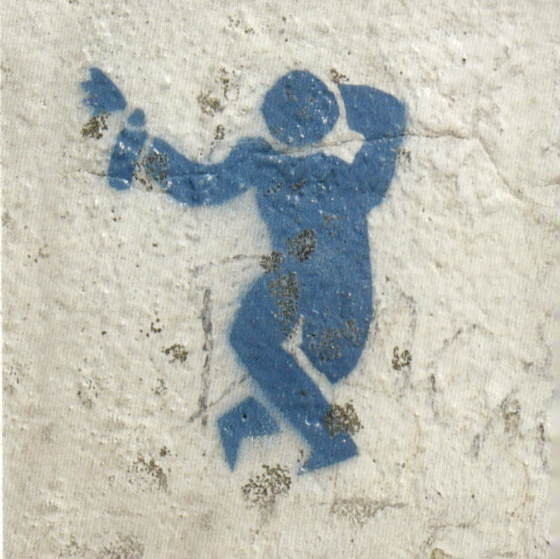

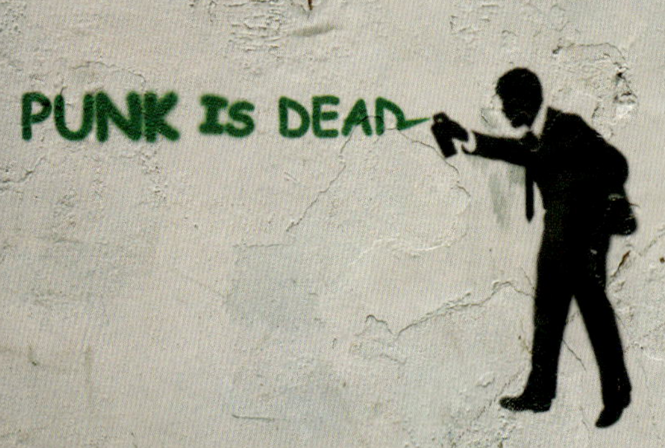
PUNK IS DEAD

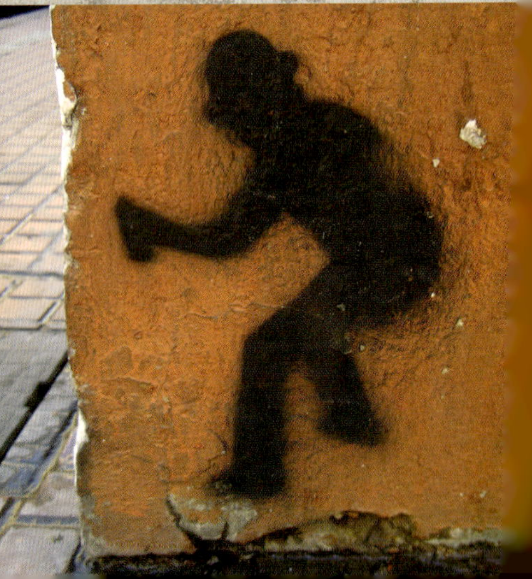

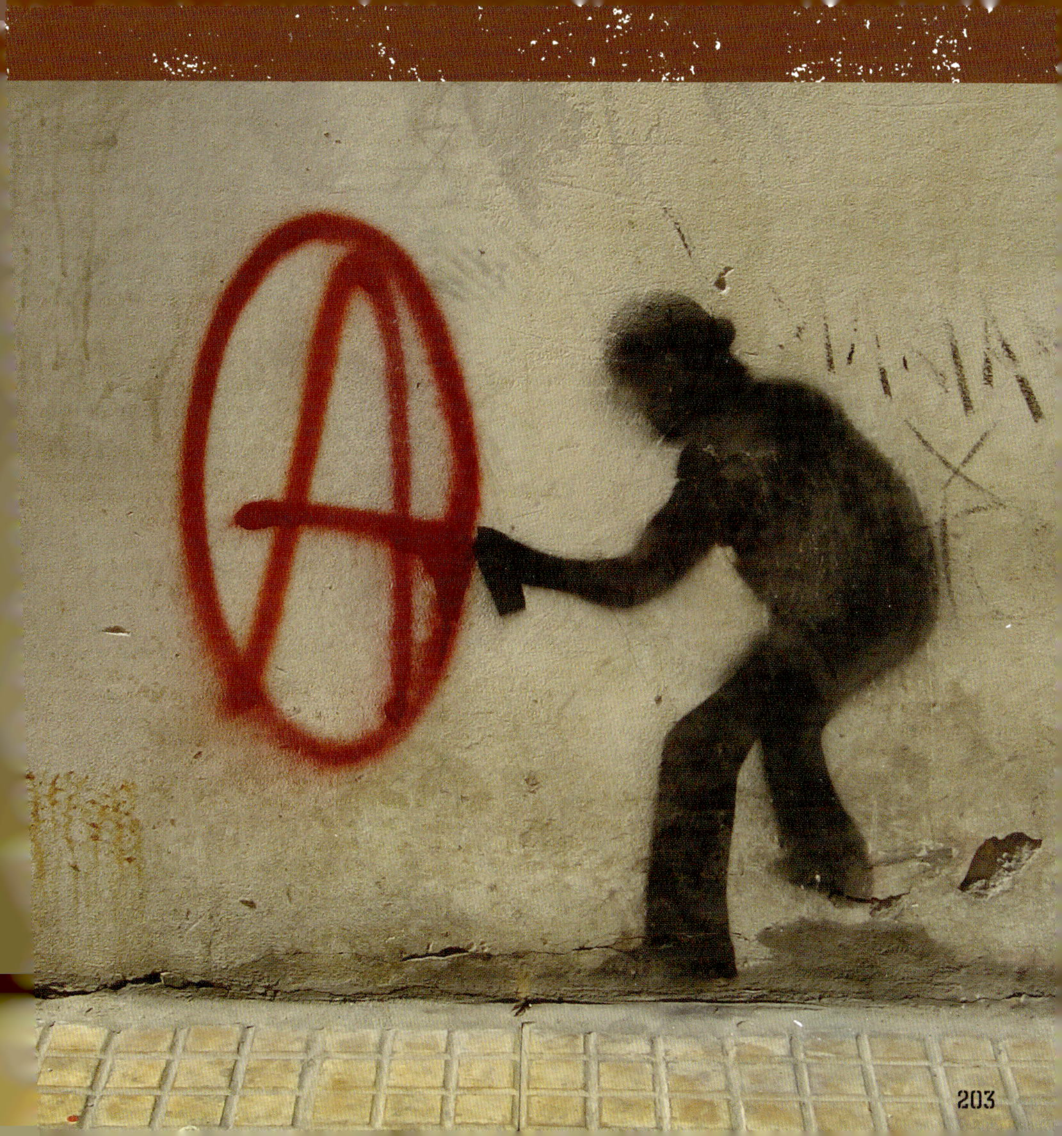

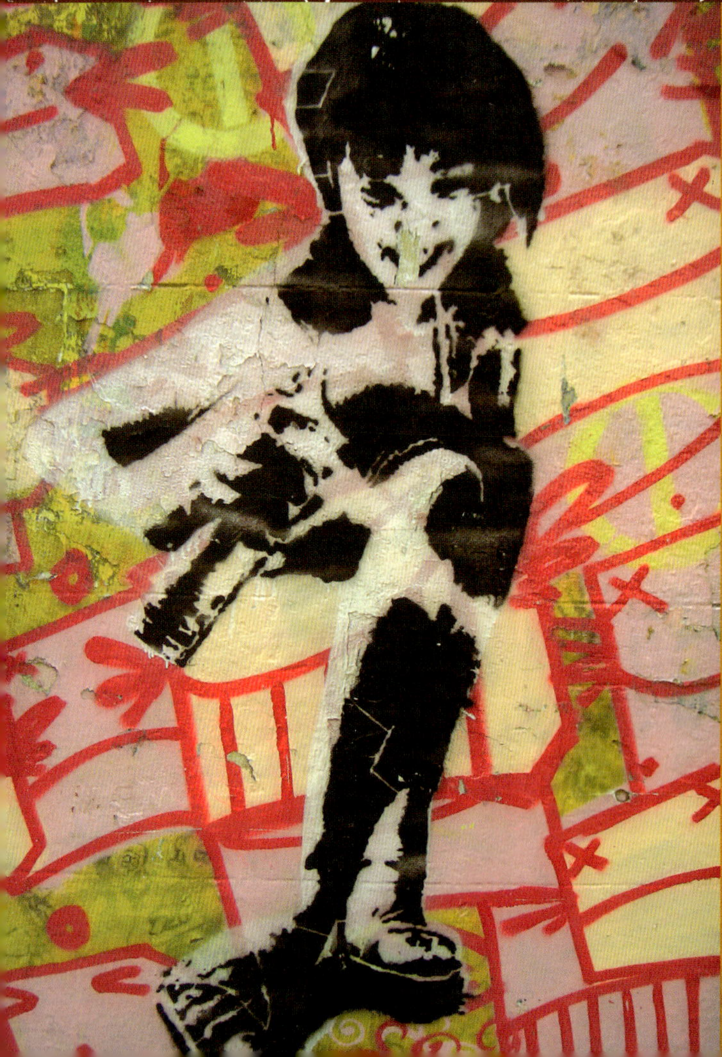

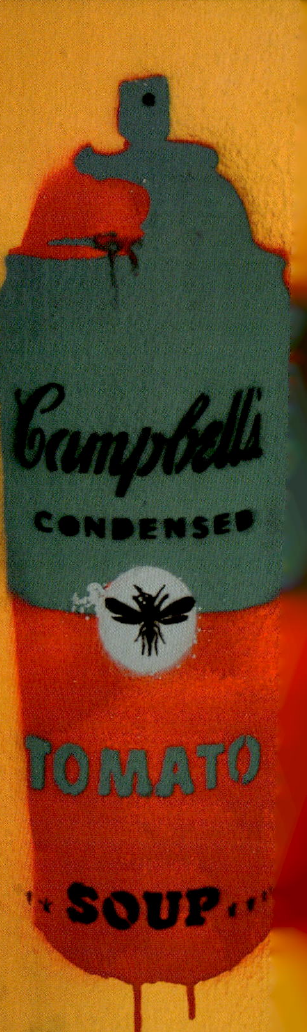
Campbell's
CONDENSED
TOMATO
SOUP

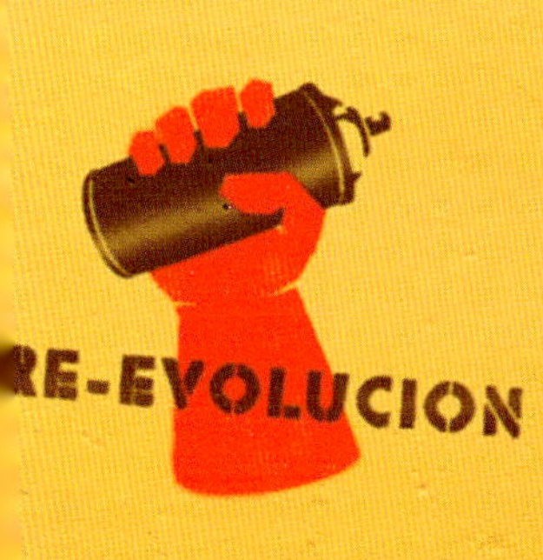
RE-EVOLUCION

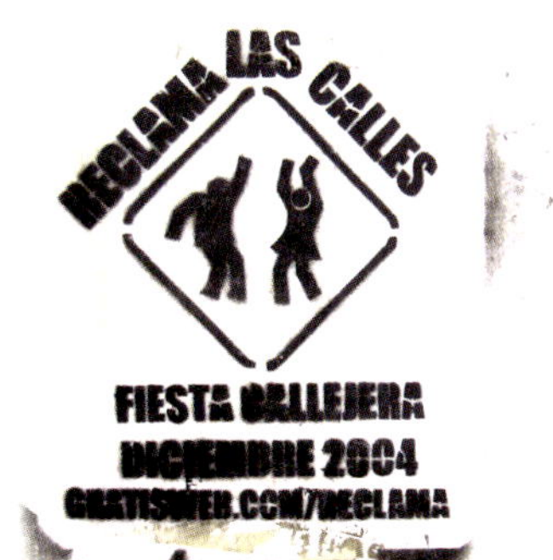
RECLAMA LAS CALLES
FIESTA CALLEJERA
DICIEMBRE 2004
GRATISWEB.COM/RECLAMA

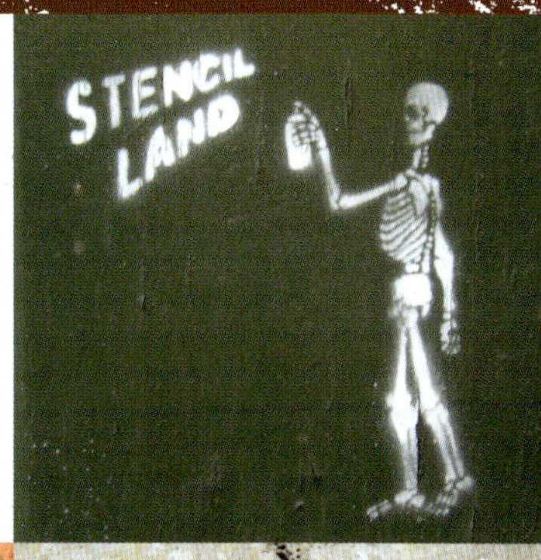
STENCIL LAND

AS CALLES
ON
NUESTRAS

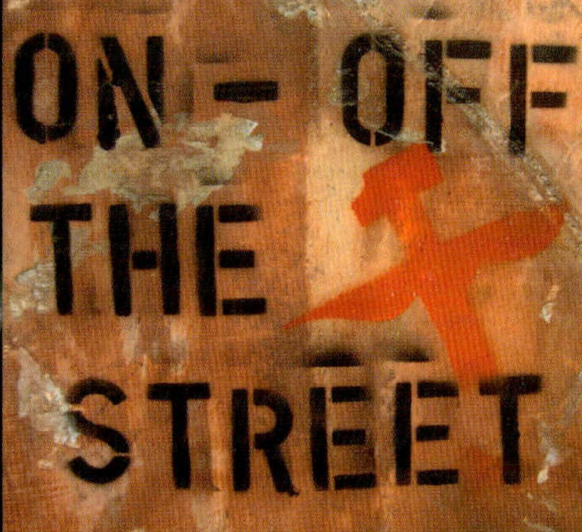
ON - OFF
THE
STREET

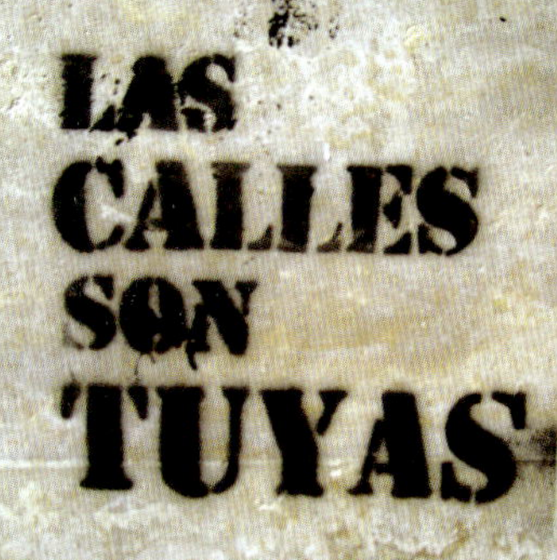
LAS
CALLES
SON
TUYAS

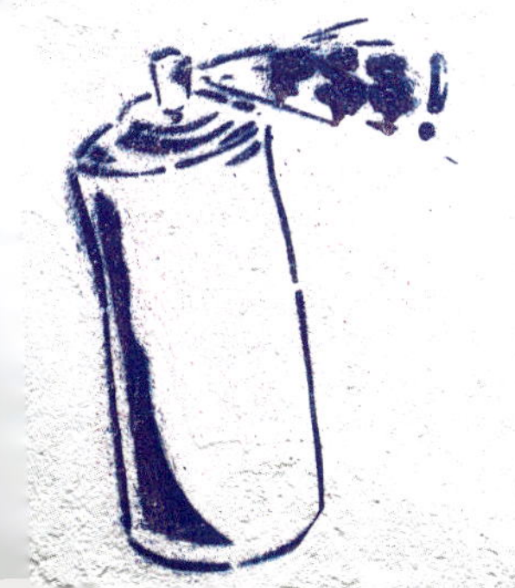

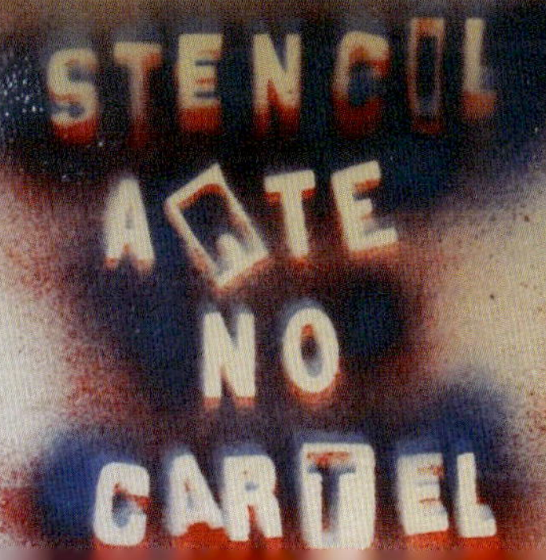
STENCIL
ARTE
NO
CARTEL

ESTE MURO
ES TUYO

ESTENCHEROS

206

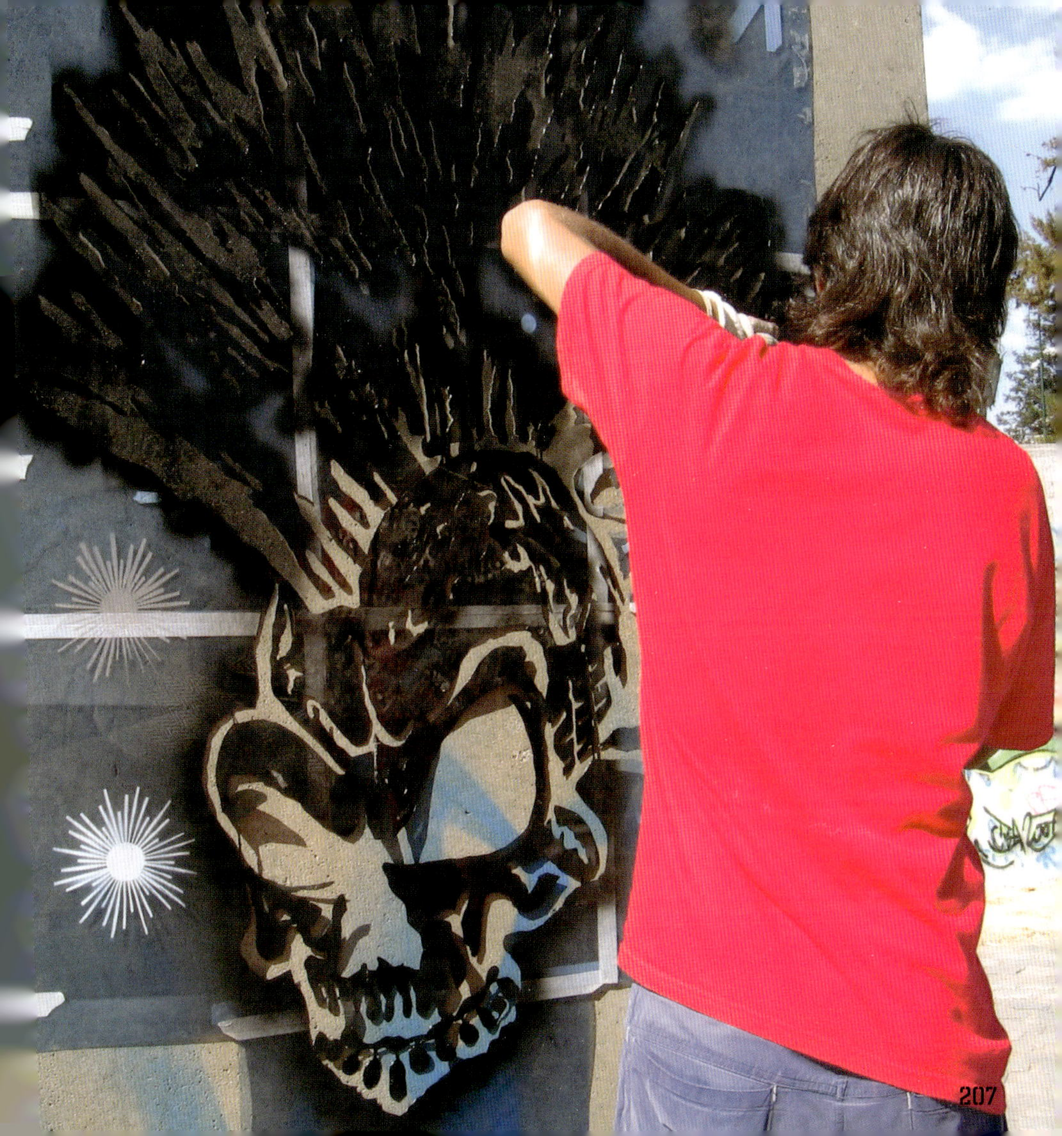

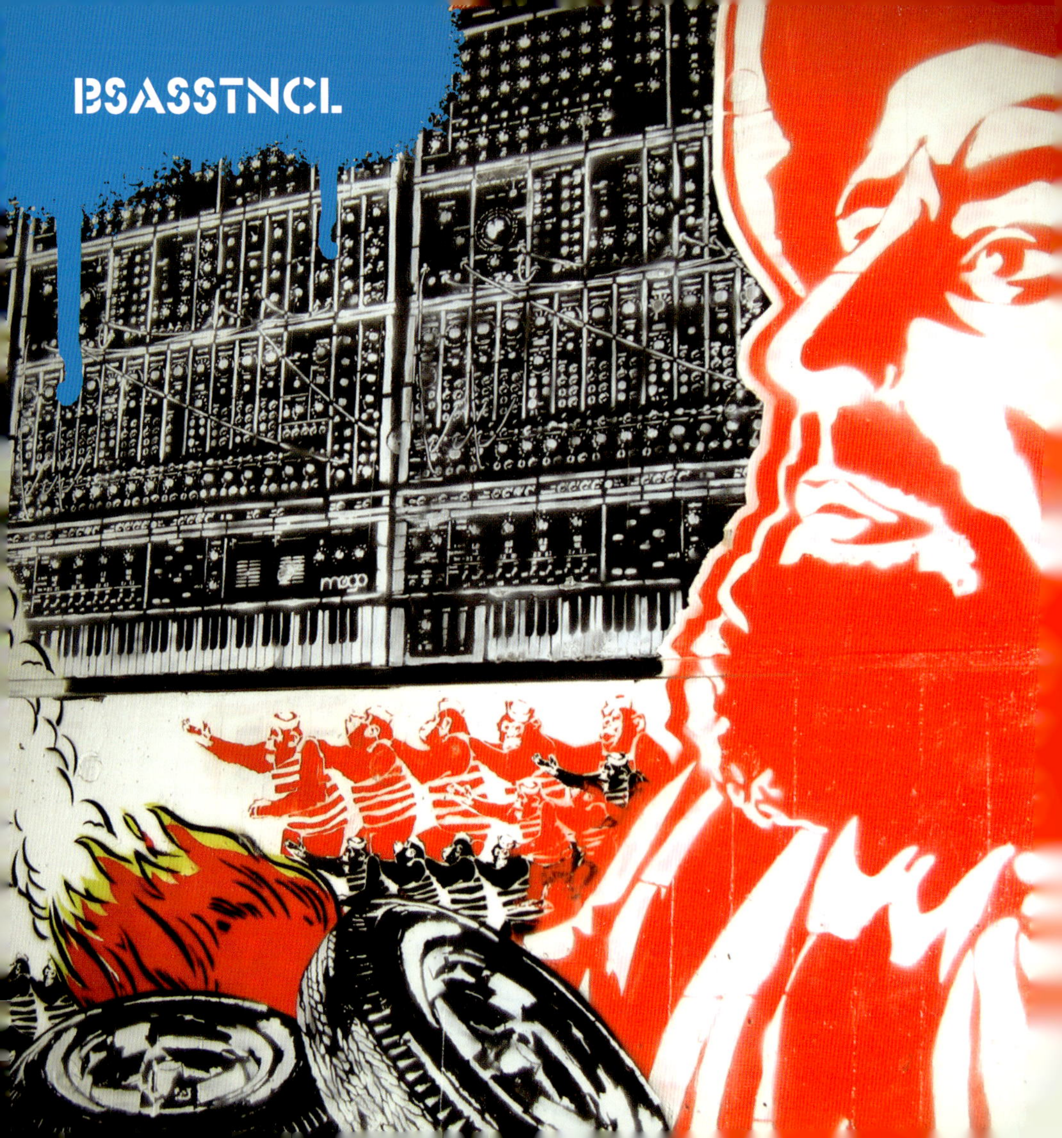
BSASSTNCL

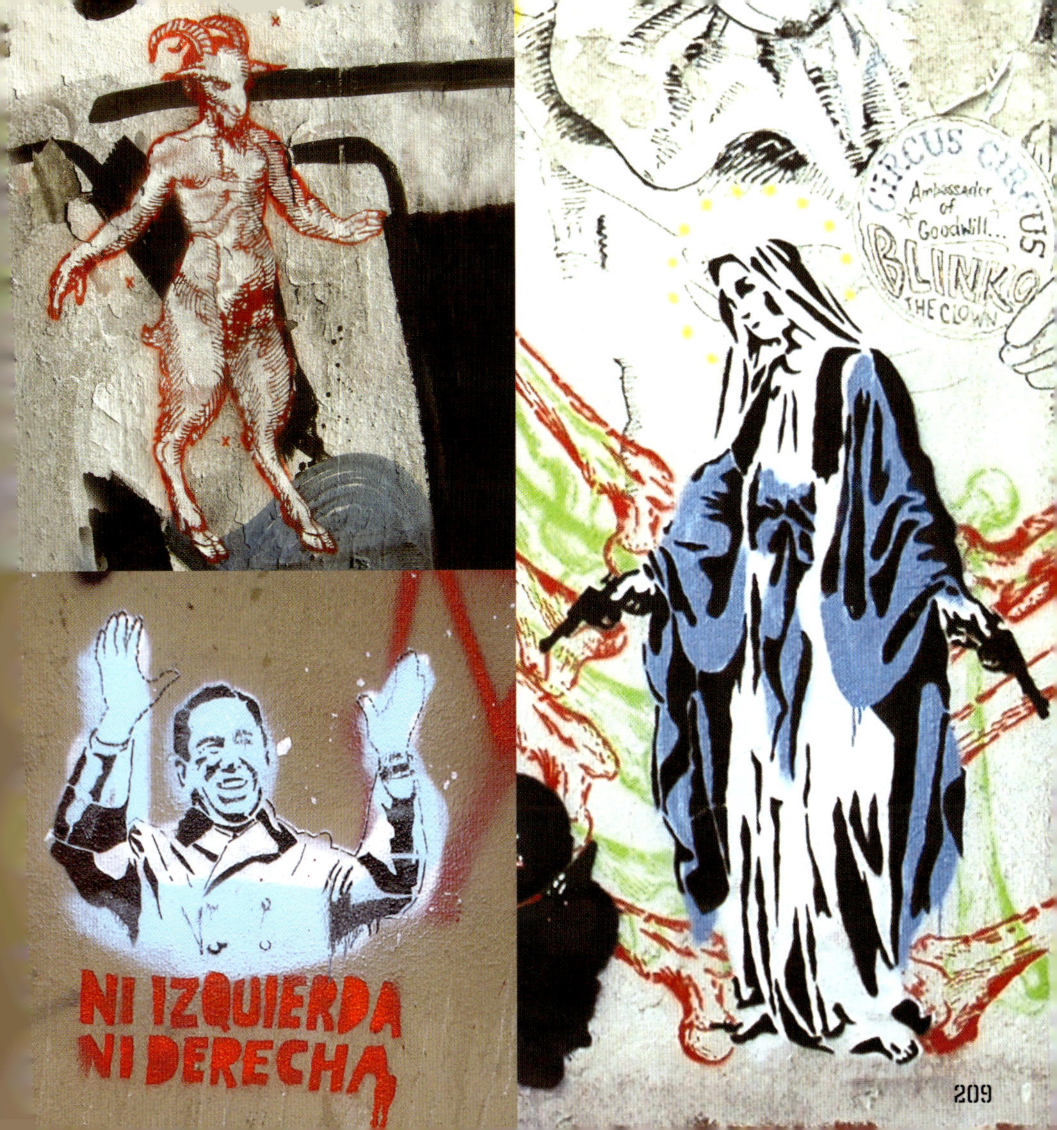

CIRCUS CIRCUS
Ambassador of Goodwill...
BLINKO
THE CLOWN
NI IZQUIERDA
NI DERECHA

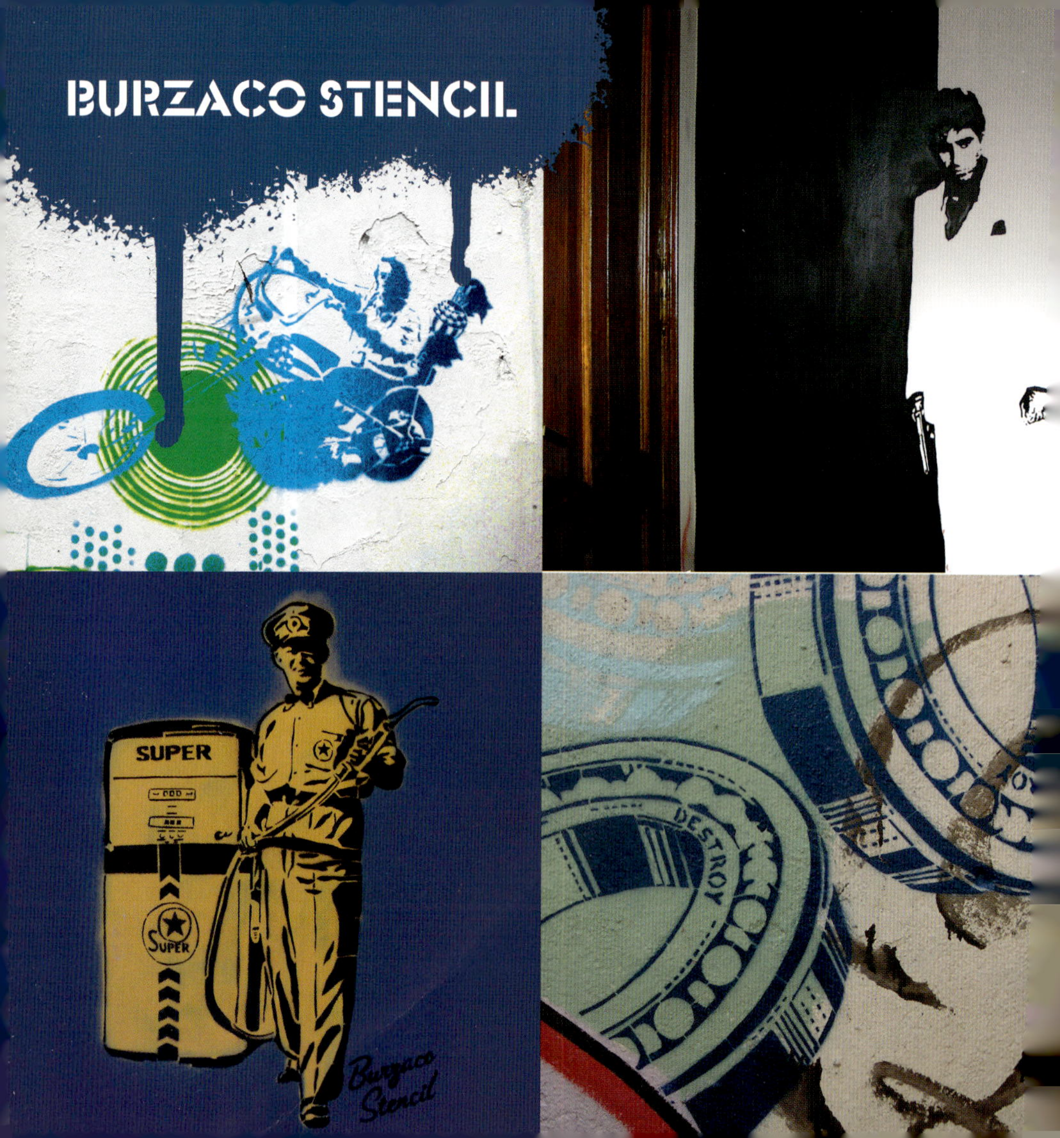

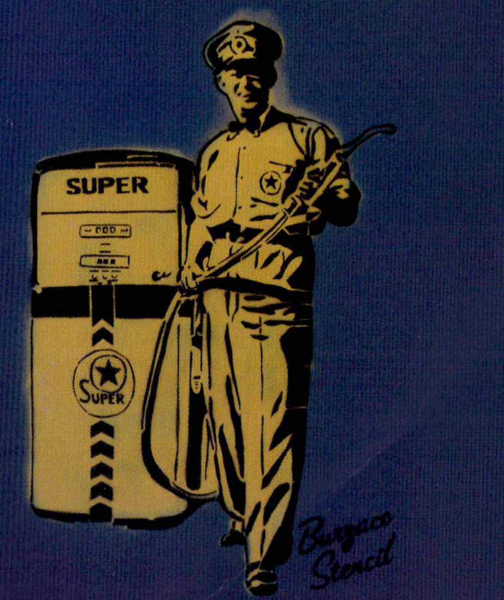
BURZACO STENCIL
SUPER
SUPER
Burzaco
Stencil

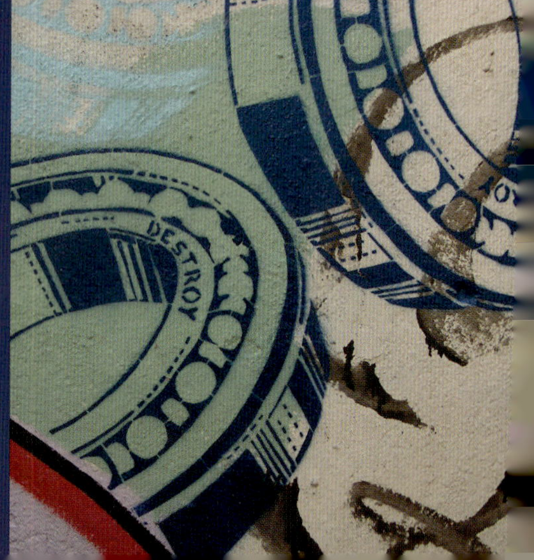
DESTROY

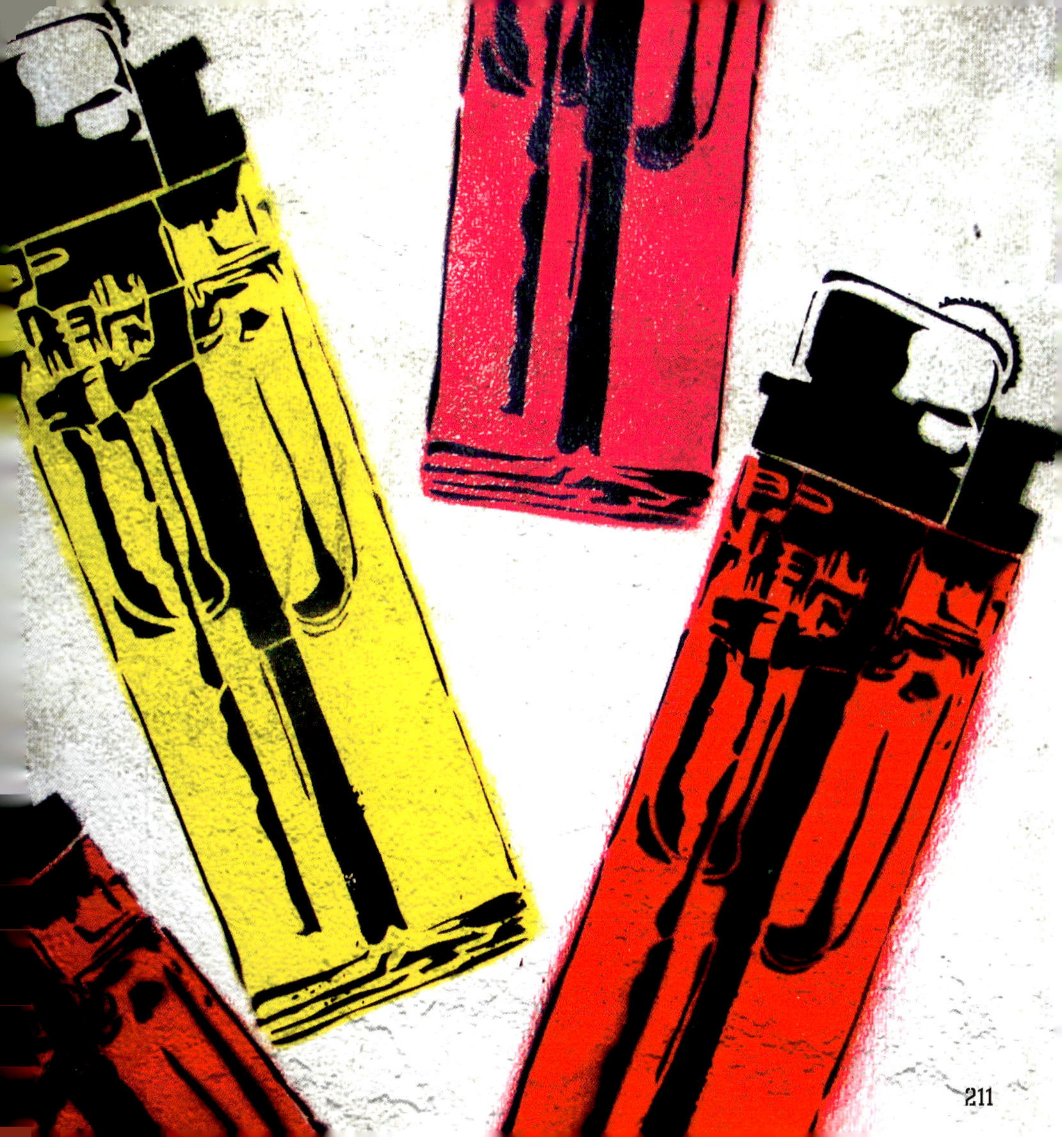

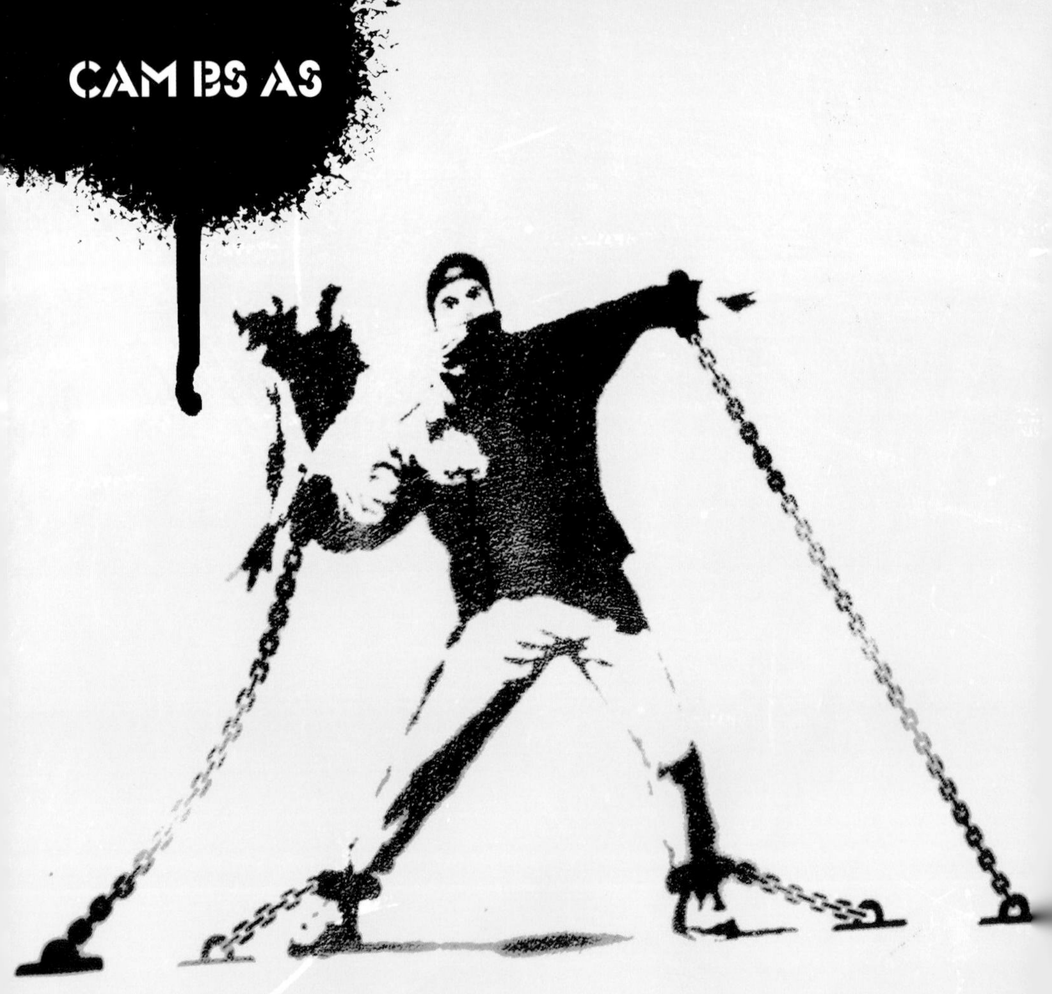

CAM BS AS

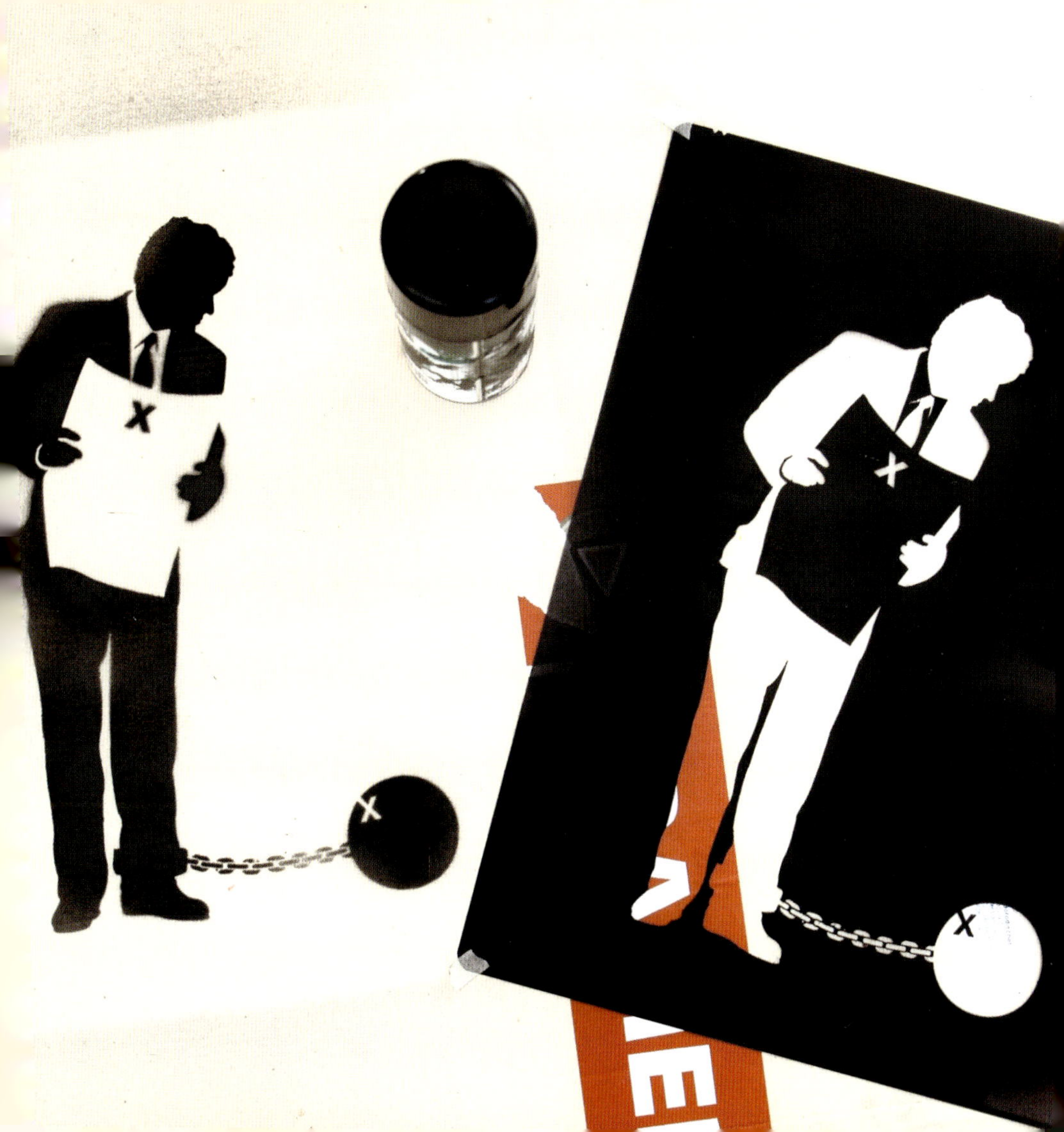

CUCUSITA

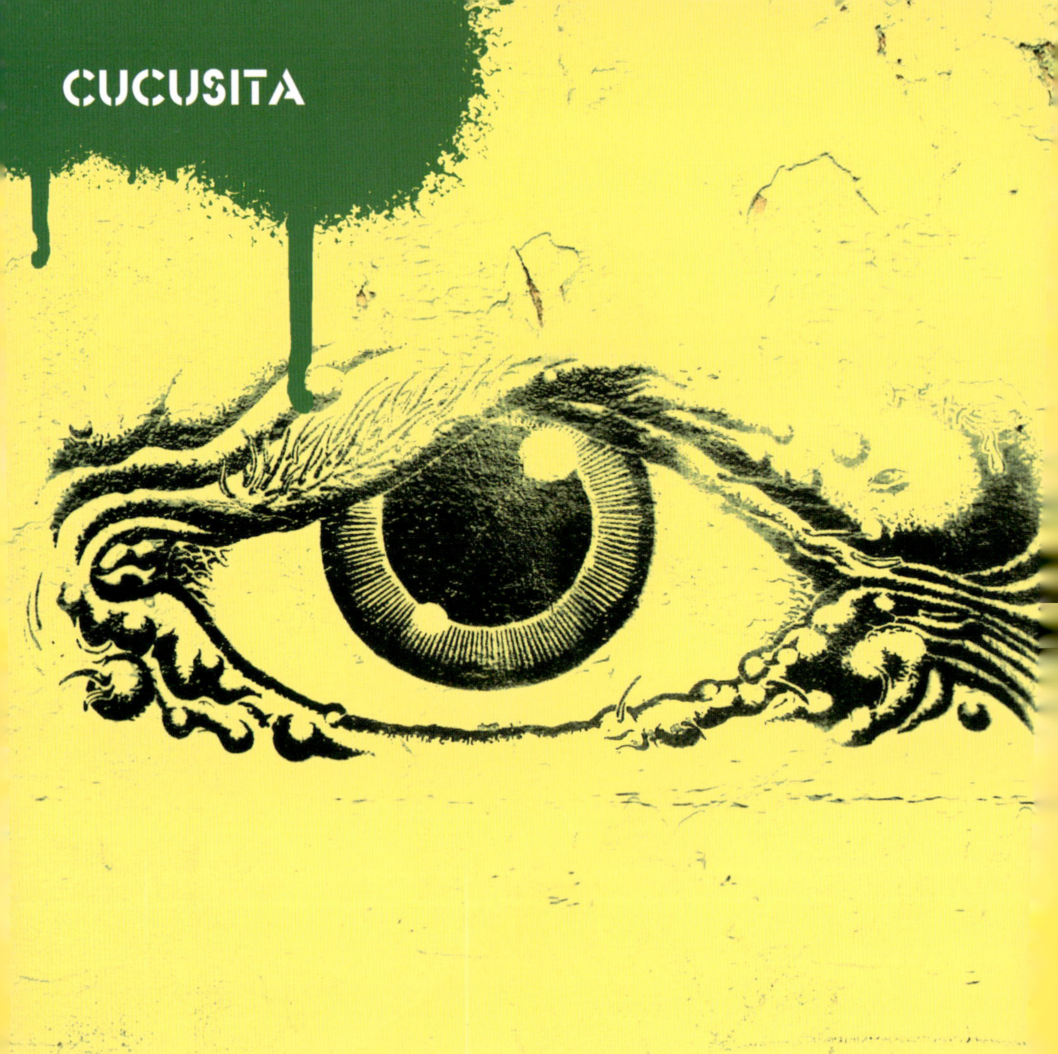

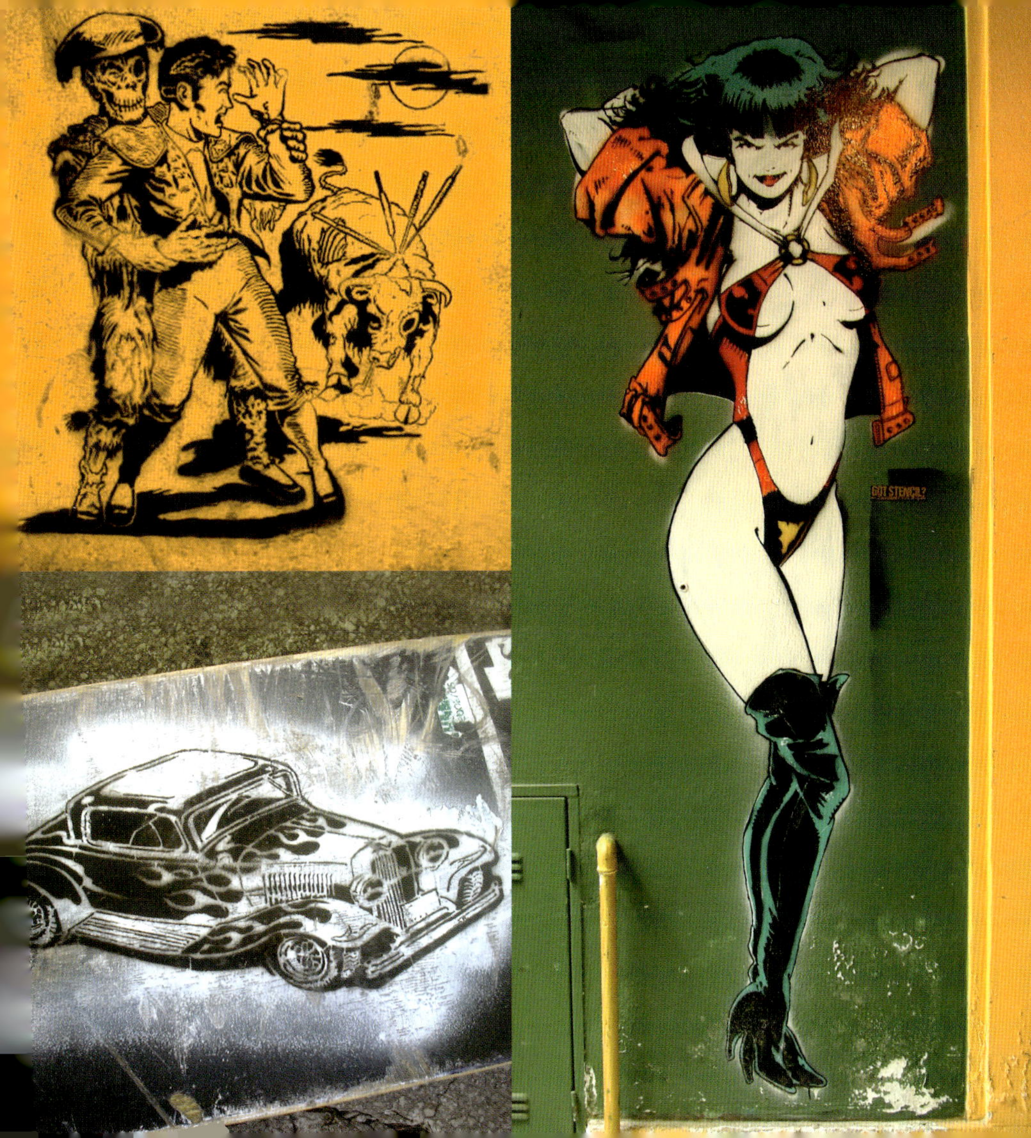
GOT STENCIL?

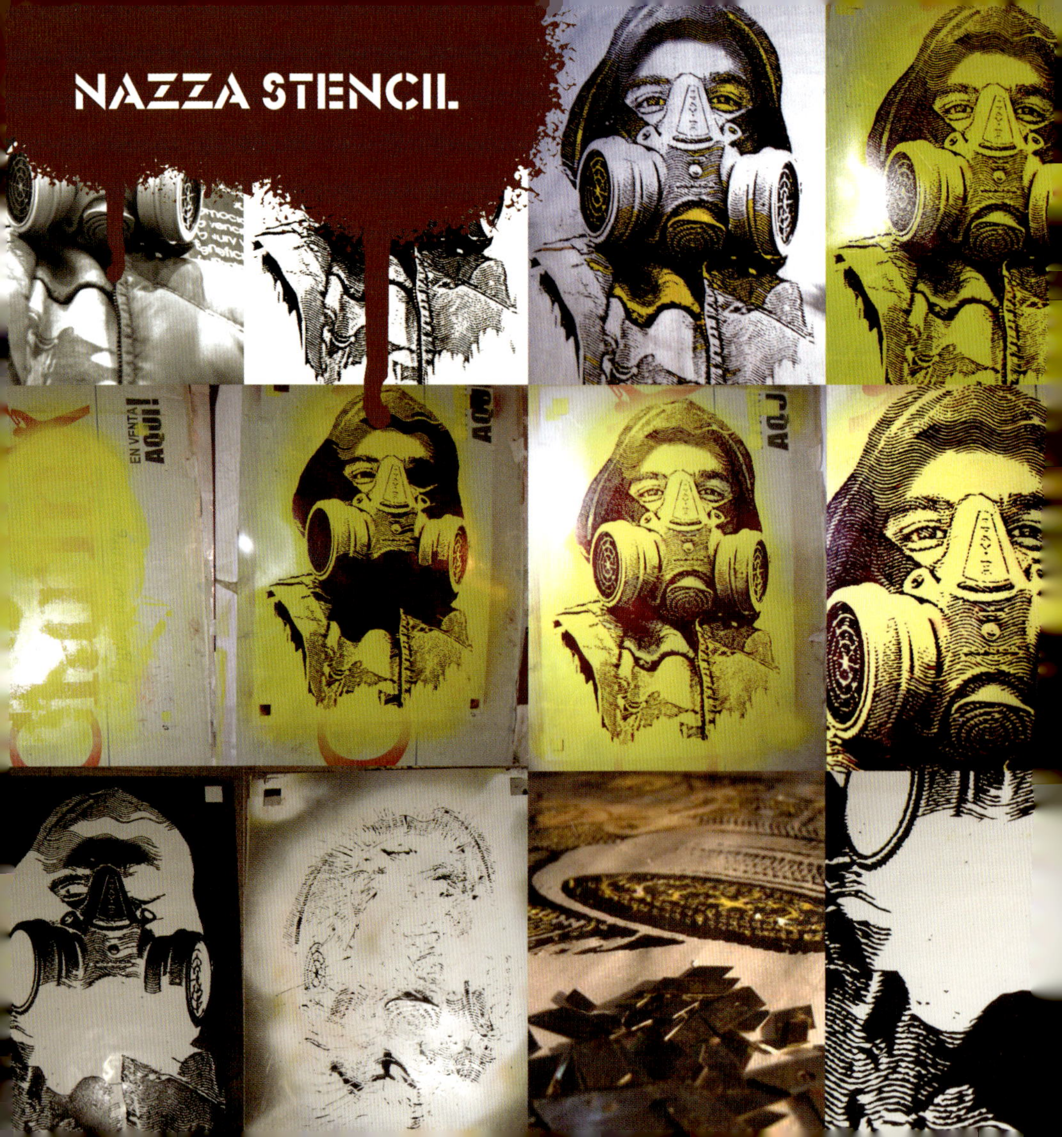

NAZZA STENCIL.

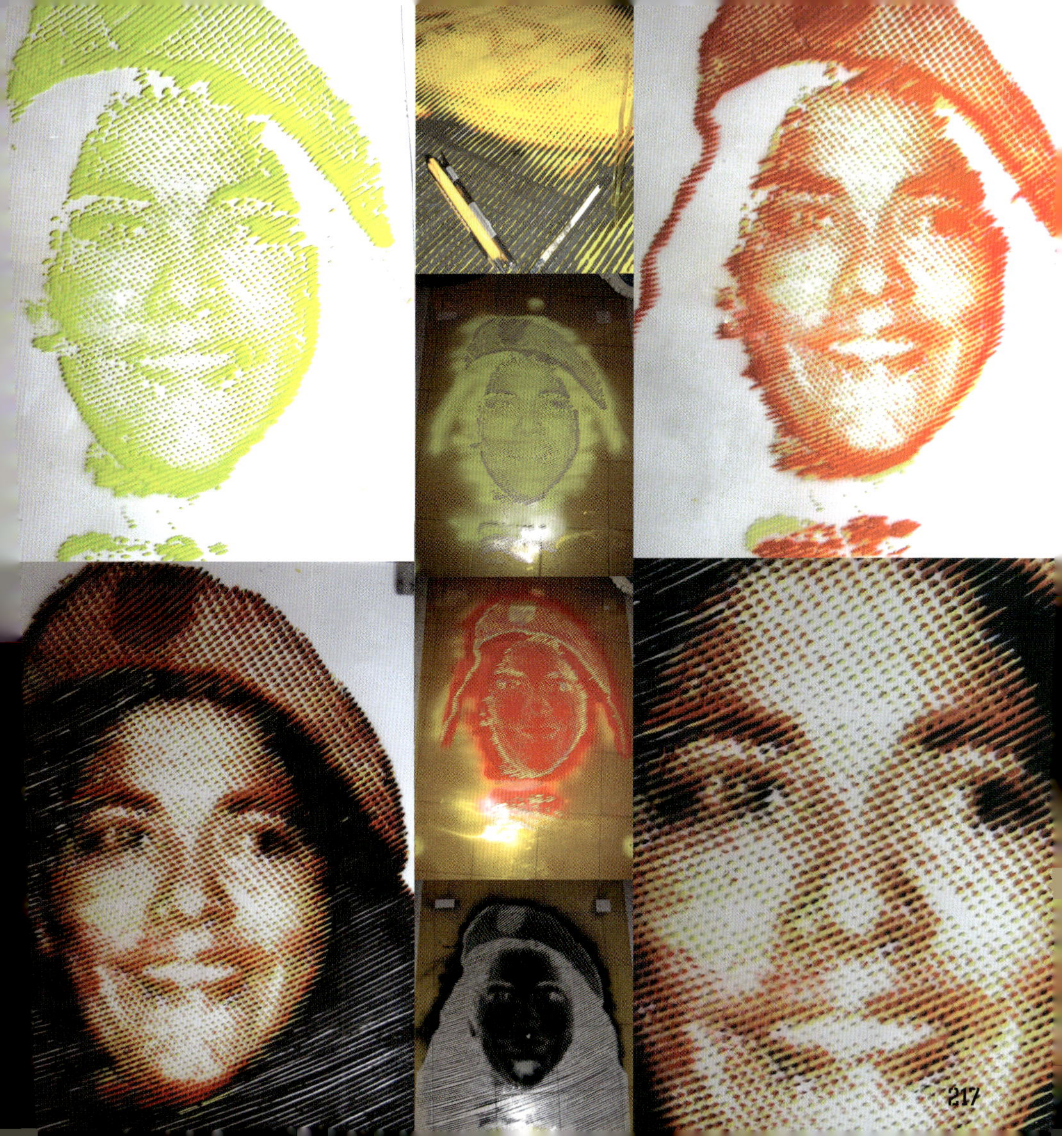

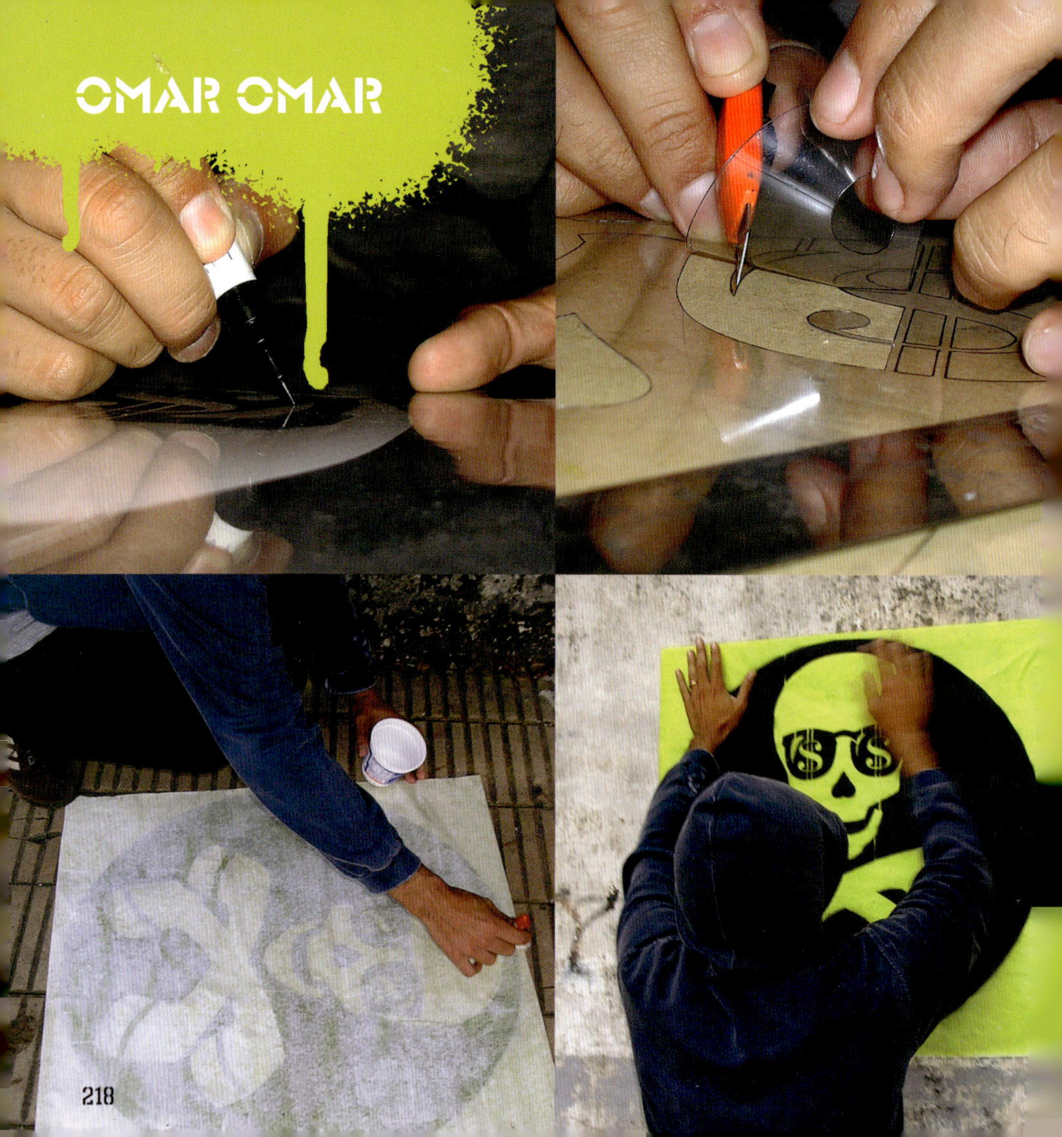
OMAR OMAR

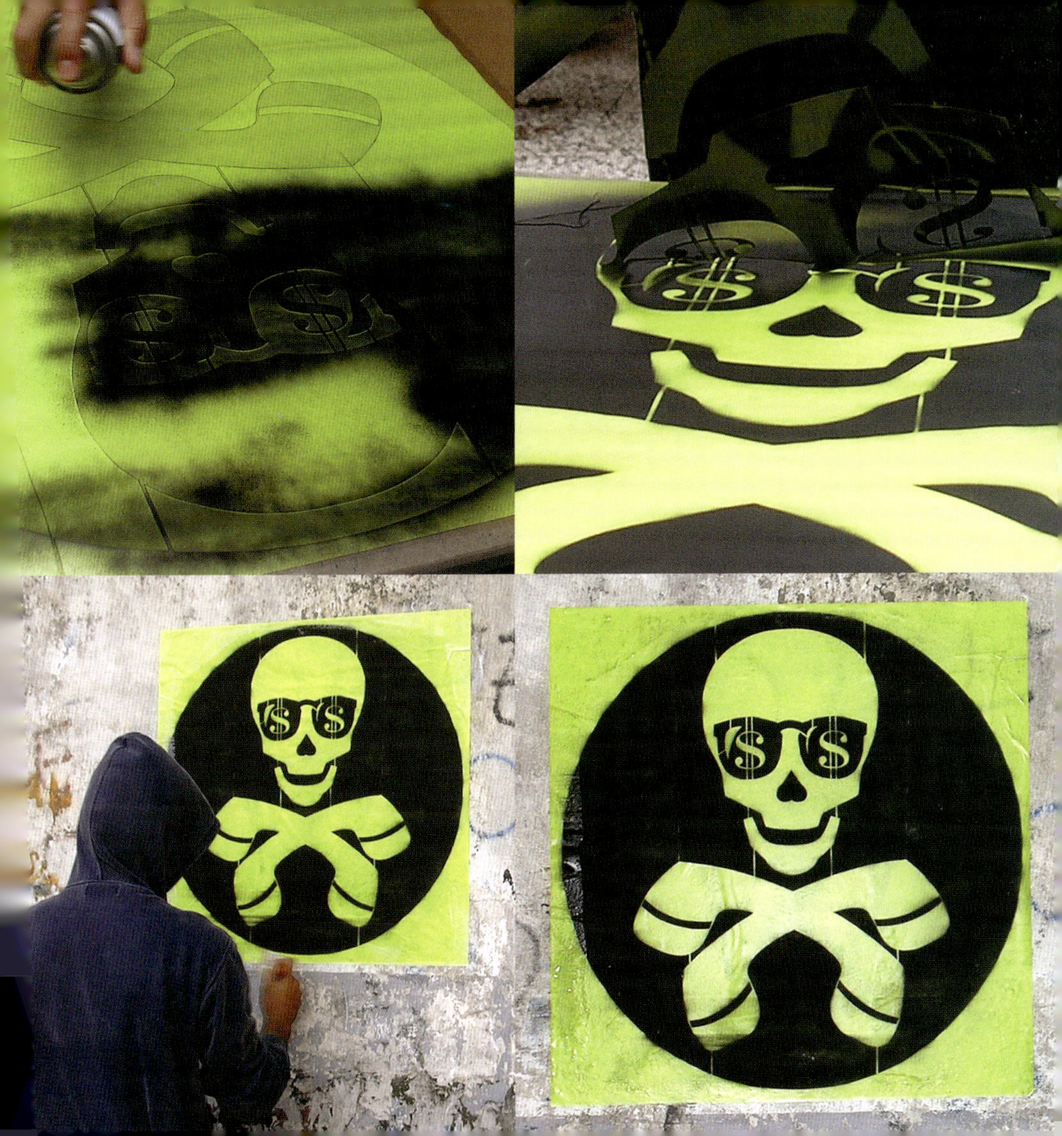

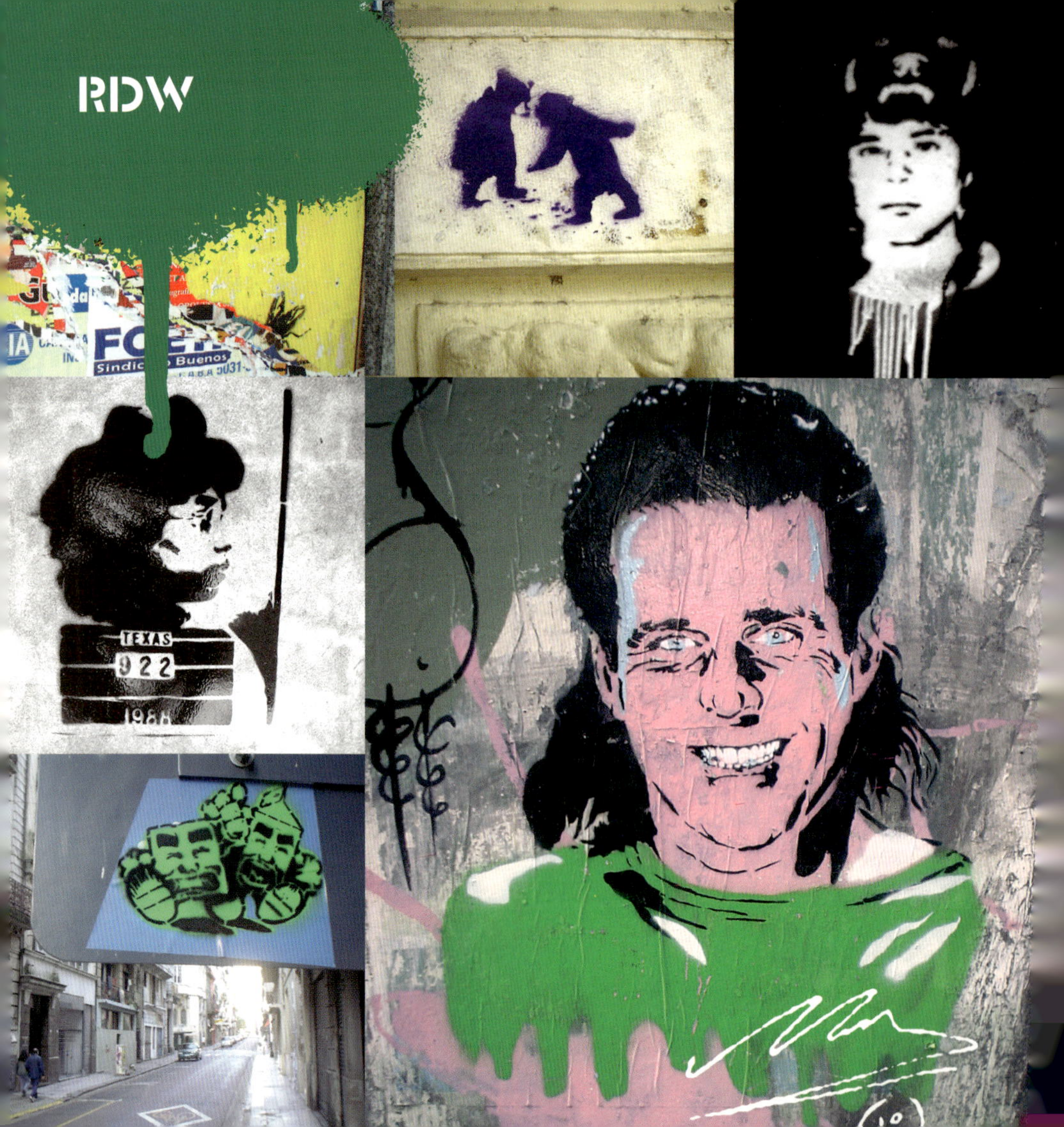

RDW
TEXAS
022
1988
FOET
Sindicato Buenos

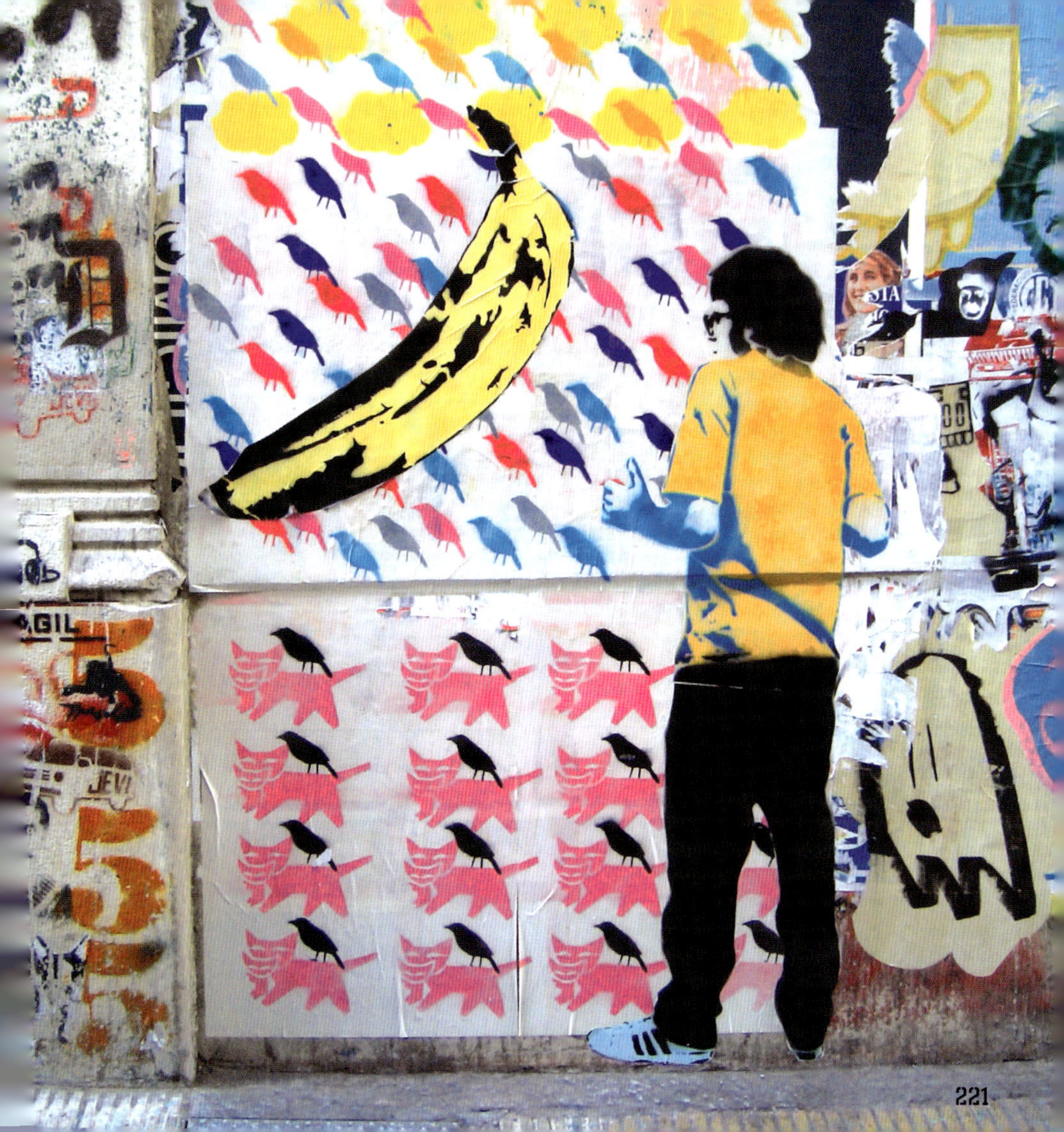
GIL
JEVI

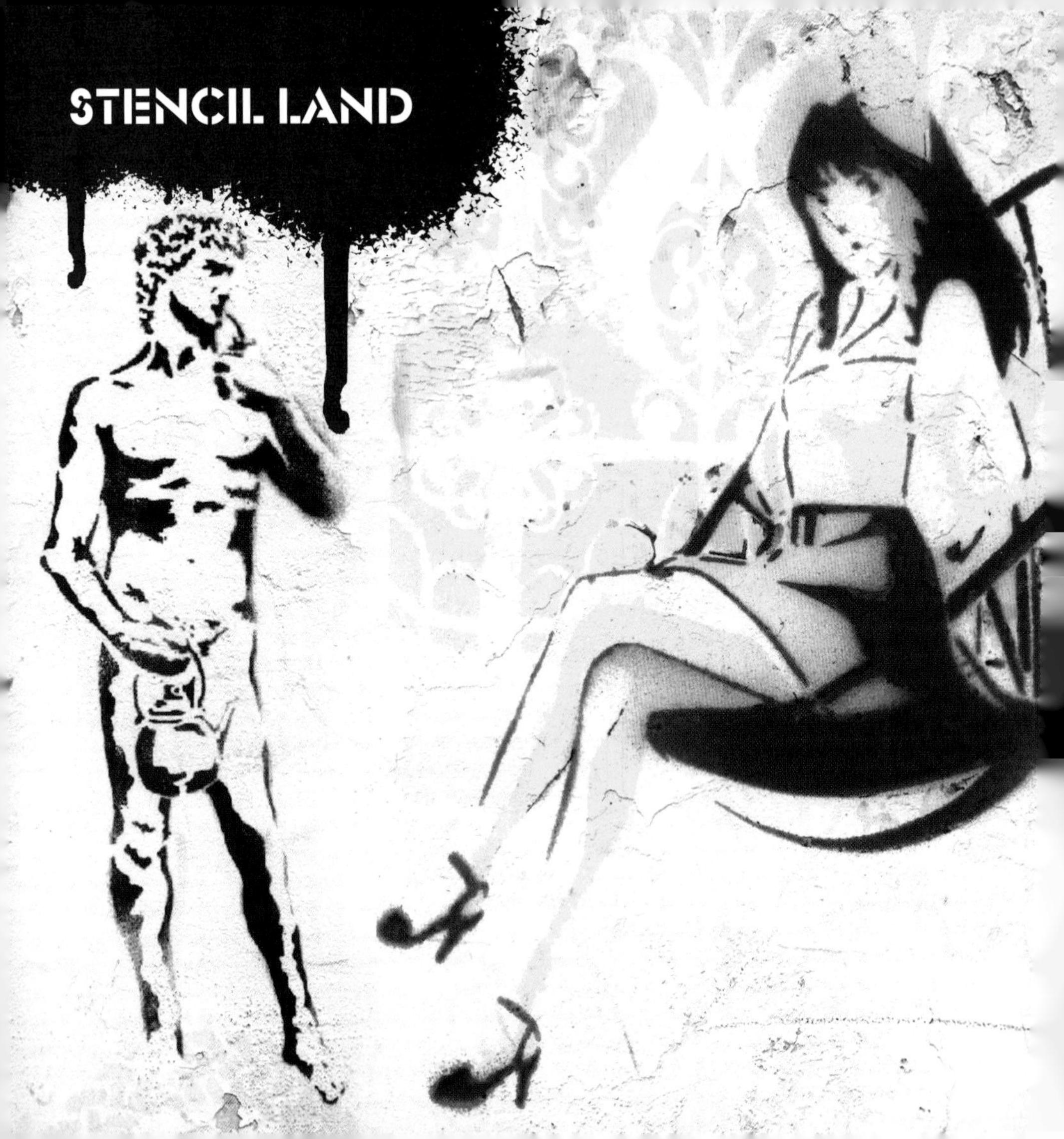

STENCIL LAND

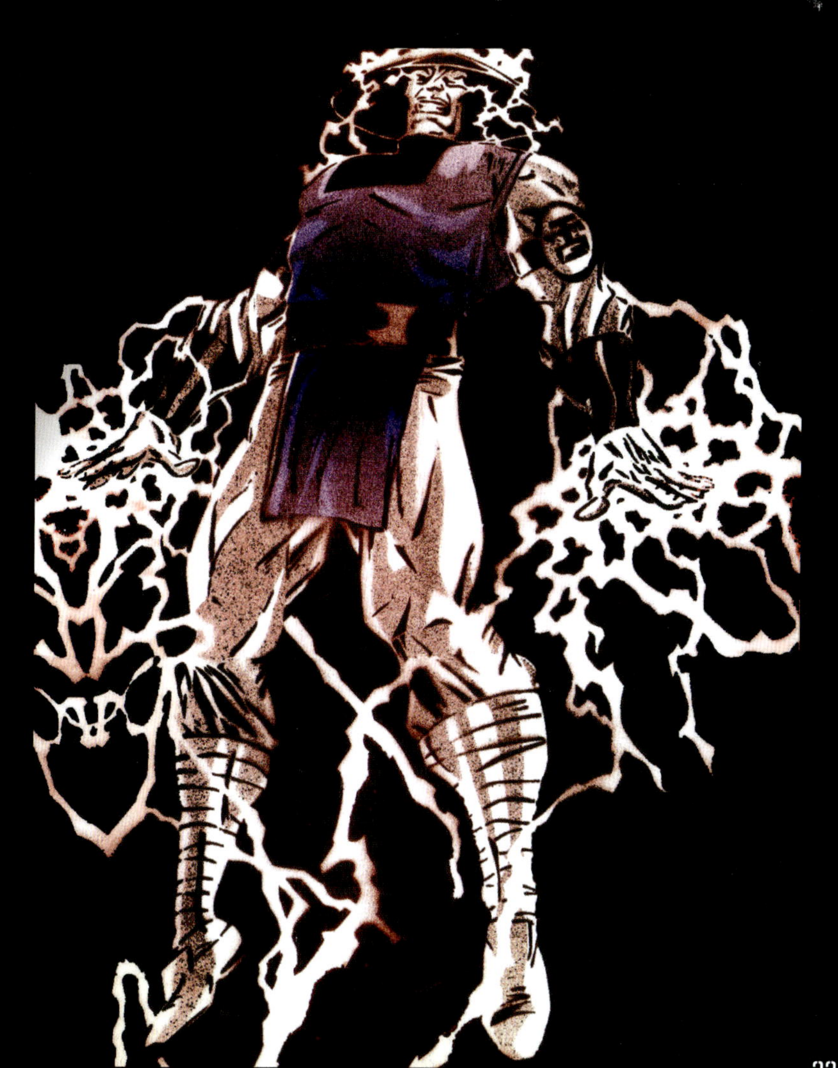

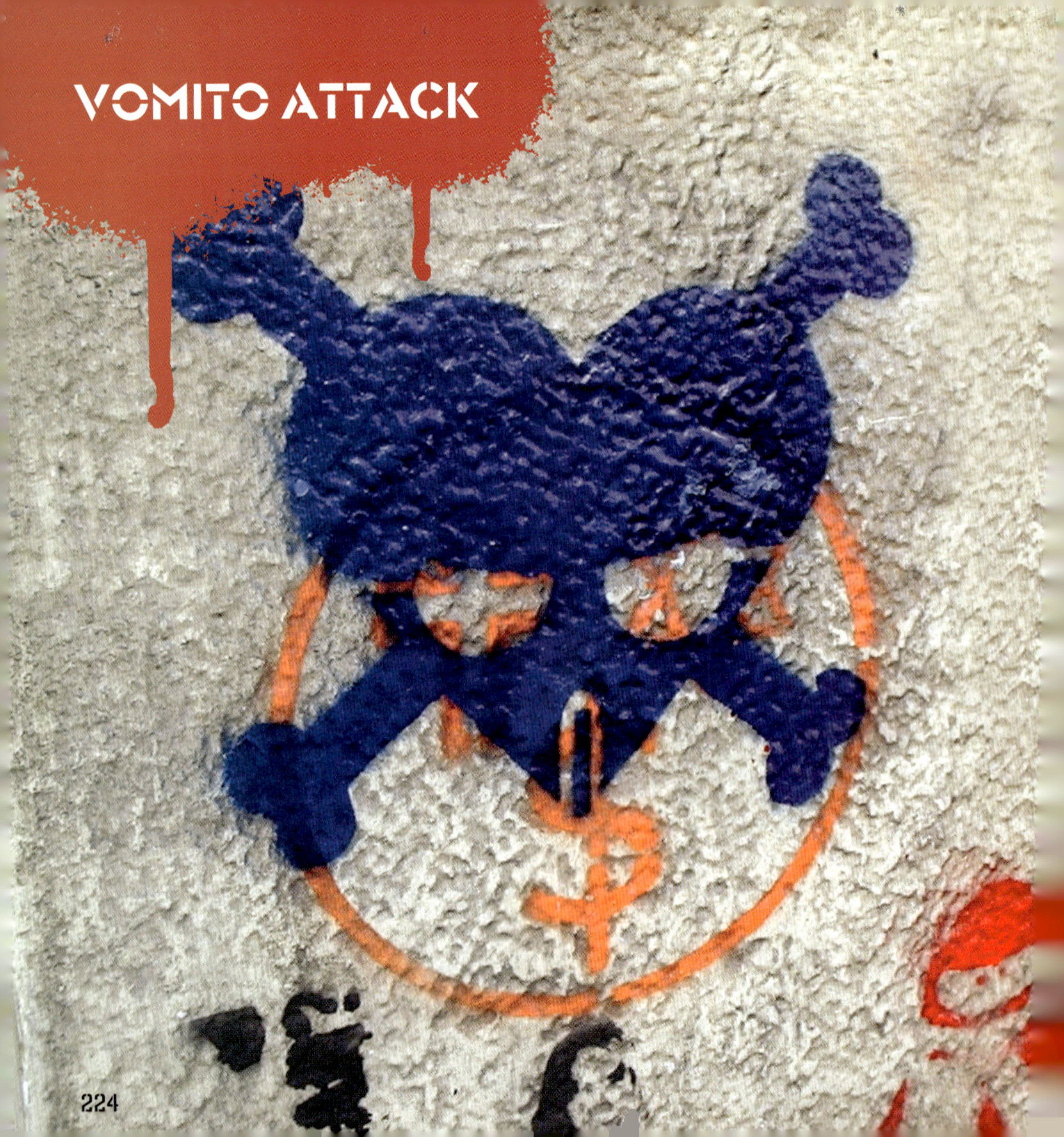
VOMITO ATTACK

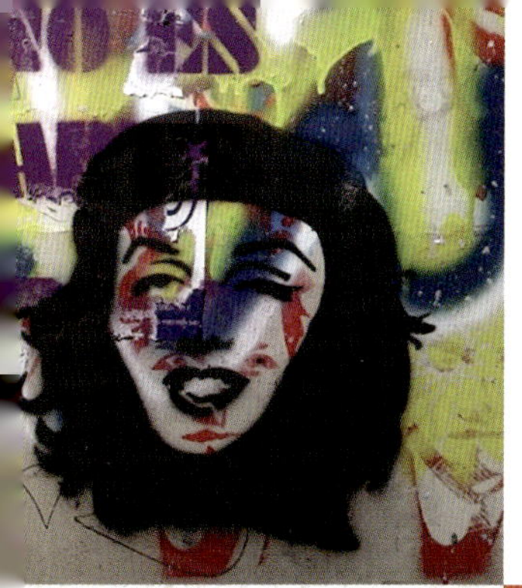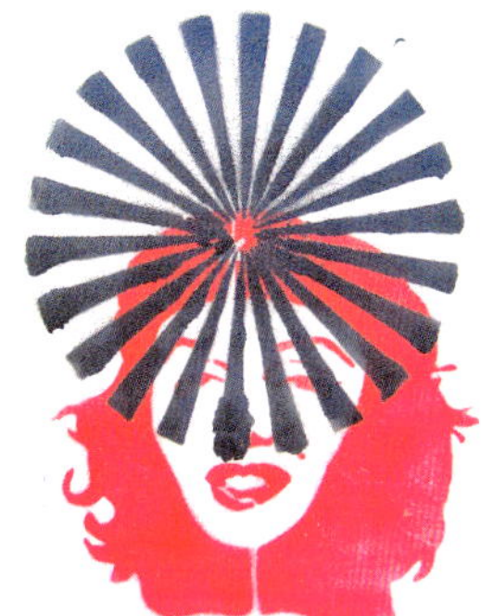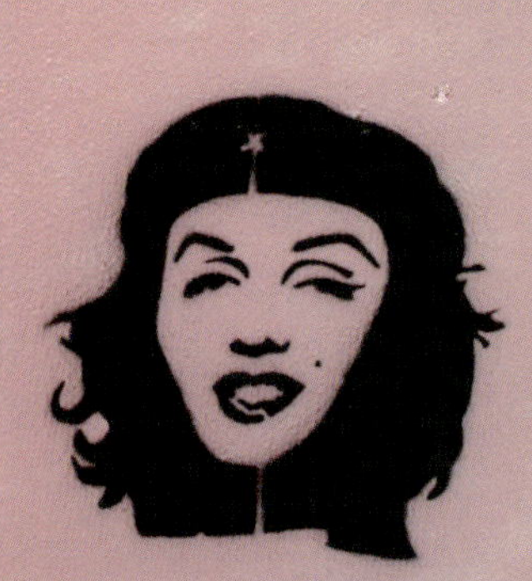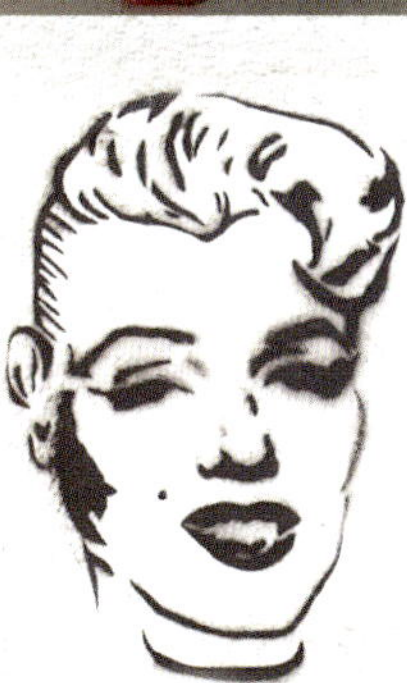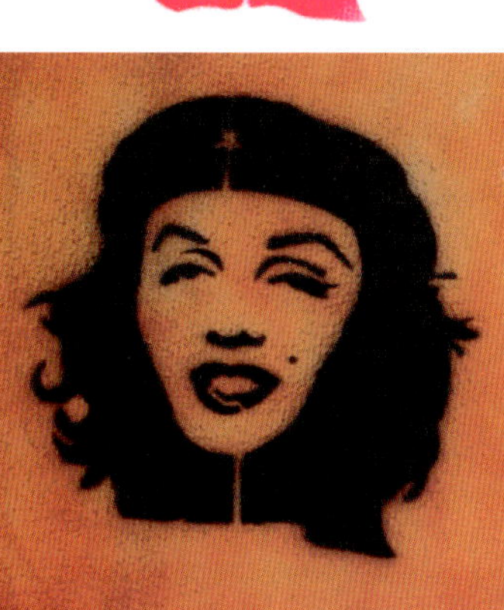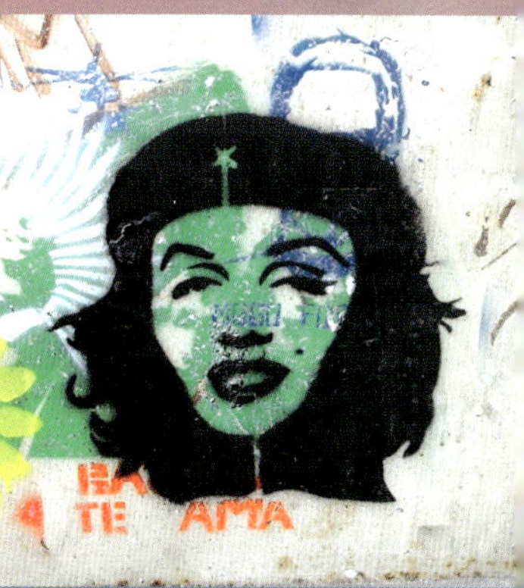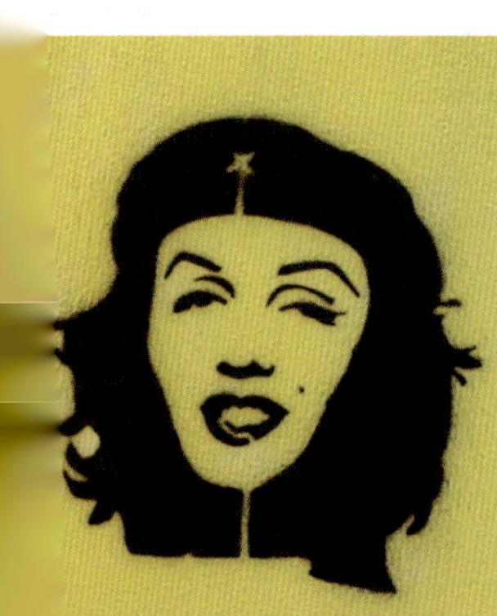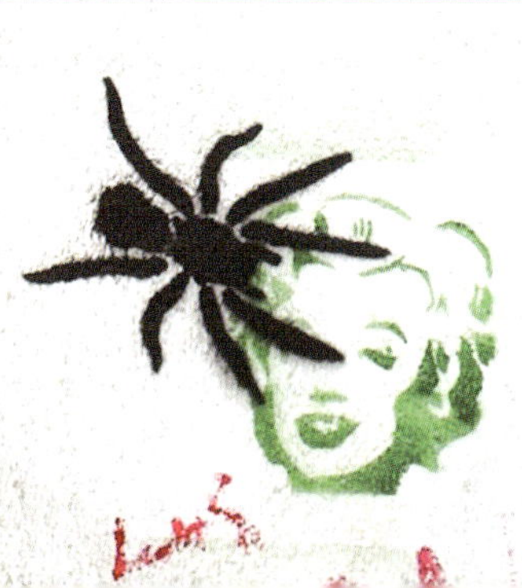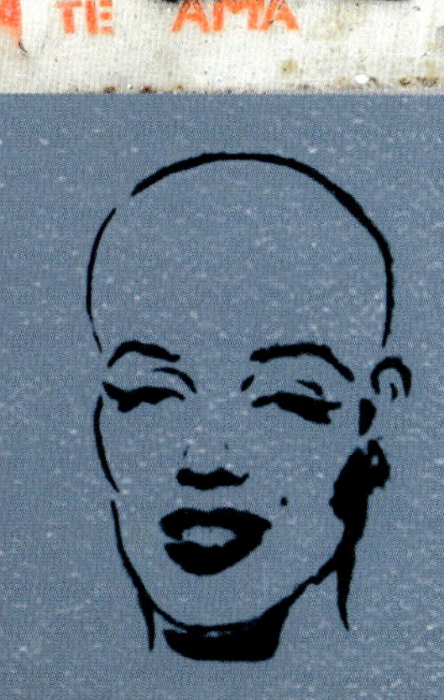

CRÉDITOS

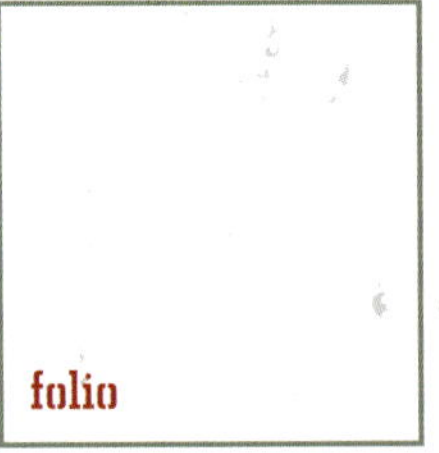 ó 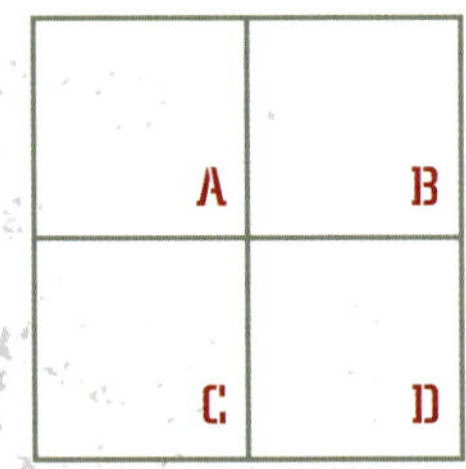 ó 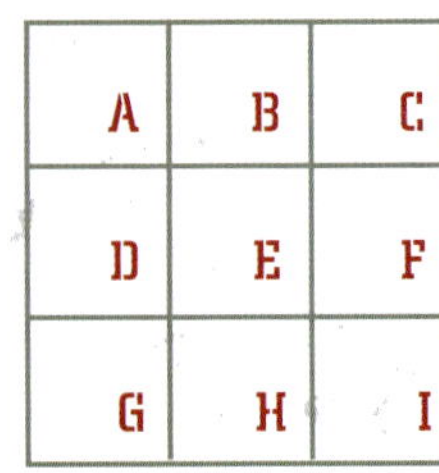 , ETC

ANALIA REGUE ROSARIO 76, 172f

ADRIAN COLA 109a

BARILOCHE 98l, 101d, 116b, 129c, 149i, 173l, 202b

BAHIA BLANCA 107f, 107i

BSASSTNCL 60a, 62c, 77, 79g, 91c, 91e, 96c, 98c, 99b, 107d, 139b, 141ñ, 159d, 175, 184, 185d, 188, 208, 209

BURZACO STENCIL 60e, 61, 62b, 64, 78b, 106h, 110, 141n, 154, 156c, 173j, 176, 187f, 190a, 190b, 191a, 191c, 210, 211

CAM BSAS 58c, 58e, 58g, 62f, 73c, 101c, 101e, 117a, 117b, 120b, 120c, 121e, 126, 128, 137, 146, 147, 153f, 167, 185i, 200, 202a, 202c, 205a, 212, 213

CARILÓ 172a

CÓRDOBA 95l, 106a, 106j, 138c, 207, 229

CUCUSITA 58b, 65, 66, 67, 68, 69, 70a, 70b, 70c, 73d, 73f, 74a, 74b, 74c, 134k, 138a, 138b, 139d, 140d, 140h, 140o, 141d, 141e, 141i, 141j, 142, 143, 144, 159c, 162d, 172h, 172k, 173f, 174, 187a, 191d, 192c, 214, 215, 235

DANE 78k

DANY DAN 78h, 78l

DARDO MALATESTA 79i, 98f, 153c, 164c

DELIRIUN TREMENS LA PAMPA 70f

DR. HOFFMAN 96d, 203, 202d, 240

FAT PACO 89i, 186d

FUN PEOPLE 79l

THIS IS NOT ART

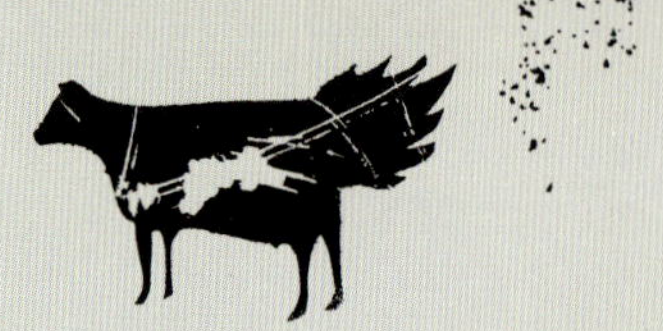

Stenciling is not an art: it is a technique. And as a technique, it is a tool that can be put to use in myriad projects and in messages sent out by artisans, artists and militants with different agendas and objectives. As the hybrid legacy of two types of graphic expressions -engravings and graffiti- stenciling is the extension of one of the most primitive forms of engraving, screenprinting (the application of ink on fabric or paper through a screen, and the intrinsic goal of multiplication). As for the relationship between stenciling and graffiti, it so happens that the substrate generally chosen for its application is not fabric or paper but walls, the public domain.

Thus, when applied on the urban easel of the street with spray paint (usually aerosol) stencil graffiti presents a message that is multiplied across the public domain. And any message directed at pedestrians, at citizens, is necessarily a political one. It is no coincidence that another tool used for political messages (before photocopies and e-mails) was the mimeograph (a portable printer once used to reproduce pamphlets, fliers and political propaganda). The essential part of the mimeograph -the cliché that reproduced the message when printed- was also called 'stencil.' At the same time, this metonymy allowed another generation to get to know this machine.

If all stenciling is political, at least in the same way that all prisoners are, it should come as no surprise that in Argentina, stenciling (whose remote origins we have explored in another text) returned during the extraordinary times in which politics returned to the streets, at a turn of a century in which Argentines awoke after a notorious decade of egoism and sophistry (tricks, illusions) to again participate in public affairs.

Though only a few years have passed since then, we are sorry to report that the intensity of the December 2001 protest has since dimmed, and that a certain level of calm in the economy is enough for Argentines to "let them all return"[1].

I WILL RETURN AND I WILL BE MILLIONS

This book is a sequel to *Hasta la Victoria, Stencil!*, not a second part. And it doesn't have millions of stencils: only one thousand. It is not made with the 'leftovers' used for the book we edited in 2003 and 2004. At that time, stenciling was an emerging expression; it has now consolidated and spread.

In these past three years of development, *the coolhunters* have deemed stencils a 'trend' -and therefore, a market- and without a doubt, publicity with its ravenous appetite has played its role (a fact that we briefly summarize in the following pages). As an obvious result, many people with avant-garde pretensions announced the early death of the stencil and lamented its "sell-out to the status quo" while questioning its *muséification* and debating its institutionalization and its embalmment. These naysayers, who believe that good lies in originality and that only novelties are worthy of mention, announced early on that "stenciling is dead." Boys and girls, nothing can remain novel forever. Didn't we already learn that photography did not mean the death of painting, that radio did not wipe out newspapers, that television did not lead to the demise of radio or cinema, and that Internet will not mean an end to books...? Different media appear to stratify and to remain. And over the past few years, we have experienced (and actively participated in) the phenomena of stencil legitimation that this book attempts to present.

Argentina's stencil graffiti has become consolidated as well as discredited. Just as the gang "bombs" illustrate Los Angeles, tags decorate New York, the *pixàçao* is native to San Pablo and intellectual graffiti is associated with Paris forty years ago, stenciling is the type of graffiti that is internationally recognized as typical of Buenos Aires.

Over the past three years, stenciling has spread over the Internet and made its way across the pavement to other cities in Argentina. So in addition to the works we present by BSASSTNCL, Burzaco Stencil, Vomito Attack, Stencil Land, Run Don't walk, Omar Omar, Dardo Malatesta, Cucusita, Nazza, etc., in this book we have included stencils by new generations of urban artists and activists that have chosen the pencil, template, paper cutter and aerosol as the tools of the trade, not only in Buenos Aires but in the province of Salta, Neuquén, Córdoba, Mendoza, Río Negro, Santa Fe...

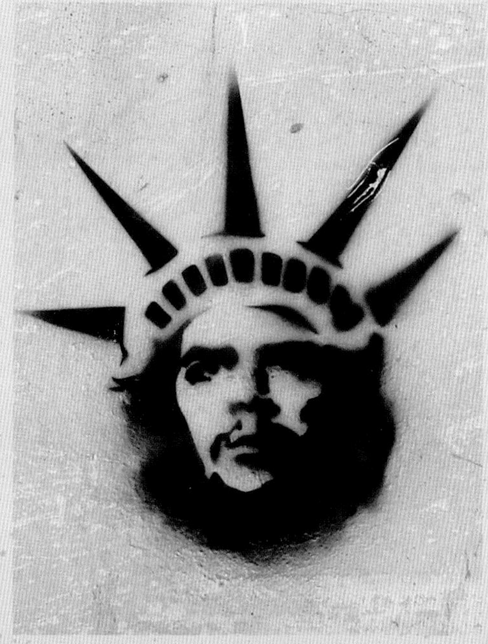

---

[1] Translator's note: One of the slogans of the anti-political protests in Argentina at the end of 2001 and well into 2002 was "let them all go," in reference to politicians.

ARGENTINE STENCIL

In almost all the provinces and medium-sized cities across Argentina, stencils have been springing up. And Argentina is quite a large country! Argentina is an immense and beautiful country, in spite of the corruption, hunger, violence and the growing sense of insecurity. In other words, it is a country with more to worry about than prohibiting painting public and private property or turning urban artists into delinquents, when such artists are generally -like the rest of the population- formerly underemployed. In many respects, the State is absent in public affairs, and without a doubt, this absence is one of the most important causes of corruption, hunger, violence and the sense of insecurity -as well as of the lack of legislation on graphic interventions in public spaces. And it is incumbent on us to mention that this is one of the main reasons that stenciling (a slightly violent intervention on a white wall) has room for development in Argentina that it doesn't have in other countries that are traditionally fertile grounds for artists and creative talents.

The walls are out there; the law that regulates their intervention and the financial resources of the public treasury destined for cleaning and whitening walls are not. And it should continue that way! That way, the spaces covered by spontaneous and gratuitous decoration, by the extraordinary richness of the production of stencils and other urban interventions -which we will cover in the upcoming publications of this collection- are not handed over to the uniform fonts listing the names of political candidates, to designed advertising posters, to signs that tell us what we can and cannot do…

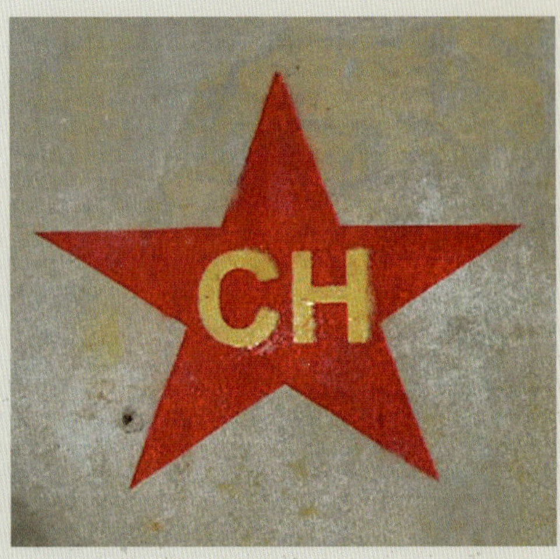

ABOUT THIS BOOK

Leaving aside the applications of stencils (industry, decoration, signage), in this book we will present a vast repertoire created in semi-clandestinity that can be divided into the following typologies: abstract representations, figurative representations, political messages and personal tags, with special emphasis on that which we call 'pure aesthetic', or 'stencil per se': those prints in which the poetry of the stencil is expressed through an invented visual image (from an original image to a juxtaposition of existing images) or an image chosen to transmit an idea, a sense of belonging, a preference. A magical action that is fully expressed when the image is strong and synthetic and when it carries a message with the possibility of being repeated ad infinitum.

What predominates in our selection is the 'artistic' attempt to get the attention of the reader-pedestrian by intervening in the automatism of daily comings and goings. They are winks, shouts, visual onomatopoeias that attempt to provoke spontaneous reactions such as laughter or thought, in what can even be maieutic. After all, it is important to keep in mind that the word stencil comes from the Latin `scintilla,' which means "spark." Ideally, this wink is received and interpreted by another stencil artist who responds by juxtaposing his or her own impression, and when combined, bringing to a close the circle of artistic dialogue.

The exchange between stencil artists can start on the street and continue on Internet, or vice-versa. The idea is to share not only images and technical skils, but also common projects. It is through one's personal practice and the exchange of experiences and techniques of application that the result is modified. In the past few years, the technique has become more complex; a greater number of stencil artists are applying extreme formats (of enormous size, in the case of RDW, Nazza and Burzaco Stencil, and teeny-tiny, in the case of Cucusita and Stencil Land) and generating pieces with two or three colors or more.

The compilation we present here has been edited (and refined) from a selection of more than 5,000 photos, most of which were taken by the author. We tried to avoid repeating those already published in HLVS. In response to our request, many stencil artists themselves helped us to gather this selection, sharing their own personal archives (BSASSTNCL, Stencil Land, RDW, Cucusita, Burzaco Stencil, CAM Bs As, Vómito Attack, Omar Omar, Proyecto Fauna, Restamar, Sebastián Clementín, ¡sn6v, Analía Regue, Adrián Cola, Jugo, burk(e)/ndrs, Mariano Garnero, Pobres Diablos, CUT OUT BLACK, Ale Montiel, nrstencil, Brothers Gonna Work It Out, Dante De Agostino, JUGO_CAM.(EA), Julieta Molina, Leo Ramos, Ni derechos ni humanos, gastrik, Leonardo // Drez, Topera (Córdoba), Dane, Mostachol, etc.), and several photographer friends have sent in images from across the country. We would like to mention and thank Edicita Sarragoi-cochea, (Buenos Aires), Lulu J. (Buenos Aires) Nico-lás Monti (Cruz del eje), Daniela Gineste (Bariloche), Gustavo López (Bahía Blanca, San Juan, Jujuy), Ariel Monteserín (Neuquen), Martín Gallo (Tandil), a John King (Warwick University), James Dunkerley (Institute of American Studies) and Val Fraser (University of Essex), who intervened in a wide variety of ways to help me to meet Chandra Morrison at the exact moment when our interests coincided. Finally, we would especially like to thank all the anonymous artists who offer little bits of happiness here and there for all of us who are ready to receive and read them.

GUIDO INDIJ

RE:STENCIL A QUOTIDIAN ABSURDITY

Stencilling typifies the prefix 're-': to redo, remake, resignify, reproduce, repeat, react. Stylistically identifiable yet an anonymous voice, stencils autograph the cityscape. More than a style, though, stencilling is first and foremost a technique. Ranging from basic cut-outs to complex layerings of detail and colour, stencils are as complicated or as simple as the artist desires. Most essentially, stencils are rapid to produce and to reproduce. The medium itself connotes multiplicity: if there is one, you can bet others will be found scattered nearby. Stencilling is further characterized by spontaneity. Through spontaneous acts, random placement, and chance encounters, stencils appear throughout the city and create conversations over time - the interplay of transience and residue.

While urban walls and public spaces are filled with political posters, advertisements, and propaganda, stencils add an alternative imagery and *Do It Yourself style* to the texture of the city. Easy and cost-effective, they provide the ultimate method of DIY event publicity and band promotion, as well as produce imprinted, individualized expressions of ideas and ideals. As Tester of Run Don't Walk attests: "stencilling is really a simple concept; and it's anonymous, anybody can do it."[1] Through the simple process of create, cut-out, and paint, stencils function as a portable printing press. Anyone can document their ideas on the city walls, leaving both a physical mark and visual trace of their presence within the public spaces of the streets.

Similar to trends in modern art and genres of urban music, stencils are founded in processes of sampling and versioning. As stencils are often based on pre-existing material, notions of authorship become confused since images can be easily downloaded, appropriated, combined, or recontextualized into new places and new concepts. Versioned modification frequently is founded in playing on words, playing with images. Adding subtle twists to recognizable imagery or phrases, stencils disrupt the expected. Creating word/image play, stencils are used to manipulate logos and phrases, to recall jokes and cultural icons. While assertively a practice of appropriation and modification, the copy/paste of sampling also is filled with more subtle variation. Each version, each repeated image is unique – distinctively characterized by dripping paint, altered colour, changed surface texture, and shifting ambience. Adjacent environments adapt and reassign meaning to the stencil, just as much as the stencil itself alters and reconstructs the meaning and signification of the place.

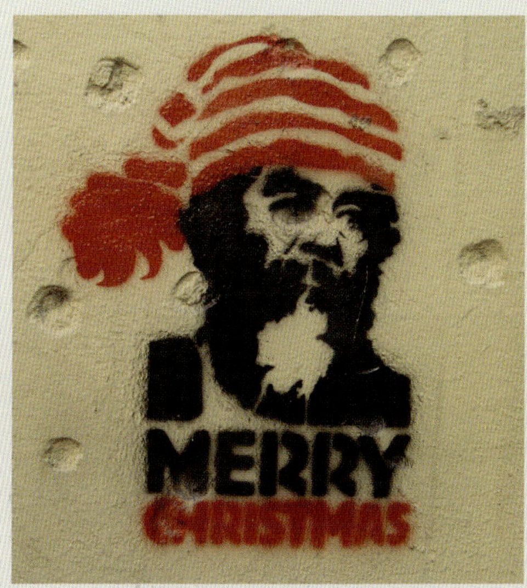

Frequently using standardized signage and symbols of the system, stencils insert these modified icons into different contexts, acts, and positions. Continuity is maintained while simultaneously breaking from the expected, insidiously forcing re-evaluation of the normalized. Through resembling the official yet altering its meaning, this (con)fusion subverts the bureaucratic and the authorized. Business-as-usual switches to business unusual. Accordingly, a stop sign at a traffic intersection can be altered to say 'Stop… have a smoke' or 'Stop… war.' By adding onto and manipulating quotidian items, objects of the system are resignified and reinvented under an alternative usage. Following this line of manipulation, shoe slogan 'Converse All Star' converts into 'Conserve All Arts' - with a slight reordering of letters, a logo of commercial con-sumerism is reconfigured to express a defence of the arts. Recognizable iconography can be reinvented under multiple, absurd variations. As such, 'Puma' changes to '*Rata*' and the copyrighted wildcat is pic-tured as a sewer rat - or, just as slyly, 'Puma' trans-forms into a declaration of '*Fuma*.' International and outsourced inspirations also are coupled with dis-tinctly Argentine references, as with the alterations of 'Hello Kitty' to 'Hello Kirschner' or 'Aerolineas Argen-tinas' to 'Ladrolineas Argentinas.' Stencils reflect the intersected realities of global connections within a local context, providing a means to pay homage, to promote, to stimulate reflection, to make commentary, to critique international affairs, or to reference com-pletely local situations.

The spontaneous and repetitive qualities of stencils provoke re-adaptation, re-conformation, and continual re-contextualization. Unlike other subgenres of street art, modifying and playing off of pre-existing stencils is not a threat but an opportunity - this dialogue of intentional juxtapo-sition and altered imagery is integral to the medi-um. Artistic encounters most frequently happen through interactions with the enduring images on the wall rather than through direct collaborations

---

[1] Tester (Run Don't Walk). Personal interview with the author. 26 April 2007

with the actual artists themselves. As GG of BSASSTNCL states, "you have to play with what others already have painted, to establish a sort of dialogue. Ultimately, painting in the streets unites you."[2] Stencil artists work in the same physical space, but at different times, establishing a spatial conversation across distinct temporalities. An irresistible opportunity to amend the original and create something new, it is a visual dialogue with and among pre-existing images on the wall. Putting imagination into action, stencils are *una chispa* and *un chiste*.[3] This is an art of evanescence, evolution, efflorescence… an art of transient transitions and visual succession.

The dialogue between and among images both creates and invites unforeseeable and spontaneous stories, commentary, and interrelations. Repeated and proliferated within different physical locations, a single stencil can evoke a multiplicity of meanings as each individual image shifts when placed within the midst of other stencils. Content is read in context, both dependent on and respondent to surrounding images. Stencils work together, play off each other, and integrate into a larger picture – in juxtaposition, the imagery is recontextualized and synthesized. Unanticipated murals emerge out of the strata of images, created over space and time. Situated within an ever-evolving environment, the lifespan of a stencil reflects this atmosphere of mutability, as the addition of new stencils readjusts the spatial context and imagery content.

Contextuality creates new meaning - a new situation establishes changed significance and alters the immediate associations to the image. There is no static, pre-determined message, but rather a message continually (re)determined by the spectator. Encountering these momentary visual intersections, the viewer makes the links and associations among the montage of individual images. Interpretation and determination of meaning reside in the individual spectator, rather than the collective of artistic contributors. Stencils are filled with chance encounters and spontaneous dialogues – among images, between artists, with passers-by.

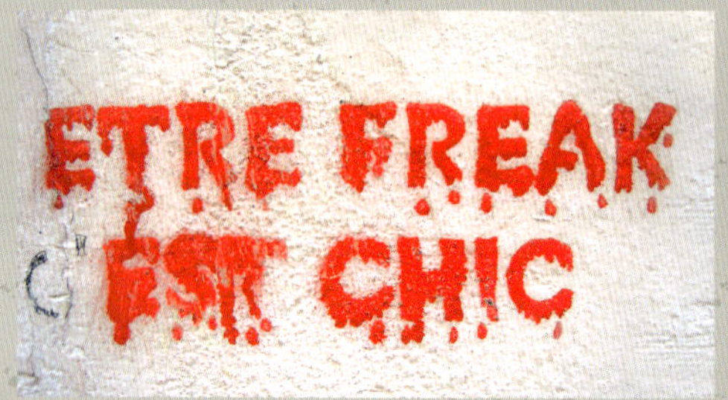

---

[2] Lisica, Federico. "Paredes con altura." *Página/12*. 01 February 2007. Accessed at:
http://www.pagina12.com.ar/diario/suplementos/no/12-2614-2007-02-01.html
[3] Chispa means a spark or a drop, but also signifies a witty intelligence and sparkle; chiste is a joke.

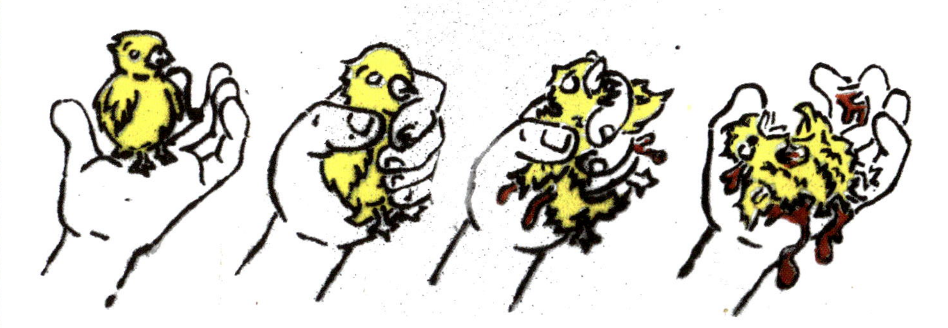

Not only impacted by their context, though, stencils themselves can alter the environment in which they are placed. Stencils – along with stickers, posters, graffiti, and street art in general – are the voices of the walls, reinventing the face of the cityscape through spray painted words, marks, and designs. Even more, they simultaneously reinvent the spaces in which they appear: walls transform into billboards; doors convert into notepads; trashcans and phone booths reconfigure into canvases. Stencils recontextualize places and spaces. Functional surfaces are reinvented into spaces of individual expression - DIY sites of montage, collage, and random visual compilations. Not limited to orderly, framed placement within the middle of a flat wall, stencils can be found in hidden corners, along floor lines, or lining gutters. Just as they play with imagery, stencils utilize and play with spaces – limited only by the imagination and creative eye of the artist. The strategic placement of a stencil can highlight overlooked nooks and obscured crevices, play with the social connotations of spaces, or comment on the functionality of a place through creating an absurd juxtaposition of imagery. Appropriating and transforming purpose, aesthetic, and use, stencils re-envision the architecture and functional objects of a city, shifting intentioned functionality through surface embellishment.

Challenging conventional ideas of art and accepted spaces of art, the streets become a public gallery, subject to the whim and inspiration of the artist. They become spaces of spontaneous protest, dissent, open self-expression, chaotic manifestations, anarchic DIY articulations, and unplanned visual encounters. Continually renovating the atmosphere and aesthetic of the street, pre-existing surroundings are appropriated in order to make commentary and to expose contradiction, compelling people to look twice, to laugh, think, react...

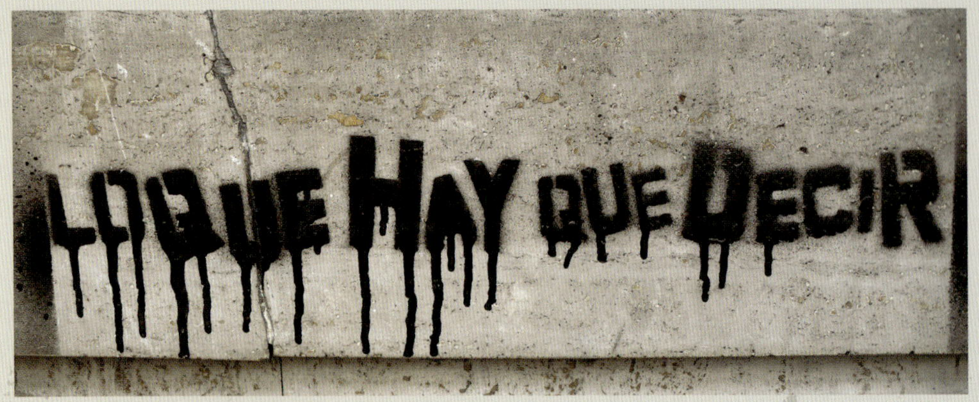

As much as context, however, stencils are based in contrast: graphic contrast, visual contrast, contrast within content, contrast with the expected. Often constructed out of a single layer of paint overlaid onto the surface of a wall or object, their very existence is dependent upon setting up contrast between two opposing colours. However, contrast extends into content: in playing on words and images, stencils manipulate the recognizable and interrupt the anticipated. Frequently designed to provoke, stencils incite reaction through constructing absurdity. Their impact resides in contradicting expectations, in establishing spontaneous juxtaposition, in creating the absurd.

Stencils embody both the absurd and the everyday. In their subject matter, spatial placement, and chance encounters, they enliven quotidian and standardized routine. They play on the objects, stories, and icons of everyday life. 'To play' is to make light-hearted, but it also serves to explore alternate realities - in creating contradictions, stencils emphasize the absurdity of the real, of perceived normalcy. Yet their constant presence in the streets *makes* them quotidian - a visual experience in everyday routine, placing the fantastic within the ordinary. Establishing spontaneous dialogues and provoking response, stencils simultaneously enliven the quotidian and *are* the quotidian, highlighting an absurdity of everyday life.

CHANDRA MORRISON
Centre of Latin American Studies,
University of Cambridge, 2007.

I WANT TO STENCIL THAT THERE WALL (p.18)

On December 4, 2004 at 2PM, la marca editora invites stencil artists to participate in appropriating a city space as part of the "Urban Interventions" cycle within Estudio Abierto 2004. The space is a wall measuring 6 x 6 meters in a garage located at 979 Hipólito Irigoyen St. With a dose of enthusiasm and the help of some scaffolding, the wall is extended to a height of 9 meters and becomes the largest permanent stencil work in Argentina. It is still there.

THE WALL (p.22)

During the second week of December 2004, la marca editora and the Centro Cultural Recoleta invites dozens of stencil artists to apply hundreds of templates on a wall measuring 18 x 3 meters. The impressive mural is so popular with the public that the exhibition - originally programmed for 30 days - continues for 18 months. More than a million and a half people visit the wall.

THE SHOW (p.30)

With the stellar visit of Blek Le Rat, on Thursday, December 16, 2004, the Centro Cultural Recoleta turns Exhibition Room 8 into a temporarily separate space for the exhibition "Hasta la Victoria, Stencil!" curated by the author of this book. The show gathers contemporary works (BSASSTNCL, Barfuss, Burzaco Stencil, Dardo, Dr. J, Omar Omar, Run Don't Walk, Vomito Attack) as well as historic pieces (Juan Carlos Romero, Ralveroni, Fernando Traverso, El Plan, Marino Santamarina, el siluetazo) in an attempt to put together the history of stenciling in Argentina.

METRO TACUBA (p.34)

Certain members of the Taller de Experimentación Gráfica de México [Mexican Workshop for Graphic Experimentation] accompany us during the presentation of the experiences "I Want to Stencil that there Wall" and "The Wall" and in November 2005, they invite stencil artists to do a similar experience in Metro Tacuba, one of the busiest subway stations in Mexico City.

BSASSTNCL IN THE BORGES (p.36)

On February 2, 2006, the Centro Cultural Borges offers its first individual show of stencils by an active group that adapts its urban experience in works designed especially for interiors.

VIAMONTE (p.38)

Maybe because it was a long, white wall of a parking lot, no one feels like private property is damaged. This downtown mural is chosen for a collective construction that is constantly being reworked. Whitewashing is a crime that is committed periodically.

OTHER ATTACKS (p.40)

Over the years, the dialogue between stencil artists has extended across common walls, creating a rebellious, uncontrollable palimpsest that is impossible to plan.

CORPORATIONS (p.46)

Stencils, which can serve as a weapon in cultural resistance, can be bent but not broken. In constant tension between design, art and politics, stencils are not immune to the always ravenous appetite of advertising…

POST (p.48)

In April 2006, Fabio, Pablo and El Chino find some common codes with stencil artists and open Post Bar in Palermo at 1885 Thames St. This generational exchange is a unique case of a theme bar with a permanent exhibition in which street art moves indoors. From the bar to the bathroom, from the terrace to the tables, few spaces remain unstenciled.

HOLLYWOOD IN CAMBODIA (p.52)

In October 2007, this urban art exhibition space is founded and managed by artists. The first shows have been quite diverse: "Tapa dura" (Sketchbooks), "Chicas, chicas, chicas" (Urban Art by Women), "Skateboards" (boards that have been subject to interventions) and other individual and group shows.

CROMAGÑON (p.112)

In response to the nightclub tragedy on December 31, 2004, relatives of victims and survivors begin expressing their indignation with marches, road blocks and the diverse strategies for protest that any victims of collective tragedies in Argentina must invent in order to be heard. Perhaps out of a generational identity, stencils are one of the most commonly used tools during these protests.

METASTENCIL (p.200)

Stenciling can be interpreted as a metalanguage of several visual languages, but it has also become a language-object -the product of its efficacy as a discourse to reveal realities and experiences. It has become so rich, in fact, that it has begun exhibiting the very precariousness of its very body (acetate and aerosol) in order to begin to be considered a technique.

LINKS UNA HISTORIA DE AMOR EDITORIAL.

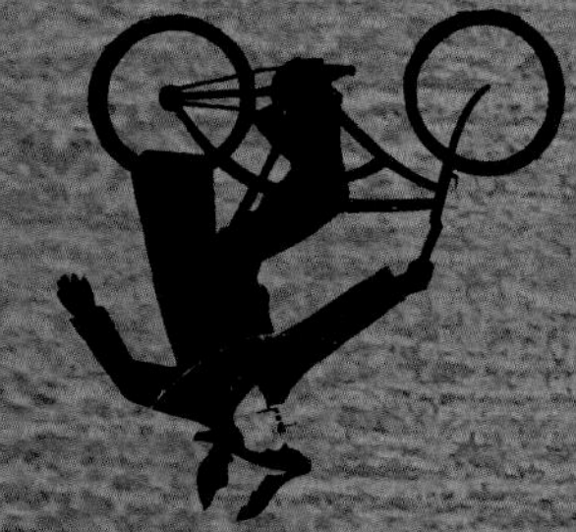

Fue así. Fede y Tester nos hicieron un Gatito de metro y medio para 'decorar' un stand de ventas en *Fashion Buenos Aires*. Pitu, que estaba aburrido de ver colas perfectas, atraído por el gato gigante, nos visitó y descubrió *Hasta la Victoria, Stencil!* Para entonces la Universidad del Salvador y la carrera de Administración de Empresas también lo aburrían. Le hubiese gustado estudiar diseño industrial, pero como no sabe dibujar... Le gustaría ser como los stencileros. Como ellos, estar en un libro.

Tiempo después, un sábado, antes de las nueve de la mañana, Pablo y Fabio lo despertaron con una idea (¡otra!) que habían estado tramando durante toda la noche: poner un bar en Palermo y pintar Marylinmonroes en las paredes. Dormido y un poco fastidiado, Pitu les alcanza su ejemplar de *Hasta la Victoria, Stencil!*: "acá está la papa, muchachos". A los emprendedores les gusta lo que ven, les gusta éste y éste otro, y en la página de créditos descubren que casi todos ellos son de tal o cual grupo.

Guiados por el direccionario del libro donde figuran unos cuantos *links,* deciden escribir a los artistas: "no tenemos plata. Queremos pintar las paredes de nuestro bar". -"Cómo les vas a poner eso, animal!" Y cuando ya estaban desanimados ante la esperada falta de respuesta a tan galante propuesta, aparecieron los stencileros con una contrapropuesta: "pintamos las paredes, pero si podemos además, armar una galería de arte urbano".

Así nació no sólo *Post*, sino también "Hollywood in Cambodia". Lo que justifica de por sí, que en esta sección intentemos hacer justicia por triplicado:

1) acreditar todos los stencils cuyos autores hemos podido identificar.
2) ofrecer sus direcciones URL.
3) y finalmente, poner a Pitu en un libro. Aunque más no sea como contador de la Galería. ¿O es que acaso no tiene que dibujar los números?

DIRECCIONARIO

STENCILEROS

assholeco.com.ar
barfuss.com.ar
bsasstencil.org
burzacostencil.com.ar
cambsas.blogspot.com
daneee.com.ar
doma.tv
elmundoesunamilonga.com
fotolog.com/nazza_stncl
fotolog.com/stencilland
hyperolimpics.com.ar
miacampante.com
mundofase.com
ndnh-stencil.blogspot.com
omaromar.com.ar
proyectofauna.com
punga.tv
rundontwalk.com.ar
vomitoattack.org

SOBRE STENCIL ARGENTINO

atruckfulloflies.blogspot.com
hollywoodincambodia.com.ar
smnr.com.ar

SOBRE STENCIL EN EL MUNDO

stencilrevolution.com

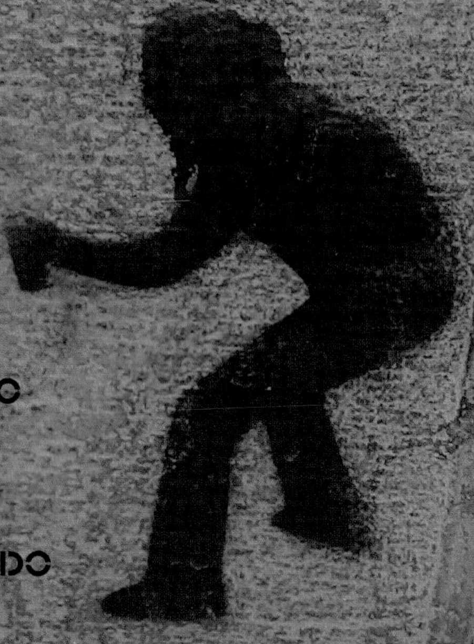